暨南学人

苏运霖教授治学之道

苏运霖　著

暨南大学出版社
JINAN UNIVERSITY PRESS

中国·广州

图书在版编目（CIP）数据

暨南学人：苏运霖教授治学之道/苏运霖著 . —广州：暨南大学出版社，2021.12
　　ISBN 978 - 7 - 5668 - 3132 - 3

Ⅰ.①暨…　Ⅱ.①苏…　Ⅲ.①苏运霖—自传　Ⅳ.①K825.46

中国版本图书馆 CIP 数据核字（2021）第 059333 号

暨南学人——苏运霖教授治学之道
JINAN XUE REN——SU YUNLIN JIAOSHOU ZHIXUE ZHI DAO
著　者：苏运霖

出 版 人：张晋升
策划编辑：潘雅琴
责任编辑：潘雅琴　朱良红
责任校对：张学颖　梁念慈
责任印制：周一丹　郑玉婷

出版发行：暨南大学出版社（510630）
电　　话：总编室（8620）85221601
　　　　　营销部（8620）85225284　85228291　85228292　85226712
传　　真：（8620）85221583（办公室）　85223774（营销部）
网　　址：http：//www.jnupress.com
排　　版：广州良弓广告有限公司
印　　刷：深圳市新联美术印刷有限公司
开　　本：787mm×960mm　1/16
印　　张：31
字　　数：417 千
版　　次：2021 年 12 月第 1 版
印　　次：2021 年 12 月第 1 次
定　　价：126.00 元

自 序

    人生七十古来稀，于今八十也不奇。我现在正好八十岁，走进耄耋之年。八十年是五分之四个世纪，其实说短不算短，说长也不算长，同亿万年的时间长河相比真是弹指一挥间。但对于个人而言，超过两万九千天的岁月，由降临人间开始，到幼年、童年、少年、青年，进入中年，而后老年，这是一幅多么漫长的画卷。其间又历经从赤道岛国，到中国广州、长沙、长春又回到广州，然后是新西兰、美国，在游历多国之后，重返祖国怀抱，开始人生新的战斗……这又是一条多么奇特的轨迹。这其中有称得上是传奇的故事，也有许多发人深省的思考。如果我不把它写下来，那毫无疑问，在我离开这个世界的时候，它也就和我一样，永远从这个世界上消失了。有感于此，我便决心不揣粗陋，不羞凡俗，把八十年的经历展现出来，既无标榜自己的意图，更无获取赞美的奢望，只求让人懂得，生活可以这样安排，生活也可以靠自己而精彩。我来自赤道，算得上是一个爱国者，而我的人生经历也算得上是传奇，所以我就把书名定为"暨南学人——苏运霖教授治学之道"。是为序。

2020 年 6 月

目 录

contents

第一章

童年时光

. . . . .

1940 年 4 月 19 日，一个平凡普通的日子，在赤道之国印度尼西亚的一个小岛——邦加岛（Bangka）西南面的小小村庄菠萝密山（Permis），一对年轻的华人夫妻又生出一个男婴。这个男婴就是我。

我的父亲苏汉仁，又曾叫苏嘉芬。1911 年出生于广西博白。1927 年，年方 16 岁的他，由于生活所迫，满含悲痛，偷偷哭别守寡的母亲，漂洋过海，只身来到印尼。经过十余年的辛勤打拼，终于有了自己的谋生之道，在这个人口不过数百，而华人仅仅几户的菠萝密山小村，开了个小小的店铺。他是在 1937 年，即抗日战争全面爆发时迎娶我母亲陈娜妹的。那年，我母亲才 18 岁。她是第三代华侨，她的爷爷来自广东。我出生时，已有两个哥哥，我排行第三。

1940 年，继发动侵华战争后，日本又把毒手伸向东南亚，对印度尼西亚、马来西亚（当时新加坡仍归马来西亚统治）进行野蛮蹂躏。

人生七十古来稀，于今八十也不奇。我现在就已经走过八十年的人生路。八十年，恰好是五分之四个世纪，其实说短不算短，说长不算长。同亿万年的时间长河相比，真是弹指一挥间。但对于个人而言，超过二万八千天的岁月，由降临人间开始，到幼年、童年、少年、青年，进入中年，而后老年，这是一幅多么漫长的画卷；这又历经赤道岛国，到广州、长沙、长春，又回到广州，然后是新西兰、美国，在游历多国之后，重返祖国怀抱，开始人生的战斗。还和家乡广西也结下缘，又同印尼也重新接续缘分，这又是一个多么奇特的轨迹。这其中也许有称得上传奇的故事，也有许多发人深省的思考，如果我不把它写下来，那毫无疑问，在我离开这个世界的时候，它们也就和我的存在一样，永远从这个世界上消失。有感于此，我便决心不揣粗陋，不羞凡俗，把这八十年的经历展现开来。既无标榜自己的意图，更无获取赞美的奢望，只求让人懂得，生活可以这样安排，生活也可以靠自己而精彩。

一、降生人间

1940 年农历的三月十二日，日本侵略军野蛮入侵。小小的邦加，也不能幸免于日军铁蹄的蹂躏。所以，当时老百姓只能在穷困中度日。父母亲要养活三个小生命，而生活的空间又只是那小小的贫穷山村，其艰辛可想而知。但是父亲天生乐观，而且从小与苦为伴，所以生活也就在这样的状态下进行着。

印度尼西亚位于太平洋南部，居于赤道线上。号称千岛之国的印尼，大大小小的岛屿有一万七千多个。当然，其中绝大多数是无人居住的，因为大部分就只有几平方米大小。其主要岛屿，从西往东，包括苏门答腊、爪哇、加里曼丹、苏拉威西、巴厘、龙目、西伊里安等，绵延达五千千米。最大的岛屿是加里曼丹，其次是苏门答腊；而人口最多的是爪哇。邦加岛位于爪哇岛与苏门答腊岛之间，与之相邻的还有一个小岛叫勿里洞（Belitung）。邦加岛的面积仅有一万多平方千米，勿里洞仅有六千多平方千米。这两个岛虽然很小，但是由于其丰富的锡储量和其他资源而在印尼占有举足轻重的地位。印尼号称锡储量世界第一，而邦加勿里洞就是印尼的锡都。荷兰在印尼进行了三百多年的殖民统治，从邦加岛掠夺了大量的锡和其他资源。它的邦加锡矿公司（TTB，Tambang Tima Bangka）就是负责采矿事务的机构。其鼎盛时期，在邦加各地设立了许多分支机构，管辖大大小小的"巴力"（Parit，即矿区），俨然是执政的政府，印尼政府不敢管它。其所属员工几万人。它的矿工，就算不是全部，那也绝大多数都是来自中国"卖猪仔"的。所以邦加人口当时仅有二十几万，但华人，确切地说中国人，却高达近十万人，就是这些华人劳工所致。这些华人劳工悲惨凄苦的生活以及荷兰殖民主义者对他们的残酷剥削和压迫的情景，在印尼已有多位华人或华裔学者著书加以叙述。

菠萝密山这个小村庄，七十多年前它究竟是什么样子，我自然无法知道，但我却依稀记得我四五岁离开它时的情景。位于邦加岛西南面的这个小村庄，实在太小，很难在地图上找到。它既小，又远离主要居民区，孤零零地坐落在邦加西南面的山丘上，成为穷乡僻壤。村子里有一条长度不过一里多的路，房子就建在这条路的两旁。而在这些房子的后面，就是茂密的原始森林，树木高大挺拔粗壮，每一棵都要两个人或多个人才能合抱。在这片原始森林中，居住着大群的猴子、野猪和蛇蟒等动物。由于居民少，而当地人不吃这些动物的肉，因此它们得以安宁地生存于斯。关于它们，也有许多有趣的故事。

猴子经常在人们屋后的树上集结。少则几只、十几只，多达几十只，但最常见的是几十只一起出现，玩耍觅食。它们在树木间攀跳作乐，非常热闹，活像一群顽童在打闹。有时它们会乘人不备，偷偷进入鸡舍，目标就是偷食鸡蛋。只要鸡下了蛋，又没人及时把蛋拿走，那蛋就很可能成为猴子的美餐。那些猴子，好像认识当地人一般，它们基本上不怕人，尤其不怕女人和小孩。看见小孩，它们甚至会装出很凶的样子，恫吓他们，吓得孩子赶紧回到家中，或告诉家长。这时，如果女人出来，它们非但不怕，甚至做出鬼脸，来威胁或挑衅。只有男人出来，并且手持武器，如棍棒枪支等，它们才会急忙离去，成猢狲散状。但猴老大或猴王会坚持一会儿，最后一个离开，以显示它的威严。猴老大或猴王有时会独自活动，这时，它会显得更凶猛，对人不屑一顾。对它要当心，因为一不留意它就会袭击人类，造成伤害。人们往往在山上才抓捕猴子。但抓野猪是十分危险的行动，必须做好万全准备，且自始至终一点都不能大意。说到这里，就要谈到我们家当时养的爱犬阿来。我不知道阿来是什么时候来到我们家的，只记得在我开始懂事时它就在家里了。阿来性格特别温顺，和我们这些小孩相处得很好。只要叫它，它就会摇晃着尾巴走来，很亲切地依偎在你的旁边，任你去抚摸它。大人们叫它，它也一样顺从。但到了晚上看家时，它就显出恪尽职守的品格来。它会警惕地守护我们家，遇到可疑情况或生人就会吠叫，但它的最大作用体现在父亲和其他朋友一起打野猪时。狩猎野猪十分危险，也十分复杂。第一步是进行侦察，勘察野猪出没的区域。然后用铁丝网把这一区域围成一个麻袋形状，留个口子，使它能进不能出。这个被围的区域不能太大，大了对猎人来说太辛苦；但也不能太小，小了野猪就不会上套。还有一个关键的措施是在这个区域里挖坑，坑上面再铺上草，形成陷阱。有时挖一个坑不够，要挖两到三个。等这些都准备好，就到了阿来显身手的时候了。不过，它也要"预演"一下，先熟悉地形。狩猎是在晚上进行的，因为这是野猪出没的时间。天一黑，父亲就带着阿来与他的朋友一同上路，每个人带着猎枪来到这个探明区域，等候野猪的到来。一旦野猪出现，就抓住时机向它开枪。一般情况下，因为枪法不准，很难一枪就置野猪于死地，顶多是把它打伤。这时就得靠阿来了。阿来见到了野猪，大显神勇，向野猪进攻。但阿来并非野猪的对手，野猪根本不怕它，反而开始追击阿来。这时阿来就向盖着草的陷阱跑去，引诱野猪落入陷阱。野猪哪知是计，就顺着阿来的路线跑，于是一脚踏进陷阱。一旦野猪掉进了陷阱，这狩猎活动也就圆满结束，只需再从陷阱里把野猪弄出来带回家中。野猪弹跳力极强，因此陷阱要挖得足够深，以防止它跳出来逃走。所以抓野猪确实很费气力，和野猪正面交锋时还要防止它猛扑过来。但是抓野猪的乐趣也使父亲他们乐此不疲，因此对阿来的爱惜也进一步增加。记忆中，我们家只养过阿来一只狗。后来阿来老了，它自己离开了我们家，我们没能找到它，也再没有养过别的狗了。因此对于狗，我一生也只留下对这唯一的狗阿来的怀念。

蛇和蟒，在我的记忆中更多的是恐惧感。特别是毒蛇，大人从小就教育我们要特别提防，不然会有丧命之祸。为了生计，我们家在离海边不远的山坡上开垦了一个菜园，那里主要靠外祖母的耕耘。我们家种了木薯、青菜，还种了水果如香蕉、木瓜等。在这个菜园里自然也有简陋的木屋，供家人主要是外祖母看护自己的劳动果实。木屋特别简陋，因为是在热带，不用抵御寒冷，能挡风雨阳光足矣。然而，蛇和蟒却极有可能来光顾。外祖母经常带着大哥前去菜园，陪伴她过夜。后来听外祖母说起，哥哥也还依稀记得，有一次蛇进入木屋，和外祖母与哥哥正面"遭遇"。外祖母非常镇定，立即点亮油灯，并放起火，随手又拿起事先准备好的棍棒，朝蛇的头部猛打，就这样同蛇展开较量，最后以蛇的失败告终。如果说蛇和蟒只窜到菜园也就罢了，毕竟菜园离家还有些距离。它们还不时地进入村里，有时进左舍，有时进右舍，几乎没有哪一家没有被蛇闯入过。当蛇进到我家时，又是靠阿来把它轰跑的。

至于碰到大蟒这件事，发生在父亲驾车到附近村子收购土产时。父亲驾驶的载重车正在行进，眼前的土路上突然出现几米长的蟒在缓缓爬行。父亲本来不想理它，让它通过再走，谁知它竟停下不动了。显然，父亲是不敢下车的，唯一的办法是从它身上驶过去。就这样，这条大蟒死在父亲的车轮下。父亲费了好大的劲才把它带回家，我们第一次吃到蟒肉。

此前已经提到，这个小山村不过几百人，百十来户。而华人才不过七八户，大部分甚至可以说全部，都是广西博白的同乡。为什么广西博白人会来到这穷乡僻壤？原因大概是他们都从博白农村出来（他们都是刚到印尼的第一代华侨），所以更喜欢或习惯同以前相似的环境。他们也是一个跟随另一个来印尼的，于是住在同一个地方，慢慢发展，再考虑迁移的问题。毕竟在这小村庄，较好维持生计。他们保持着同乡间的亲密关系，更保留着中国的传统习俗。因为在这里，他们就代表着中国。中国的一切传统文化，就是靠这几户人家在这里传承和维系的。他们并不集中住在一起，而是分散在这个村里的各处。比如我家的左邻右舍，就全是印尼人。只是村子小，相距也不会太远。当时自然没有什么电话之类的通信工具，如果有事相告只能靠两条腿走动。华人就这样团结同心，亲密往来，并把春节、清明、端午、中秋等节日传承下来。另一方面，就这么几户人家，要在印尼社会里生存，假如不搞好与当地人的关系，是万万无法生存的。在这方面，就需要和而不同，需要尊重印尼人和他们的宗教信仰、文化理念及风俗习惯等。比如说，很多印尼人是信仰伊斯兰教的，他们一般都很虔诚，一天要举行多次祷告等宗教仪式。那么，当他们进行宗教仪式时，是不可以在附近大声喧哗，或者进行任何干扰他们的活动的，更不可以在这时找他们办事。在与他们相处时需遵守一些禁忌。由于彼此尊重，两个民族的人们相处得十分和谐，你来我往，十分亲近。当他们过节时，他们会把节日食品送给我们及其他华人家庭。有时，他们也会送自家种植的水果。到我们过节时，礼尚往来，我们也把好吃的东西送给他们。正是靠这种尊重，我们这几家华人才能平安生活在别人的土地上。

这是在我懂事后，外祖母和母亲她们亲口告诉我的。当时，为母亲接生的是邻居的印尼大妈。这是当时唯一的办法，因为这个村子离有医院的镇有一百多千米，交通极度不便。母亲把我生出来后，我不会哭叫，似乎呼吸器官有什么问题。在场的人乱作一团，一筹莫展，不知该如何是好。还是印尼大妈有办法，她让家里人把我放进大水缸中，然后用竹帘那样的缸盖盖上。然后用力敲打缸盖，同时口中念念有词。不一会儿工夫，我果然哭叫起来了。在场的人欢喜雀跃，为这个小生命的健康而高兴。家里为了答谢这位印尼大妈，让我认她为干妈。她只有一个女儿，比我大几岁。有了我这个干儿子，她真是高兴无比。不过，我并非就由她养活，我仍然住在家里。她会三天两头过来看我，抱我亲我，喜欢得不得了，更会送吃的穿的给我。那时正是日本侵略印尼的时期，兵荒马乱，家家都不富裕。她是因为爱而对我付出。

最有意思的是，母亲和外祖母说，她还送给我他们印尼男人标志性的叫宋格（songkok）的帽子，我不记得戴过多少次。但在离开菠萝密山之后，就没有戴过了。就这样，因为我的关系，我们两家人就像真正的亲戚一般。我们家后来搬出时，那大妈一家依依不舍，非常难过，更舍不得我这个干儿子。听母亲说，那大妈更希望我和她女儿结娃娃亲，因为在印尼女大男小的夫妻相当普遍，不过，在当时华人和印尼人通婚极为罕见，所以，显然这只是她的一厢情愿。

虽然我有很深的印尼生活印记，但是从小中国就深深扎根在我的心里，大概因为父亲是第一代华侨的缘故，他深深地热爱自己的祖国。在我们很小的时候，他告诉我们，自己是中国人，中国是我们的祖国，我们要热爱她。那时没有什么幼儿园，我们几家华人办不起幼儿园，印尼人也没有幼儿园，家里是我们受教育的唯一场所。大概是1942年或1943年，大哥运彩四五岁了，日本人要求当地人把适龄孩子送到他们办的学校读书。父亲宁可让孩子待在家里，也决不让他们接受奴化教育。日本人和村长来过多次，动员哥哥去上学，每次都被父亲挡了回去。父亲坚持一条原则：决不接受奴化教育。在没有任何书本可供参考的情况下，父亲开始自编教材教哥哥认字、学算术、学唱歌。我至今仍记得的是，父亲教我们唱的第一首歌的歌词是"打倒列强，打倒列强，除军阀，除军阀。国民革命成功，国民革命成功，齐欢唱，齐欢唱"。年幼的我们还不大懂得歌词的含义，但是，在我们幼小的心灵里，已经深深种下热爱自己的祖国、愤恨日本等列强侵略者的种子。

父亲不仅在家中对我们进行爱国主义教育，也以实际行动大力支持抗日斗争。我后来听说，有十几位从国内由于抗日而跑到印尼邦加的战士，他们语言不通，又无生计，于是找到父亲求助。父亲二话不说，就请他们在我们家的小菜园附近建起简陋的房子，并在那里用海水提炼盐来卖。实际上，父亲还要帮他们解决生活问题，如为他们筹集食粮等。就这样，他们在菠萝密山住了一段时间。后来，日本人发现了他们，就来抓人。那天晚上，这些抗日战士获得消息后，就悄悄到我们的菜园小屋躲起来。他们每人都备好武器，准备同日本鬼子决一死战。日本鬼子去到他们盐场的住处，不见有人，便转到我家菜园要人。外祖母冷静应对日本鬼子，说晚上睡觉了，不给他们开门。正当日本鬼子要破门而入时，抗日战士突然向日本鬼子杀过去，并突破重围逃出去。有一名战士不幸遇难，其他的都安全逃离，后来不知道他们跑到哪里了。

父亲还把一名受伤的荷兰兵留在我家，由家人精心照料，直到他恢复健康。他十分感谢，说眼下无以为报，但是日后，他一定把这事向有关部门汇报，请官方报答父亲。为此他留下一封给他长官的信交给父亲，让父亲等战争结束后交给荷兰当局。但父亲不懂外文，也不知应该把它交给谁，战后很长时间，这封信也就没有去处，最后父亲也不知把它塞到哪里了。反正父亲做这件事，压根就不是图回报。但是父亲却经常用这件事启发我们，长大了一定要好好学习，掌握外国语。这对我们兄弟来说确实是最生动的教育。

在菠萝密山，有两件事对我们家来说是不幸的。第一件是我二哥运辉由于误吃蘑菇中毒而夭折。在我们三兄弟中，二哥被认为是最聪明伶俐的，最会说话，长得也很漂亮。那年他才四岁，我三岁。在那偏远的小山村，可以玩的地方就是房后的山上。有时采采野果，有时捡捡好看的树叶。孩子们只要发现有趣的事就很开心。记得事发当天，已经是下午了，我和二哥一起，还有别的孩子，在房后的树林里转悠。这时二哥看见颜色艳丽的蘑菇，非常喜欢，就随手放进嘴里吃。悲剧就这样发生了。吃进这朵毒蘑菇之后，二哥顿时感到肚子剧痛，而且脸色霎时变黄变白。我们跑回家里，全家大人听后乱作一团。如果不是在偏僻的山村，又是战争时期，缺医少药，也许我的二哥不会就此丧命。尽管有人出了各种主意，如吃生鸭蛋、喝醋等，什么能想到的办法也都试了，但都无济于事，二哥就这样离开了人世。他的人生永远定格在四岁，但是他的遗言却大大超出他的年龄水平。他最后用尽气力说："爸爸妈妈，姥姥，我要走了，我要永远离开你们了，请照顾好我的兄弟姐妹，不要让他们吃有毒的东西。"这些话，让所有人对他难以忘怀。我想，如果不是他过早离我们而去，1955 年回国时，就不会只有我们兄弟俩，而是兄弟仨。他也一定会把自己的聪明才智贡献给祖国和人民。

另一件不幸的事是我妹妹的夭折。在生下我不久之后，母亲又怀孕了。临产时，母亲创造了当地的一项纪录。我想，也许在整个邦加都属罕见——一胎三女，整个村子都轰动了。刚出生时，三个女婴和母亲都健康平安。但中间那个女婴比第一个和第三个都要小，大概是由于被挤压造成的。倘若在现在，或者即使是在当时的城市里，我妹妹也能存活。遗憾的是，现实中没有如果。她仅仅在人世间打个照面，就匆匆离去。虽说不幸，但对家人来说，还没有像失去二哥那样悲痛欲绝。

对父母亲来说，我也给他们带来过很多痛苦和辛劳。我从小就不是省油的灯，一出世就添乱。不过在父母亲和外祖母的精心呵护下，一开始还算健康。大人说我长得胖乎乎，又傻傻的，很憨厚的样子，谁见了都觉得可爱。那时我的两个膝盖骨向内突出，走路时两个膝盖碰在一起就会摔倒，别人看了觉得挺可怜的。去稍微远点的地方就要父母亲或外祖母背着走，因为他们怕我总摔跤。后来，随着年龄增大，我变得越来越瘦，但肚子却越变越大，没有食欲。大人知道，我肚子里长了蛔虫。在当年的小村落，上哪里去找蛔虫药呢？真让父母亲犯了难。父亲不相信那些祈神拜鬼的勾当，不过对印尼土郎中还是抱着试试看的态度，因为那些土药是用从山上采摘下来的植物加工制成的。所谓"病急乱投医"，父亲就抱着"治不好也不会治坏"的态度对待这种草药。但是这些药没有一种是好吃的，大多又涩又苦，有的闻着就恶心，更不用说服用了。不过父母亲告诉我，这是为了给我治病，花钱买的，我要服用才能把病治好。听了父母亲的话，我总照着做，从不让他们为难，因此他们觉得我特别懂事，尽管让他们操心受累，他们还是很疼爱我。在日常生活中，我也都是这样。也许，这也就应了那句话——习惯决定性格。从小开始，对于我认准或者领悟了的教导，我都会不折不扣地执行。

但是在菠萝密山吃的药，对我毫无效果。家里花了很多钱，却都打了水漂。我脸色越来越苍白，身体越来越消瘦，肚子却越来越大，体力越来越不支。四五岁的正常孩子，正是活泼好动甚至淘气的时候，而我对什么都没有兴趣。一个人就爱坐着或躺着，走路一点气力都没有，要靠大人抱着或背着。父母亲看到我这样，愁容满面，感到压力很大，他们最怕的是又一个孩子夭折。正好这时日本投降了，"二战"结束了。老百姓恢复了和平的生活。父母亲决定把我带到一百多千米之外的邦加首府槟港治病。邦加岛号称有八个埠，槟港是邦加最大的埠。当时邦加是省会在巨港的南苏门答腊省的一个县，槟港就相当于县城。槟港有七八万人，是邦加人口之最，那里有一个附属于邦加锡矿公司的医院。从菠萝密山到槟港并无班车来往。为了把我带到槟港，父母亲不知道吃了多少苦。我只记得到了槟港之后，他们把我安排到大姨妈家住。从大姨妈家到医院也有不短的路程。大人们又费了九牛二虎的劲把我带进医院。到了医院，医生很快就确诊我肚子里有太多蛔虫了。由于蛔虫数量大，必须留在医院治疗。但我还太小，必须有大人陪护。外祖母就成为我的陪护。在这里我见到穿着白大褂的荷兰医生，还有年轻的女护士。我只记得他们对我都很友善。每次他们来，都会给我带些糖果或饼干，还哄我玩。所以那段时间，我过得很开心，但吃药就不那么开心了。当时的蛔虫药不是那种像糖块的宝塔丸，或者很容易下咽的片剂。而是味道难闻、很稠的油状液体，呈深黄色，一看就令人恶心反胃。每次服用量很大，有三汤匙。服药真是一个痛苦的过程，一天还要服用三次。这时候对医院的任何愉快感觉似乎都消失了，巴不得马上离开医院。服完药很长时间，那苦味和腥味都还留在嘴里，迟迟不去，恶心欲吐，但又吐不出来。慢慢地，难受的感觉才消失。尽管这样，那药还挺对症。服完药后，大量蛔虫被打下去。每次大便完，外祖母总要数数又打掉了多少蛔虫。开始时，竟多达几十条。几天后，我自己就感觉身体确实好了很多，想吃饭了，肚子变小了，脸色变得幼嫩红润，人也有点气力，爱玩爱动了。我在那里住了十多天，出院那天，医生护士都来送我，又搂又亲，我感到很开心。他们又叮嘱我，以后不要再玩泥巴，饭前便后都要洗手。这些话对我教育意义很大，成为我终生受用的座右铭。我稍稍长大，从菠萝蜜山搬到华荣（Payong）和沙横（Toboali）之后，父母亲还定期让我服用蛔虫药。但这时，服用的药根本不同，过程也不再痛苦。我也彻底摆脱了蛔虫的侵扰。

从医院出来之后，我几乎变成了另一个人，恢复了小孩爱玩好动的天性。但有一次，我几乎没了小命。我出院之后，没有立即回到在华荣的新家，外祖母带着我先在大姨妈家再住了一段时间。我大姨妈的女儿和儿子，都比我大很多，他们也很喜欢我。一天，他们在附近的小河游泳，把我也带去。同去的有十来个孩子，都十几岁了，唯独我才五六岁。那是我头一次去河边玩，还不会游泳，他们也一再关照我就在河边玩，不要到河中间去。我一个人在河边玩，也很开心。开始时我都在河边玩着，河边水不深，我淌着水，有时也把头整个儿放进水里。我学着表姐表哥他们的样子玩水。也许是玩得开心了，胆子也大了点。我就向河中间前进一点，突然就出事了。我前面有一个很深的坑，我掉进去了！矮小的我整个被淹没其中，爬不出来，整个人一点点往下沉。我喝了很多水，失去了知觉。不知什么时候，表姐表哥大概发现我不见了，他们慌了神了，所有人也都一起找我。很快，他们把我打捞上来。把我扶上岸后，他们又对我进行急救，把我喝进肚子里的水挤压吐出来，又给我做人工呼吸。慢慢地，我终于苏醒了。这时，他们也没有兴致再玩了，轮流背我回家。我真幸运，没有溺水身亡。我想，我七十多年前的经历，仍然有教育意义。

那阵子对于我来说，有点祸不单行。后面发生的一件事可以叫作飞来横祸。我从槟港大姨家回到新家华荣村，在我家门前，路的对面，有一个很大的榴莲果园。我回家期间，正好是榴莲成熟的季节。榴莲是我最喜欢的水果，也许，绝大多数印尼人都有这喜好，所以在印尼才会有"当了纱笼吃榴莲"的谚语。所谓纱笼，如同我们的裤子，呈筒子形，把它围在腰部系好，就穿好了。这话的意思是，为了吃榴莲，可以不惜把纱笼当掉。我也是榴莲的钟爱者，有些人不爱闻榴莲味，对我来说却是香味诱人。但不可否认，即使在印尼，也有人不爱闻榴莲的气味，不喜欢吃榴莲。有人虽然也喜欢吃，但吃了会上火，所以不能多吃。但我根本不在乎。这次的"飞来横祸"就和榴莲有关。那天，几个孩子，包括我哥在内，跑到榴莲林里，看看有没有熟了掉下来的榴莲。他们还拿了条竹竿去捅榴莲果，因为快熟的果，捅一捅就会掉下来。只要有哥哥在，我就会跟着凑热闹。我当然没有力气拿竹竿。但看到他们捅下榴莲也很开心。这时乐极生悲，正当我仰起头看他们用竹竿捅榴莲时，一阵风刮过来，一只榴莲随着风掉落下来。这个榴莲不偏不倚，就重重地落在我头上。但它没有落在头的正中位置，而是打在右耳朵的上方。榴莲落了地，但留下刺在我头上。顿时，我头上血如泉涌，不省人事。孩子们马上喊母亲，母亲急急忙忙跑过来，让哥哥和其他孩子一起把我背回家，弄干净血迹后，再小心翼翼地去拔扎进头部的刺。有些刺扎得较浅，可以用手拔出来，但有两三个刺扎得深，母亲用手拔不出来。她又怕我痛，不敢再弄，后来找了比较懂行的人来拔，他也费了很大气力才终于把刺拔出。为了不让伤口化脓，母亲天天帮我清洗伤口，过了十多天伤口才痊愈。母亲说，这个掉在我头上把我砸伤的榴莲只给我一个人吃，别人都不许吃。当然，这是安慰我的话。那么大一个榴莲，我自己怎么能吃得完？不过，确实是孩子们吃的，大人都没吃。

这些事情，成为我终生难忘的回忆。我属于难养的孩子，全靠父母亲和外祖父母的悉心呵护，我才能长大成人。我对他们永怀感恩的心，他们的恩情，我一生一世也不能报答。

1945 年，日本投降，日本人从印尼撤走，第二次世界大战结束。这时，哥哥七岁了，父亲要考虑孩子们受教育的问题。如果我们还住在穷乡僻壤的菠萝密山，那哥哥和我以及我们的弟妹都没有办法受到华文教 育，这是他认为必须解决的大问题。因此，他立即决定，从菠萝密山搬出来，住到有中华学校的地方，这个地方就是刚才说的华荣村。它离菠萝密山很近，只有几十千米，也是小村庄。但是它的地位和菠萝密山大不相同，这里原来有荷兰人居住，就是证明。这里的交通也比菠萝密山便利，有班车来往于华荣和邦加另一个埠高木（Kobak）之间。当然，一天仅有一个班次，因为它也不富裕，人口也不多。这里居住着十多户华人，他们都有适龄孩子要上学，这也是中华学校生存的土壤。

二、启蒙岁月

其实我的小学学习，最早开始于我病愈出院后的那段时间。前文谈到，为了让孩子上中华学校，父亲毅然决定搬到华荣。为了方便搬家，父母亲让我和外祖母暂时先住在大姨妈家，等安排妥当再到华荣新家。大姨妈是外祖母最大的女儿，母亲的大姐。外祖母有四个女儿，母亲排行第四，是最小的。大姨妈的丈夫在荷兰人兴办的锡矿工作，是工长一类的下层管理人员。他有技术，所以待遇就稍好一点。我到他们家住下之后，由于他们的孩子——我的表姐表哥都去上学了，只剩我一个小孩子在家。他们就和学校的老师商量，让我也去旁听。其实学校已开学多日，但因为老师是我大姨丈的亲戚，而我也只是旁听，学校就接受了。

头一天上学，表姐表哥带着我去学校。我还不知道学校是怎样的，就惹祸了。那个学校很小，几个班的学生同在一个教室。表姐表哥也在里边，分别在不同的位置就座。老师轮流给不同班的学生施教，当轮到给我们一年级讲课时，我记得很清楚，他教我们写"学"的繁体字"學"。我当时连笔都还不大会拿，面对这个笔画繁多的字，我不知道怎么写，半天也写不出。正在苦恼之中，我同桌那个男孩子，竟嘲笑我笨。我真是气不打一处来，我也不知道哪来的那股气性，竟然狠狠地动手打了他。他被打之后，马上哭起来。整个教室都为之震惊，怎么会有人哭？老师让大家安静，但同学们的目光都朝我和他而来。我感到委屈，也哭了起来。好不容易等到下课，表姐表哥都走过来，老师也过来了。我马上冲出教室，跑到学校后边的树林里。树林里有些不太大的树，我可以双手抱住。于是，我就抱着树不出来。任老师和同学怎么说，我就是不动，赖在那里。当然，最后我被老师抱着，带回教室。老师同学轮番哄我，慢慢地，我也就平静下来了。老师让我向被我打的那个同学道歉。我上学的第一天就这样过去了。但是在大姨妈家没住多久，在华荣村的家就安顿好了。我被带回华荣自己家，并在华荣正式上学。

华荣的中华学校，比我在槟港旁听的那所还小。这个学校，只有一位老师，他也是校长，名叫徐敬文，年龄和父亲相仿。他的大儿子徐耀宗，和我哥哥差不多大。这个学校的学生，加上我们兄弟俩，还不到十个。学校离我家很近，就在我家的右侧，走过去大概也就两分钟。父亲肯定比我们想得更远，他不可能一直让我们在这个学校学下去，他要为我们的前途着想。所以，我们在华荣村住的时间很短，大概是半年。接下来我们就搬到了邦加最南端的埠沙横（Toboali）。

后来我才知道，沙横原来也没有中华学校。父亲是沙横中华学校的创办人之一。为了创办这所学校，他倾注了大量的心血。

要在原来没有中华学校的地方把学校办起来，谈何容易。要解决的问题一大堆：首先是校址校舍，然后是教师、教材以及教学的一系列设施。父亲根据自己在国内受过的有限教育，提出要在德智体美诸方面都对学生进行教育和培养。校址选在沙横上下街的连接处，这样对住在上下街的孩子来说都不远。这个选址建议立即得到了大家的拥护。然后就是建校舍、请教师等。这些都是父亲亲自一件件落实处理的。关键问题是经费，当时没有任何外援资助，全靠沙横华人自己筹谋。父亲发挥带头作用，从自己有限的财产中拿出相当数量献给学校。他这样做，不仅仅是为了自己的孩子，也是为了全沙横的华人孩子有书读，使中华文化在此得以传承。

沙横地处邦加之南。在邦加南部，只有沙横一个埠。有两三万人，但市区不过几千人，其余分布于农村和矿区。华人在市区里占有不小比例。所以，学生人数一开始就有一百多人。开始时学校只有一栋平房，三四间教室。因此，也像我在槟港上过的学校一样，一个教室有两个班，老师轮流教他们。为解决这个问题，父亲提出要扩建教学用房。这个建议得到侨贤们的拥护，大家纷纷出钱出力，把新校舍建起来。从此，就不用两个班挤在同一间教室上课了。学校还有一个不是很大的操场，但足够让学生们开展体育活动，学生下课休息也有活动的空间。学生们都很喜欢这个操场，放学后，还会有同学来这里一起玩耍。

学校里原来有四位老师，校长叫陈胜材，他并没有很高的学历。但依靠自己的勤奋和扎实渊博的知识，成为其他老师公认的掌舵人。陈校长语文和数学都教得很好，他讲课深入浅出，能讲出问题的实质，让学生知其然也知其所以然。比如，他讲算术中的鸡兔同笼、龟兔赛跑等问题时，先用实例开导，然后总结提升，再把公式导出。接着，让学生自己来求解问题。经过这样循循善诱的教诲，学生学得进，用得上，记得牢，也很有成就感。陈校长做人办事，都十分严谨务实，表里如一。最为人称道的是，他对学生要求很严，对自己的两个儿子更严。他从不体罚学生，但对自己的孩子却不同，如果真做错了事，他就会狠狠地打他们。

陈校长虽是校长，但收入微薄。他上有老人，孩子也多。在当地，妇女是不外出工作的，全家的重担，都落在他一人身上。为了维持生计，陈校长还要种地种菜，所以每天都很劳累。但他仍然全身心地投入到中华学校的教学和管理工作中，使新成立的沙横中华学校蒸蒸日上，教学质量逐步提高。从沙横中华学校毕业的学生很多都考入槟港中华中学深造，而且学业成绩都在中等以上。他把菜园的打理工作交给妻子和母亲来做，仅仅在周末和处理完学校的事后才去帮帮手。

陈校长能写一手好字，堪称当地的书法家。有时他在学校里也练毛笔字，博得学生们一片赞叹。那时当地的许多华人商店仍被允许使用中文招牌。新开张的华人商店，便会找陈校长帮写招牌，陈校长总是有求必应。当然求写者要付些润笔费，但陈校长绝不会漫天要价。一般情况下，都是别人给多少，陈校长就直接收下，从不提要求。

另一位老师是副校长，叫胡敬英。胡老师也是大家尊敬的老师，他同样全身心地投身于华文教育事业。给我印象很深的是，他总是骑辆破烂的自行车到学校，还带着一个筐。放学后，他会骑车到市场去，筐就用来装菜。他总穿着很旧的衣服，但很干净。因为市场在我家的右边，而学校在我家的左边。因此，他到市场去，总要路过我家门口。父母亲教育我，见了老师要行礼打招呼。因此，我从小就懂得对老年人、老师要有礼貌。每次看见胡老师，如果方便我一定行礼和打招呼。如行礼就说声"胡先生好！"因为当时学校里规定，学生要叫老师"先生"。这个叫法，大概在二十世纪五六十年代的印尼，各地华校都是一样的。

令我印象很深的一件事，是离开沙横中华学校到槟港中华中学读初中时，父母让我和哥哥一起向所有老师告别，因此，我和哥哥去了胡老师的家。胡老师在客厅招待我们，还准备了许多水果，和我们谈了很久。他既表扬了我们那几年在学校好学上进的态度，也跟我们说，中学学习的内容要深得多，难得多，让我们更加努力，等等。我们最后满怀感激地离开了他家。

沙横的老师，在我离开印尼回国之后，几乎都没有联系了。只有一位例外，那就是曾俊老师。他教我时还很年轻，大概二十多岁。在那个年代，他的装扮颇有反潮流的意味——留了较长的头发。当地人少见多怪，说他是男扮女装，并给了他"半公妈"的绰号，意思是半男半女。不过，曾老师确实也有些偏女性的特征。他爱打扮，说话又嗲声嗲气的，很有女人的性格。我对他印象深是因为他教我公民课的一件事（后文详述）。我回国后很久都没有和他联系。直到20世纪90年代后期，广州成立了邦加侨友会，我有机会同沙横的老乡们联系。在一次聊天中，我从一位沙横老乡那里得知，曾俊老师后来也回国了，当时就在英德华侨茶场。"一日为师，终身为父"，更何况我们之间还有那样一份情缘。所以在得知他的情况后，我决心要找到他。终于有一天，他来到广州，我专程去看望他。我才得知，他是20世纪60年代回国的。回国后，就一直生活在英德茶场。他终身未娶，在茶场里当过会计，也当过按摩师。听说他人缘很好，所以在清苦中也还有些快乐和温暖。我给了他一点钱，聊表心意。可惜那成了我们在国内的唯一和最后一面。不久，他就离开人世了。

还有一位老师叫叶汉廷，他是一位多才多艺的老师。除了教文化课，他还教体育、美术、音乐等。他还爱踢足球。也许是为了生计，他还在家做镶牙生意，开了间镶牙店。所以，从学校下班回家，他又得做他的镶牙生意。那时候他是沙横唯一的镶牙师，由于没有竞争对手，他的生意比较好。但后来从中国来了位蔡师傅，也开了间镶牙店。在沙横就有两家镶牙店了，他的生意多少要受些影响。他为人乐观开朗，总是笑脸迎人。他原来对我很好，我也很尊重他。但是不知道为什么，在一次图画课时，他却对我大打出手，用尽气力掐我。这是我一生中唯——次受老师体罚，后面我再细说这个故事。我还在沙横时，突然听说他身故，我深感意外。他去世时，想必只有三十多岁。英年早逝，他家骤然失去顶梁柱。我对他没有怨恨，按照母亲的吩咐，我去他家向他的家人表示哀悼。这也是我第一次做这样的事，之后我懂得了有认识或熟悉的人离世时，要以这样的方式表示哀思和悼念。

1946 年下半年到 1951 年底这五年的时间里，我在沙横中华学校完成了小学阶段的学习。在这五年半时间里，父母亲只是偶尔对我说，要好好学习，长大做有学识的人。他们根本不必为我的学习操心，对哥哥也一样。或许可以说，山中无老虎，猴子称大王。沙横中华学校太小了，才突显我们俩。我们被称为"苏氏两兄弟"。我们每学期都在自己班上考第一名，因而常常得到奖励。当然那个奖励，以现在的眼光看不值钱。因为学校的经费极其有限，哪来钱发高昂的奖品？但它代表的是荣誉，是对我们成绩的肯定。在那个小小的地方，苏家两兄弟又考第一的事，很快便家喻户晓。能说明我学习成绩好的还有这样几件事。我同班有一个姓黄的同学，是福建人，他家和我家相距不远。他的学习不知为什么总没有进步。他父亲一看到他的成绩，就很不满意，要教训他。于是，他要我帮助他。他提出放学后让我给他辅导，也就是让我做他的小老师。我答应了他，他果真按时来找我。开始，母亲很奇怪，他为什么总是来找我，然后又见不到我们。后来母亲才知道，我把他带到没有人住只存放东西的阁楼，在那里给他辅导。母亲把这件事也告诉了父亲，父亲当然也很高兴，又把这件事告诉了他父亲。他父亲让他好好学习，跟着我学，不要贪玩。一段时间后他真的大有进步。后来这件事传开了，人家都说我俨然是小先生。

第二件事，与前文谈到的曾老师有关。大概是第三学期，也就是二年级上学期，那时曾老师教我们公民课。所谓公民课，就是教学生如何待人接物，如何遵守秩序，讲究文明礼貌等。课文有二十几课。当时已接近期末，大部分课都已讲完，所剩不多了。曾老师说，你们应该记下每课的内容。这时，不知哪个同学说了一嘴："先生，苏运霖都能背下来。"他这么一说，曾老师就问我，你真的都能背下来吗？我确实把所有课文都背下来了，包括曾老师还没教的后几课。所以我充满自信地回答曾老师说："是的。"曾老师马上说："那好，那你就当着班上所有同学的面，把全部课文背出来。如果真的背出来，我就奖励你一打（十二支）铅笔。"于是我就在全班同学和曾老师面前把全部课文背诵下来，一字不差，赢得了全班同学的掌声。曾老师过后把这件事报告给陈校长，陈校长在全校人面前表扬了我。所以，我和曾老师就有这么一点缘份，让我日后总能记得他。他也通过这件事鼓励我要有创先的勇气和精神。

1951年底，哥哥小学毕业。我比他低一个学期。由于他在沙横中华学校的毕业生中名列第一，因此得以被保送入读槟港中华中学，那时它是邦加华校的最高学府。我和哥哥朝夕相处，天天一起上学，他也总是带着我。听说哥哥要到槟港读书了，而我还要留在沙横，一向依赖哥哥的我不愿意，闹着要和哥哥一起上槟港读书。这件事被陈校长知道了，他就向父亲提议，让我以同等学力的身份参加槟中的入学考试，由他来开这个同等学力的证明。我得到这个机会，当然非常开心。这也是我第一次听"到同等学力"这个词。报名参加考试的有来自邦加八个埠以及其他中华学校的小学毕业生，总共127人。考试结果出来了，我竟考了第16名。我看了这个结果真有点不敢相信，又激动又高兴。我没有立即告诉父母亲，而是写信给陈校长，并托班车司机把信带给他。陈校长正好在我家附近的市场，他接了信马上拆开看，越看越高兴，并立即走到我家告诉我父母。那时，不用说他们有多高兴了！这也算是沙横的一个奇迹。还没有毕业的学生，竟考上初中，而且成绩还在前列。不过，对于我自己而言，我高兴的还是能和哥哥一起上学。而且，从此开始的五年中学生活，我们都在一起。

但是，我在沙横上学，得到的并不都是赞誉和奖品，我还受到过体罚，而体罚我的正是我原来很尊重的叶汉廷老师。事情是这样的，我天生没有艺术细胞，对唱歌、跳舞、画画之类，兴趣不高，能力很差，所以这方面的课程，我的成绩都很差，如果得了 60 分，那肯定是老师的恩典了。比如图画，从小到大我从未像样地画过一个东西。事情也是由图画课引起的。那天，叶老师给我们上图画课。他带了一件实物到教室，并把它放在讲台上。然后就要求学生动手临摹。我看着实物开始画。但是我发现，不论我从上往下画，还是从下往上画；也不论从左往右，还是从右往左，怎么画都不像。我只好用橡皮擦不断地擦，擦了画，画了擦，就这样不断反复。我气恼自己太笨了，连这样简单的东西也画不出，而老师又不讲应该怎样画。眼看下课时间一点一点临近，那是上午的最后一节课，下了课学生就该放学回家了。我看着叶老师面无表情地在站讲台上，我估计他也看见了我这副窘相。不过，我想他大概不会对我怎样。万万没想到，接下来是我一生中最受辱的经历。下课了，他让别的同学都走回家，然后说，苏运霖你别走，于是我听话地站在一旁。他走过来，问我为什么没画，我说不会画。于是，他就开始对我进行体罚。他先掐我的腿部，我感到疼痛难忍，但我抑制住自己，不哭也不叫。然后他又开始掐我的后背。就这样，从腿到背，一共掐了几十处之多。我也不知道自己哪来的那股力量，告诫自己强忍着，不哭不叫。过后，他才说，你可以走了。我才明白，他让同学们都走完了才整我。原来他不想其他同学知道这件事。在回家的路上，我忍着疼痛，没有哭。但一回到家，母亲问我今天怎么回来晚了。这时，我才扑到母亲怀里，放声大哭。母亲看见我腿上被掐后留下的伤痕，又掀开上衣，看到了我背上的累累伤痕。我知道，看见自己心爱的孩子遭到这样的凌辱，母亲肯定十分心痛、不满。

但她还是先问我,是否有什么做得不对的地方。我照实叙述了事情的经过,自认为没有什么过失,也没有什么冒犯叶先生的行为。吃过午饭,母亲就领着我到叶老师家里向他讨公道。母亲说,这么小的孩子,真做错了事,你当先生的也不能下这狠手。叶先生这时也觉得理亏,连连向母亲道歉。

这件事,母亲自然要告诉父亲。很快,别的老师,特别是陈校长和与他要好的曾先生很快也都知道了。父亲作为中华会馆的领导,也是主管中华学校的负责人,如果他说要对叶先生予以处分,甚至解除他的职务,完全是职务和权限内的事。但是接下来,并无任何事发生。也许陈校长会对叶老师进行私下批评,但叶老师仍旧教他的书,直到他突然得病去世,在这件事情上,我看到父亲处事的大度。在母亲的教导下,我仍然对叶老师彬彬有礼,不过内心总有些阴影。毕竟,这是我一生中受过的唯一的体罚。

几十年过去了,我从学生变成了老师。我深切感到,无论出于何种原因,老师都不能,也不应该对学生进行体罚。一方面,这会对学生的自尊心造成严重的伤害;另一方面,这并不能让学生在思想深处反省自己的行为。现在,还必须从法律和人权的层面来看待和处理体罚学生的事。也就是说,今天它已经成为违法的事。有法必依,违法必究。我们应该让体罚学生的行为彻底从我们的校园消失。

很遗憾的是,在我离开沙横进入槟港中华中学一年左右,有一天父亲告诉我,陈校长因病去世。我痛失恩师,心中留下无尽的悲伤。他作为中华文化在沙横的传承人,将为历史,也将为沙横的中华儿女所铭记。

三、沙横旧事

我把在沙横期间经历的一些事情记录下来,与后人共享。

1. 沙横中华学校

　　沙横中华学校，确实是在父亲的苦心操办下，才得以成立、运作和发展起来的。父亲下气力来创办这个不大但造福沙横华人的学校，其初衷大概是两方面兼而有之。一方面，是解决自己子女的上学问题。父亲作为第一代移民，对自己的祖国怀有深厚的感情。关于这一点，我在后面将再作详述。他把家从菠萝密山搬到华荣，又很快搬到沙横，就是为了我们兄弟姐妹的教育。到了沙横，他感到这里才有办学的土壤，所以就下决心克服困难来办学。另一方面，他有更大胆的想法，就是为沙横华人社会作贡献。他不甘心看到华人社会失去自己的根基，作为第一代移民，他比别人有更强烈的爱国情怀，希望那些黄皮肤黑头发的同胞不仅能说客家话，也会说普通话，懂汉字。沙横华人有一个显著特点，不论是广东人、福建人还是广西人，大家都用客家话作为共同的交流语言。但是，大部分华人都不认识汉字，是文盲或半文盲。不像父亲，他毕竟是从国内来的。这里交代一下父亲的身世。我的爷爷共有四个孩子，全是男孩，父亲是最小的。他的大哥没有出国，留在了广西。二哥和三哥都到了印尼，也都在沙横。他们三兄弟中，父亲算是处境比较好的。他的三哥在一次做工中意外身亡，留下妻子和幼小的女儿。二哥也没什么专长，开始时当木匠，但因需求不大，很难维持生计，还得靠父亲接济。父亲经过几年的艰苦拼搏，从菠萝密山，到华荣，再到沙横时，经济情况有了改善，所以有条件在沙横开一家商店。但这商店是和一个姓官的博白同乡合资开的，姓官的出大头。不过，毕竟处境好些了。父亲就有了"富则兼济天下"的想法。当时正值第二次世界大战结束，日本的投降大大提高了华人的民族自豪感，所以父亲希望年轻一代都能基本掌握自己祖国的母语。尽管他既要抚养七八个子女（到1946年我家有七个兄弟姐妹），还要抚养他三哥的遗女和帮助二哥一家，但对于兴办中华学校，他还是带头出钱。他仅仅靠着那小生意，竟捐出了比公认家庭富裕的人更多的钱。这就形成了很大的推动力，使那些犹豫不决的人们纷纷慷慨解囊，扩建新校舍的资金很快到位，工程也得以顺利启动。

当时中华会馆决定举行一场庆祝仪式，宣告新校舍落成。那天是星期天，学校要求全体学生穿着校服到校。中华会馆则要求所有家长和嘉宾都来参加。父亲让母亲制作粽子犒劳学生。为此，母亲准备了一百多斤的糯米，还有虾、肉等佐料，紧急制作粽子并保证每个学生能领到两个。费用当然都是我家出的。为了做好这么多粽子，母亲真是费尽气力。她不知付出了多少辛劳，流下了多少汗水，才把所有的粽子做好。开会当天，当热气腾腾、香气扑鼻的粽子在老师的分发下，有序地到了学生手里时，人们都为之激动。但他们并不全知道，这是母亲辛劳的结晶，是父母亲传播中华文化的真情。那天学生们准备了一些节目和游戏，学生家长和嘉宾们看到孩子们的成长，无不表示赞许，感到欣慰。之后他们到新建成的校舍参观，也同样很喜悦。

那时的中华学校，以升中华民国的青天白日满地红旗和唱中华民国国歌作为每天的早课。但在 1949 年后，就转为升五星红旗和唱中华人民共和国国歌了。那是一个转折的时代，中华会馆有父亲和与父亲共事的那些董事们，他们都是心向中华人民共和国的。不像在槟港，即便在中华人民共和国成立几年后，仍然有拥护台湾的势力。父亲可以说是拥护中华人民共和国的先锋，他大义凛然地公开宣布自己的政治倾向。我在后面将再介绍这个情况。现在先叙述父亲为沙横中华学校招聘教师的一些情况。

随着沙横中华学校日益发展，尤其是它的办学成绩突显之后，附近矿区的华人子女也被家长送来读书。他们往往一大早用卡车（当时没有巴士，用的是矿区的卡车）集体送孩子过来，放学时再接回去。学生人数猛增，班级增加。原来两个班同在一个教室，现在条件改善了，每个班都有自己的教室，原有的老师很不够。父亲为此代表中华会馆在邦加内外招聘教师。我见过好几位应聘者到我家来跟父亲谈。这也相当于今天的面试，不过当时没有今天规范和严格。就我记忆所及，至少有两位，一位姓张，另一位姓朱，都是由父亲聘请来的。还有好几位，记得也同父亲谈过，但可能觉得条件不合适，最后并没来上任。由于我 1951 年底离开沙横，还有哪些是父亲招聘来的，就不清楚了。前边提到那位姓朱的老师不是沙横人，但他在沙横任教后，和沙横一位姓罗的女孩结婚了。姓罗的女孩在沙横中华学校毕业后，到槟港中华中学读初中。毕业后回到沙横，和朱老师双双在沙横任教。沙横中华学校一直办到 1967 年印尼总统苏哈托限令华文学校统统关闭为止。从父亲等人创办它到最后关闭，努力经营二十余年。可以说，它为中华文化在沙横的传播，做出了不可磨灭的贡献。不过，政治形势所迫，它也难再起了。超过五十年的光景，沙横的华人已经远离华文。尽管他们中还有岁数较大的仍用客家话交流，年轻些的则全部用印尼话。而全部人，都不再把自己当成中国人，他们明确地称自己是印尼人，或者印尼华裔。因此，中文对他们而言就不再是祖国的语言了。印尼是他们的祖国，所以印尼文才是他们祖国的语言。当前，在印尼推广的三语（印尼语、汉语、英语）学校，只是为印尼华人提供掌握另一种外语（汉语）的机会，应该说主要是一种商业行为。当我旧地重游，去看看自己曾经学习生活过的沙横中华学校时，见到校舍还在，但已经很破败了。一切都变了，真的是物是人非呀。

2. 沙横的第一面五星红旗

直到今天，我才真正理解六十多年前父亲在沙横所表现出的与众不同的爱国情怀。作为十六岁就离开祖国的第一代移民，他头脑里当然都是祖国的山，祖国的水，家乡的田野，自己的母亲，自己的乡里。他是 1927 年离开家的，那一年正是蒋介石发动反革命政变，屠杀共产党，夺取政权，走向独裁的一年。随着年龄的增大，我逐渐感觉出父亲明显的政治态度。他买了一本埃德加·斯诺所写的《中国震撼着世界》（又译"红星照耀中国"或"西行漫记"），以及《延安一学校》（这本书描述了延安一个小学的整个教育制度和实施措施）。前一本书当然是供他自己看的。后一本书除了他自己看之外，他还让我和哥哥看。估计他是想参照延安的学校来办沙横中华学校，或者作些借鉴。他还买了毛主席的《新民主主义论》《论持久战》等。所以，在1949年10月1日之前，他就经常向来我家的华人朋友或他的同乡兴奋地说，中国有希望了。听说10月1日即将在北京举行中华人民共和国的盛大开国大典，他怎么也按捺不住激动的心情，恨不得也参与其中。而当时还没有电视，所以看不到北京的盛况。但父亲还是设法通过某种渠道弄到国旗的标准尺寸，并按这个尺寸定制了一面国旗。这成了沙横的第一面五星红旗。1949年10月1日清晨，他亲手庄重地把这面象征祖国的国旗挂到我家门前。这引来许多关注，印尼人好奇地问这是哪国国旗，父亲就解释说，这就是中华人民共和国的国旗。有些华人也是这样才知道中华人民共和国国旗的。

但是，父亲的行动却受到了印尼当地政府的非难。不久，就有警察来我家质问。后来，来了更多警察，声称父亲的行为违法。父亲据理力争，他说，我是中国人，我在自己国家的国庆节悬挂国旗，犯的什么法？但是，警察人多势众，不由父亲说话，就把他拘捕，并带回警察局关押起来，还到家里抄家，把上面提到的那些书都带走审查，就连父亲为我们买的连环画《王贵与李香香》《小二黑结婚》《白毛女》等也拿走了。这件事究竟是印尼政府当局主动采取的行动，还是亲国民党的华人不满父亲的行为而到印尼当局告恶状的结果，迄今我也没搞清楚。虽然沙横的华人绝大多数拥护中华人民共和国，但还有个别或者极少数拥护国民党的人，因此，他们有搞鬼的嫌疑。这件事很快引起了中华会馆的重视。会馆的多名负责人一起到警察局要求放人。在这种情况下，本来没犯什么法，他们就是想要点钱，会馆负责人便给了他们一点钱，这事也就化解了。第三天，警察局就把父亲释放了。回家后，父亲说，大概惧于他侨领的身份，又真的没犯什么法，所以警察对他还算客气，只把他关在一个房间里，并按时送饭送水，也没有任何虐待行为。放人时，他们满脸堆笑，说是误会了，书也都还回来了。到 1950 年国庆时，由于中国和印尼正式建立外交关系，沙横华人绝大多数都欢天喜地地悬挂五星红旗。

3. 红书和报纸

有句话说，从小看大。小时候养成的习惯，确实可能成为人一生的执着。而在这些习惯的培养过程中，父母亲往往起着举足轻重的作用。同言传相比，身教的作用更大。父亲在中华人民共和国成立前，买了很多书，但远不止上面提到的那些，他还为我们买了适合我们阅读的书。每当父亲在家时，他总是手不释卷，专心看书。他也让我们看书。久而久之，我看书的习惯也就养成了。以后的几十年，我和书结下了不解之缘。我博览群书，以它们作为自己的精神食粮。当我回想自己几十年读书的经历时，真的很感激父亲。在我的记忆中，父母亲从未打骂过我。他们只是偶尔会说我，但也绝不声色俱厉或怒气冲冲。但他们的行动，如待人，如做事，成为我效法的典范。在潜移默化中，我把它们承接过来，作为自己的言行规范。

报纸，也是我的终生所爱。关于报纸，我也有挥之不去的往事。大概在我八九岁时，印尼有了中文报纸。其中爱国的报纸，在雅加达出版的有《新报》和《生活报》两种。父亲订的是《新报》，每天送报员都会把报纸送到家里。开始我还不会看，因为年纪小，认识的字有限。但到了四年级，我基本上能看懂报纸的所有内容。父亲教我怎么看，有不认识的字，就问父亲，或者查父亲后来买回来的《中华词典》。此后，我养成了每天看报的习惯。我每天抽一定时间看报，当发现报纸上有自己感兴趣的内容时，就把报纸存起来，或者把文章剪下来。但是后来出现了矛盾。二伯也喜欢看报纸，看的却是父亲订的这份报纸，他走时就把报纸拿走。有时还是当天报纸，父亲或我都还没看。我就不高兴了。更甚的是，他拿了之后不送回来。因此，我向父亲"告状"，父亲让我自己和伯父说。伯父来了，我就鼓起勇气和他说了。他听了之后大概不高兴，说"好好，我以后看完拿回来就是了"。下次他来，真的把报纸带回来了。但我在每份报纸头一版的报头下面，发现伯父都写了一行字"宝贵的报纸"。我知道，他是用这种方式来发泄他的不满。果然，那天他没拿报纸。有一段时间，他也不再拿报纸，只在我家看。又过了一段时间，他又拿回去看。但这以后，他都自觉地把报纸送回来。

我对报纸的兴趣，一直持续到上初中。那时，学校图书馆订有报纸，我就天天到图书馆看。高中时班上有报纸，我自告奋勇，负责管理报纸，把报纸汇总钉到报夹里。上大学时，班上也有报纸，我也照样把报纸管起来。工作后，有条件了，我一直不间断地订报，而且订好几份报。另一件和报纸有关的事是，受到我所看的《延安一学校》和报纸上的文章的启发，我鼓起勇气也写了一篇题为"旧中国和新中国"的短文，投到《新报》，居然被刊登了。那年我才十一岁。

后来沙横有人提到苏氏两兄弟，把我和哥哥说得如何如何聪明有才。但是实际上，我自己非常普通，根本谈不上什么天资聪明，只是比较努力而已。

4. 小通讯员

我是从事计算机科学技术的，大而广之，就是信息技术，即所谓 IT 行业。其实我在小时候就和通信发生关系了，那时，我就成了实实在在的通讯员。事情还要从李承琅（李承琅是我家房东的儿子，当时已在雅加达中华中学上高中）的大妹妹说起，她大我五六岁，当时，她也在沙横中华学校读书，比我高几个年级。她的一个好朋友，也是她的同班同学，叫范素群，住在离我们家一里多路处。范有残疾，她的腿不能正常行走，要坐轮椅。但她身残志坚，学习上非常刻苦勤奋，因此她深得沙横人的尊重。我叫李家姑娘姐姐，所以也叫范素群姐姐。李家姑娘有一个闺房，就在我和哥哥住的房间旁边，但李承琅回沙横时就成了他的房间。每天，她总要我到她房间和她一起学习。母亲开始时怕我影响人家，不让我去。但她向母亲说不会，还说可以帮助我，母亲也就同意了。其实，我并不需要问她什么。只是跟她在一起，我也很开心。就这样，我们一直都在一起学习，直到我离开沙横去了槟港。她有时想吃什么零食，便叫我去买，因为她一个女孩子出去不方便。我买回来，她分给我吃，小孩子嘴馋，别提有多高兴了。但是，我在她身边最大的作用，莫过于当她和范家姑娘的通讯员。在学校里，她们当然在一起。放学后，在没有电话更不用说手机的时代，她们要联系，就只有靠人传达了。因此我的通讯员身份就是这样确定的。一旦李家姑娘有事要和范家姑娘联系，如果当时我就在她身边，她便马上向我交代任务。而如果我那时不在，她就得先把我找来。找来之后，一般不会马上就叫我做，总是先要让我"定定心"，把我笼络好，然后才让我去。我把她写的纸条带到范家之后，不会马上走人，我要等她把回信写好再带回去。这期间，她会给我吃的。她们有时还会交换书或其他东西。这些纸条，不用信封，因为只是她们间的事情。她们对我不保密，我也不看。但是，对我来说，我却要替她们保密。我对谁都不会透露她们间的通信往来。所以，从小我就懂得这是"职业道德"。范家姑娘身残志不残，她身体残疾，却非常坚强，学习很刻苦勤奋，因此经常受到学校表扬，我对她也充满敬重。我看到她虽然行动那么艰难，但总是开朗阳光，真的很钦佩。但是很可惜，她二十岁左右，就离开人世了。

如果说李家姑娘和范家姑娘的通信不需要保密，那李家二姑娘，我也叫她姐，和温书庆（李承琅在雅加达中华中学的同窗，他们是当时沙横仅有的在雅加达读书的年轻人）的弟弟温林昌的通信就不同了，因为他们俩当时在秘密谈恋爱。他们让我传送的是情书。李家二姑娘和温林昌的通信，肯定不会都委托我。比如，我只负责把李家姑娘的信交给温林昌，不让任何人看见。因此，见到温林昌时，我先要观察一下，他接信是否方便。只有确认方便时，我才把信交给他，并说明是李姐姐给他的。

李家二姑娘和温林昌相爱有几年时间。尽管他们进行得很隐秘，但是小小的沙横几乎都知道。他们之间感情很深，已经到了谈婚论嫁的程度。但是，温一心要回国，而李二姑娘却由于母亲的关系不能回。因为她姐姐后来回国了，并且就在暨南大学化学系读书，她母亲不愿回，她得留下陪伴母亲。温曾表示，如果一起回国，他就和她结婚。既然她不回来，那就只能天各一方了。后来，温在福建泉州双阳华侨农场另找了归宿，而李家二姑娘迟迟未成亲。她对温的执着令人感动。

除了做李家两个姑娘的通讯员外，我还是林家姑娘的通讯员。在沙横，我家租住在李家的大房子里，这个大房子里住着房东李家、李家亲妹妹一家，还有我们家，另外还住有姓林的一家。我们三家是广西博白人，林家是福建人。林家的大女儿，据说不是亲生的，而是养女。她比李家姑娘大，已经心有所属，但她的心上人不在沙横，而在槟港，和他父亲一起开自行车行。她很难有机会去槟港，因为几乎所有家务都由她承担。我在沙横期间，父亲总爱带着我去槟港。每当得知我要去槟港时，她总会悄悄找到我，说："运霖，替姐姐办件事。"然后把密封好的信交给我，信封上什么也不写。她的对象家在市场附近，是父亲和我的必经之地。我到了那里，趁没人注意时，就偷偷把信塞给他。他见到了我，小声说谢谢，我的任务也就完成了。

我这一生，曾多次担任通讯员的工作，而其起点则是在沙横，在我的少年时代。

第二章

少年成长

·
·
·
·
·

一、槟港三年

考上槟港中华中学后，我并没有马上上学。过了假期和春节，在1952年初，我和哥哥才由父亲领着到槟港报到入学。离开沙横，我最舍不得的是母亲。因为父亲差不多每隔一两周就会到槟港盘货，他一来，总要来学校看我们。但母亲就不同了，不到放假我们回不了沙横，就没法见母亲。在我的记忆中，总忘不了母亲在我身边的那些情景。母亲有时为我剪指甲，有时为我掏耳朵。我总是躺在母亲的怀里，充分享受着母亲给我的温暖。现在想起来很奇怪，在那样的时候，好像就只有我自己在母亲的身边，因此也就特别享受。有时在晚上，母亲和我在一起，那时弟妹都入睡了，母亲在做针线活。母亲会说，你想吃什么吗？不论我说想还是不想，母亲都会马上给我钱，让我到电影院前的推车摊去买面或云吞之类的小吃。母亲只是象征性地吃一点，剩下的都给我。我想，我真的好幸福。但到了槟港之后，我就不能享受这一切了。

失去了母亲的慈爱，我却得到了姥姥和姥爷同样温暖的关爱。说起姥爷，现在和弟妹们在一起回忆小时候，他们都会异口同声地说，姥爷很偏心，对我特别宠爱，不喜欢哥哥。大概是因为我从小就听话，不会到外面淘气玩耍。还在华荣村时，姥爷也和我们一起住。他每次从外边回来，总会带回吃的。东西多的时候，人人都有份。但当东西不多时，他的偏心就显出来了。他先给我留下多的、大的一份，然后才给哥哥和弟妹们。有时，他只买给我，不给别的孩子。每当这时，他会把东西藏起来，不让孩子们看见，等到有机会了，才叫我到他房间里，让我在他房间里吃。不过哥哥很聪明，如果他看见姥爷回来，看样子还带回什么而又不说，他就知道，姥爷肯定给我买东西了。于是他就会趁姥爷不备，偷偷钻进他房间里。无论姥爷把东西藏到哪个角落，他总能找到。过后，当姥爷叫我去他房间时，却发现东西没了。他当然很生气，知道一定是哥哥干的，但也就算了。

去槟港上学后，我和哥哥就要和姥爷、姥姥住在一起了。我想，我也会很愉快的。临走前，母亲又叮嘱我们要听话，我向母亲保证一定做到。父亲还把我们兄弟俩带去见槟中的一位老师，他就是李大庸老师。他是父亲的广西博白同乡。李老师失聪，和他交谈要用笔写，但他能说。不过他说的普通话，带很重的广西口音。我头一次听，感到有点吃力，但后来听惯了就不觉有什么困难了。从此开始，我和李老师维持了数十年的交往，直到2010年他去世。

姥爷姥姥的家在槟港郊区的小村子里。那个地方叫泰兴。那里住了十多户人家，姥爷家的旁边住的是姥姥的亲弟弟。这两家在小河的一岸，在对岸住的都是姥姥的表妹表弟等。其中有一家是姥姥的表妹，她丈夫叫赖官琳。他是暨南大学上海附中的学生，回到印尼后，长期担任槟港中华学校的校长，为槟港乃至整个邦加的华文教育做出过重大贡献。母亲也曾是他的学生。邻居的舅姥爷最小的儿子，叫彭石祥。我们刚到姥爷家时，他正准备回国。他是邦加最早回国的那批年轻人之一。在我们到姥爷家时，他家的榴莲树刚好结果，他家一有榴莲，就会叫我和哥哥去吃。我还记得，他在果园的树上搭了个小棚子，他在里面睡觉，顺便看护榴莲，免得被人或猴子偷——原来猴子也爱吃榴莲。有一天，他让我和他一起住在那小棚子里，但姥姥不让，她怕我掉下来。又有一天，他们家收获了好多榴莲，他给我们带来两三个，把我高兴坏了。不久他就动身回国了。他一回国，就只身去哈尔滨，在一所中专学校读书。毕业后留在五常市工作，直到退休。遗憾的是，他一直没有机会再回去探望他的亲人，而这些亲人也再未见过他。他们都一一作古了。想到这些，我为他们感到悲伤。

赖官琳校长有一个儿子叫赖奕杜。他也在槟港中华中学读书，比我高一两个年级。出于对祖国的热爱，或许赖校长也对他满怀期望，他初中还没有毕业就回国了。他毕业于北京医学院（北京医科大学前身），毕业后分配到北京市卫生局工作。他为人特别低调，淡泊名利，勤勤恳恳，埋头工作，因此深得单位领导和同事的好评。不幸的是，正值英年时他就因不治之症去世了。

姥爷家四周都被植物、果树环抱，还有一条小河。河水静静流淌，似优雅的歌声在轻轻地向自然献唱。那些参天大树，则以它们的枝叶遮住阳光，使这里的气温比别的地方要低上一两度。置身其中，常令人感到宁静、和谐、与世无争。这里没有电，也没有自来水，我们喝的就是这小河里的水。后来这里开了个水厂生产瓶装水，足见这里的水质确实很好。

在这种环境中生活，最满意的莫过于这条河所提供的快乐了。一早起来，第一件事就是跃进河里洗一个舒适的澡。因为河离家很近，只有二三十米远。等洗完澡了，姥姥也为我们准备好了早餐。吃过早餐，我们兄弟俩就出门上学。

但上学就没有洗澡那么惬意了。刚开始的第一学期，槟港中华中学的校址在荣和村，距离姥姥家有三千米的样子。我们徒步上学，走到学校需要四五十分钟。去学校时刚刚吃过早餐，体力充沛，不在话下，但到中午放学时就是另一回事了。在初中阶段，父母亲从未给过我们零用钱。别的同学在课间操时间都买零食吃，我和哥哥从未吃过任何零食。每每到了中午，真感到肚子闹"革命"了。但我们知道父母亲的艰难，有那么多的弟妹，我们怎么忍心去向父母亲要钱买零食呢？于是就拖着饥饿疲惫的身体，回家吃姥姥做的饭，那可比零食要好得多呀！每天这样走对我而言也是很好的锻炼，我以前还从未走过这么远的路，时间长了，习惯了，也不觉得饿了。而且，还有一个好节目等着呢，那就是吃过饭稍作休息后，又可以跳到河里洗澡，洗完了才开始复习功课，做作业。到傍晚时，我还要再洗个澡。这样的生活，很充实很快活。

荣和村这个学校，离附近的人家较远。但是学校后面有一个木瓜园，园内种了很多木瓜。有的同学下课休息时，就跑到这里找熟了的木瓜。主人总以比市场低的价格卖给同学们。有时木瓜熟得多，在市场上也不大好销售，主人就请同学免费吃。我也免费吃过一两次。

在学校的前方是操场，学校每天都安排我们做操，做完操才开始上课。操场中还有足球场、篮球场等。再向前走一百米，有一棵很大的榕树，枝叶繁茂，在其下形成一块阴凉的空地，好似天然的会场。就在这里学校组织过一次演讲比赛。我第一次参加这类活动，这才懂得什么叫演讲比赛。这次比赛中有一位同学表现突出，他叫陈喜生，是我的同班同学陈延邦的哥哥。他的演讲题目是"坐而谈不如起而行"，至今我对他的出色表现仍有印象，并且懂得了坐而论道无济于事，只有实际去干才会有成效。现在，习近平总书记明确指出"空谈误国，实干兴邦"，这对于实现中国梦确实有非常重大的意义，因为只有全国各族人民都紧密团结在以习近平同志为核心的党中央周围，万众一心，埋头苦干，开拓创新，我们的一切理想才能变成现实，我们的国家才能振兴，人民才能幸福。

陈喜生后来到巨港读高中，又通过函授取得厦门大学中文系的学士学位。他没有回国，但这没有影响他对中华文化的热爱和传承。在苏哈托对华人和中华文化的压制下，他停止写作达30年之久，而瓦西德的新政使他重新燃起对祖先文化的热爱。他的创作热情像火山的熔岩一样喷发。他在出版了诗集《等待》之后，又相继出版了另一本诗集和文集。虽已逾80高龄，他仍活跃在印尼华文作者的行列中，还是印华作协的副主席，仍为整个印华文化事业的发展而贡献余热，其精神确实可嘉。

在荣和村中华中学的校址处，还有一片地供学生进行农业劳动或学习实践。从这可看出当时办教育的校董和老师们有很好的教育理念。后面我将介绍这些可亲可敬的前辈们。因为我和槟中学子的成长渗透了他们的汗水，包含了他们的心血。

在这片园地里，姓梁的老师教我们务农。他结合植物课的教学手把手地教我们种植一些我们熟悉的植物，如木薯和地瓜。他把我们分组，各组还开展比赛，看哪组干得最好。我们还给自己组取了名字。我给我们组取了"李顺达"这个名字，因为李顺达当时是我国著名的农业劳动模范。到收成的时候，梁老师语重心长地对我们说："你们通过劳动，收获的不仅仅是眼前这些产品，还培养了热爱劳动、热爱劳动人民的品质和习惯。你们还应该把它们贯穿终生。"这些教导确实深深打动了我们年幼的心。

槟港中华中学在荣和村只运作了一个学期，这里不免简陋些，最主要的问题是校舍面积不够用。新校址在靠近市区的西南，在铁铺街的外边，方圆开阔，环境优雅。新校舍正面是两层楼，楼上是礼堂，供开大会、表演节目用，另外还有一个图书馆。这两样都是旧校舍所没有的。礼堂平时也有用处，它是供学生会文娱部的歌咏队和舞蹈队排练节目的。当时国内有一种相当流行的说法，说华侨学生能歌善舞。不过在我看来，这并非天生，而是在侨居国的氛围下坚持不懈演练的结果。每天下午，歌咏队的同学们就练习演唱中国的最新歌曲，同时也不断演唱《歌唱祖国》《东方红》《义勇军进行曲》等经典歌曲，也会演唱印尼歌曲。同样，舞蹈队除了学习腰鼓舞、秧歌舞、兄妹开荒舞等国内当时流行的舞蹈外，还学习印尼的民间舞蹈如伞舞、手巾舞、罐舞等。这体现了学校老师和同学已经具有中外文化交融互鉴的意识，努力用实际行动来体现对各种文化的包容。这些活动增加了同学们的知识，提高了他们的演技，让他们有宽广的胸怀来接受外国的东西。我发现参与这些活动的同学比别的同学有更高的认识水平和更宽广的视野。这些节目，成了国庆节庆祝活动的文艺节目，给节日带来了欢乐祥和的气氛。对于参与演出的同学的家人来说，看到自己的孩子在学校里有了如此可喜的表演才能，都高兴得合不拢嘴。这让他们更加支持学校。后来这些同学绝大多数都回国深造。所谓的华侨学生能歌善舞，说的就是这批同学。不仅在槟港中华中学是这样，在印尼各地的中华中学也都这样。应该说，他们成为中外文明的桥梁。他们对于我国青年人了解东南亚文化起了相当大的作用。就我后来就读的长沙一中而言，在 20 世纪 50 年代前，学校从未有过华侨学生，所以国内同学对于华侨自然没有什么概念。华侨学生来校后，他们才知道原来华侨学生是这样的，也才知道他们侨居的国家的一些情况。华侨学生演出的节目由于其特殊新颖而受到关注和欢迎。

1953 年国家开始实施第一个五年计划，实现对旧中国经济的改造，我国经济进入了崭新的轨道。国外的华侨也为祖国日新月异的发展感到无比欢欣，所以，在槟港就有了隆重盛大的国庆庆祝活动。那年的庆祝活动在槟港华人历史上也留下了浓重的一笔。那天的庆祝活动在槟中的操场举行，主办方是槟港中华总会，槟中负责出节目，同时是活动的主力。当天红旗招展，歌声震天，标语如海，气氛如炽。人们沉浸在欢乐兴奋的气氛中，为祖国的强大而高兴。尤其是刚刚结束的抗美援朝战争的胜利，华人无比自豪，感觉祖国真了不起，把以美国为首的联军都打败了。日后，我们进一步发展起来，那就一定会天下无敌。同学们气势恢宏的腰鼓舞、秧歌舞表演，不但给观众带来了艺术享受，更加深了他们对中华文化的了解。散会时，许多人还久久不愿离去，感到意犹未尽。作为初中二年级的学生，我只不过是个观众，但很高兴我也参与其中。我参加了一个比赛项目，就是人的腿部被绑在麻袋里，只能靠跳跃往前走，同时要求参赛者在往前的过程中，心算一道题，谁能最先抵达终点并正确算出答案为胜。我幸运地获得了这项比赛的第一名。这既是我有生头一次看到如此盛大的场面，也是头一次在这么大的场面中获奖，心中喜悦难掩。但其实这是极为普通的事，因为大会有好多节目，我这不过是其中非常普通的一项，简直不值一提。

在室内，就是上面提到的礼堂里，也有庆祝活动。它的规模没有外面操场上所举办的活动大，但也不失隆重。整个学校都完全沉浸在欢庆的喜悦中，表明槟港华人对祖国的一片赤诚。

在槟中另一个难忘的庆典就是毕业典礼了。1954 年末，到了我从槟中初中毕业的时候。我们班不是槟中的第一届初中毕业生，却被认为是成绩最好的班。所有教过我们班的老师都对我们班的班风深感满意，因为这个班的同学个个都勤奋好学，又都尊敬师长，遵规守纪。临近毕业时，班委会决定搞一个纪念册，让每个人把自己的毕业感言写下来，也请我们班的老师为我们写赠言。举行毕业典礼那天，我们全都穿上校服，像庆祝节日一般。在典礼上，校长龙运材发表了热情洋溢的讲话，还对我们班表扬了一番，然后把毕业证书逐个发到每个毕业同学手里。这是最激动人心的时刻，因为这标志着我们三年初中生活的结束，从此我们这群人就要各奔前程了。之后的毕业照也是激动人心的，因为大家都知道它是一生的记忆。毕业典礼结束了，大家久久不愿离开，留在那里互道珍重，真是相见时难别亦难。此前大家天天来上课，差不多天天都见面。可一毕业就不知何时再相见了，而全都再相聚根本不可能了。

由于槟中当时还没有高中部，所以初中毕业就意味着和它说再见了。我和哥哥都决定要回国，我们几次和父亲商谈，尽管父亲开始时不大愿意我们回国，他希望我们留下来帮助他分担家庭的重任。但他最后还是为我们的前途着想，同意我们兄弟俩回国。他也想着有朝一日举家回国，因为他的心中也惦念着祖国。所以，在离开槟中的时候，我就刻意去记住槟中的一切，因为它曾经和我生命的一个阶段密切联系在一起。

槟中的图书馆是我人生中的第一个图书馆。图书馆的馆长是父亲的同乡——我们的语文老师李大庸老师。当我头一次抱着好奇心走进图书馆时，就被眼前的大书架和书架上一排排的书所震撼。哦，这么多的书！当我还在惊愕中时，李老师发现了我，走过来很和气地对我说："你来看书呀？想借书看看吗？"接着他就把我带到文艺作品架处。我第一次看到这么多的小说，琳琅满目，真让我目不暇接，眼花缭乱。我真想把这些书都借来看。李老师好像也看透了我的心思。他就说："这些书都很好，值得你去看，但你只能一本一本地看。"他推荐我先看两本。一本是《卓娅和舒拉的故事》，另一本是《钢铁是怎样炼成的》。再以后，我又看了《普通一兵》《青年近卫军》等苏联作家的作品和《把一切献给党》《为了幸福的明天》《谁是最可爱的人》等我国作家的作品。应该说，十几岁对于人生观的形成是至关重要的时期。而人生观世界观的形成，同所接受的教育、所阅读的书籍都有直接的关系。在我还不大懂得人生应该怎样度过的时候，我在《钢铁是怎样炼成的》一书中读到："人最宝贵的东西是生命。生命属于我们只有一次。一个人的生命应该这样度过：当他回首往事时，他不因碌碌无为而悔恨，也不为虚度年华而羞耻……"保尔·柯察金正是用自己的一生践行这句话的人。卓娅和舒拉、马特洛索夫，还有吴运铎（《把一切献给党》一书主人公）、赵桂兰（《为了幸福的明天》一书主人公）也正是这样的人。我深深地被书中主人公所感动和教育。尽管他们的事迹不尽相同，但他们都有相同的信念，那就是人民的利益高于一切，祖国高于一切，党的事业高于一切。在他们身上，我看到了伟大和崇高，下决心要以他们为榜样，来塑造自己的人生。

　　图书馆不仅提供了文艺政治类图书，还提供了数理化方面的书。其中我最喜爱的是数学类参考书，比如《代数×百题详解》《几何×百题详解》等。它们像一把把钥匙，打开了我进入这些知识领域的大门。由于我对数学的喜爱，成绩也较好，就被同学选为数学课外小组的组长。这个课外小组，每周活动一两次，下午放学后进行。作为组长，为了开展活动并使组员有收获，我必须准备若干道题目，在这个活动中向同学讲解。有时，别的同学也可能找到问题希望求解。这时我就是靠自己看过的这些参考书，为大家提供答案，使同学们感到确有所获，提高了解题的能力。我在这样做的过程中，并非照搬书上的答案。有些地方要做补充，有些地方又要附加解释，有时甚至书上也有错。这个过程加强了自己的能力和才干。在初中三年的学习中，我有一年多时间担任了课外学习小组的组长。这对我确实是非常好的锻炼。

学校的新校址坐落在槟港城区的西南面，虽离市区近了，但离姥爷姥姥家却远了不少。我们先要走过一个叫斯马棚（Semabung）的村庄，然后拐进叫铁铺的华人街的左侧，中间还要经过拥护台湾的华人办的国民学校。从家到学校差不多要一小时，足有四五千米。开始时，我们兄弟俩就靠我们的"十一"号汽车，一步步丈量这个距离。有时下午还有课外学习小组的活动，哥哥还要参加篮球、足球等体育活动，因此，我们有时就要在家和学校间走两个来回。也就是说，一天有近四个小时花在学校和家之间的路上。有时，我们中午不回去，等学校的活动结束后才回去。但这样我们就得挨饿，这样的时间大概足有几个月。虽然这样很辛苦，但我们兄弟俩从不抱怨父母亲，也不抱怨姥爷姥姥。我们觉得有书读就很不错了。后来，姥爷看到我们太辛苦了，就把他那辆很旧的自行车给了我们。而他自己，想办法弄到了一辆更旧的对付着用。

两人共用一辆自行车，那怎么用呢？当然只有哥哥载我了。这样一来，我们就可节省些时间，从一趟花费近一小时缩减到二十分钟，对我来说是大大地省气力了。我坐在车后真的是优哉游哉，而哥哥就辛苦了，行经那个印尼人的村庄，有两个不大不小的坡，无论来回都有上下坡。而且因为坡度较大，上坡时一个人都很难骑上去，更不要说载着人了。每到这时，我都主动下来，哥哥却总是不让我下，他要推着我走。可我怎么忍心让他推着我呢？但我下来哥哥反而要生气，他说你就老实坐着。不过多数情况下我都不会听他的，尤其在从学校回家时。我搭哥哥的"顺风车"大概持续了半年，直到有一天，从学校回到家后，我发现家里放着一辆七八成新的自行车。我以为家里有什么人来了，但家里并没发现有人。直到姥爷现身，我才知道谜底。姥爷说，运霖，你看这一辆自行车，这是给你的，你以后就不用哥哥载你了。你们各自骑自己的车。这时，几个月里哥哥载我的情景涌上心头。哥哥载我是那样尽心尽力，毫无怨言。所以现在有了两辆车了，应该把较新的这一辆给哥哥。于是我把这个想法说出来了，哥哥开始时不同意，后来在我的坚持下，他才接受了。我们兄弟俩从小就结下深情厚谊，他总是时时处处尽显做哥哥的风范，呵护我，关照我。

"苏氏两兄弟"的称谓，是从沙横中华学校开始的。但是，更能体现两兄弟情谊的，是到了槟中之后。到了槟中，父亲为我们一人做了一个书包。那是用白帆布做的，样子很土。父亲买回帆布，亲自为我们裁剪，再由母亲缝。我们当然懂得父亲为什么这样做。如果去买那些皮书包，不知要花多少钱。做好之后，父亲又在上面用毛笔写上"苏运彩""苏运霖"。苏氏两兄弟就这样闪亮登场，进入槟中了。当时槟中要求学生都要穿校服。校服是白色短袖衬衫，黄色短裤。我们兄弟俩总是在同一时间到校，兄弟俩一前一后，这不也是苏氏两兄弟的见证吗？在沙横时，我比哥哥低一学期。到槟中后，我们是同一个年级，而且学校就把我们俩分到了同一个班上。这样，苏氏两兄弟就真正地"同台演出"了。

然而，除了在学习上我们小兄弟俩你追我赶，绝不落人后外，其实我们两兄弟有很大差异。哥哥外向，很有活动能力，又很合群。所以从一年级下学期开始，他就被选为校学生会主席。他在工作上很有一套，又善于依靠同学和老师，这就使学生会的工作开展得有声有色。哥哥除了学习成绩优秀外，爱好也很广泛。他爱踢足球，打篮球、羽毛球，也爱游泳。他还喜欢唱歌，有一副好嗓子。他称得上是帅哥，所以也有好多女同学爱慕他，希望和他做朋友。但在初中阶段，他根本不考虑这件事。反观我自己，真的比哥哥差得远了。我很内向，很怕羞，也没有什么爱好。如果说还有爱好，那就是看书，成天就是捧着书，有书就可以打发日子。但因为我在班上年纪小，又老实巴交，所以不惹别人烦。

决定槟中教学质量的，是槟中的老师。应该说，作为海外的华文学校，槟中拥有相当强的师资力量。首先是父亲的同乡李大庸老师。李老师出生于1910年，比父亲年长一岁。李老师的父亲叫李光前，正好和著名华侨领袖陈嘉庚的女婿、新加坡大学的创始人之一，且为第一任校长的李光前同名。这位李光前还是暨南大学的校友。李大庸老师也是暨南大学的校友。他父亲李光前在日军侵略邦加岛时英勇反抗日本侵略者而被杀害，我国政府追认他为烈士。李大庸老师毕业于暨南大学外语系。他的老师是当年中国左翼作家联盟的重要成员，1949年后曾担任文化部副部长的郑振铎。李老师从学生时代就积极参加中国共产党所领导的反蒋抗日的地下斗争。他原来在上海，后来回到广西继续从事抗日爱国的进步运动，还曾担任过学生抗日部队的团政委。后来由于脑膜炎致使双耳失聪，不能再从事原来的工作了，但他仍积极参与反蒋的地下斗争。然而反动派要逮捕他，他在国内已无法立足，这才去了印尼，并投身于华侨教育事业。双耳失聪曾让一些人对他能否胜任教学工作表示怀疑，但是他走上讲台后的表现，尤其是学生们对他的欢迎，让那些持怀疑态度的人无话可说。李大庸老师毕竟受过高等教育，尤其是他是从国内出来的，当然深知应该如何实施教育。不过他也知道国内情况毕竟与国外不同，因此照搬国内教材根本不行。所以他不辞劳苦，根据学生的程度，从中外名著或名人的作品中摘录文字作为我们的教材。这些文字不仅思想性强，且很锐利，让学生们学到了很多东西。我们学过李大钊、鲁迅、马寅初等大家的作品，确实收获颇丰。也接触过普希金、奥斯特洛夫斯基等外国人的作品，也受到了很大教育。

李老师还担任学校训导主任一职，顾名思义，这是负责管理学生思想品德教育的职位。作为双耳失聪者，谈何容易。李老师虽耳聋但思想清晰，眼睛雪亮。他本着爱生如子的精神，从细微处分析了解学生的特点，加以引导教育，使学生都能遵守校规校纪，诚实做人。

在教学工作中，李老师运用正面教育和表扬为主的方法来调动同学们学习的积极性和主动性。他教语文，为提高同学的写作能力，除了安排写作文外，还要求同学每天写日记。日记每周交一次，是为周记。我也是从这时开始养成每天写日记的习惯，六十余年来，从未间断。李老师让同学交周记，并不是"学生写万字，教师一个'阅'"。他会仔细阅读每个同学所写的内容，有表扬，有批评，中肯地提出改进方向，使每个人都得到教益和提高。

上面提到，李老师还担任图书馆馆长一职。图书馆虽小，但它是槟中的精神仓库，学生们从这里提取无穷无尽的精神食粮。为使图书馆不断有新书进馆，李老师也倾注了大量心血。几十年后，在李老师回到国内后，我才得知，当时在邦加有秘密的地下党的外围组织，在我领馆领导下，负责华校教育和华侨社团活动的领导。李老师是这个秘密小组的成员。难怪他那么投入地工作，因为他把工作当作祖国的委托，当成是不可推卸的使命。

但在我离开槟中不久后，李老师夫妇及全家，就搬到印尼苏门答腊东北的寮内，并在寮内的端本中学任教。在那里，他遇到了一位从福建来到印尼从事华文教育的郑校长。这位郑校长很赏识他，对他委以重任。然而刚开始时他却受到一些人的嫉妒和排斥，但在郑校长坚定的支持和他本人的实力显现下，最终在端本中学站稳了脚跟。和在槟中一样，他受到学生的普遍欢迎。但由于之后印尼政府的刁难，他无法再留在印尼，便于20世纪60年代初举家回国。回国后，他回到家乡广西，被有关部门安排在区政协图书室做管理工作，同时撰写回忆录，回忆当年参加爱国进步运动的情况。他在自己的工作岗位上踏实本分，任劳任怨地工作。难能可贵的是，不论与槟中的学生，还是与端本的学生，他都广泛联系，和他们保持通信，关心他们的生活和成长。所以这些学生都把他当成恩师，比如，曾在暨南大学任教的曾采今副教授，在徐州矿务局任职的谢美莲高级工程师，以及端本中学郑校长的女儿郑逢榕老师等，都曾撰文盛情讲述李老师对自己的教诲和对华侨教育的贡献。2010 年，李老师以百岁高龄辞世。斯人已去，风范长存！

槟中校长龙运材，也是一位受人尊敬的老师。龙校长也是暨大校友。暨大还在上海时，他就在暨大读预科。他本来想继续上大学的，但抗日战争爆发使他无法继续学业，只好回到印尼。抗战胜利为华文教育的发展提供了可能性。本着就地取材的原则，华侨界的贤达仁人在物色槟中校长时，自然想到在槟港学历最高的龙运材老师。他是当时公认的唯一合适人选。但也有人提出异议说，龙老师喜欢打麻将，当校长不合适。为此两方面的争论颇为激烈，相持不下。于是就让龙老师亲自表态。龙运材校长斩钉截铁地表示，为了华侨教育，可以不打麻将。因此双方和解，同意任命龙运材老师为校长。但为表示慎重，中华会馆先任命龙运材老师为代校长。经过一段时间之后，才正式任命为校长，去掉前面的"代"字。

龙校长走马上任后，他就把在国内见到学到的治校方略加以实践。他严于律己，为了搞好学校工作，他总是早去晚归，一心扑在槟中各方面的工作上，而且任劳任怨。同时，他知人善任，善于团结同事们一道工作。当时老师们的待遇都不高，而且也就只有这份工资，再无任何外快。即使这样，老师们仍奋发工作。这源自大家对华侨教育的热爱。每个人在这个位置上都觉得自己受到重用，愿意为此而施展自己的才华。老师们个个都很卖力，一心为学生的成长而默默奉献。他们这种爱生如子、从教不辞的精神深为学生所崇敬。当同学们在几十年后回忆时，仍然十分感动和感激。有的同学甚至说，自己人生的起点，就是在槟中所受的教育，而这当然和龙校长的领导分不开，槟中也被当作邦加华人的精神堡垒。由于龙校长的卓越工作，他被中国领馆选出作为某年赴京参加国庆典礼的华侨代表。槟中师生以及邦加华侨都为此而感到欢欣鼓舞。

为了适应华侨子弟升学的需要，1955 年后，也就是我回国后，槟中又设立了高中部。龙校长继续掌舵，领导槟中培养华人子弟继承中华文化和学习谋生技能。但到了 1965 年苏哈托当政后，槟中和在印尼各地的华侨学校一样遭到封闭。龙校长失去了施展才华的舞台。

李大庸老师的夫人梅仲娴老师，她不是广西博白人，而是湖北人，但她和李老师是在广西结为伉俪的，然后一同来到印尼邦加岛。她曾担任槟中的教导主任一职，可见她是被校方和中华会馆视为有才干的女性。后来由于某种原因，烈港中华学校遭到印尼当局封闭。在华人的共同努力下，烈港中华学校得以复办。梅老师被选中，调到那里担任校长。在此期间，她对烈华多有建树，深得学生拥护与爱戴。到 20 世纪末，她还被烈港中华学校的校友请回烈港，可见学生们对她的尊敬爱戴之情。她于 20 世纪 60 年代初同李老师一起举家回国后，被国务院侨办任命为南宁华侨补校的副校长，直到"文革"为止。她后来在深圳和香港两地度过自己的耄耋之年。

同样来自国内的还有凌南兴老师和田祈旭老师，他们也是夫妻。不过，凌南兴老师其实是槟港人，他在国内深造后与在国内出生的田老师结为伉俪，然后双双来到印尼。凌老师是正宗的大学毕业生，田老师也是，后来回国后，他们都在贵州农学院任教。凌老师教过我动物课，田老师教过我语文课。凌老师在梅老师调任烈港中华学校后接任教导主任一职。凌老师以严格严厉著称，学生都有点怕他。田老师则十分慈祥可亲，学生们自然喜欢。其实他们都是好老师，有真才实学。"文革"期间他们曾一度搬到南宁居住。碰巧我去南宁时，听说他们夫妇在南宁，便和李大庸老师一起到他们家拜访。那时我已在吉林大学任教。见到多年前的学生，他们十分兴奋。我们共同度过了难忘的一天。后来听说他们又回到贵阳了。自那以后，我们就没再联系，但我始终对他们满怀敬意。

另外一位老师也是暨南大学的校友，叫黄禄厚。他算是邦加的名师，擅长数学。关于数学教学，社会上有很多关于他的传闻，都是赞扬他如何聪明而又如何善于教学的。不过邦加华人很会添油加醋，讲话都有水分，有点哗众取宠。他没有教过我，所以我未曾得过他的教诲。只是在学校里听到他教过的学生对他的评价，他们都说黄老师对学生要求很严，在学习上的要求可谓一丝不苟。而在日常生活中，他也不苟言笑，这大概和年龄差异有关吧。有同学也说，在体育场上黄老师就不同了。因为他热爱体育运动，尤其喜欢踢足球。因此和他一起踢球的同学，都感到很开心，他总是把他们当成自己的好伙伴。但他没教过我，所以确实知之不多。我只知道两件事。一是，后来他接替年迈的赖官琳校长出任槟港中华学校的校长，直到学校被印尼当局查封为止。二是，在华校被封之后，他靠上山打柴和给别人的商店当会计为生。在八十高龄下，他仍坚持这样做，并且坚持骑自行车。这一方面反映他生活的艰辛，另一方面也可见他身体的健壮，这和他年轻时坚持体育锻炼有密切关系。还有一点要特别提出，他具有强烈的爱国之情。他在工作之余，仍潜心阅读中文书籍，并赋诗来表达自己的情怀。这些诗都洋溢着他对祖国的热爱，非常感人。

教英语的老师叫廖德光。廖老师有残疾，要靠轮椅行走。但他是从新加坡英语学校毕业的，因此在槟中，他可谓是科班的英语老师。他发音准确，精通语法，又阅读过大量英文书籍，因此来教我们英语可谓驾轻就熟。而他又循循善诱，教学有方。因此他教过的东西，总能很深刻地印在学生的脑海里。说起来，我在上大学前受过的英文教育，就是廖老师教我的那些东西。而后在两年的高中和上大学的第一外语学习中，我学的都是俄语。后来要学第二外语，我才选了英语，但上了第一堂课之后，我向老师申请免修。经过考试，老师就让我免修了。所以说我的英语基础是廖德光老师给我打下的，让我受用几十年。廖德光老师有两个女儿，在女儿们的要求下，他都让她们回到中国了。这也可见廖老师的宽大心怀。

教地理课的是杨宏祥老师。我在很久之后才得知，原来杨老师也是广西博白人。但在当时，并没听说杨老师和父亲有过接触。也是过了很久之后，我才得知，杨老师也是领馆领导下的地下党的外围组织的成员。杨老师为人低调，除了上课外，其他时间和学生的接触就不多了。我对他印象很深的是，他对中国各地的情况很熟悉，对各地的物产，地形地貌乃至风土人情等都能娓娓道来。他在槟中工作的时间不长，教了我们地理课之后就消失了。后来听说他回国了。直到20世纪80年代，我从长春调入暨南大学后，有一天，也是槟港的一位朋友告诉我，她和杨宏祥老师同在广州第十六中学任教。因此我曾前往第十六中学拜访他，受到了他的热情接待。我注意到，广州第十六中学的校名是由广西博白籍的著名语言学家、北京大学的王力教授题写的。那么，杨老师和王力教授有什么渊源呢？我没有问过他。遗憾的是，在我拜访他之后不久，他便与世长辞了。

叶天养老师，他教过我动物课。至于在别的班级他还教什么课我也不大清楚。他称得上是一位德尊学深的好老师，而且脾气特别好，总是十分和蔼地对待学生。我对他印象深刻的原因是，某一天我早操结束后突然摔倒，右腿骨折，他作为校医曾精心守护在我身旁，让我十分感动。后面我将专门叙述此事。叶老师是少数几位活到20世纪90年代末的老师之一。他在雅加达，不辞年迈，积极参加雅加达邦加同乡会的活动，他的学生们深受感动。并且因为他的缘故，他的孩子也积极参加同乡会的活动，在经济上支持同乡会。

　　槟中原来还有一位姓朱的老师，好像也是从国内来的，但他不拥护中华人民共和国，而拥护蒋介石政权。有时，在和同学讨论问题时，他发表的自己的政治观点，和同学们拥护中华人民共和国、拥护毛主席的政治观点是格格不入的，而他又不时地和同学争论。这就引起同学对他的不满，说他是"反动派"。同学们后来一起向学校领导要求，不要这样的老师。学校在学生的压力下，就把他辞退了。从这件事情也可看出，当时的槟中学生对中华人民共和国有着如何强烈的感情。

　　除了以上这些年纪较大的老师外，槟中还有几位刚从雅加达的巴（城）中和华（侨）中这两所著名高中学校毕业来槟中任教的老师。他们本身是邦加人，原来都想回国深造，只因槟中的需要暂时留在印尼。

　　符气清，邦加勿里洋人。他在槟中教了几年后，回国就读于原北京石油学院。毕业后在广东茂名的石油公司工作，后来升为高级工程师。退休前曾任茂名市致公党主委、茂名市政协副主席。

　　夏真光，邦加槟港人。他回国后在广州华南工学院即如今的华南理工大学建筑系学习。毕业后先在广西南宁的建筑设计院任职，后来调到广东珠海建筑设计院任总工程师。他除了负责珠海的诸多工程建设项目外，还曾多次受聘或与澳门方面合作，为澳门进行建筑设计方面的工作。

　　他们两位都是在大学毕业后，留在国内长期从事自己所学专业的工作，并在自己的岗位上做出贡献者。他们的精神值得我们学习和赞赏。

　　因为印尼文和中文一样是我们的必修课，槟中还聘有两位印尼文老师。两位印尼文老师，一位叫阿里（Ali），岁数较大。另一位叫卡尔西曼（Karsiman）。阿里除了上课外，很少和同学接触，人也显得严肃，不苟言笑，因此我对他印象不深。而卡尔西曼就不同了。他很年轻，教我们时也就二十多岁。他不隐瞒自己印尼共青团员的身份，但没有说自己是共产党员。他向我们讲授的教材也是他自己从书本或报章上摘录下来的。这些文章既有思想性，也有可读性，而且又教我们许多日常生活之外的印尼文词汇，所以他的课让我收获很大。即使离开印尼几十年我仍能讲流利的印尼语，甚至在印尼给印尼学生上课，这全靠卡尔西曼老师的教诲。除上课之外，他愿意和同学们聊天谈心，十分随和，非常平易近人。而他的观点都是正面健康的。他常一面嚼着口香糖，一面和我们谈话，大家也习惯了他的这种做派。我离开槟中后，自然就失去了和他的联系。直到以后再回印尼探亲时，才听说在1965年的"9·30"事件中，作为印尼共产党的成员，他也惨遭杀害。他可以说是我真正有过较深接触，也曾得过教诲的印尼人，是我十分敬爱的老师。

在过了六十多年后，和我一起在一个班上学习的同学，各自有自己的生活轨迹，其中也有些人过早地离开了这个世界。遗憾的是，他们没有看到这风云变幻、多姿多彩的世界。有一些则成就了较大的事业。我在这里也想为他们提供一些篇幅，略作介绍，以资纪念。

凌贝利，他是留在印尼最成功的人士，现在在印尼雅加达从事房地产工作。他还是印尼多个全国性商业社团的高层领导人之一，其中之一是中华总商会荣誉副主席。他在邦加槟中毕业后曾任教于华文学校。在华文教育遭到扼杀后，他才到雅加达谋求发展。在这期间，他认识并成为雅加达一位商贾汤先生的助手，深得汤先生的青睐并获其大力提携。更重要的是靠他坚持不懈的努力和拼搏，一步一步走向今天，终于在雅加达商界占有一席之地。他同时热心于继承和发扬槟中的良好传统，担任雅加达槟港中华中学校友会总主席，为槟中的复办做出了重要贡献。

杨宏雄，他也留在印尼没有回国。他曾留学德国，并取得硕士学位。回到印尼后经商，曾在万隆经营一家规模较大的餐厅。不幸在两年前去世。

黄亚坤，他于 1955 年回国。回国后在长沙五中读高中。大学就读于湖南医学院，即今湖南医科大学，又成中南大学医学院。毕业后在湖南医学院附属医院内科工作。由于医术精湛和工作认真负责，在院内获得了很好的口碑和声誉。后来调到深圳红会医院任副院长。他是造诣很高的主任医生，不幸也在几年前去世。

何陆古，他于 1956 年回国。回国后到长沙一中读高中。高中毕业后就读于湖南农学院，即今湖南农业大学，毕业后留校任教。后来被调出任湖南省致公党的副主委，接着又调到湖南政府参事室任专职参事，获副厅级待遇。

苏运彩，我的亲哥哥。我们一起在长沙一中的高（30）班就读，后来，他考上北京石油学院，即今北京石油大学。毕业后被分配到石油部石油研究院工作。"文革"期间曾被下放到湖北荆门、河南洛阳等地的油田和炼厂工作。"文革"后调回北京，仍在石油研究院工作。在此期间曾被公派到美国纽约哥伦比亚大学短期进修，后来又作为访问学者再次公派到美国，回国后不久即转到中国国际信托投资公司工作。接着就被派到美国西雅图主持该公司在美国的分公司西林公司的工作，任总经理近十年，为该公司的扭亏为盈和顺利发展做出了公认的贡献。后来又被派到新西兰主持那里的公司六年之久，直到退休。退休前他已是正厅级。

陈汉光，他回国后就读于暨南大学化学系。毕业后分配到上海化工厂工作，后被任命为副厂长，高级工程师。他还是上海暨南大学校友会的秘书长和上海邦加侨友会的副会长兼秘书长，为这两会做出诸多贡献，热心为暨大校友和邦加同乡服务。

徐文洪，原名徐文锦，回国后就读于哈尔滨的黑龙江农业大学。后来在深圳动植物检疫站工作，任高级工程师。

谢美莲，她是我们班回国深造的两名女同学之一。毕业于北京矿业学院，即今北京矿业大学。毕业后被分配到江苏徐州煤矿工作，任高级工程师。后来专职从事矿区的侨务工作，为矿上的众多归侨做了大量工作，深获好评，因而曾被评为全国侨联优秀工作者。

刘殿珍，回国后就读于北京农业大学。毕业后在北京顺义县畜牧局工作，后被任命为畜牧局副局长。

我们班上还有许多同学，他们在自己的人生道路上，以自己的方式为社会为他人做出自己的贡献，也绘画出自己的人生轨迹和生活圈。限于篇幅，我在这里不能一一介绍。我要向这些同学表达我深切的敬意和问候。我们曾经一起在槟中这个永远值得怀念的地方，度过我们的美好青春时光，并确立我们终生热爱祖国的信念，这是我们的缘分，希望所有同学都过好自己的晚年。据我粗略统计，已经有近十名同学先后离开人世，我谨对他们表示深切哀悼并愿他们安息。

二、槟港故事

1. 我的"代笔"活计

在沙横的小"通讯员"，来到槟港变成了"代笔"了。事情还得从舅舅彭石祥回国谈起。当我搬进姥姥姥爷家时，石祥舅就已回国了。舅姥爷不识字，所以每逢石祥舅来信，他便来到他姐姐即我姥姥家。舅姥爷平时很凶，脾气很暴躁，但是他有求于我，因此对我就很慈祥。他一进门，就会说，运霖，你舅舅来信了，你帮舅公读读。这时我要放下正在做的任何事情来给他读信。不过，如果在吃饭，姥姥会说，孩子还没吃完饭呢，你先让他吃完饭吧！他从小就对姐姐顺从，就让我吃完饭再给他读信。等我读完信，他就把纸和笔递给我，说你帮舅公写回信吧。写信的顺序是，他先把要说些什么说一遍，而不是他说完一句话，我就马上写一句。因为他并无完整思路，往往是想到一件事说一下，下一句可能又跳到另一件事上。所以，我就让他把要说的话先都说出来，我则用草稿纸记下，然后再把他的话连贯起来写。写完后，我再读给他听，看看是否符合他的原意。开始做这件事还是我读初一时。但因为我在读小学时就已经学会写信了，所以从一开始给他写信就得心应手。等到我把信和信封都给他写好了，他就高高兴兴地回家了。

舅姥爷让我做事，我是不会提什么要求、要什么酬劳的，当时人们之间都这样。最大的好处是，他对别的孩子都很凶，有时还动手打呢。但对我，他总是显得很慈祥。而且，他家有很多水果树，有榴莲、杜古果、山竹等。这些要么姥姥家没有，要么没有他家的多。如榴莲，他家有好多株，姥姥家才两三株。他又知道我非常喜欢这些水果。因此，有时他让我写信之前，就送这些水果过来。他有一个女儿，后来听说是因为没有女儿而领养的。我叫她小姨。她只比我大四五岁，她很喜欢我和哥哥，有时我们也一起玩。一般情况下，舅姥爷不会亲自送水果过来，他让小姨送，小姨送的时候总是额外多送一些。有时她还偷偷地送来榴莲，让我和哥哥饱餐一顿。榴莲实在是我们的至爱，所以我难忘小姨的关爱。

从中国发信寄到印尼，和从印尼寄到中国，大概要一个月的时间。所以，每隔两个月，我就要读一回信和写一回信。这成了我初中三年的常态。舅舅来信的内容，无非是讲讲他的生活状况、学习状况等。他一回国，就到了祖国的东北。那里的气候和印尼有巨大差别。他会在信中讲述那里怎么冷，冬天要穿什么衣服，平常吃些什么等。这些对我来说也是非常新鲜有趣、有吸引力的。舅姥爷回信会向舅舅唠家常，告诉他家里的情况，还有亲戚们家里有什么事，谁家结婚办喜事，谁家又添丁等。但是信中有一项内容是最重要的，就是舅姥爷给他寄的钱。因为当时，从印尼不能直接寄钱到中国，寄钱都是通过黑市渠道进行的，所以在信中不能直接谈钱，而要用暗号。我也就懂得钱的暗号了。钱叫作"金鸡纳霜"，即用来治疟疾的特效药，多少粒"金鸡纳霜"就表示多少钱。由于舅舅回国后是上学，又不愿意完全拿国家助学金，尽管他这样做也没有人会说什么。他的用意就是尽量减少国家负担，而把负担转嫁到自己家里，其实他也知道舅姥爷并不富裕。舅姥爷就靠加工和销售咖啡为生，收入很有限。后面我将介绍舅姥爷这项生计的操作过程。每隔半年左右，舅姥爷就要筹集一笔钱给舅舅寄去。我听他向姥爷讲述寄钱的过程，知道了商人运营的过程。他们都不是通过银行而是通过船员（水手）把钱带到香港，再由香港转到内地。因为是层层转手，费用自然很高。这个费用可能高达所寄金钱总额的两成到三成。舅姥爷为了自己的孩子，心甘情愿这样做，明知道他不可能得到回报，这种精神何等崇高！一直到舅舅有了工作，舅姥爷才没有再给他寄钱。我那时也毕业离开了槟港，我的代笔生涯也随之结束了。当我要离开槟港回沙横时，舅姥爷很舍不得我走，因为他就只有我这么一个方便的代笔了，还把我请到他家吃饭为我饯行。

2.《国内来鸿》

在槟中有一道亮丽的风景线，那就是《国内来鸿》。到底是谁的主意设立这个专栏我不得而知。不过后来有同学提过，这可能是李大庸老师建议的，龙校长赞成，就办起来了。《国内来鸿》刊登的是槟中同学回国后给学校的来信。我正是通过这些信、舅舅的信以及堂哥给父亲的信，逐渐加深了对国内生活的了解，祖国如同磁石一般，紧紧地吸引着我，我回国的决心也越来越坚定。

每隔一段时间，便有几封新的信展贴出来。一贴出，到课间休息或放学后，便会有许多同学围在前面，争相观看，以先睹为快。由于有这个专栏，我对原来不认识的已先期回国的高年级同学，逐渐认识了，或者说知道他们的名字。而后，在祖国这片土地上，我们相知相识，而且成为亲密的挚友。

当时令我印象最深的是曾采今。曾采今是给母校写信较多的一位同学。他从进入祖国的国门，当时的宝安县讲起，接着他谈到如何到了广州，又从广州到了北京。在北京进了中学后，如何考进了北京师范大学。在信中他总是鼓励还在槟中读书的师弟师妹们回国深造。他的这些话具有很强的感染力，使我一次又一次地受到触动，那时我就想着一定要追随他们的足迹，回到自己的祖国去实现自己的人生理想。

曾采今从北师大毕业后，被分配到宁夏的中学教书。直到20世纪70年代，他才被调到广东省，后来又转到暨南大学预科部。当我第一次在暨大校园见到他时，他并不认识我。我向他讲到他的信件对我的影响，我真的很感谢他和其他当时给槟中写信的同学。我们同在暨南大学的校园里生活，彼此也很投缘，因此成为要好的朋友。他也向我谈到李大庸老师对他的帮助和教导。他的名字"采今"还是李老师帮他改的呢。

李良保同学，他也是给槟中写过不少信的同学之一。他毕业于北京外国语学院俄语专业。可惜中苏交恶之后，他所学的专业用处不大，只能另谋生计。他颇有音乐天赋，许多乐器拿过来摸一摸，就能上手。他原来在天津工作，后来去了香港。现在虽已年过八旬，进入耄耋之年，仍然热心公益事业，为香港邦加侨友会组建乐队，经常在香港进行演出活动。

李新云同学，我怎么也没有想到，在我到了东北人民大学（即今吉林大学）时，我会碰到槟中的校友。而他又正是我从《国内来鸿》中知道的一个。当我在1957年进入学校时，李新云已经是四年级了。但他在化学系，而我在数学系。我只知道他的名字，却从未见过面。我不知道他是怎么知道我进入学校的，有一天他到数学系来找我。两人相见都很高兴，更意外的是，他告诉我凌云也在长春，但他不在东北人民大学，而在长春地质学院，我们很快就见面了。不得不感叹地球真小啊。

过了几十年，他们可能也忘了自己给槟中写信的事。至少他们不记得写过什么内容了。但对我而言，他们的信曾经在我的人生道路上起过引路的作用，这是我不能忘怀的。更有意思的是，虽然李新云现在在北京，凌云在佛山，但我们仍然偶尔相聚，谈起往事也总感慨万千。退休前，李新云是北京化工大学的教授，凌云是佛山地质局的高级工程师。

3. 意外骨折

到了初中，我又遭遇到不测——在学校里做完早操后竟然摔倒而引起右腿骨折。事情确实很意外，那是1953年的下半年，我读初二下学期时。那天和平时一样，我和同学们一起在大操场做早操。早操结束，就要回教室上课了。我和平时一样高高兴兴地往教室走。但是也许因为头几天刚下过雨，我一下子踩滑了，失去平衡，整个人就摔倒了。我顿觉右脚很痛，想要起来却起不来。其他同学看见我摔倒了，纷纷过来要扶我，却看见我走不了了。不知是谁喊："运彩运彩，你弟弟摔倒了！"哥哥根本想不到我会在这平地上摔倒，更想不到就这么一摔就骨折了，这也太脆弱了。同学们合力把我抬进学校简陋的医务室。到了医务室，叶天养老师让同学们把我放在床上。他仔细查看我的腿，发现右腿肿了，断定是骨折，于是学校就想办法和父亲取得了联系。但是，那时哪有今天的通信工具？学校里没有电话，我家更没有电话。沙横和槟港又相距一百二十千米。我不知道最后是通过什么办法让父亲知道这件事的。父亲也不知道我的伤怎样，他只是火烧火燎，心急如焚，想尽办法尽快来到我身边。整整一个上午，我就在医务室里躺着，而叶老师一直形影不离地陪在我身边。他还安慰我很快就会好的。而我担心的是会不会耽误功课。我天真地希望几天后我就可以正常上课了。

好不容易把父亲盼来了。父亲把我接回姥爷姥姥家，马上他又从槟港请来一位中医给我接骨。我向他说，你要快点让我好，我要上学，我不要耽误功课。那时离期末大概还有两个月的时间。父亲问医生多久能好，他拍起胸脯保证让我在一个月左右就好，他说他会为此加大用药剂量。那天一直折腾到很晚了他才走，他用竹子把我右腿固定并嘱咐我一定不能移动它。就这样连续许多天，我只能在床上躺着，全靠姥姥从早到晚照顾着我，让我不感到孤单。虽然我不去上课，但我天天都在床上看书。哥哥放学回来还会告诉我上课内容和留下的作业，因此我一点功课也没落下。

但治疗却出了问题，那位中医夸下海口说一个多月就给我治好，却由于用药剂量过大造成皮肤严重腐蚀，也造成肿痛。骨头连接问题不太大，只是有点错位。他处理了几次没治好，只好给父亲退点钱，让我们去看西医，这时邦加情况已有很大改善。姥姥带我找了西医。那西医说，你们早就应该到这里来了。只看了几次，肿消了，皮肤也好了。医生让我天天练习走路，过了三个多星期基本复原了，但是期末考试却错过了，于是面临着是升班还是留级的问题。好在学校规定，平时成绩占百分之七十，期考仅占百分之三十。成绩单下来，我所有成绩不但及格，而且差不多都是 67、68 分，自然我就平平稳稳地跟着原班学习了。我也成了槟中唯一一个耽误了两个多月课仍旧跟班升级的学生。

这次意外让我懂得很多事，我知道要加强身体锻炼才能有好的体魄。为什么别人跌打滚爬什么事都没有，而我这样一摔就骨折，难怪别人说我是豆腐。对于中西医我也有些认识。我感到中医，特别是在印尼的所谓的中医，实际上都缺乏医术。真正的医术还是应该通过系统学习，如同医院里的那些医生，他们都是从大学出来的。我觉得自己也要通过大学学习来掌握技能和学问。

到 1954 年末，我的初中生活画上了圆满的句号，距离回国的时间也只剩半年。这三年确实奠定了我此生的基础。如果说我是一艘小船，那它就从这里开始启航。

第三章

回国前后

......

一、回国前的准备

人生是一场没有剧本的戏剧，人生的历程是不能重复或排练的演出。我初中毕业后的经历就说明了这一点。

从槟港中华中学毕业后，我们兄弟俩又一起回到了沙横的家。这时我们的弟妹比我们去槟港时又增加了两三个。而由于以美国为首的西方国家对中国的禁运，印尼当时对中国的主要商品橡胶的出口锐减，橡胶价格也一落千丈，父亲的生意也就越来越难做。

父亲原来和一位姓官的广西同乡一起开了一个店铺，经营日用杂货。这个店铺的大部分资金是姓官的，父亲的资金只占百分之三十。后来由于诸多原因，姓官的离开沙横去槟港发展，就把沙横这个铺子全部转让给父亲。父亲接受这个铺子之后，他一边经营店铺，一边去乡下收购土产，收购的土产就是橡胶。

橡胶原属于热带的经济作物，橡胶树长得较快，五年至七年就可长到十米左右，树干周长也有二十厘米左右。这时就可以从橡胶树上收割橡胶液了。收割橡胶液，要用一种开槽的刀，在橡胶树上从上往下开个槽，让胶液顺着槽流下。下面也要插上类似汤匙的东西，把胶液接到桶里。橡胶液如同牛奶一样洁白，但做成橡胶，要在其中加上某种适量的醋酸，并进行搅拌，过一段时间它就凝结成豆腐状。这时要把它倒进方形的铁盘子里，等完全凝结后，用圆形的铁滚筒碾压，挤出水分，而且要碾压得尽可能薄。等这些工序完成后，就变成一张张橡胶片了。之后就要晾晒，晾晒过了，胶农就可以卖出去。胶农们把橡胶卖给当地的商贩，而父亲从商贩手里买这些橡胶。父亲为了收购这些橡胶需要交通工具，因此他就买了一部载重汽车专门运输这些橡胶。沙横的农村就坐落在从沙横到高木的公路边。一般来说，靠近沙横一侧归属沙横，靠近高木一侧属高木。沙横这侧大大小有八九个村庄。每个星期五是农村的集日，父亲也就在这一天下到农村收购橡胶。他要一个村一个村地跑，一整天穿梭在这些村庄里，直到天黑才能回家。农村的小商贩除了收购胶农的橡胶外，也销售农村的日用杂货，基本上涵盖吃穿用各种东西。他们自然希望父亲也能向他们提供这些东西，所以父亲的店铺里也准备了农村需要的东西，其中就包括做橡胶所需要的醋酸。那个年代不存在任何通信工具，甚至在我们刚到沙横时都还没有电。到了1951还是1952年才通了电。至于自来水那就更不用说了，家家都靠在房后掘出的井来取水。所以农村的商贩要从沙横采购商品就必须亲自前来，没有电话可打。在把东西办齐之后，还要想办法找交通工具拉回去。有时距周五集日较近，他们会委托父亲帮忙拉回。但为了尽快卖出他们总是尽快带回。

父亲从农村收购回来的橡胶由于还没经过处理，堆积在一起后，就会流出黄色的黏液，又脏又臭。这样的橡胶是卖不出去的，即使有人要价钱也会被压得很低，必须对它们再进行加工处理。为此父亲在沙横边的湖泊旁建起一个小型的熏房，在把橡胶用火熏之前要把它们洗净晾晒，然后一张张地挂在熏房里，就像晒衣服一样。等把所有橡胶都装进熏房了，就可以开始点火熏了。这时控制火候防止火灾成为一个重大问题。太热会使橡胶质量下降，温度不够又达不到要求。而一旦不慎，哪怕是一张橡胶着了火，熏房就可能瞬间化为灰烬。所以看护人必须有高度的责任感。当时，伯父正没有生计，父亲为了帮助他就让他来照看熏房。毕竟是自己的亲兄弟，当然会更尽心尽力。

橡胶在日夜不停地熏了三天左右后，就可以熄火了。经过冷却把橡胶拿出来，这时一张张橡胶变得金黄透明，还有点香味呢。把它们一张张摞起来，有一尺多高，就可捆在一起。捆时不必用别的任何东西，就用橡胶本身来捆就行了。这样一捆捆地装车，就可以运到槟港出售给大的经营商，他们再把货卖到新加坡或其他城市，父亲店铺里的商品也是从槟港买进，整个商业链条就这样构成了。

1950 年美国发动侵朝战争期间，由于军事需要，印尼的橡胶曾经历黄金时光。那时橡胶的价格步步攀升，开始时每公斤只有两三盾（印尼币单位），过了几个月就上升到每公斤八九盾。胶农卖出自己的橡胶，发现得到的钱一下子多了许多，真是眉开眼笑，乐得合不拢嘴。对于父亲来说日子也要好过些。尽管又增加了几个孩子，总数增到十个，但在橡胶涨价，家庭生活得到改善的情况下，父亲是泰然处之的。我过后才知道，父亲是那种以"富则兼济天下"为信条的人。那时他除了养活自己一家人外，还管着姥爷姥姥，还有伯父一家，还有另一个伯父，是在父亲来印尼之前和这个伯父一起来印尼的。他排行老三，是父亲最小的哥哥。他很不幸，刚成家不久，女儿尚在襁褓中，就因工作中的一次事故而丧生。父亲也就义无反顾地替哥哥照料侄女和嫂嫂。嫂嫂改嫁后，继续照顾侄女。父亲是一位孝子，虽然离开了家乡故土，但他无时无刻不挂念孤苦伶仃的老母亲。因此他也总想方设法给奶奶以力所能及的接济。除此之外，他身为董事长的中华会馆，也少不了他带头捐款以维持运作，救济有困难的侨胞和支付中华学校的开销。从这里就可看出父亲是用自己的人格人品来赢得侨胞的尊敬的。父亲在 1967 年就过早离开了人世。而几十年过去后，沙横很多华人依旧以敬仰的口吻说，苏汉仁是一个好人，是热心为公的人。

好景不长，朝鲜战争结束后，以美国为首的西方国家对中国恨之入骨。他们对中国实施禁运，下令印尼和马来西亚不得把橡胶卖给中国。这也是后来我们国家在海南岛和云南省大量种植橡胶的原因。我们有了自己的橡胶之后，也不需要或不大需要从印尼或马来西亚进口了，这样东南亚的橡胶价格顿时暴跌。对于资金雄厚的大商家，打击当然也不小，但不会致命。但对于像父亲这样的小本经营者来说无异于灭顶之灾，家里的日子顿时变得艰难。

我们毕业后该怎么办？这时就不得不考虑家里的处境。摆在我和哥哥面前有三条路。第一条路就是留在沙横帮助父亲经商。在沙横这样一个小地方，人口充其量不过两万人。交通不便，穷乡僻壤，又无任何除橡胶和锡以外的特产可以投资。而父亲最大的困难是资金不足，囊中羞涩，连有限的资金也被积压的橡胶捆住手脚，无法解困。所以即使我们要留在沙横帮父亲，也无法解决父亲最急需的资金问题。

当时的印尼经济也面临着巨大的困难，通货膨胀，物价飞涨。印尼政府应对困难的办法是货币贬值"剪钞票"。所谓"剪钞票"是真正把钞票剪半，然后保留一半向政府兑换新币。如一百换回五十，五十换回二十五，等等。剪钞的结果更使老百姓如坠深渊。钱少了一半，东西却涨价了。在这样的形势下做城乡贸易，日子该是何等艰难，所以继续留下我们也只能离开家到外地或大城市发展。但我们又还没有成年，父亲在大城市也没有任何关系或熟人可以求助，所以这是一个死结——此路不通。

第二条路看上去就现实得多，只要我们愿意就可马上成为现实。当时槟中的领导和槟港中华总会的领导知道我们家的处境，又对我们在槟中三年的学习成绩和日常表现都很赞赏，因此有意把我们保送到雅加达的巴中或华中继续读高中，学费和生活费全由学校负担，条件是在高中毕业后，回槟中任教至少五年。这样我们就可以留在印尼，又有升学机会，似乎很理想。但对我们来说，祖国已像磁石一般紧紧地吸引着我们的心，如果可能，我们恨不得明天就启程回国。试想，首先学习时间三年，这是无法缩短的。接下来是更漫长的五年或更长。我们想要在祖国的雨露阳光下成长，要等八年乃至更长时间才有可能实现，又有谁知道那时的形势会是怎样的呢？所以我和哥哥异口同声地谢绝了这个机会。

第三条路就是我们选择的回国路了。我们认为，这才是我们真正要走的阳关大道。其实父亲对我们这个选择也很支持。一方面，他自己是在家庭困难、国家支离破碎、为军阀割据弄得民不聊生的背景下，才背井离乡辞别母亲来到外国的。他脑子里始终有一个念头，只要有可能就举家回国。所以我们回国就好似为全家打前站铺好路一样。但他又有些放心不下，因为我们兄弟俩岁数都还不大，怕我们在国内不能自理甚至走上歪门斜路。另一方面，他也听说在我们之前已有一些年轻人回国，也希望自己的孩子不落人后。不过他对槟中的建议也很重视，并为此而感到骄傲，毕竟在槟中的历史上还没有谁得过这个殊荣呢。

我想有必要向父亲以明确无误的态度表达我们的选择。所以我给父亲写了一封长信。这是我有生以来写得最长的信，有满满四页。其中我向父亲叙述了我形成回国这个决定的过程和理由，再分析各种可能的利与弊，最后得出回国是最佳选择的结论。我向父亲保证，回国后一定努力做好自己，不会让他为我丢脸，只会因为我而自豪。我的这封信起到了很好的效果，我把父亲说服了。父亲开始替我们办护照的手续，首先是向中国使领馆申请护照，因为当时我们就是中国籍，当然要持中国护照。邦加当时属南苏门答腊省，省会在巨港，那里有中国领事馆，所以我们就向那里的中国领事馆申请。但一开始就在护照的相片上出了问题。开头我和哥哥都准备了各自的免冠半身照片，但不久就获得通知说，哥哥的没问题，我的不行，因为我才十四岁，需要提供我和父亲的合照。为此申请护照的事耽搁了几天。不过这让我有机会和父亲单独合照，这可真是我的殊荣。因为家里有这么多的兄弟姐妹，只有我有这个机会。这张照片我始终珍藏着。

在焦急等待了近一个月时间后护照终于到了我们手里，接下来的手续全要在印尼政府当局办理。在这个过程中我确实遭遇了很多事，也学到了很多东西。在当时出国真是一件大事，甚至可以说是天大的事。为了办手续，光是照片就要准备一百张，够吓人了吧。接下来我们就开始了办手续的漫长历程。我们要去的"衙门"除了一处是在镇当局外，主要是在警察局，就是在离沙横码头不远的那个山坡上，也就是父亲被无端拘禁的地方。

那时因为年纪还小，看见警察或者穿着制服的官员都有点害怕，现在却要同他们打交道，我心里不免有些恐惧。我向父母亲说了这个心态，他们就为我壮胆说，别怕，有什么可怕的，我们正正经经办事又不违法，怕什么。经父母亲这么说，我心里多了几分勇气，不太怕了。但我天真地想，我按照规定把需要的各种材料都备齐填写好，到了衙门，那些官员就会给我办了吧。现实给了我一个响亮的耳光。我和哥哥一起早早赶到警察局，那些官员也都刚到办公室，相互间笑谈正欢。我们说明来意，说明要办什么手续。一个官员要了材料，看了一看，马上说今天没空明天来吧，就把我们打发走了。第二天我们再去，同样吃了闭门羹。几天下来皆是如此，我心里十分郁闷。最后还是邻居的阿伯指点迷津，他问了我们情况后告诉我们，到衙门岂可空手。他还告诉我们去了该怎么做。第二天我们把钱夹到要办的材料当中。到了那里之后，看看办公室是否只有一人。如果是就赶上好机会了，先问候客气一番，把材料递上去，并说请先生看看。他看见里边夹着的钱，脸上也就有了笑容，事情也就很快办妥了。有了成功的经历我们很高兴，但这还只是万里长征的第一步，毕竟这些手续不仅要用光那一百张照片，还要盖上一百个手印。

过后我们碰到的情况就多种多样了，每种情况都有不同的应对办法。如果办公室里有几个人，你不可能对每个人都给钱或者给一样多的钱，这时就要用调虎离山的办法。一个人对办事的人说外边有人找你，把他调出来之后，在外边由等在那里的我或哥哥把钱给他，那在办公室里的其他人只要敬敬烟就行了。如果办公室里就剩一个人，那也要出点钱。在这样的过程中我们跑了几十个衙门，也不知道都是管什么的，反正要求你都得去。从沙横跑到槟港，终于把出国签证所需要的一切手续办了下来。在印尼给这个钱有一种说法叫作"咖啡钱"或"烟钱"。这是你有事找他，他向你索取。这叫作"沙横警局高又高，办事先把油水交"。

　　但是有时警察局的人也会下山来索取，这是来"纳贡"。好在当时的饮料只有橙汁和一种叫"沙示水"的，他们来了就说天气热要喝汽水解渴，或者是想要一包烟，这些都是不给钱的。他会说对不起，没有钱先欠着吧，但所谓的欠是肉包子打狗有去无回的。特别是在他们给我们办完事之后，明明已经给了他们好处费，他们认为你还欠着他们呢。他们更加有恃无恐来占便宜。在当年的印尼就是这样贿赂成风，贪污横行。这一切都是公开的、赤裸裸的，哪一级都一样贪，怎么能杜绝呢？当时在我们国内正开展着反贪污、反浪费、反官僚主义的"三反"运动。有名的天津刘张两大老虎因为贪污而被处决的事实，使我更觉得祖国和这里的不同，对祖国的感情就又增加一分，回国之后就不用受这窝囊气了，寄人篱下的日子实在受够了。

　　可是在盖了一百个手印后，我们还要向印尼政府当局庄严宣誓，今后永远不回到印尼。我当时对此并没有去作进一步的思考，这实际上意味着和自己家人的永远分离。我想的是不回就不回，有什么了不起的，我回到自己的祖国了，让我来我都不一定来了呢。但是几十年过去了，我感到印尼政府这样做是极不讲人权和人道的，难道连亲人的团聚权也要加以剥夺吗？

　　终于把最后一道手续办完了，下一步就是订船票了。运送回国人员的船是荷兰公司的，这个公司有四艘船运营从印尼到香港的航线。它不定期开航，要根据回国人数确定。不过大体上是两个月左右一班，我们因为手续问题没赶上4月份的船班，下个船班是6月的，父亲为我们订了船票。在万事俱备只等船期时，我一方面感到一身轻松，另一方面感到时间过得太慢了，怎么还要等这么长的时间呢！可对母亲来说这是她和两个最大的孩子相处的最后时刻，她当然对于永远不能回来这个要求十分敏感，她多么担心事情真是这样，让生离成为死别。后来的事态发展虽然让母亲感到欣慰，可是我们和父亲却真正永别了。那段时间母亲天天以泪洗面，她多么舍不得呀！因为在她从一个女孩子成为人母后，首先有的是哥哥，然后就有我，她在我们身上倾注了多少心血和爱！一旦我们离开了她就见不到也说不上话了，这是多么伤感的事！

二、启程回国

船期是 1955 年 6 月 20 日，这指的是船离开邦加文岛的时间，而我们为了赶上船期，必须提前几天离开沙横前往文岛。父亲定于 6 月 16 日带我们走，在槟港姥爷姥姥家住一晚，第二天再从槟港到文岛。从沙横到槟港虽只一百二十多千米，却要走上五六个小时。从槟港到文岛距离更长，有一百三十多千米，需要的时间会更长。6 月 15 日，母亲特意为我们做了好多菜来饯行，都是我们俩最爱吃的菜。但是父母亲都不怎么吃，只让我们多吃。这可是母亲亲手做的菜呀，以后就再也尝不到这个味道了。这时我才感受到离别真的要来了，一向无忧无虑的我也忍不住伤感起来。

6 月 16 日早上，我突然发现家门前聚集了许多人，毕竟沙横是个小地方，即使我们并未张扬，但来的大多数人都是父母亲认识的人，也有从别处听说我们即将动身回国的人，所以他们全都来送别我们。人们纷纷祝福我们，让我们很感动。也有人向我们说，你们兄弟俩给我们打头阵，我们一定在后面跟上来，让我们在祖国相逢。我们连声说好。但也有人并不认识我们，是来看我们是什么模样的。他们见到后，发出另一种声音说，让两个未成年的孩子就这样走了，真舍得呀！还有的说，在这里不是生活得好好的吗？为什么要走呀？中国在哪里？真是众说纷纭。我们只能随他们说去。

离开母亲到槟港，又感受到了姥姥的慈爱。从毕业回到沙横已有小半年没见到姥姥了，她多么舍不得由她带大的这两个孩子呀！第二天，姥姥陪我们到文岛去。父亲把我们放下后就赶忙回沙横，我们就由姥姥照顾。我们所有回国者都被安排在文岛码头卸货的区域，连同陪同的亲人一起。那里就是水泥地面，什么卧具都没有，要靠自己准备，好在我们事先准备了凉席。从17号到19号连续三个晚上，姥姥悉心照顾着我们。要特别提到的是，姥姥为我们准备的炒酸甜猪肉是我吃过的第二顿最好吃的菜了。我和父亲几年前在槟港市场一家饭店吃的土豆炖牛肉，那是第一顿。姥姥做的炒酸甜猪肉实在太可口了，多少年后我都还想着它，想着姥姥的厨艺。19号晚上姥姥把我搂在怀里说，你们走了，姥姥再也见不到你们，你们也见不到姥姥了。你们能想着姥姥，姥姥也甘心了。望着从小就照顾着我，和我在医院里住，照顾我关爱我的姥姥，多少往事，让我对慈爱的姥姥永远感恩，永远爱戴。

20日上船前我们的行李已经提前上船了，我们的出境手续也事先办妥了。在这里每个人也把钱夹在护照里作为"咖啡钱"，所以就等登船这一步了。姥姥已经见不到我们了。由于荷兰船只万宜号号称是万吨巨轮，文岛码头无法容纳它，所以我们要乘小船分几批才能上船。等到全都上了船，岸上的亲人们的心都被吊了起来，他们大声喊着自己孩子的名字，而船上的年轻人则用歌声表达他们的感情。他们唱的是苏联青年近卫军的歌曲："我们告别亲爱的妈妈，请你吻别你的儿子吧，别难过，莫悲伤，祝福我们一路平安吧。"歌声是雄壮的，却隐含着悲情。等船离开，文岛和邦加离视线越来越远时，感情的潮水才喷涌而出，泪水也止不住奔流。到这时我才真正懂得离别的含义。

当时的万吨巨轮虽说很大，条件却是简陋的，这也是科技发展水平所限。船上没有广播，更不要说电视了，没有任何娱乐和消遣设施。我们被安排在船舱底部，在地板上。唯一堪称方便的是有洗澡间，可保证用凉水洗澡，有厕所，而且基本没有臭味。

在船上发生了让我终生难忘的三件事。第一件事是我把父亲好不容易给我买的瑞士名表米多（Mido）给丢了。米多当时被认为是仅次于奥米茄的高档表，当时在印尼也很少有人戴这款表。父亲买这款表给我并不是让我戴着它，而是为了换得更多的钱作为在国内的开销。我从小到大还从没戴过表，因此就特别珍惜，与它形影不离。但出事也就源于此。我去洗澡，本该把表脱下让哥哥保管，但我大意了，脱下了表随手就放在放肥皂等杂物的地方，洗完澡却忘了把表戴上。从浴室出来后才想起手表，于是赶紧跑回浴室，但一切都太晚了。一块在当时值数千元的名表，却因我的一时马虎而付之东流了，心里难过，眼泪直流。我向哥哥报告事情的经过，但是人多手杂，尤其是人们的素质也各不相同，就只能自认倒霉了。为此我真的哭了好几天。从此我也好像长大了许多，懂得应如何爱护和保管好自己的东西。

第二件事也让我印象很深。我习惯吃印尼的水果，特别对榴莲、山竹、杜古等水果，真是爱得疯狂，以为天底下的水果再没有可以和它们相比的。但是小学里的一篇课文说有一个小孩病了，他的朋友很关心他，就到他家来看望，来时还带了一个红润的苹果。书中还画了苹果的样子。我从没见过苹果，更不要说吃了，在船上我第一次见到苹果。这是船员私自兜售的。因为船上没有水果供应，船员便乘机赚外快。记得他们要价很贵，但因为没吃过，对我们就很有吸引力。哥哥和我商量，我们买两个，一人一个。这也是我们在船上第一次花父亲给我们的钱。虽然过后我们都自责，但想想这也不算过分。不过我们想以后一定要省之又省。

第三件事是在海上的永远难忘的经历。在从邦加出发后的头几天，到苏门答腊的巨港之后开往新加坡途中，这一路可以说都航行在内海上，所以没有经历什么大风浪，船平稳地运行，觉也睡得很安适。每天清晨醒来就到甲板上看美丽耀眼的日出，遥望那无边无际的浩瀚的大海，享受海风送来的清爽凉意，真有神仙日子的感觉。不过吃的就不那么让人满意了，尽管也有鱼有肉，只是烹调水平与姥姥和母亲相比差得远了。而航船过了新加坡后，就开到南海了。它是太平洋的一部分。按说太平洋在地球的三大洋——太平洋、大西洋和印度洋中，是被认为风浪较小的。但是身临其境之后，才知道它的厉害。这时船开始剧烈摇晃起来。人根本无法站稳，只有扶着别的东西才能走动。大概从6月24日晚上开始，船上几乎所有人，也包括长年在船上工作和生活的船员在内，无一例外地都晕船，表现为头晕目眩、恶心呕吐、肠胃不适、毫无食欲。这时早已没有上甲板去欣赏景色的愿望和气力，只想躺下来静静待着，以缓解难受的感觉。风浪却好像要对我们进行惩罚一般，它一天胜过一天，愈发强劲。到26日更达到高潮。这天大风呼啸，风雨大作，一艘万吨轮船被它摆弄得就像一叶扁舟，东摇西晃，毫无招架之力。船已无法前进，只能停在那里。突然接到通知，说是遇到飓风了。大家从未遇到过飓风，便都出来看个究竟。说时迟那时快，突见一个约有二十米高的大水柱沿着风的方向迅速推进，众人无不为之震撼，大声呐喊："看龙卷风刮起的水柱！"后来我才听说它又叫"龙吸水"。这水柱距我们的船也就二十米左右，假若它真的和我们的船相撞，那后果真是不堪设想，即使不沉也要遭受重大损失。幸亏龙卷风过去后，天气转晴，我们的船有惊无险，躲过一劫，大家也为这样的经历而庆幸不已，毕竟未必人人都会经历这样惊心动魄的事件。在大海恢复了原有的平静之后，我们后面的旅途就不再难熬了。很快我们就被告知，我们的船上生活即将画上句号，香港就在眼前了。

6月28日下午，经过九天艰苦而饱含风险的船上生活，我们终于到达香港。我们不被允许立即上岸，那天晚上还必须在船上住一夜，等到次日才可上岸。

6月29日一早，我们从船上下来，被送到一个小得多的船轮番上岸。一上岸就被香港的警察命令站好两路纵队，在警察的荷枪押送下，我们离开香港到达宝安。这时人人都满腔怒火，都认为我们为什么要受到这样的待遇？我当时就想，香港不是我们中国的领土吗？总有一天香港要回到祖国的怀抱，再不能让中国人受到这样的凌辱。

三、在祖国最初的生活

没过多久就到了分界线了。那是一座桥，一边是香港，另一边就是内地了。那时还不叫深圳，是宝安县，但也在罗湖。桥不长，大概就只有二十米。在祖国一边我看见我们的五星红旗在飘扬，我的心真要跳出来了！这是祖国，这是祖国呀，这是我日夜想念的祖国呀！祖国，你的儿子终于回到你的怀抱了！在这里我要开始书写新的人生，也许七十年、八十年，我将不会离开你，我要好好生活，把自己的一生都献给国家。

祖国的一切对我来说都那么新鲜，也那么陌生。首先是气候。那时是 6 月，正好是夏天。我明显感觉天气比印尼热，特别是晚上，不像在邦加要盖点东西睡。这里热得令人想脱层皮。其次是在印尼用的是木棉枕头，这里用的是陶瓷做的方块，很硬，枕起来不舒服，也没有木棉做的垫子。但是用的是自来水，比邦加先进多了。由于当时的宝安县还很落后，没有能力接待众多归侨学生。我们一部分人被安排在接待站，其他的都住在附近的小旅馆里，那里条件自然简陋。不过我们是为建设祖国回来的，从较早回国的同学所写的信中我们也已经知道这一切了，所以就怡然接受了。

我们在宝安只是短暂地住了两个晚上。在这里我们领回自己托运的行李，从这里出发到广州，行李就归自己保管和托运了。

我们是乘火车走的。这也是我有生以来头一次见到火车和乘坐火车，当然感到很新鲜。但是感到不适的是火车头冒出的黑烟和黑颗粒，弄得人的脸和衣服都很脏。当时从宝安到广州路经的所有河流都还没有桥，所以火车要靠轮渡过去，因此短短的一百多千米的路程，总共要轮渡五六次。整个行程足足用了八个多小时，到达广州已是晚上十点左右。电力不足，一片漆黑，本来想看看著名的广州市的市容，但在漆黑中什么也见不到。但令人高兴的是我们到了，我们到落脚地了。这一天，是1955年的7月1日，党的生日，我进入了广州，进入了广州华侨补校，其全称是广州市归国华侨学生中等补习学校。学校坐落在广州东郊的石牌，那里还有归国华侨招待所，两者只有一墙之隔。学校的条件相当简陋，我住的那栋楼一部分是宿舍，另一部分是教室。华侨学生一天也离不开洗澡，但没有澡堂，只能在露天设置的洗澡区里洗澡，这一点和槟中差不多。但和槟中不同的是，这里用自来水，这又要比槟中先进。

我一到这里就把它当成自己的家，因为除了它我再无栖身之地。而且下一步无论我会去哪里，这里就是我的出发地。我当时要面对的是七月下旬的入学考试。我和哥哥商定，因为我们初中毕业已经过了一学期，不想浪费这半年时间，我们相信自己有能力直接读高二，所以我们双双报考高二。那时我真的是心无旁骛，一天到晚就拿着学校提供的复习材料，专心致志地复习做题。

但是不久，在距离七月下旬的考试只有几天时，哥哥由于体育锻炼，可能一时不注意感冒了，而且诱发胸膜炎，发着高烧。这样他就不能和我一起参加七月份的考试了。那几天他住在学校的医务室里，就轮到我来关心和照顾他了。这对我来说也是第一次。好在医务室的医生和护士们把他照顾得很好。只有一些事要我们自己处理。记得有一天我带哥哥到市内某个医院检查透视。我们从未有过自己上医院看病的经验，好不容易才轮到我们看。当我们进到医生的办公室时，我们竟把带的东西放在外边了，等出来时东西早没有了。兄弟俩又一起难过了好一阵。我们又上了生动一课，懂得如何看待社会看待人。

最让我担心的是如果哥哥不能和我一起参加考试，他就没有机会参加今年的考试了，而要等到明年，那可怎么办？那我们两兄弟就要分开了。我可离不开哥哥呀！幸亏，后来听学校说八月初还安排有另一次考试。我和哥哥都很高兴，我鼓励他一定要考好。

考期很快到了。我信心满满，确信一定会考好的。每场考试我都觉得题目不难，因而回答得很顺利。没过多久发榜了，我果然顺利考上高二。学校说让我到天津去，但这时我还没法确定，要等哥哥也考完了，我们才好确定到哪里。哥哥的病很快就好了，他也开始紧张复习。我根据自己考试的经历帮助他复习，显然这对他有帮助。

哥哥也顺利通过考试，也被录取到高二年级。这件事当时在学校里曾引起一些轰动。当时比较普遍的看法是华侨学生成绩都较差，很多初中毕业生考高一都考不上，被要求重读初三甚至初二。而我们没有读过高一，却考上了高二。但我们觉得这没什么可骄傲的，因为我们要在班上成为最好的，而现在还是未知数呢。

到哪里去成了我们需要思考的问题，因为当时哥哥被分配到长沙。当我们向学校提出这个问题时，得到的答复相当意外。学校说，你们可以一起去天津，也可以一起去长沙，如果愿意去北京也可以。当时许多人都削尖脑袋要到北京去，一些人不在广州留下而直接去了北京，尽管学校劝阻他们这样做。因为虽然北京也有一所类似的补校，不过北京补校能容纳的人数有限，因此学校总是劝阻大家去北京。但因为我们已经考上了，去北京就可以直接进北京的中学，所以北京也敞开大门欢迎我们。当时毕竟太年轻没有远见，也许去了北京我们就会有不同的命运。只因为我们来自小地方，因此对于去大地方就没有兴趣，主要也是考虑自身的经济条件，感觉到小地方的开销会小些。所以经过考虑决定就去了长沙。使我们高兴的是还有一位我们的初中同班同学黄亚坤也决定到长沙去。有一个老同学和我们同在一个城市，我们就更加不会觉得寂寞了。

从七月一日到八月末，我们在广州只停留了不足两个月的时间。而且直到我们考上了高中才有时间出去玩。我们想这一离开，还不知道什么时候再有机会来广州，且我们除了去过黄花岗七十二烈士墓外（这是在我心中占有重要地位的地方），再就是越秀山和南方大厦，其他地方都没去。因为没有钱，也不想把钱浪费掉。

还有一件事，就是在我们回来前父亲曾说起，广州市市长朱光是博白人，父亲好像认识他，他大概也认识父亲。父亲说如果有机会碰见，可以和他打招呼，但不要找他办事。到了广州我们得知市长确实是朱光，但我们记着父亲的话，从未找过他，也从未表露过和他有什么关系。

要离开广州时，我心里最想念的竟是荔枝。在家时也听父亲说起过荔枝、龙眼和苹果、梨、桃等。但毕竟没见过，更没吃过，因此印象不深。来到广州时正好是荔枝成熟的季节，到处都有挑荔枝卖的人，一角多钱一斤，够便宜，这钱就舍得花。一吃进嘴，满嘴的甜汁又很清凉，真是美味无比。当时我还没读过苏轼赞颂荔枝的名句"日啖荔枝三百颗，不辞长作岭南人"。这时我想，虽然没有了榴莲和山竹，但荔枝也足以和榴莲、山竹匹敌了。但听别人说，到了湖南就吃不到广东的水果了。我想这就是鱼和熊掌不可得兼吧，就只能割舍了。

很快到了八月底，开学在即。学校就把我们所有要到长沙上学的同学安排在一天同时出发。那时的火车车速很慢。为了省钱，我们乘的是慢车硬座，还好每个人都有座位。一路上白天可以看看两边的风景。这可是祖国的山河呀，它对我很有吸引力，但到了晚上什么也看不见了，就趴在小桌子上睡觉。年轻人真的很能对付，就在这样的环境下对付了一夜，次日就到了长沙。我和哥哥被分配到长沙一中，但我们的初中同窗黄亚坤却被分配到长沙五中。我们未能在同一所学校，感到很可惜，但我们相约要保持联系。毕竟初中三年我们三个人都在一起，这是多么难得的缘分哪！

　　在这段时间里，从 6 月 20 日到 8 月 29 日，也就是两个多月的时间，我一共给家里写了四封信，报告我们平安到达的情况，报告我们把所带东西变卖的情况及我们的日常起居饮食，报告我们的入学考试和被分配到长沙的情况等。父亲接了信也总是立即回信。看得出来，父母亲都为我们感到高兴和骄傲。当然我们总是报喜不报忧。我们不说我丢表和哥哥得病的事，我们怎能让家里为我们操哪怕一点点的心呢？

　　以我们抵达长沙进入正式的学校作为终点，而以我们初中毕业回到沙横家中为起点，这就构成了归国前后的这段岁月，这也是我长大的一段经历。我不再是懵懵懂懂的少年，我进入了青年时代，进入了充满幻想、充满理想、饱含志向的奋斗的时代。

第四章

受教湘楚

· · · · · ·

在哥哥和我的分配地点——长沙完全确定后，我们仍然有差不多一个星期的时间留在广州。对于一部分家庭比较富裕的学生来说，他们当然利用这个时间去旅游。不过由于大家都还不熟悉国内的情况，当时交通也不方便，做这种选择的人相对来说比较少，更多的人就在广州市内游逛。而我们兄弟俩，因为囊中羞涩，从小也没有逛街的习惯，因此除了越秀山、南方大厦、黄花岗七十二烈士墓，就再没去过什么地方了。本来我们还有一个地方可以去也特别想去，那就是父亲的家乡——广西博白，我们还想去看看我们的祖母呢。但是考虑到经济条件不是非常好，加上时间也不允许，我们想就留到日后经济条件允许时才去。当然我们也把这个想法告诉了在南宁的堂兄运智，由他转告奶奶。奶奶也表示理解，她让我们一定好好学习。

从广州出发，我很激动，因为要离开广州了。虽然在广州只生活了不到两个月，但它还是给我留下了难忘的印象。即使有过不愉快的经历，但事情过后各方面都很遂心。这是我在国内的头一次长途旅行，这一走不知道什么时候还能再到广州。我在印尼从未乘过火车，从宝安县（即今深圳）到广州是我第一次乘火车，但那次毕竟距离不长，可这次就要跨省了，距离肯定要长得多。我还憧憬着在长沙的生活，我想在长沙将是我第一次长时间生活在比邦加不知大多少的大城市中，虽然我也知道长沙和广州比仅属中等城市。

经过一个下午加一个晚上的时间，我们终于到达长沙。到达后接收我们的学校就派人在车站迎接我们，并把我们立即带到学校去。到了学校我才知道长沙一中实行住宿制，大部分学生都住校，这对我来说也是全新的体验。同时心中不免有些担忧，如何和国内同学相处呢？我能适应吗？我们到达时离开学还有几天。学校暂时把我们华侨同学安置在一起，等开学后再安排大家和自己班的同学住在一起。

一、闯过四关

利用刚到校的空隙，我了解了长沙一中的地理环境。在一中正门的右面不远处是清水塘，就是毛主席早年在长沙从事革命活动、担任中共湖南省委书记期间和他的夫人杨开慧一起居住过的地方。左边不远处是湖南省体育场以及烈士公园。环境很好，这里确实是风水宝地。到了学校我才知道毛主席在进入长沙第一师范之前，在长沙一中学习过一个学期，只是那时的校址不在这里。能进到毛主席曾经读书的地方学习，我感到无比荣幸，得知这还是湖南省的重点中学，我更感到来长沙是我们的正确选择。

我也利用这个机会更多地去了解长沙。作为湖南省省会的长沙是一座历史名城，它具有悠久的历史，在春秋战国时属于楚国。长沙位于湘江流域，湘江把城市分为两岸，一岸是当时的主要市区；另一岸是它的风景区和大学区，著名的岳麓山就在这个区域内。而大学包括湖南师范学院、中南矿冶学院、中南土木建筑学院等。城市中有几条街以历史名人的名字命名，如中山路、蔡锷路、黄兴路等，可以看出湖南人对伟人的尊重，对自己历史的尊重。这也加深我对这个城市的感情。

几天后，1955—1956 学年开学了。我们三名刚刚进校的华侨学生，我、哥哥以及从印尼万隆来的黄端风一起被分配到高二（30）班。高二共有八个班，从 24 班到 31 班。24 班到 27 班没有华侨同学。从 28 班开始，28 班有两名，29 班两名，30 班五名，31 班两名。距今岁月久远，我们当然无法知道这样安排的初衷，也没有必要去弄清楚，但是我感到这样的安排对我确实大有好处。因为原有的两位华侨同学，一位是黄忠勇，一位是郭朝安，都是从印尼回来的。这样我们之间就有较多的共同语言。他们俩已经在 30 班待了一年时间，而且和国内同学相处得很融洽，因此在如何与国内同学相处和如何学习方面，他们可以给我们提供指点和帮助。特别要提到的是，他们俩和哥哥有一个共同的爱好——踢足球，所以哥哥和他俩就更快结为朋友了。他们还都是一中校足球队的主力，联系更为密切。我是哥哥的小尾巴，时时跟在哥哥后边，和他们也就都熟悉了。除了我班上的这两位外，28、29 和 31 班的六位华侨同学中只有一位是马来西亚的，其余全是印尼的。由于是同年级，我和他们很快也都相互熟悉了。

到了长沙之后的第一个重大活动是庆中秋节。学校为了缓和我们"每逢佳节倍思亲"的情绪，在中秋节当天，特意在晚上吃过晚饭后把全校归侨同学带到烈士公园去联欢。当时分给每位同学两个月饼，还有苹果、花生、糖果等，这是我在外面过的第一个中秋节。这个晚上，秋高气爽，皓月当空，微风怡人。烈士公园内一群血气方刚的年轻人围成一个大圆形。他们穿着绝对算不上奇装异服，但又和国内年轻人不同的服装；说着不大标准且带着浓重口音的普通话。然而欢笑声和鼓掌声肯定都和国内的人们毫无二致。在联欢会上，开始时先由学校的领导讲话。他向大家致以节日的问候，并且安慰大家不要想家，要以校为家；学校和老师就是你们的亲人，有什么事会帮助你们解决。领导的话亲切、诚恳、感人、温馨，使我深为感动，以前还从没听过这样的讲话，我旁边的同学也都有同感。接着节目开始，归侨同学在这方面确实很是擅长，他们一个个拿出自己的看家本领：有的跳起来，舞姿翩翩，温柔优美，如仙女般美妙；有的唱起来，音色纯正，引吭高歌，婉转悦耳，似鸟鸣般动听。整个夜晚我感受到的既是心灵上的享受，也是视觉上的享受，还是听觉上的享受。毕竟这是在国内过的第一个节，也真的感受到了祖国就是自己的家。

不过一开始在长沙的生活和学习也并不都是一切顺利，有几个关需要自己去闯。这就是语言关、饮食关、气候关和生活习惯关。

语言是碰到的第一个障碍。没到长沙时，以为长沙话应该不会和广州话一样难懂吧，但到了长沙之后才知道原来长沙话也一样难懂。走在路上根本听不懂别人的交谈。路人和自己不相识，他们说什么由他去。但老师上课讲什么自己听不懂，这就惨了。数学课还行，毕竟老师的板书和书上的讲解可以看得懂。可语文、历史等学科就不同，偏偏这些课的老师湖南口音更重，所以头几周听课心里真烦，因为压根听不懂，又要老实坐在那里，真有些如坐针毡的感觉。不过由于天天和国内同学在一起，听得多了，也就慢慢适应了，听懂的比例也越来越高，大概一个月后语言障碍就基本克服了。

第二个障碍是吃饭。学校食堂规定每个人的桌次，十个人一桌，固定不变。有桌没有椅，吃饭都站着。早餐没有问题，因为大半是稀饭、咸菜。但中午和晚上就不同了，几乎每样菜都少不了辣椒，而且不是一般的辣，是那种"怕不辣"的辣，这就可知其厉害了。在印尼吃辣椒也是司空见惯的，但和这里相比不是同一水平。这些菜放到嘴里也会辣得眼流泪，鼻流涕，嘴冒烟，辣在嘴里，进到心尖。你就是只吃一口，也会辣上半个小时。如果没有亲身经历，旁人是无法体会这个辣的滋味的。可是这又不好提意见，因为一桌十人，其他同学都是嗜辣如命，你一个人怎能夺人所爱？只能忍受或挑选不太辣的。同学们也都很善解人意，会帮我挑不太辣的菜。慢慢地，这张嘴也有了抗辣性，吃点辣的也觉得不在话下了，大概三个月过后把吃饭这关也过了。

放寒假时，学生食堂因为所有国内同学都回家而关闭了，我们留在学校的归侨同学就被安排到教工食堂吃饭。在教工食堂吃饭，有座位，各自买自己吃的，感到很惬意。这里早餐有馒头吃，我也是在这里头一次吃到馒头。有的归侨同学很不喜欢吃馒头，把吃馒头比喻成吃棉花。可我也奇怪，我很钟情馒头，觉得吃起来松软可口又清香，我吃它可以不必就任何菜，所以假期在教工食堂吃饭成为我的一种享受。至今我还都难忘在长沙一中教工食堂吃头一顿馒头的感受，那可真是美味无穷呀！

　　第三个障碍是气候。我出生在赤道之国，那里一年到头都没有冬天。在广州待了不到两个月，又都在夏天时节。到了长沙，进入十二月，天气开始冷起来。这时学校其实比我们自己还急，张罗着我们的过冬衣物，如我们睡觉的褥子、铺盖、棉被等。这些都不是我自己去买的，比如棉袄是老师找人丈量我的身体尺寸，然后把衣服买回来给我的。穿上学校帮买的棉袄和卫生裤，人变得臃肿笨拙，却一扫此前的寒冷，感到温暖舒服了。特别是棉被，在还没有棉被时，晚上真是寒冷难耐，无法入睡，缩作一团也解决不了问题。有了棉被顿时感到暖流涌入全身，人一下子暖烘烘的。不过无论是寝室还是教室里，冬天都没有采暖设备。在最冷的期间，教室里放置了一个火盆，用木炭取暖。但一个几十人的教室，就一个火盆放在教室中央，如同杯水车薪，无济于事。我这来自赤道的手与脚都抵御不了长沙的寒冻，连续两个冬天我都生了冻疮，手和脚都是红肿的。天气稍一暖和或进到被子里，它们就开始发作，又痛又痒，真的很难受。最难受的就是刚进被窝那一瞬间，那时双手和双脚都还冰冷难耐，然后身体开始暖和，手和脚也开始暖和了，冻疮就开始发威了，手脚都又痒又痛。你又不能挠它们，挠了也不起作用，难受得真想哭出来，就这样折腾到睡着为止。到起夜或起床时又要经历这一痛苦过程。整个冬天，天天晚上都要上演这出"节目"。

　　1956年初长沙最冷的时节，有一天下起了雪，晶莹的白雪纷纷扬扬地落下，外面变成了纯白的世界。当时正在上课，但同学们情不自禁地为这美丽的景色所振奋而叫了起来，这对于我这个赤道来客来说更加新鲜。原来下雪是这样的呀！实在太迷人了！下了课同学们冲出教室打起雪仗来。他们欢呼雀跃，把雪攒成团，向别的同学扔过去，同时发出欢快的胜利者的笑声。被打中的同学不甘示弱，立即报以颜色。就这样你来我往好不快活。但我一接触那雪就感到好冷，我可不去凑那个热闹。他们看到我缩手缩脚的样子也不对我下手。而笑话是随后的事。毕竟长沙不算特别冷，雪下过之后不久就融化了。开始时是水，但后来它就变成薄薄的冰。它透明净亮，又很平坦地铺在地面上。我没有去留意这个过程，总是来去匆匆地走在宿舍和教室之间。但有一天我蓦然间看到它，你猜我怎么想的？我想这些玻璃是从哪儿来的呢？于是我就问同学，他们马上哈哈大笑起来，告诉我这就是冰呀！我为自己的无知甚至愚蠢而惭愧。很多年之后，当我和同学们一起回母校庆祝校庆时，他们还愉快地和我回忆起这件事。

第四个障碍是生活习惯，包括卫生习惯和处事习惯等。应该说，我初来乍到，根本不知道有些事应该如何处置，这时国内同学总是伸出援手。我欣赏他们质朴真诚、乐于助人的品质，因而视他们为自己学习的榜样。尤其是共青团员更加令人钦佩，他们无时无刻不作出表率，这也使我很快就下决心要成为一名共青团员。但是在生活上，我却发现他们有一些我认为不好的行为。一个明显的表现就是不大讲卫生，很多人随地吐痰，这是我十分厌恶的行为。再就是随地扔垃圾，这也是我十分看不惯的。另外，我在国外由于地处热带，天气炎热，每天都要洗澡，而且每天要洗两次到三次。到了长沙，冬天里也一样要洗澡，一天不洗澡不换衣服就感觉身上脏兮兮的。但国内同学多数人大概一星期洗一次，衣服包括内衣内裤也是一星期才换。这种差别使我感到不适。还有吃饭，那时十个人一桌，没有什么公筷的概念，这也就算了。但是我对用自己的匙子来喝公共的汤实在无法接受，可差不多每个人都这样做。我只好在来了汤之后，先用匙子取一些到自己碗里。等别人用匙子喝汤之后，我就不再取汤了。

这些是和卫生有关的，再就是和文明有关的。在需要排队的场合，我经常看到有人根本不讲纪律，争先恐后或者加塞，他们往往以投机取巧为荣，我感到十分不齿。

几十年过去了，像换衣服洗澡这些习惯，由于经济条件的变化，我相信我的这些同学都改掉以前的做法了。我也相信，经过党和政府的宣传教育，他们也会摒弃随地吐痰、随地乱扔垃圾等坏习惯。

越过了这四个障碍，面临的是真正的考验——学习。我是以同等学力考取的，但我实际上并未读过高一，而且国外的教育不同于国内的教育。国内教育界认为国外华校普遍程度较低。就以长沙一中而言，原有的归侨同学确实整体成绩较差。当然也有例外，比如我班上的黄忠勇和郭朝安都算还不错，只是不拔尖。那我会怎样呢？

首先的一次当头棒喝是俄文课。那时正处于中苏友好时期，苏联援助的156项建设项目成为我国经济建设的基础。在别无选择只能一边倒的情况下，党和政府全力发展和苏联在各方面的关系。学习俄语是培养年青一代的投资。所以在有条件的地方，从初中开始就要求学俄语。长沙一中当然也在此列，所以在俄语方面我的同学们比我多学了整整四年。开学后的第一堂俄语课，一名年轻的女老师进到教室里来，之后我知道她叫粟履棋。她穿着一身素雅的旗袍，梳着短发，风度翩翩。最让我高兴的是她说话没有很重的湖南口音，我听得很悦耳，然而在读起俄文时我就一头雾水。不要说单词和课文，我连字母都不认识，坐在教室里我真有活受罪的感觉。我难过得就要哭出来，下课时粟老师走过来问我什么情况，我就告诉她我的背景。她安慰我不要担心，学校会帮助我和其他有类似情况的同学尽快赶上。果然，过了一两天我就接到通知，我、哥哥、黄端风，还有两位来自部队的女战士，一共五个人，将由学校外语教研组资格最老、水平最高的应开识老师为我们补习。时间是每周一到周六早晨六点一刻到七点。过后我才知道应开识老师早年是学英文的，他毕业于美国耶鲁大学。原来教的是英语，中华人民共和国成立后，由于国家需要才转学俄语和教俄语。应老师那时就已五十多岁。他慈祥的态度，和蔼的谈吐和讲述，一下子使我对学好俄语充满信心和勇气。等应老师把俄语字母讲解完之后，我发现原来俄语字母的发音竟非常像印尼文的发音，拼音也和印尼文几乎完全相同。特别是俄语和印尼语的"Р"和"Р"都发颤舌音，这给我的学习带来了巨大的便利。别人感到困难的单词关，对我来说根本不在话下。我能准确地读单词，背记单词也就要容易些。掌握了单词还要掌握语法，俄语的难点在于单词的六个格，格位又因单词的阴阳中三性和单复数而不同。对于动词，除了有时态，即过去、现在、将来时的变化外，在与不同人称，即我、你、他、我们、你们、他们搭配时，动词都要变化，还有对于不及物动词的介词搭配等，这些显得较为复杂，需要牢记。然而除了这些，我并不感到难学，反倒觉得有趣。在应开识老师的谆谆教诲下，一个半月下来，我不再惧怕俄语，而是兴趣盎然。兴趣诱发动力。回到本班级上课，我已经属于对课程掌握得较好的那部分学生，两年的期末成绩都是优秀。因此在高考选择志愿时，外语老师甚至推荐我报考外语类，认为我既然已经有印尼文、英文的基础，现在俄语也学得好，学习外语必定非常有利，也会有前途。不过我始终只想把外语作为工具，所以没有选择外语类作为志愿。

历史也是我很感兴趣的一门课程。历史老师易仁荄曾经是我们的班主任。他讲解历史，总是把朝代、事件、人物介绍得非常清楚，但又不啰唆，不拖泥带水，因而听起来非常引人入胜，真有穿越时空、亲眼看到历史事件就这样在你眼前发生的感觉。当讲到那些雄才大略、英明卓越的君主时，感到国与民之有幸；当讲到那些昏庸无能的帝王，只顾追求骄奢淫逸的生活，使国家生灵涂炭时，又感到那是何等不幸。所以我的心也就和国家和民族联系起来，我期待我们国家和民族的繁荣昌盛。也许正是由于我在学习时的投入，我的成绩在班上也属优秀之列，就这样高考时也有老师建议我报考历史专业。

当哪个老师喜欢你时，你一定会喜欢上他或她的课，反过来，当你喜欢某个老师时，你也一定喜欢他或她的课。应该说，在长沙一中，我最喜欢、最敬爱的老师是教化学的黄美瑜老师。她的课总是兼做实验，让你在学了理论之后就有实际的感受，知道什么是正确的。化学确实是一门实验性强的学科，我因而认为它很有趣，有很大的探索空间。

不过让我深深敬爱黄老师的，并不全源于此。那还是在我上她的课不久，一天下午已经没有课了，我就到学校图书馆去看书，这是我的习惯和爱好——一有空就跑到图书馆去看书。偶尔出来休息，过一会再进去。化学楼和图书馆紧挨着，而化学教研室就在图书馆旁边，黄老师的座位就在窗户旁。也就在我出来休息的功夫，黄老师看见了我，她大概认出我是她教的学生，便把我叫过去。我没有进到她的办公室，只站在窗外边。她问了我的名字，我的岁数，从哪来的等。当知道我才 15 岁就读高二了，而家又在国外，她就显出对我的爱怜，随即给了我一个苹果。我哪好意思要呀！但她坚持要给我，而且说你以后有时间就过来。我满怀感激地离开，从此就建立了我和黄美瑜老师可以说终生的师生情谊。

有了这一次的经历，我自然就十分喜欢黄老师，对她的课也就特别用心。关于化学方程式平衡的知识是要用到数学的，这又是我的强项。当需要进行平衡化学方程式时，常常是别的同学还没有解出，我就已经得出答案了。对此黄老师自然也很高兴，所以我的化学成绩无疑又在班上名列前茅。

至于数学、语文等科目，我也无例外地是班上的佼佼者。从进校开始，得知可以去省图书馆借书，我就开始到那里去看数学书，自学高等数学，阅读由华罗庚、苏步青等著名数学家给青年学生写的数学科普丛书。这大大打开了我的视野，增强了我对数学的热爱，也使我对课内的数学学得很省力，成绩也很好。至于语文，因为我从小就看了很多长篇小说、诗词，所以写作也成为我的强项。不仅用词造句很有功底，文章也写得很通顺流畅，意义明确，结构紧凑。因此我的作文经常受到老师表扬。在高二的第一个学期，我没费多大劲，就已成为班上学习的拔尖者之一。这也就证实了，海外归来的华侨学生也能够学好。关键是自己要下功夫，要勤奋向学。

但是我却有一门拉后腿的功课，这就是体育课。在国外，学校只是鼓励学生进行体育锻炼，没有安排体育课，更没有劳卫制的标准。进了一中，每周都安排有体育课。体育课有长跑、短跑的训练，还有跳高跳远、单杠双杠、掷铅球手榴弹等的训练，好多项目我是从未见也从未闻的，比如单双杠，第一次见到我都不知道那是做什么的。记得第一次跑百米，老师要记录每个人的成绩。轮到我跑时我特别紧张，因为有生以来我都没这样跑过。我使尽气力想尽快地跑，但跑到不足一半，就气喘吁吁跑不动了，最后只能走到终点。我的成绩是整整三十秒！我的跳远成绩只有两米多，比女同学的成绩都差得多。在体育课上我是班上最差的一个。

不过一中有一个非常好的制度，所有学生无一例外，每逢周一、三、五都要去跑步，就是从校园跑出，在省体育场的足球场上跑，跑大约半小时才回来。每逢周二、四、六则在学校的球场做广播操。经过这样的训练后我的体质和体能都有很大的增强，我能坚持跑完一千五百米了，这是一开始的我连想也不敢想的。我的百米短跑速度也提高到十六秒左右，这成绩还是不合格，但多少有点靠谱了。

正是在一中的这个训练让我养成习惯。此后我每天早晨必定按时起床跑步。特别是在上了大学之后，它成为我自律的行动。没有任何人要我这样做，而是我自己要那样去做。无论刮风下雨，打雷闪电，我都不会停止。就这样它成为我始终不变的一个习惯。我之所以能在很多事情上坚持，两句话对我的影响是具有决定性的。一是毛主席在老一辈无产阶级革命家吴玉章六十寿辰时的祝酒词中所说："一个人做点好事并不难，难的是一辈子做好事，不做坏事，一贯地有益于广大群众，一贯地有益于青年，一贯地有益于革命，艰苦奋斗几十年如一日，这才是最难最难的啊！"另一是在槟中读书时从英文老师廖德光那里听到的："行动决定习惯，习惯决定性格，性格决定命运。"这两句话都启示我，人就要有那样一种精神，认准了正确的、好的事，就坚持去做，几年、十几年、几十年都不改变、不放弃、不走样。我除了早晨跑步之外一直坚持的还有写日记，这也是我坚持了整整几十年的习惯。我这样做并非想让自己千古流芳，只是想通过它来陶冶自己的情操，审慎地检讨自己每天的言行。当发现自己有什么不好的行为时，就勇敢地解剖自己的思想，改正自己的缺点和错误。这里就记下当时发生的一件事。那时我们的衣服都由学校安排人为我们洗，洗完大家再把自己的衣服拿回去。那是冬天，我们从国外带回来的袜子都较薄，不暖和，而因为经济拮据，我又不能想买就买。有一天干净衣服送回来了，等大家都各自领取了自己的衣服，却还有一双袜子没人领走。那是一双加了底的长袜子，适合冬天穿。过了一个晚上，还是没人领。我看都没人领，就以为那是没人要的了，正好我缺这样的厚袜子，于是贪小便宜的思想就作怪了。"我为什么不拿来自己用呢？"有了这个想法，就不去想那是别人的，自己不应去占有。我穿上那袜子正好合脚，穿了两天都没人提袜子的事。直到第三天晚上下自习回来，我脱了鞋，黄欣道同学才走过来轻声对我说，我穿的是他的袜子。顿时我羞愧万分，感到自己的所作所为实在丢人，这就和偷无异了。从此以后不论是什么东西，如果不是自己的，我就绝不去碰，绝不再生占有的邪念。

　　时间过得真快，经过了期末考试，就是寒假了。这是我在国内度过的第一个冬天，也是第一个寒假和春节。平时还好，想家的念头总会被学习冲淡。但一放假，国内同学全都回家和家人一起过年了，校内空落落的就剩我们归侨学生了。政府部门和学校真的很关怀归侨学生，在当时国家还百业待兴，经济力量还很薄弱的情况下，仍然想到我们这些人。由市教育局牵头，还包括市共青团等有关单位，把全市的归侨学生集中在一起，搞了个寒假乐园。在上课期间大家都要上课，不可能有时间见面，到星期天也只能零零散散地见。而现在全市的归侨同学都聚在一起了，不用说大家有多高兴了。有些同学朋友多熟人多，对于他们而言这是难得的机会，其中还有恋人呢。有这个机会在一起，别提有多开心了。相比于他们，我是那种内向、朋友少的，因为从邦加被分到长沙的，除了我们两兄弟之外，就只有在长沙五中的黄亚坤同学。不知何故他没有参加寒假乐园，哥哥也因足球比赛而没有参加。所以我就不是来会老同学，而是结交新朋友的。果然，通过这寒假乐园我认识了好几位来自其他学校的同学。在后来的时间里我和他们交往，丰富了自己的生活内容。不过由于最后一年高考在即，联系就少了。到上大学后，大家天各一方，分散在全国各地，就再也没有联系了。不过在寒假乐园度过的美好时光以及同那些同学建立的友情成了我终生难忘的温馨记忆。

特别值得提到的是，我们从学校搬进寒假乐园住，不需要自己准备任何床上用品。寒假乐园设在长沙女三中，那里的一切用品都是国家为我们提供的。那时国家还不富裕，却拿出钱来照顾我们。我一想就很感动，感觉到祖国的可爱。在吃的方面也一样，我们每个人只要按照我们在学校享受助学金的标准交出所需花费就行了。我们那时的助学金是每月八元四角，也就是每天二角八分。我们就按这个数交费，但是每个人都认为，我们比在校时吃得好得多。尤其是在春节那些天，除了"打牙祭"外，我们还有水果吃。祖国啊祖国，一下子在我心中增添了很大分量。使我下定决心，学成之后一定要报效祖国。

我在寒假乐园生活了十来天后就回学校了。当时还没开学，学校仍然冷清，学生食堂也还关闭着。我们这些归侨学生在教工食堂吃饭，这是又一次得到优待。教工食堂的饭菜确实比学生食堂好，可口又便宜。我在那里吃了几天就喜欢上了，甚至后来开学都不舍得回学生食堂吃了。

就在这寒假期间，有一天黄美瑜老师遇见我，问了几句我怎么过假期之类的话，就邀请我到她家去。我没有推脱，按照黄老师说的时间去了。黄老师为我准备了丰盛的饭菜，还不时为我夹菜，让我十分感动。黄老师后来向我介绍了她爱人的情况，原来她丈夫是中国留美学者，和我国著名科学家钱学森一样也是学有所成的。他也已经准备回国参加中华人民共和国的建设事业，不幸遭遇车祸而过早离世，未能遂报效祖国之愿。此事也是钱学森告诉黄老师的。他们有一个孩子，当时年龄和我相仿，他不在一中读而在五中读。我在长沙时没见过他。在我留校于吉林大学工作后，他在中国科学院化学研究所工作，我才见到了他。传承父母的基因，他在学术上也很有造诣。后来黄老师也总是不断地关爱着我，时不时送东西给我吃。我真感到黄老师是以慈母般的感情来对我，这使我毕生难忘。

对我很好的老师还不仅仅是黄老师。教我们语文，后来当过我们班主任的肖润娟老师也是让我难忘的。她也经常关心我，和我谈心，嘘寒问暖，问我有什么困难。女老师总是更加慈祥和温暖，而男老师则更多地从思想上给你指导。男老师中教我们历史也曾当过我们班主任的易仁荄老师，教我们数学的陈述商老师、曾宪侯老师，还有给我补习俄语的应开识老师，都是让我永远敬重的老师。我在长沙一中的学习时间虽然仅仅两年，却成为永远的长沙一中校友。我为能和毛泽东主席、朱镕基总理等同在长沙一中的校友之列而无比自豪，当然也为自己同他们无法相比而自惭。

开学不久学校发生了意想不到的事情。春天的到来伴随着流行性感冒的肆虐，且流感来势凶猛，全校上百人都患上了。这可是对学校处理应急事件的一个大考验。以校长袁宗凯为首的学校领导班子果断地把学校的体育馆兼礼堂临时开辟为隔离室，把所有流感患者都集中在那里统一医护，精心治疗。当时我也是流感患者，也被安置到这隔离室中。学校定时发放药品，定时检测体温。袁校长经常进到隔离室看望病人，这对大家来说是很大的鼓励。经过治疗，患者陆陆续续康复出院。隔离室完成其使命，学校又恢复了正常的生活。

在祖国生活了半年多时间，在学校教育下，在班级团支部的关心帮助下，我对自己的人生目标、奋斗方向、做人的原则等都有了更明确的认识，对共青团的性质和使命也有进一步的了解。我懂得共青团是进步青年自己的组织，是党的助手。我的理想是成为一名共产党员，因此很自然地，我应该首先成为一名共青团员，所以一个学期后，我就向团组织递交我的入团申请。团支部很重视我的入团申请，并且指定两名团员同学作为我的联系人。他们是胡启先和罗承，后来他们也就成为我的入团介绍人。胡启先同学后来考上湖南师范学院（今湖南师范大学），毕业后留校任教。他在工作中表现很好，深受单位的重用。可惜他或许是太劳累了，积劳成疾，没到退休年龄就过世了。记得他在我调到暨南大学后曾到广州来看我，我们在分别几十年后得以相见，兴奋不已，却没想到那也是我们此生的最后一面，真令人唏嘘。至于罗承同学更是一别成永别，从毕业至今，六十余年时间就再无联系。只知道她毕业后到了贵州某个大学，别的就全然不知了。胡启先和罗承同学在作为我的联系人期间都对我很关心，热情地帮助我，从各方面来开导我和鼓励我，他们和其他同学的帮助使我有很大进步。1957 年 1 月 5 日，也就是我回国一年半左右，我就被团组织批准成为一名团员了。

在长沙一中生活了一年之后，我的一个大的变化就是身体素质变好了。前面提到，刚到学校时我的体育成绩很差，其实这是体质差造成的。后来在每天坚持早操和跑步，每天坚持体育锻炼之后，我的体质有了很大的改善。改善的标志是，学校组织了一次负重长跑，长跑路线是从学校出发，绕烈士公园再回到学校，距离是十千米，负重五千克。若是在进一中前，我无论如何也不可能跑完，但是现在我不大费力就跑完了。我为自己能够和其他同学一样顺利跑完而感到高兴和自豪，我想什么困难我都可以战胜。这不仅是对于自己身体的一次考验，而且也是对自己一切方面的考验。只要有战胜困难的意志，也就有克服困难的力量。

"浏阳河，弯过了几道弯……"这优美的旋律拨人心弦，身临其境地到浏阳河去游泳更让人心旷神怡，而这也正是我在长沙的一次经历。经过了寒假又迎来暑假，暑假和寒假不同，其间没有春节勾起人思恋家的愁苦。同时很多同学也还留在学校，没有那种冷清的气氛。倒是炎热的气候让你想着怎样可以让自己凉快。当听说浏阳河就在离学校不远处时，我真巴不得马上跳进河中畅游一番，所以整个暑假我的生活就和浏阳河紧密相连。每天我都是上午在学校里看书，有时也到市内的省图书馆看书，中午吃过饭睡一会儿午觉之后就到浏阳河去游泳，一游就游上差不多两小时才回来。因此我和浏阳河建立了很深的感情，我喜欢它那平静的水，喜欢它两岸的青草，喜欢它那幽静的环境。

在长沙的生活是清贫的，但也是丰富多彩的。高中生大都处于十几二十的年纪，正是精力旺盛思想也很活跃的时期。他们决不满足于平淡枯燥毫无创意的生活，这也就不能不回味我们班到岳麓山野营的事情。这个活动的开展当然要归功于毛泽东主席和他当年的伙伴们，而在我们班上是谁最先提出的就想不起来了。只记得野营活动一经提出，班上同学可以说是全都举双手赞成，恨不得马上实行。不过要在五十多人的集体组织这样的活动真的不容易。当时许多人都经济拮据，囊中羞涩，班上的班委会和团支部只能尽量想不花钱或少花钱的办法。再一个问题是交通。当年从市区到岳麓山，要坐两次轮渡，先到中间的橘子洲头，步行五六分钟后再上下一个轮渡。渡船不大，容纳的乘客有限。我们从学校出发肯定要靠两条腿，当时戏称"十一号汽车"。这组织起来问题不是很大，比较好照应，但到了搭轮渡时就不那么简单了。我们五十多人上不了一条船，要分成两批。于是第一批人到了，第二批人还没到。为防止走丢，大家就得在到达橘子洲头以后先集合，再一同搭第二趟渡轮，即便这样还有同学走丢，于是大家就得等把他（她）找回或者等他（她）回到队伍中来。以上说的还只是前往目的地的问题，而更重要也更难的是解决这么多人的吃住问题。为了这些事，我知道我们的班干部、团干部以及班级骨干是费了很大气力的。也正是靠他们的精心策划，细致组织，稳妥落实，无私奉献，活动才得以顺利展开。到达野营目的地，面对岳麓山郁郁葱葱的树叶，茁壮挺拔的硕大树木，还有那潺潺流水，悦耳鸟鸣，我们被圈在课堂的身心顿时获得解放。有的同学立即向山顶爬去；有的同学则引吭高歌，一展歌喉；也有的同学走到小溪旁玩水，各享其乐。但是班级、团支部的干部和骨干就不同了。他们一到就开始忙乎起来，有的负责搭建睡觉的帐篷，有的负责搭建烧饭做菜的灶坑。等这些事情准备停当了，又去打水，洗菜洗肉，淘米做饭，忙得不亦乐乎。由于我是班上年纪最小的，在活动中处处受到关爱呵护。在学习上我不需要别人的照顾，而且可以和任何同学比实力，但在这个活动中同学们都把我当小弟弟。我真实地感受到他们每个人对我的这种情谊。他们不让我做任何事情，就让我到处玩玩。但我觉得作为班级的一员，毫无理由只坐享其成，被别人服务。别的干不了，捡柴火总是能干的。真没想到平时吃食堂饭菜的同学，竟也有做饭菜的里手能人，做出来的饭菜那么美味可口，人人吃了都异口同声赞不绝口。这顿晚饭大家都吃得很撑，又觉得还没过瘾似的。吃完了饭，作为消食的活动，也是这次野营的重要内容——篝火晚会开始了。全班同学围坐一圈，中间烧起用木柴干枝点的火，这就是篝火了。同学们准备了丰富的文艺节目。这时候我才发现原来班上有那么多能歌善舞或有其他专长的同学。他们用自己美妙的歌喉演唱了许多优美的歌曲，也有的同学用婀娜多姿的舞蹈吸引了同学们的眼球，还有其他节目也因其精彩而赢得同学们欢悦的掌声。这次野营在每个人心中都留下了永不磨灭的记忆。第二天一早，大家又早早起来看日出。当晨曦初露，东方变成鲜艳红色时，大家开始激动起来，因为这意味着太阳即将升起。渐渐地，天空愈加鲜红似火，其中一处更是一片霞光耀眼夺目，随着太阳冉冉升起。我有过在海边看日出的经历，但在山上看日出还是第一次，同样感受着日出的美景，遐想着这就同我们祖国的前程一样。和同学们同登岳麓山，游爱晚亭，瞭望山下如青丝带逐渐远去的湘江，真是美的享受，心灵的净化，人生的感悟。

我和哥哥到了长沙之后，把带来的手表、自行车，还有胡椒等所有"值钱"的东西都变卖了。两人仅有八百二十元。我们没要国家的助学金，尽管学校一再动员我们申请助学金，但我们不想增加国家负担。每个月固定的开销是八元四角的伙食费，还有洗衣费、电影费等，一个月要向学校交十二三元，因此一年一个人就要交一百五十元左右。两年下来，两人要交给学校六百元，也就是说我们俩两年的零花钱是每人一百元。这些钱包括我们买书、买棉被衣物、理发等的开销在内，所以我们就必须精打细算，节省着花。但要花的又不能不花。哥哥的牙齿出了问题，需要花钱到外边医院去补，这就得花钱。我本来视力很好，但是有一天上课突然感到黑板上的字很模糊看不清楚。我向老师说明，老师让我坐到前边来，我才看得清。老师告诉我看来我眼睛近视了，当天下午我就到外边医院检查，医生诊断我确实是近视了，我也就得花钱来配眼镜。这些都是我们必须付出的开销。同时我们是十几岁的青年人，不是那种素食主义者，也喜欢吃零食，每星期六晚上还会到街上去吃一碗肉丝面或猪脚面，这就是我们最"奢侈"的花费了。

二、博白之行

临毕业时，我们回了一次广西博白老家，去看望高龄的奶奶，这也是我们在国内自己安排的旅行。我们想回博白去看看父亲出生的地方，看看自己的祖籍地，自己的根。但是在几十年前，从长沙到博白实在不是坦途。当时从长沙到博白不通火车，火车只通到黎塘，到了黎塘之后再乘长途汽车到玉林，从玉林再乘长途汽车才能到博白。而从长沙到黎塘需要乘坐十多个小时的火车，全程硬座，下车后赶紧找长途汽车去玉林。我们是一早从长沙出发的，到黎塘后转乘长途车又折腾一番，因此抵达玉林时已是下午两三点钟了。于是我们又急急忙忙找开往博白的长途车，这时才得知，从玉林到博白一天仅有一趟车，早晨就开出了，要乘就得在玉林住一晚，于是我们决定第二天早上乘车。经打听得知，从玉林到博白仅 58 千米。但因路况不好，要走差不多两个小时。这让我联想起，从槟港到高木的距离也是 58 千米，乘汽车差不多也要花一样多的时间。可见，从这方面看，当时中国和印尼处于差不多的经济水平，甚至我们还不如人家。眼下旅途劳顿，又人地生疏，我们只能先找个便宜的旅馆住下再说。但是我发现语言不通，找便宜的旅店也不容易。好在我们敢于询问，看到两个十几岁外地青涩少年求助，还是有好心人主动伸出援手的。一个中年妇女就主动把我们带到一家小旅店。在我们住下之后，旅店工作人员更主动向我们介绍说，我们可以不必搭乘汽车，坐自行车还更便宜些，也就是坐在自行车的后座，由别人拖着走。这样做当然有一定风险，如车主会不会在路上打劫，或者出交通事故，但是旅店的工作人员找到车主后，他拍起胸脯说，绝对保证我们的安全。当时我们根本没有什么安全防范意识，看到别人这样热情帮助我们，我们也就完全信任他们。就这样我们和自行车主一同上路了，两部自行车各载一个。他们在开始时和我们在车费上有过讨价还价，但在说定价格之后真的是古道心肠，尽显善意。他们嘱咐我们一定要坐好坐稳，如有什么不适比如说坐累了就告诉他们，他们可以停一停让我们休息。一路上他们还跟我们聊天帮我们解闷，我们也很体贴他们的辛劳。在上坡的地方我们就主动下车，尽管他们说不用下，但我们不忍心让他们那么费力来载我们。

经过一路的交谈，我们也熟悉了些，车主也更热心了，所以到了博白之后，本来任务已完成，他们却不顾劳累，继续帮我们去找我们的目的地——城厢官田士子坡，直到找到为止。我们也就对这两位自行车主满怀感激。我这一生和他们也仅有这短短几个小时的交集，但在我这却是永远不会忘却的经历。我没有问他们的名字，这并不重要，重要的是茫茫人海中，他们有着闪亮的人品，值得人们尊敬。

当我们越来越接近博白县城时，车主提醒我们，前面就是博白县城了。我就开始睁大眼睛来观察眼前的一切。眼前是博白县城了，我顿时进入了遐想，这就是父亲魂萦梦牵的故乡，他出生到长大至十六岁的地方吗？父亲说因为家穷，他从出生到去印尼都从未离开过博白。就算是在博白，他除了到县城之外，也很少去到别的乡镇。后来为了维持生计，他不得不辍学，靠着养鸭卖鸭蛋为生。我在想那个卖鸭蛋的少年当时是怎么生活的呢？他在博白的行动轨迹又是怎样的呢？我多么希望能够穿越时空，走一走他曾经走过的那些路，重温他那时为生计的思绪。我在心里对博白说，我来了！当年那个少年由于生活所迫，不得已离开亲爱的母亲，离乡背井，远走他乡。今天他的儿子终于能够回到祖国，回到他的故乡，有机会代替他来建设包括这片土地的整个国家！

在回到家之前，我有机会四处张望博白县的街道，以及街道两旁的商店住家。总的感觉是人们的精神状态还不错，都有一种安乐无忧的风貌，但是这却无法掩饰整个县城贫穷落后的状态。因为整个县里看不见一个工厂，看不见新建的楼房。我在想，是否三十年前父亲离开博白时县城就是这个样子？或许有些建筑设施是那时新修新建的，肯定看起来比现在好。但经久不修，肯定是破烂不堪、满目疮痍了。父亲如果回来，他一定会毫无困难地就认出这里的一切。时光还没有让这里发生巨变，或许巨变还要经过许多年后才能发生。我感觉到了国家建设的困难，想一想邦加不也是这样吗？或许中国的建设比印尼还困难，因为我们幅员辽阔，而底子又那么薄，比不上印尼的资源丰富，且自然条件又那么好。

在自行车主的帮助下，我们终于找到了老家。家里除了奶奶外还有伯父伯母，听到我们的到来，左邻右舍纷纷出来看我们，毕竟这是远方的客人呀。如果不是我们来，他们大概也很少有客人造访。伯父告诉我们，这些邻居都是姓苏的，多数还是本家，即五服之内的。接着伯父就一一给我们介绍。但是因为人太多，我也记不住，只是这才知道原来在中国农村，人口的构成是这样的。接着伯父把我们领进家门。我见到了亲爱的奶奶，就跪下向她老人家请安。她立即把我扶起搂到怀里，一遍又一遍地亲我，对哥哥也是这样。我想老人家等了差不多三十年，没有见到自己的儿子回来。现在见到了孙子，也已和儿子走时那么大，她怎么能不激动万分呢？接下来她就开始不停地问我们全家的情况，恨不得把一切情况都知道个遍。这里要说一下语言问题。博白农村人使用两种语言，一种叫地佬话，一种是广西的客家话。父亲与他的博白同乡一般说的是地佬话。但在沙横没有多少博白人，地佬话没有使用的环境，父亲也就没教我们。邦加沙横的华人通常使用的是客家话，少数福建人互相间讲他们的福建家乡话，但和其他华人说话时也是用客家话。我曾担心我和奶奶会存在语言不通的问题，但见了面才知道沙横的客家话和博白的客家话基本上可以互通。这又使我进一步钦佩那些华侨先辈，正是他们的执着才使祖国的文化、风俗、习惯乃至衣着、服饰、宗教信仰等得以在异国他乡代代传承，也才使得我和家乡的亲人可以无障碍沟通。

接下来我就有时间看看老家的房子。这确实就是父亲还在这里时的房子——我未曾谋面的爷爷留下的房子。它除了更加破旧外，别无变化。房顶是茅草的，墙是木头的，一共有四间房，但每间都不大。房子另一边是猪圈，但这时并没有养猪，而是养了一头牛。奶奶每天干的活就是放牛。她早早带着牛去吃草，中午回家吃饭，到下午又带牛出去到晚上才回来。那时农村还没有电，为了省油没事时也不点灯，所以人们早早就上床睡觉了。因此人们实际上仍然过着几千年延续下来的日出而作、日落而息的生活。至于农具也还都是锄头、镰刀、耙犁这些。家里除了一张简易的饭桌之外，别无其他，连凳子都是很简陋的，像是自己用木板钉成的。由于年久失修，有的房顶已经露出亮光，下雨就会漏雨。我可以看出家里的艰难和穷困，但是我作为一个未成年的中学生，只能看在眼里、悲在心上，无能为力。房子的左边有一棵橄榄树。这棵树大概是唯一例外——在父亲离家后仍然枝叶繁茂、昌盛不衰。它长得很高，树干也很粗，使人感受到它顽强的生命力。与这棵橄榄树一同生长的还有屋前的两棵龙眼树。我们回去时已过了龙眼的结果期，树上已没有龙眼了，但从树本身看，它们也没有橄榄树那样苗壮。也许这是它们自身的生命规律使然，因为橄榄树的寿命要比龙眼树长。龙眼树活了几十年就将进入它的晚年而最终死亡。到我后来再回老家时它们确实已不复存在，而橄榄树仍然活着。

老家和在槟港的姥爷姥姥家，倒也有一点相似处，那就是出了门前面是一条河。但是姥爷姥姥家的河旁边就是路，没有农田，老家则是一大片农田，河本身较窄，也没有槟港那条河长，所以我也没有在那条河里洗过几次澡，因为人们似乎都不会在那里洗。一个比较大的区别是博白到冬天会很冷，根本洗不了冷水澡，穷人家也得用热水洗澡，自然不会在河里洗。但河里的水确实不像槟港那条河那么清澈，所以老家也有不如槟港姥姥家的地方。

我很自然地也把奶奶和姥姥进行比较。两位老人家都是我非常爱的人，一位是父亲的妈妈，一位是母亲的妈妈，自然都是我亲爱的长辈。她们也都一样疼爱着我，在这方面她们是相同的。但由于我长时间生活在姥姥的呵护下，姥姥对我的了解就要多些，甚至可以说了解我的一切细微处，也就能对我无微不至地照顾关爱。至于奶奶她也想对我付出她的关爱，却不知道该怎么做。奶奶似乎比较内向，而姥姥就比较外向，话比较多。所以我和姥姥的沟通就多得多。在老家逗留时间较短，总感到还有很多话没有跟奶奶说，也永远没有机会说了。

在家乡所关心的另外一个地方就是博白中学了。父亲提到过博白中学，李大庸老师也向我提起过。我后来知道，著名的语言学家，北京大学原中文系教授王力先生早年曾就读于博白中学。所以出于对这所学校的敬仰，或许和我本身是中学生也有关系，我专程去博白中学看了看。不过我不敢贸然进去，只是从外边看看它的面貌。它和长沙一中并无太大不同之处，我想到更多的是如何向王力教授这样的同乡学习，使自己日后也成为像他一样的大学问家。当时我根本没有想到日后我真的认识了王力教授，而且和他有很密切的交往。

三、高考前后

家乡之行时间不长，但在我的脑子里留下了深刻印象，也坚定了我为家乡、为自己的祖先争光的信念。带着这个信念我又回到长沙，回到一中。临近毕业了，眼前要应对的是高考。在回国前就听说有些槟中的校友没考上大学，所以我也就知道高考是一道关，如果过不了这道关是不能进入大学学习的。

当年出现了这样一种情况，这当然都是计划经济的产物。1956 年全国高校的招生数量是 16 万人，但到了 1957 年我参加高考那年，招生人数不增反降，只有 10.7 万人，成为那些年里最少的。这也就意味着，当年的高中毕业生，将有许多人被挡在大学门外。我会不会成为其中之一呢？假如我真的高考落榜了，又该怎么办呢？

正好在这个时期刘少奇到湖南视察工作，而且针对城市知识青年上山下乡问题发表了重要讲话，各中学立即组织应届毕业生进行讨论学习。当时提出的口号是"一颗红心，两种准备"。所谓两种准备是指，如果考上了，就到大学里深造；如果考不上，那就上山下乡务农，做一代有文化的农民。我当时就想，国内同学能做到的，我一样能做到。上山下乡无非就是苦一些而已，让我去我就去，在那里锻炼自己。不过我并没有就在那里待一辈子的想法，我想过一两年，我还可以再参加高考。我总觉得，国家要靠科学技术来建设，年轻人总是要成为科学技术的主人的。在迎接高考的时候，毫无疑问，就是要拿出全部精力来进行系统复习。每个人都在按照自己的志愿来准备课程，这时同学间的交流就减少了，却都在不约而同地加强营养。可对于我们兄弟俩，我们想都没想过怎么个加强法。我们还是只能在每个星期六晚上到长沙蔡锷路那家面馆吃一碗肉丝面"奢侈"一下，这就是我们的"加强营养"了。

高考终于来临了。走进高考考场，我没有丝毫紧张或怯场的情绪。对于所有题目我也都从容作答，胸有成竹。每场考试我总是没到考试时间结束，就把所有题目做完了。不过也正因为太过自信了，酿成了大错。问题出在我最拿手的数学上，看到卷子上的题目我太高兴了，因为所有题目我全会做，而且觉得很容易。就在这种志得意满的情绪中，我把一道题看错了，而且就按这错误的理解来做了。做完后，我想这还有什么检查的必要？因此离结束还有半小时，我就交卷了。等到哥哥他们也考完出来，我们相互对照答案，这时我才大声叹息，我看错题了。就由于这道题，北大就和我失之交臂了。

高考结束了，应届毕业生们都在等待放榜时刻的到来。这时根据自己对考试成绩的评估，我断定自己肯定能考上大学，但对会被哪所学校录取就没有数了。因为我所填的第一和第二志愿都是北京大学，第三是复旦大学，第四是南开大学，第五是东北人民大学。我想这四所学校无论哪所录取我，我都会很高兴，因为在填写志愿时，我看到各个学校的数学系都有科学院学部委员，我追求的就是成为学部委员的学生。当然北大在这些学校当中占据最高位置，但由于数学考砸了，我知道进北大是没有希望了。只要其他三所学校中有一所录取我就行。

当时填报志愿班主任都会予以指导，当然最终的决定还是在于学生自己。不过班主任如果觉得不大合适，会耐心劝导学生再慎重考虑。我便属于这种情况。我们的班主任肖润娟老师对于我填报的前四个志愿基本认同，虽然开始时她对一、二志愿都是北大也提过意见，但因它们是不同专业，她也就不提什么了。但对于东北人大，她认为我作为印尼归侨，要到东北去生活，不一定能适应。她向我介绍东北的情况。她说还不仅是气候问题。在东北要吃高粱米、玉米，这些肯定是我不习惯的。她建议我报武汉大学，说武汉大学数学系也很好。不过我告诉肖老师我已下定决心，正因为我出生于南国，我才要到北疆锻炼自己，不是说好男儿志在四方吗？我就要做这样的好男儿。肖老师看我意志坚定，就鼓励我把困难想得更多些，如果到了那里就坚定地生活学习下去。我告诉肖老师我一定记着她的话。

等待总让人觉得漫长。这段时间我有机会去岳麓山下参观中南矿冶学院（即今中南大学前身）、中南土木建筑学院（即今湖南大学前身）以及湖南师范学院（即今湖南师大前身）。到这些学校主要就是想看看大学是什么样的。我只觉得，自己进入大学后就是大人了，我一定要好好要求自己，做一名优秀的大学生。

发榜的日子终于到了，我和哥哥都考上了。哥哥考进北京石油学院（即今北京石油大学前身），他和黄忠勇同在一个学校，他们都去了北京。一起进京的还有李建明、彭惰强等。在归侨同学中，郭朝安考上了武汉水利学院（后改为武汉水利水运大学，并与武汉大学合并）。黄端风没考上，去了厦门。全班五十多名同学大概有一半考上，还有一半就落榜了。

在长沙生活了两年，真的有好多美好的回忆和值得留恋的人和事。我从十五岁长到十七岁，由少年成为青年。由不太懂事的归侨生成为一名有理想、有信念、有追求的共青团员。在这里我完成了高中学业，为接受更高教育做好准备。一中要比槟中大很多，条件也好得多。

除了上面提到的直接教过我的老师外，还有许多虽没教过我，我却有机会接触的学校领导和其他老师。他们都在我心中留下了十分难忘的印象。比如校长袁宗凯，他是我回国后接触到的职务最高的党的干部。当时他在一中学生中享有很高的威信，大家都很尊敬和拥戴他。每次他上台讲话，底下总是热烈鼓掌。到讲完了又是掌声雷动。大家都很乐意听他讲话，认为他的讲话言之有物，言之成理，又很有鼓动性。他能为师生拥戴不仅靠讲话，而且靠实干，我觉得一中的发展和他的正确领导是分不开的。许多毕业多年的校友都交口称赞袁校长，这说明他对这些校友的影响是很大的。

另一位是女副校长旷璧城。她很早就担任学校的领导工作，她原来在长沙清华中学当领导，后来清华中学和一中合并，她也就继续担任领导工作。我同她的接触没有同袁校长多，但每次接触总感到她特别平易近人，和蔼可亲，让人感受到温暖和善意。她曾是我国"两弹一星"功臣之一的著名科学家朱光亚教授的老师。在朱光亚教授给旷校长的信中，曾深情地谈起旷校长对他的帮助教育，所以旷校长确实是一位德高望重的教育家。她终身未婚，把自己献给了我国的教育事业。

长沙一中的教导主任刘湘皋老师也是我敬重的领导和老师之一。所谓教导主任自然是负责全校教务和德育工作，这在当时是我不能懂得的。但他给我们上宪法课，给我们逐条讲解宪法条文，讲解它们的含义和对于国家的重要性。他的讲解总是深入浅出，生动明了，富有启发性。在这以前我根本不懂宪法是干什么的，学了这门课才懂得宪法是我国的根本大法，是我国一切法律都必须遵循的依据。我学了这门课才有了一点法的知识，它对我的成长有着重要作用。刘老师通过给我们上课和我们建立密切联系，大家也都很尊敬爱戴他。后来他被提拔为长沙市副市长，离开了一中，后来我就再也没见过他。有一次，留在长沙工作的一名归侨同学许志强见到了他。后来许志强说，刘老师还记得我的名字，并向他问起我的情况，这使我很感动。

老师中与我有接触的还有很多，他们都在某一方面或某一件事情上对我有过帮助，但篇幅所限，我不一一列举了。时隔六十多年，他们也都作古了。在这里我谨向他们表示深切感谢和怀念。他们用自己的一生，为祖国的教育事业，为培养年青一代默默奉献。他们都是平凡的人，却也是可敬的人。

同窗情谊也永存我的心中。首先是同为归侨的黄忠勇同学。前面已经提到，他比我早一年来到长沙一中，所以他在帮助我熟悉班级和学校情况方面是起了很大作用的。碰巧他的弟弟黄忠光，也在一中读书，只是当时是在初中部。我和黄忠光同年，而黄忠光和他哥哥一样酷爱足球，两兄弟都踢得很好。他们也就成为我哥哥足球场上的朋友，这样我们两兄弟也和他们两兄弟成为好朋友。高考后，黄忠勇和哥哥都在北京石油学院，只是不在同一个系，却又同在北京石油学院的校足球队里，因此他们就有更多交往，更深的友情。毕业之后，哥哥留在北京，黄忠勇也留在北京，只是单位不同，但都在石油部门里。"文革"中他被下放到湖北江汉油田，哥哥也被下放到江汉油田。但黄在潜江，哥哥在荆门。"文革"后期他们才真正分开。黄忠勇到了湛江的石油部门，他加入了致公党，成为湛江致公党的主委，并被选为全国人大代表。应该说，黄忠勇的一生，体现了爱国爱党爱自己从事的事业的光辉精神，遗憾的是他因病在几年前离世。我们虽然见面不多，但彼此都互相想念。十多年前他盛情邀我去湛江，我应约前往，受到他的热情接待，甚为难忘。不幸这竟成为我们的诀别。

彭兆熊同学也是我十分敬重的同学。她是那种"少白头"，在中学时代她就有很多白头发。我不知道她是否为此烦恼，但在我看来，她从未把这当一回事，彭兆熊同学受到我的敬重是因为从我进入这个班起，她就是我们班的团干部，可见她是得到同学拥护的那种学生。她对自己要求严格，在学习上又刻苦努力，因此成绩很好。毕业时她考上了西安交通大学，自那时起我们就没有联系了。但是很凑巧，在我调到广州后的某一天，我收到彭兆熊从海口寄来的信，信中谈到她们全家一起调到海南工作，她的丈夫是海南电力局局长。她说这么多年都不知道我在哪里，后来通过老同学的关系得知我在广州，非常高兴。她欢迎我到海南去旅游。那时我正好还没去过海南，我们系也有一些老师很想到海南去看看，于是利用假期我带队到海南去了。一到海口就受到了彭兆熊的热情接待，安排我们一行住在电力局的招待所。她还帮助我们安排游览海南的路线，为我们的旅游带来很大方便。几十年没见，她显然老了许多，头发完全成了银发。但是仍然精力充沛，处事干练，保持年轻时的风格。她很谦虚，不愿谈她的工作和经历，但是我们接触到的省电力局的职工都以尊敬的口吻介绍他们的彭高工，从这可知"彭高工"肯定也非凡夫俗子。这次毕业后和彭兆熊的会面给我留下了深刻印象，感到她珍视同窗情谊，为人热情正派诚信。我邀请她和她全家方便时到广州玩，因为她也从未来过广州。她欣然答应而且表示希望很快就能来。我回广州后礼节性地给她写了信，感谢她对我们一行人的盛情接待，并邀请她来广州玩。但这封信发出后却久久不见回信，我不知道是何原因，因为上次通信她是很快就回的，这似乎才符合她的性格。过了一段时间我才收到从海南来的一封信，是她的儿子写来的。信中转达他母亲的歉意，并说明他母亲现病重住院，但没说得的是什么病。又过了很短的时间，我又收到她儿子的另一封信。这封信非常短，只告诉我他母亲已经去世。这突如其来的噩耗真让我非常悲痛。刚刚同她恢复联系，她就溘然长逝，我痛失一位可敬可亲的同学。

胡启先同学是我的入团介绍人。从长沙一中毕业后，我和他也没有联系了，但知道他被湖南师范学院录取而在该校就读。我们恢复联系是我调到暨南大学工作之后。那是 20 世纪 90 年代的某一天，一个电话打进来，他说他是胡启先。顿时我就很兴奋，毕竟他是我政治上成长的一位帮助者。在一中时他找我谈过好多次心，这也就使我对他印象深，也很敬重他。我急忙问他现在在哪里，我们如何相见。他告诉我他是到海南出差路经广州，在得知我已经在广州后，他也和我一样，希望见一见。那天我们并未在一起吃饭饮酒，他说这都没必要，要紧的是大家谈一谈，互叙别情。我们相谈甚欢，一起谈了几个小时，仍觉有许多话要说。只可惜当时还没有手机，电话也远未普及，只有办公室装有电话，家里都还没有。我们还真通过几封信，但是没有想到，我们在广州的相见竟是永别。后来不久就听说他因积劳成疾，医治无效而去世。我深感失去一位挚友的悲痛。

以上这些同学都是我班上的，这里还要提一下虽不同班但同为归侨的同年级的许志强同学。就像他的名字那样，许志强同学是那种一旦做出了抉择就义无反顾坚定履行自己承诺的人。他回到祖国后，就一步一个脚印地跟随祖国前进，跟随党奋斗。他在高考没被录取的情况下，服从党的安排去农村工作。后来才重新参加高考。大学毕业后，他先是在一个工厂做技术工作，由于表现出色，他被提拔为厂里的领导，并多次受到上级的表彰。后来省里鉴于湖南省侨务工作的需要，把他调到省侨办工作。他二话没说又全力为侨务工作做出自己的贡献。后来由于年龄关系从工作岗位退下，他仍不计报酬地协助工作。然而，他的身体越来越差，工作也渐渐力不从心，在 2013 年 5 月去世了。我也深为失去相识相知的老侨友而惋惜。

1957 年 8 月底，到了我和长沙、和长沙一中说再见，前去对我而言完全陌生的东北长春的时候了。学校安排我们班北上的同学一起出发。到这时学校有关领导和老师才知道我们两兄弟之所以迟迟没有决定出发时间，是因为我们俩几乎已经身无分文——

身上只剩八元钱，没钱购买火车票了。于是学校向市教育局汇报我们的情况，市里根据我们的实际情况帮我们解决了车票问题和路上的开销，这样我们才高高兴兴地出发了。和我同行的多名同学包括我哥哥在内，到了北京也就到达目的地了，唯独我一个人还要继续北上。这也是我回国两年后头一次穿越祖国南北的经历。1957 年 9 月 2 日我正式离开长沙，直到 1977 年我才重回长沙，这一走就是二十年。

第五章

得道长春

我仍然清楚地记得，我们班考到北京的同学和我一起乘坐火车北上的情景。这对于我们每个人来说都是非常激动的事，他们和我一样，从来没到过祖国的北方。大家都没见过长江和黄河，都想亲眼见一见。当时武汉长江大桥刚建成不久，这也是中华人民共和国成立后，我国依靠自己的力量设计建造的第一条规模空前的大桥。我们当时都为祖国有了这样的大桥而欢欣和自豪，都想亲眼一睹它的风采。而对于未来的大学生活，我们既充满向往又感到有些害怕，当时对于大家来说，能够确定的事只有一件，那就是这可能是我们最后一次聚在一起，以后可能不再有这样的相聚了。所以大家都别情依依，希望今后能保持联系。在火车上的短短几天，大家欢欣开怀，有说有笑。每到一个地方大家都好奇地睁大眼睛想多看两眼，都想多看看沿途几个省的省会，如武汉、郑州、石家庄，再就是长江、黄河，然后就是武汉长江大桥。经过这些地方之后，大家都发表了自己的感想，对于见到的景物进行一番评价，过了很久，脑海中仍然是那些景色。由于连续几天在火车上坐着，没法好好睡觉，临近北京时，大家在火车上已经差不多待了三天了，所以也有点支持不住。但好消息是火车到达丰台站了，这就意味着终点站是北京的哥哥和同行的几位同学就要到达目的地，而我还要从这里转车继续我的旅行。

离别的伤感一下涌上我的心头。从小到大我总是和哥哥形影相随，我总是生活在他的呵护之下，依靠着他，跟随着他。特别是在长沙的两年，我们在远离双亲的情况下相依为命，同甘共苦，兄弟亲谊更加深厚。当年也正是因为不愿和他分开，我才在小学没毕业的情况下报考槟中的。但现在却不能不分开了，只是这一分开，就不是从沙横到槟港的一百多千米，而是从北京到长春的一千多千米。尤其是我在长春将是孤零零的一个人，一切都要靠我自己打拼。当时于我而言，长春是一片完全陌生的土地，到了长春怎么找到东北人民大学，又怎么找到数学系，我完全是一片空白，心头真有一些胆怯。可又一想，我已经十七岁了，已经长大了，我肯定会走出自己的路来。

哥哥和同学们也都惦记着我。他们下车之前，就满列车地找有没有同样前往长春的同学。当时正值各校新学期开学之际，所以列车上大都是年轻的大学生。没有费太大气力，他们真帮我找到了去长春的同学，而且她也是东北人民大学的学生——田荆荣，她也就成为我认识的第一位调干生。当哥哥和同学们向她说明情况后，她看了看我，发现我确实一脸稚气，就很痛快地说："你们放心，我会带他到学校。"这样我原来的一切担心和恐惧都消除了，而哥哥他们也如释重负，愉快地继续他们进发首都的短暂路程。

原来田荆荣还有一个同伴，是云南籍长春地质学院的学生，叫王金荣。我们一行三人，一路上就有很多话题了。他们俩对我的身世很感兴趣，希望多了解些异国的风土人情，所以他们不断提出有关问题。而我对于云南，对于大学都毫无了解，自然要向他们请教。这使我们的旅途充满各种话题，变得充实有趣。但是漫长的旅途也是艰辛的，因为我们都是硬席坐票，特别是他们俩从昆明出发，已经坐了四五天了，全程坐着根本不能好好休息，到后来田荆荣的两条腿都肿了，我和王金荣都为她心痛，可我们又无能为力，只能用话语安慰她。

记不得我们当时乘的是哪趟列车了，只记得到沈阳还要转车。这样一来我们就要在沈阳停留一段时间，等候开往长春的列车，这对田荆荣来说还真有好处。我们下了车她可以休整休整，的腿随即消肿了些许，她走起路来也方便了。王金荣在东北工学院（即今东北大学）的同学建议我们到东工去看看，我当然很乐意，因为能多了解些大学和大学生的情况，于是我们就一起到东工去。一路上都是他们两位像照顾自己的弟弟那样照顾我，车票、吃饭等，一切都是他们负责。到了东工我才看到原来大学是这个样子。我虽然也曾跟同学一起，由长沙一中的老师带领，参观过在岳麓山的中南矿冶学院，但那只是走马观花，没有和大学生接触过。而现在由王金荣的同学领着，我们可以到学校的各个角落，这时我才感到：原来大学这么大，有这么多的专业。

整个校园是用围墙围起来的很大的区域，我于是好奇地问田荆荣，从那时开始我已经叫她大姐了，因为她比我大了整五岁。她告诉我，我们的东北人民大学比东工小很多，也没有一个院子，所以又叫"马路大学"。我觉得这个叫法很有趣，也更急迫地想到达长春看个清楚。我也是头一次接触那么多大学生，我置身于他们当中，听他们高谈阔论。有的听得懂，有的觉得不知所云。但是总体而言，他们个个充满青春活力，意气风发，神采飞扬，对于生活充满乐观情绪。进了大学后我也会像他们那样吗？我急切地希望自己的大学生活能尽快开始。

从沈阳到长春不过几百千米的路程，所以坐火车几个小时也就到了。到了长春后我们却有一段难忘的经历，那天是1957年9月5日，学校的迎新工作已经结束，车站处已无接待站，而且我们抵达时已经是半夜。王金荣要回地质学院，就同田荆荣和我告别了。田荆荣让我在一个地方等着，她去找交通工具，因为时间太晚，已经没有公共交通工具了。田大姐找了半天，终于找到一部三轮车。但是田大姐却不知道数学系的学生宿舍在哪里，只好让车夫先把她送到她所在的明德三宿舍（也叫八宿舍）。她把车费付清后，让车夫带着我去找数学系的学生宿舍。9月的长春已进入中秋，我却只穿了件短袖的衬衣。寒风凛冽，把我冻得直打寒战。田大姐见到我的狼狈相，二话不说把自己的外衣脱下让我穿上。因为她身边也没多带衣服，我执意不肯，但她还是给了我，让我下次见面再还她。我内心充满感激，所以一辈子也没有忘记田大姐的关爱。

但是六宿舍（数学系学生宿舍）和七、八宿舍不在一起，分别在一条马路的两侧，相距也较远。田大姐在化学系，同数学系大概没有交往，所以不知道。到了六宿舍，那里静悄悄的，人们都睡了，大门紧闭，三轮车夫使劲敲门，终于有个老人出来了。

听说我是刚从南方来上学的新生，就帮我把行李搬到他的房间，也就是传达室。我谢过三轮车夫，他也就走了。我忘了问他姓名，但是我记住他也是好人，因为田大姐把我托付给他后，他全力以赴地帮助我，直到找到目的地，而且没有跟我多要一分钱。六宿舍的收发员姓王，他那时给我的印象是已经很老了，但人很和气、慈祥，所以同学们都很尊敬他。大家亲切地叫他王大爷，王大爷让我坐下，说他帮我找人。一会儿一个同学过来了，他叫赵风治，是系学生会主席。赵风治问我怎么才到，我便向他述说经过。他想了想就把我安排到 102 房间，也就是传达室的隔壁。我不知道赵风治从哪里帮我找到被子和褥子的，而且在安排我住下的过程中，他都是轻手轻脚的，尽量不打扰已经熟睡的同学们。就这样，1957 年 9 月 6 日，我轻轻走来，走进东北人民大学，开始了我在长春的大学生活和工作，直到 1980 年 8 月底，我奉中组部和国务院侨办的派遣到暨南大学工作，在长春整整生活了 23 年。

　　清晨醒来，同寝室的同学们都觉得很奇怪，不知道什么时候房间里来了个陌生人，他们一个个地走过来和我打招呼。102 房间里住了十二个同学，他们都是乙班的。后来我也分到乙班，这个班上有近三十位同学。除我之外，来自南方的还有一位同学，叫谢宜源，他也来自湖南，但不是长沙，而是祁阳县的。乙班同学除了汉族外还有几位朝鲜族同学，他们都来自东北三省，和其他汉族同学并无二致。我是班上的"另类"，所以同学们对我很好奇。不过来自沈阳、大连的同学在中学里有的也接触过归侨同学，我对他们而言也就没有什么新鲜之处。而在数学系，我的上一年级里，也有三位来自印尼的归侨同学，他们是邱双灿、叶振良和廖玉移（女），四年级也有一位印尼归侨叫曾华泰。老师中也还有归侨，他们是黄进源和陈铭俊。有意思的是，这些全是印尼归侨。我的到来只是扩大了这支队伍，而不是"零的突破"，因此我也就没有孤独感了。

那天已正式上课了，而且头两节就有课。所以同学们个个都紧张地整理床铺，梳洗收拾，准备吃早餐。我对一切都很生疏，就看别人怎么做，自己也跟着做。我连地方都还没搞清楚，更不用说教室了。但是赵风治细致入微，他在起床铃响后不久就过来了，在向同学们介绍完我之后，就问我睡得怎么样，然后给我安排了那天的日程，还一一告诉我做这些事的地点，该找谁办事。每件事他都详尽地向我说明，以便让我清楚明了。吃饭要用餐券，而我还没有办好注册手续，还不能买餐券。他就先借些餐券给我，并带我到本楼地下室的食堂，教我怎么买饭菜。这些看起来非常琐碎的细节，或许对别人完全多余，但是对于我实在非常有用，使我很快对这里的生活熟悉和适应起来。同学们吃完饭都夹着书包去上课了，但赵风治和班上同学都建议我先去办理注册手续，于是我也就按照他们的指导去办理入学的所有手续。由于只有我一个人去办，不需要排队，手续很快就办完了。此外还需要办理转团关系和检查身体，前者只要抽空去校团委就能办，后者则要到校医院去做检查。

到校后的第一顿饭就是当天的午餐，那天早餐我因还没有饭碗且路上的干粮还没吃完，就没吃。在长沙一中，一切都是安排好了的，固定的桌席，固定的同桌，饭菜放在桌上，不需要交钱算账。到了这里，则要自己排队打饭打菜，有若干选择，要吃什么、吃多少、买多少，自己选，这些全是新的章法。在长沙每个月的伙食费是八元四角，没有人会抱怨吃得不好，我也没听到谁对伙食有意见。而到了大学，每个月的伙食助学金是十三元五角，比中学整整多了百分之五十，应该说有了很大的提高。而且品种、数量全由自己选择，感觉比中学强了很多。加之学生会里有生活部，下面还设有伙食组，经常听取同学们对伙食的意见、建议。怎么安排一日三餐对自己的控制力又是个考验，平均每天的四角五分钱是很容易突破的，因为中午的肉菜价格都在二角五分以上，如果你中午吃了，晚上还想吃，那肯定就超支了。控制费用的办法有多种，比如尽量控制每天都不超额，不过这样就吃不着好吃而价格略高的菜，例如鸡肉炖蘑菇或者红烧肉，这些菜往往要四角左右。所以可以采取周控制的办法，也就是一周内有几天吃素，有几天吃荤，如同长沙一中那样荤素搭配，一周不超过三元钱。饭量一般的同学这点伙食费基本够用，但对于饭量大、很能吃的同学而言就不一定够了。有些家境好的同学，他们没有助学金，这些同学叫作自费生，他们当然不受这个限制。女同学吃得少，也没有男同学馋，所以她们都没有谈论过伙食费的问题。过了一段时间，男女同学中就开始出现谈恋爱的情况，他们当然要在一起吃饭，那女同学就要帮她的意中人了。除了这些情况外，还有一种情况，就是自觉地把伙食费降到最低，每个月节省三两元来买书，这真的叫作从牙缝里省钱。我真的很佩服这些同学，他们的精神很值得学习，后来我在他们的启示下也这样做了。

北方的伙食和南方确实不同。在长沙，我们学生一天三顿清一色的米饭。但在大学里，早晨吃馒头、包子、花卷，我在长沙还没见过花卷呢，开始见到还感到有点新奇，吃进嘴里才发现和馒头区别不大。真正有区别的当然是饺子，这也是上大学以后才吃到的，饺子确实好吃，难怪北方有句话叫"好吃不如饺子"，但我从一开始就没有接受这种说法。我不大喜欢吃饺子，特别是那种很鲜腻的饺子，因为吃了它，肚子没饱但嘴已经腻了。至今几十年过去了，各种各样的饺子都吃过了，我对饺子也没有那么强烈的反感了，不过仍没接受"好吃不如饺子"的观点。也许正是因为这样，我虽然在东北生活了二十三年，但仍不敢自称东北人。

记得在长沙一中时，班主任肖润娟老师劝我不要到东北的一个原因，是在东北要吃粗粮。但在1958年之前大学生们吃的全是大米白面，想一想，当时我们国家还很穷，却对大学生这样优待，真令人感动。只是到1958年才开始吃粗粮，而且也仅占很小比例，而我也在那时才知道什么是粗粮。所谓粗粮是指高粱米、玉米（在东北叫苞米）面、玉米糁、小米等。我在印尼也吃过刚收成的玉米棒子，煮熟或烤了后很好吃。玉米面做成的窝窝头或大饼就没吃过，但我吃它们也没有什么障碍，只是吃完之后感到烧心，一直吐酸水。而吃高粱米饭就没有这个问题。头一次吃高粱米饭，见到红红的饭粒，煞是可爱，我感到新奇，我想一定很好吃，但是它和我的期盼反差太大了，我没想到它竟那么难下咽。我在嘴里嚼了半天，等到要下咽时，还是咽不下去，后来弄了些开水，和着水才把它吞下。不过吃高粱米饭不烧心，吃完没有任何不适的感觉，我也就更喜欢吃高粱米饭，而不大喜欢吃窝窝头。假如高粱米里边加上小豆（不是大豆或黄豆），那这饭就更好吃了。如果窝窝头里面掺点白面，吃了也不烧心，我也就爱吃了。

我的入学手续在体检后就只差到校团委去转团关系了，有天下午没课，我就利用这段时间到学校办公楼去办这件事。当时东北人大真的比东工小很多，办公楼和图书馆还在一起。我到团委这件事成为我入学时又一次永远难忘的经历，因为当我进到团委办公室后，团委的工作人员都用奇怪的眼光看着我，他们以为我是进错门的中学生。姓林的团委组织干事问我有什么事，我说我是来转团组织关系的，他们就问我是不是入学新生，在我作了肯定回答后，他们便问我年龄。当我说自己十七岁后，他们都很感惊异，便开始问我的身世。他们问我：你这么小离开自己的父母，不想他们吗？就这样我被他们轮流发问，简单的转团组织关系竟花了半个多小时，成了我的问讯会。看得出他们对我很有好感，我也因为得到这么多人的关爱而增加了对这陌生土地的亲切感，离开时因太过高兴，竟没有留意把心爱的派克笔落在那里了，直到晚上上自习要用钢笔时才发现没有笔了，但我并没有想起笔是落在哪里或者如何丢的。那是支派克金笔，在当时可算得上贵重之物。尤其对于穷小子的我而言，大概身上唯一值钱的东西就是它了，更何况它是回国前亲戚送给我的，因此更加弥足珍贵，可我除了心痛和无笔可用别无他法。直到第三天，有同学告诉我说系办公室找我，我到那里后办公室老师让我到团委去，在那里我把自己丢失了两天的派克笔拿回来了，不用说心里有多高兴，团委的林大姐又嘱咐我以后要注意保管好自己的东西。

来长春时还有一个细节，就是从火车站取回托运的行李。我和国内同学不同——我到哪里，哪里就是我的家，我的家当也跟随着我。我的所谓家当就是从印尼带回的一个皮箱和一个藤条编制成的藤箱。当时从长沙到长春，我随身带着藤箱，装着随身携带的用品和几件衣服。皮箱交付铁路部门托运，托运很慢，我等了十来天才到。那天我自己去了火车站把东西取出，就乘坐从车站到四分局的有轨电车回校。从有轨电车这个交通工具可看出，长春比长沙要先进些，后面我还会谈谈到长春后的印象。当时乘坐有轨电车的车票只要四分钱，而始末站间的距离足有十千米。我从四分局下了车，要再走相当长的一段路才能回到宿舍，唯一的办法只有自己扛行李了。就在我吃力地扛着皮箱往前走时，一位健壮的男子来到我旁边对我说："同学，你是要回六宿舍吗？"显然他已经知道我了。我说是的，他接着说："我来帮你拿。"我谢过他后，他毫不费力地扛起皮箱，把它扛到了六宿舍。他向我介绍说他叫郑连凯，是四年级即1954级的，和归侨同学曾华泰同一年级。此后我多次和郑连凯接触。他是运动员，跑步很快，是全校有名的短跑选手，同时篮球也打得很好，是系队成员。郑连凯为人热情、豪爽、耿直，这大概也是北方人的性格特点吧。我们后来都留在系里工作，我和他有了更多接触。过了很多年，有一次我们俩一起走回宿舍，我向他说起当年第一次和他相识得到他的帮助的情景，他竟说忘了，可见他真正是做好事不图回报的那种人。

转入正常的学习生活了。一天的生活基本上是两点一线，即宿舍楼（食堂也在里边，在地下室）和教学楼。教学楼是专门供数学系用的，所以也叫数学楼。从宿舍到数学楼要走过一条马路，就是明德路，它并非学校的一部分，而是居民区。整个学校就这样分散在解放大路的两旁，在斯大林大街（后改称人民大街）西侧。学校没有围墙（真的没法围），所以叫"马路大学"。学校也没有自己的游泳池，连体育馆也没有。后来才在数学楼旁建起只有一个篮球场的体育馆。在我到校时学校也仅有数、理、化、中文、历史、经济、法律、外语等系。但是当时它是整个东北唯一的综合性大学，它的师资力量确定了它的地位。当时学校有余瑞璜（物理学家）、唐敖庆（化学家）、王湘浩（数学家）以及蔡馏生（化学家）等多位中国科学院学部委员，即现在所称的院士。在当时，据说全国除北大清华外没有几个学校在这方面可与我校匹敌。他们几位都是国外留学生，学成后即回到祖国来报效祖国，都是爱国科学家。后来我从校内外的报章媒体更多地了解到他们的事迹，如余瑞璜教授是留英的，他是在《自然》这一全球顶尖杂志上发表论文的第一个中国人，由于他高超的学术造诣，被遴选为英国皇家学会会员，即相当于我们的院士。唐敖庆教授在物理化学领域也是国际知名学者。而我所崇拜的王湘浩教授曾经师从我国老一代数学家北大的江泽涵教授，王教授在美国读博时，导师是普林斯顿的名教授阿廷（Artin），而他取得博士学位是因为他推翻了代数学的一个基本定理，随后又给出修正它的条件，使整个代数学在这个坚实基础上重新发展了起来。除了名师外，学校领导人也被学生们看作衡量学校水平高低的一个尺度。比如清华大学的校长蒋南翔是教育部部长，北大校长马寅初是赫赫有名的经济学家，而东北人大的校长匡亚明是五级干部，和当时吉林省委第一书记吴德的级别相同，在全国也难找出有几个这样高级别的学校领导。了解这些情况后，我们这些学生都对自己能成为这所学校的学生而自豪，决心要在学校里好好学习，学有所成。

一、头三年的学习生活

前文介绍了学校的几位领军的学者科学家，但我更关心的是我所在的数学系。我一到这个系就想知道我所在的系怎样，了解之后觉得虽然不能同北大相比，但也有相当强的教师阵容，足以让自己学到知识。数学系除了王湘浩教授外，还有国内著名的徐利治教授、江泽坚教授，以及有一定知名度的王柔怀、谢邦杰、孙以丰、孙恩厚等老师，他们几位虽还不是教授，但也都很有实力。如谢邦杰是从北大调来的，孙以丰是国际著名数学家陈省身教授的学生，王柔怀是年轻而很有实力的微分方程专家。此外还有一批由这些老师培养出来第一、二届留校的高才生，如后来成为校长的伍卓群，成为中山大学校长的李岳生，成为吉大计算数学教研室主任的李荣华，与他们同届的吴智泉、刘荫南等，看到这个名单就感到数学系的师资力量确实不俗。而更使我兴奋不已的是我们一年级新生的主干课程数学分析和高等代数两门课都由系主任王湘浩教授亲自授课，这在数学系是破天荒的，这说明了王湘浩教授对基础课的重视，而对于我们学生来说真是得天独厚的条件。

至今我们这些学生仍然记得王教授的一些逸事。王教授上课从不用逗乐子的话，他总是开门见山，直入主题，语言简练、明快，系统性强，逻辑清晰。他以深入浅出的语言，把本来十分复杂深奥的问题讲得很清楚。他从不讲废话，所以如果你听课时一个走神就可能跟不上了。他上课又很有节奏，他在开始讲一个新难点时，往往有意停下来。当时还没有禁烟这一条规定，而且对于老专家大家也总是宽容的。他常一手拿着粉笔一手拿着烟，稍事停顿。要继续往下讲了，他走到黑板前，如同运气一般，要吸上一口烟。有一次，有趣的一幕出现了——王教授抬起夹着粉笔的手，把粉笔塞进嘴里，引得整个教室的同学们都大笑起来，王教授也为自己的错误操作笑起来，这可真是永远难忘的一瞬间。

还有一件事也是大家特别难忘的，那就是王教授为我们上数学分析课时，没有使用任何现成的教材，完全采用自己的体系来讲。也许是仓促上阵，王教授来不及把教材编好就给我们上课了，所以同学们要在课堂上记笔记，但由于王教授的课讲得很清楚详尽，学生可以根据板书把内容记下，所以没有人抱怨没有讲义。大家更体谅王教授在担任系领导的情况下为我们的付出，而且王教授课后又会把讲义补上。当时的讲义全都只能用蜡纸刻，用油墨印，大家都十分珍惜这份讲义，因为它出自一位大数学家之手。王教授坚持做到每讲完一部分就把前面一部分的讲义提供给大家，但是有一次却出现了例外，那是在讲了微分的应用之后，王教授在接着讲积分时答应把那部分讲义发给大家，但是积分部分的讲义都发下来了，微分部分的讲义却迟迟未发，直到整个学年结束王教授都没有向同学们提供这部分讲义。大家后来见到王教授时总喜欢拿这个话题和他开玩笑说，王老师当年还欠我们的讲义呢！他也总是很负疚地笑笑说："当时实在太忙了，没有时间写。"

王教授的忙我们事后也很清楚，他除了要教我们两门课外，还要处理系里的工作，而更重要的是他还要参加紧张的反右派斗争。我们一年级新生开始时没被要求参加反右，但是仅仅过了大概一个月，校党委就明确要求，新生无例外地也要参加。每天除上午上课外，下午有时包括晚上都作为搞运动的时间。学生如此，老师更不必说。特别是王教授是民盟成员，肯定更忙，所以后来我们都理解了王教授最终没有为我们提供那部分讲义的原因。按照王教授做事认真负责、一丝不苟的风格，只要能做的他一定会尽力去做，他之所以没做，非不为也，实不能也。我们也只是因拿不到名教授的完整讲稿而留下些许遗憾。

在我们新生也投入到反右派斗争后，一到下午时间就要围坐一起开会。开会的内容都是上面安排规定的，有时是自由发言，叫"鸣放",有时大家的任务就是学习文件,包括毛主席著作、《人民日报》社论等,还有就是学校领导匡亚明、陈静波等的报告。学习完了就要讨论,所谓讨论就是要求大家都发言表态。当时年级里有几名调干生,调干生指的是已经工作了现在回过头来学习的。三名调干生陈士奎、李湘珍、王广义都是入党数年的老党员,还有几位是非党员。三位党员组成我们年级的党支部,还有两名预备党员康富伦和杨金声。我在入学后的班干选举中被选进团支委,分工时被指派为宣传委员。组织和主持会议一般都由团支部书记负责,记录会议则是我的工作。上边要求记录一定要忠实于原来的发言,不得有误,特别是涉及敏感问题的一定要记全,尤其不能出现反义,还要尽量详尽。这样每次开会下来我都很累,手都写麻了,但是感到自己受到组织的信任,心里还是很高兴。每次开完班上的会,整个年级三个班的团支书和宣委,还要一起向党支部汇报,这样我也就比一般同学忙。

这里要花些篇幅来介绍匡亚明校长,因为从我于1957年入学到1963年留校工作,学校都由匡校长主持学校工作。我刚到东北人民大学时对匡校长了解不多,只知道他也刚到校工作不久,而且他的级别很高。随着对他的了解越来越深,我也就对他产生了很强的敬仰感。1963年他突然被调往南京大学当校长,我竟然感到十分可惜,觉得学校失去了这样强势的校长是个损失。匡校长称得上是老革命,他在第一次国内革命时期就入了党并且长期从事地下工作。他曾经和我党的创始人之一、上海工人运动的杰出领导人邓中夏一起工作过,那是在邓中夏被王明打击排斥而被迫离开他所领导的根据地时。此后匡亚明一直都从事党的政治宣传工作,曾担任中共中央华东局的宣传部副部长,还担任过《大众日报》社的社长。作为大学校长,他旗帜鲜明地提出大学的方向是社会主义的。他提出"四个空气"。首先是高度的政治空气,就是拥护党、拥护社会主义道路、拥护毛泽东思想。其次是高度的学术空气,就是要搞科学研究,要抓教学质量。再次是高度的文明空气。最后是高度的团结空气。"四个空气"的流动也就形成风，这就是校风。在匡校长的大力推动下，东北人民大学确实有这四种空气汇融而成的校风，它使师生为生活在这样的校园里，为成为这个学校的一员而自豪。匡校长明确提到，办校靠的是教师，办好的学校，就要有好的高素质的教师、名师，因此他在全国各地招聘名师学者。在不长的时间里，他为全校各个系都请来了名师。如经济系有关梦觉，历史系有金景芳、于省吾，法律系有马起、杜若君，中文系有张松如（公木）等。这些教师为吉林大学积累了非常难得的知识资产，让许多学校羡慕不已。匡校长的杰出之处在于敢出奇招狠招，他为了鼓励年轻人脱颖而出，大胆提拔当时年仅 28 岁的高清海为副教授，这在那个论资排辈的时代真是一石激起千重浪。他为了吉林大学办学的需要，在经济困难时期仍坚持修建理化楼，由此吉林大学才有了一栋具有标志性的建筑，也使学校的办学条件大为改善。他到了南京大学之后也有许多大胆果敢的举措，从而使南京大学迅速发展。一个人的卓越往往是他的一个行动当时遭人反对，但过后人们才赞扬和肯定它。匡亚明校长在南京大学的一项举措是为改善教师的住房条件而提出的，遭到学校党委书记等班子成员的反对，并最后导致了他的离职。但他仍坚持己见，而且在分房时他没有要房子，仍然住在教师集体宿舍中。他提出等教师们的房子问题解决了以后他才搬，可见他的高风亮节。匡亚明后来被选为江苏省人大常委会副主任，还担任过国务院下属孔子研究会的会长，负责整理出版关于孔子的著述，他自己也发表了若干这方面的论著。因此匡亚明确实是一位卓越的教育家和学者。

还在印尼时，我所读过的那些苏联小说和中国小说，如《钢铁是怎样炼成的》《普通一兵》《为了幸福的明天》以及《谁是最可爱的人》等，都深深感染着我，让我确立了自己的志向——我要加入党，做一名共产党员，为祖国的建设事业贡献自己的一生。在母亲问我，我小小年纪自己一人闯荡，会不会变坏学坏时，我对母亲说"您放心，儿子决不会的"，就因为我自己有这样的底气。回到国内，在长沙两年的生活，使我的思想觉悟进一步提高。进入大学后，我成为一名共产党员的意志更加坚定，于是我写下了第一份入党申请书。在入党申请书中，我谈了自己从上学知道中华人民共和国的成立开始思想发展的整个历程，谈了自己对共产党和共产党员的认识，然后就表示自己的决心。我的这份申请书足足写了三千多字，在那之前我很少写过这样长的文字。我把它交给我班的康富伦同学，因为他当时是我们班唯一的党员（他当时也还只是预备党员）。几天之后他代表党支部和我谈话告诉我，党支部很重视我的申请。但因为我还没满十八岁，所以还不能考虑对我的发展，希望我从提出申请开始就更加严格要求自己，时时刻刻按照党员标准思考做事。我相信，只要我这样做，等我满了十八岁，组织一定会考虑我的。

我当时确实是按照党支部的要求来做的。首先是在助学金的问题上，助学金是国家为培养大学生而采取的一项措施，应该说这项措施在几十年里对于培养我们自己的大学生做出重大贡献。很难设想，假如没有助学金，像我这样家居海外也无经济来源的穷人怎么顺利读上大学。助学金分为三等，一等为全额一个月十三元五角；二等是三分之二，九元；三等是二分之一，六元八角。有的同学为了多拿助学金，就极力把自己的家庭情况说得困难些，以取得较高额的助学金。至于我，则是秃顶上的虱子，不用多说全班都一致同意给我全额。有位同学更是说，如果苏运霖不拿全额一等，那咱班就没人可以拿一等。听同学们这么说，我很感动，他们真的很善解人意，但在生活补助费上我有自己的打算。我有一个堂哥，叫苏运智，是我大伯的长子，当时他在广西邮电管理局工作。鉴于我和哥哥两人在大学读书，没有经济来源，他表示每月可以给我们俩一人八元的资助。但是考虑到他还要照顾他年迈的母亲和我们共同的奶奶，他的工资又并不高，所以我们就商量，两个月给我们一人八元就行了。因此我提出生活补助费我就不要了，让给别的同学。但是同学们说给我是合情合理的，叫我不要坚持，后来班上就提出每个月两元的方案。而且还说如果有突发事件，再给我临时补助。这件事后来传到学校，学校就把我当作一个典型进行表扬。我当时考虑的是国家，国家还不富裕，却给了我这样好的条件让我能上大学，我如果能给国家减轻点负担，或者帮助更多有需要的人，那不是更好吗？

这里还想说说另一件事。我在长沙参加市里组织的寒假乐园时，认识了一位来自印尼爪哇三宝垅姓潘的女同学。潘同学在女中上学，也读高三。但她在 1957 年未考上大学，就去了厦门华侨补校。她知道我没有经济来源，所以在我到长春不久，她就给我寄了五十元钱。她跟我说她这样做就是希望帮助我，并没有什么意图，而且她会继续帮助我。为这件事我翻来覆去想了好几天：我要不要收人家的钱？如果我收下，当然会给自己的经济情况带来很大改善。这可比三个月的全额伙食助学金还多，但它却和我家的家训完全相悖。因为家里教我不能接受他人平白无故的恩惠。最后我决定把钱寄回去，并且写信告诉她我谢绝她的帮助，但我永远不会忘记她对我的厚爱和真情援助。

此时在政治学习中开展了"又红又专"的大讨论。问题集中在是应该"又红又专"，还是"先红后专"，或者"先专后红"。因为不会有人说不专不红，也不会有人敢说只专不红。所以问题就成了在"又红又专""先红后专"和"先专后红"三者中的选择。然而有一个先决性问题，就是给"红"与"专"都下明确的定义。我作为班上的团支部宣委，负责组织班上的讨论。为使这个讨论真正奏效，我花了很多时间查阅各种报纸杂志，找到有关领导和权威人士关于这些问题的论述，在每次的讨论会上我向同学们介绍这些论述，特别是在会上没人发言时我就给大家读这些材料，使得会议的冷场变成有益的学习环节。我自己也主动发言，抛砖引玉，亮出自己的观点。所以我们的"又红又专"专题的学习取得了很好的提高认识、明确努力方向的效果，得到了上级领导的肯定。

接下来的一个大变化是在学校里开展勤工俭学活动。我刚到校时，宿舍教室的卫生都是由工人负责清扫的。但在1958年党中央和国务院关于在学校里开展勤工俭学活动的指示下达之后，学校就把清扫工人辞退了，改由同学轮流打扫，我作为学生干部自然要在班上带好头。每次轮到我们班或者轮到我自己清扫时，我总是认真卖力地干。认真是我一生坚持的原则。既然要做一件事或受命做一件事，那就认认真真一丝不苟地去做好它。扫地只是把地扫干净，特别注意死角，这较为容易，而扫厕所就不同了，很多人怕脏更怕臭，或许是长期上那种公厕的影响，很多同学改不了一种坏毛病。他们上大厕却不冲水，让后来的人替自己"善后"。有些后来者也不冲，任粪便积累，弄得厕所臭气熏天，这给清扫工作带来了挑战。不少同学面对这种情况就打退堂鼓，干脆不干。但是不干的话，厕所没法用，对己对人都不便，显然是说不过去的。这时我就想，我应该站出来。不就是臭和脏吗？那些清洁工人长年累月和粪便打交道，他们能做到，我为什么做不到？所以我就让其他同学都躲开，由我来打扫这又臭又脏的厕所。我首先一点一点把粪便冲进厕所坑内，但有的可能因为时间长了，用水冲不掉，又没有有效工具来处理，就得用手了。我顾不了许多，用手就用手，干完再洗手，就这样我把粪便弄干净了。但这离把厕所弄干净还差得远，因为还要把积在便池壁上的尿垢污迹都清除干净。我清扫得一丝不苟，每次经过我清扫的厕所不仅没有了臭味，而且干干净净，如厕者无不感觉方便。我的行动使不少人很受感动，他们后来也都效仿我。多少年过去了，有同学在和我重逢时，还谈起我打扫厕所时的情景，他们说我踏实认真的作风确实留给他们很深的印象。

但这不是对我的严峻考验，严峻的考验是1958年初的修水利挖水渠。根据市里的安排，那年学校要出动师生去挖水渠。为此匡亚明校长亲自动员，党委第二书记陈静波带队，全校数千人乘坐铁桶式车皮，到郊区兴隆山去挖水渠。时值数九寒天，气温在零下 30℃ 左右。当时在学校传为佳话的是王湘浩教授不听劝阻，偷偷带着工具上了火车，和师生一起劳动，在出发时没有人注意到他竟偷偷来了。王湘浩教授这种响应党的号召，身体力行的精神，对我们年轻人确实是很好的教育，他的事迹经过校刊的登载，顿时传遍全校。后来省市的党报也转载了，这对全社会都是很好的榜样，对我来说更是很大的激励。我从未经受过那样寒冷天气的煎熬，就是在从宿舍到教室的短短路程，我对那冷天都有点受不了，更不要说要在那毫无遮挡的茫茫大地上，坚持劳动七八个小时。但是王湘浩教授那么大年纪、那么大的学问家都能做得到，我一个年轻小伙子，一个血气方刚的后生仔却做不到吗？因此我也积极报名投身于这场非常难忘的劳动中。

但决心意志是一回事，真的置身于那冰冷刺骨的旷野中，被凛冽寒风和酷冷侵袭之后又是另一回事了。当我置身于那个地方时，没过多久我的脚就冻僵了，手也冻僵了，我的全身都冻僵了。身上穿的棉袄好像薄薄一层纸，根本不抵寒。要让自己暖和点就要不停地劳动，挖土或者用镐头刨土。但是拿起镐头来，我觉得它好重！由于手冻僵了，我也拿不住、抓不稳，举起来往地里刨去，地硬得只能挖出一小点坑，根本没刨开。所以同学们不让我用镐头了，只让我用锹来敛已被刨下的土，垒起沟渠。可没干多久我就没力气了，毕竟从小到大我都没干过这样的力气活。同学们看我那无能的样子就让我在旁边休息一下，但是寒冷又让你非得做事不可。有一个活我能干，就是把装进簸箕的土搬运到指定地点，这下我算是有了用武之地。

好不容易到了午饭时间，每人分得两个大馒头，还有一大碗带肉的菜，够丰盛的。菜是热腾腾的，馒头也冒着热气。馒头好办，放进嘴里就能吃，但菜就麻烦了。当时带的是筷子，没有勺或汤匙，而我的手冻僵了，抓不了筷子。现在已想不起我后来是怎样把菜吃进嘴里的，但是那狼狈的过程却是永远也忘不了的。

　　晚上回到学校我才发现我的整个手臂都肿起来了，进到宿舍后它就开始发作了，又痒又痛，痒得难忍。慢慢地它由白变红，呈现血色，可还是肿得老大。同学们纷纷过来说，不能用热水泡，要用冷水，慢慢让里面的血活动，那一晚手脚的痒和痛把我折腾得一夜难眠。第二天我还要去，但系里决定不让我去了，还安排一个同学带我到校医室去。校医说我的手和脚都中度冻伤了，如果再严重就有截肢的危险。经他这么说我都有点怕了，但我仍然为这次的经历而高兴，因为它使我多经受一次锻炼和考验。

　　接下来的劳动是捡粪积肥。那期间每天下午或者周末全天，我们两三个人分成一组，拿着铁锹和镐头，还有簸箕扁担，走街串巷，出没在长春市的各个角落。但我们并非走在大街马路上，而是走到居民区房后或公共厕所。如果厕所是刚刚被淘过已没粪便的，我们就失望地离去。一旦发现有许多粪便的厕所，我们就大喜过望，几个人就马上动手淘粪。但是要把粪便从厕所下面弄上来并非易事，不下到厕所的粪池是做不到的。由于当时仍是冬天，有的粪池里的粪便也变得坚硬如石块，这就非得用镐头刨不可了。镐头刨下去，难免溅起湿的尿和粪。下粪池也难免使脚或鞋还有裤子沾到粪便，但是这时的我们全然不在乎这一切。大家的目标只有一个，就是要完成上面下达的指标，而且要在竞赛中不落人后。这时我们确实感到我们和劳动人民的贴近，我们的感情有了变化。我的身体素质也得到了很大的锻炼。原来只有一米六几的身高，一下子增加到一米七几。我俨然成为标准的男子汉了，但我们的劳动还没结束。那一年赶上长春天旱，连续数月滴雨未下，地里庄稼受到很大威胁，我们再次被动员去参加抗旱活动，于是浩浩荡荡的师生大军又开赴农村。这次我们不像修沟渠那样早去晚归，而是住在农民家里，但吃饭是我们自己吃，不吃老百姓的。我们的任务是从五六千米之外，最近的也是三四千米之外，用肩挑，或用手推车，把水弄来浇灌庄稼。这时的我体力明显增强了，从三四千米之外挑起水来，我可以一口气挑到目的地，中间不用休息，而且一天可以挑四五个来回。当然和一天来回七八次的同学相比我还只能甘拜下风，但大家都称赞我实在有很大进步。我在劳动之余总是为房东挑水，把水缸装满。房东对我很好，她偷偷在我的枕头下放黄瓜，使我深受感动。我们在农村住了十天左右，和农民，特别是和房东建立了密切的关系，到要走时他们都依依不舍，我第一次和农民朋友建立起友情，我感觉到他们确实是可敬可亲的，也感觉到毛主席在延安文艺座谈会上关于知识分子思想感情的变化那段论述非常深刻，充满启迪。我们从乡下回来不久便下起大雨来，那时老师和学生都高兴得欢呼起来，课堂只得暂时停了下来，这确实是因为我们和农民心连心了。

我们所经历的劳动课还远不止这些，而且就强度而言，以上这些也都没法和下面的几项劳动相比。第一个是修长春市当时最宽最长的斯大林大街（现已改名为人民大街），这条街起自长春火车站，终于南湖边的工农广场，纵贯当时的长春市。要我们修的这段起于它同解放大路交汇处，直到解放军驻地和东北师大附近。我们的任务是把原有的路面全部翻开，把其中的土和石头全部弄走，铺上新的大石头，然后再用小石头和细沙铺平，以便铺上柏油。上述工序中除了最后一道的铺柏油外，其他都由我们学生在工人师傅的指导下完成。这项劳动不仅工作量很大，因为既要搬运材料，还要码石头；而且工作时间长，是完完整整的八小时。这下不是严寒了，而是酷暑。尽管东北长春的夏天没有南方热，但在太阳直接照射之下仍然会感到酷热难熬，大汗淋漓，口干舌燥。由于搬运材料、摆码石头的劳动强度都很大，所以那段时间人人饭量都很大，连女同学一顿都吃三个或更多馒头（一个二两）。我经常也吃四个，就是这样到快下班时还觉得饿。这项劳动我们整整干了近一个月，成果是把我们负责修建的这一段路完成了。一条崭新的大而宽阔的马路展现在眼前，我们为自己能为长春市的建设做了点小小贡献而由衷感到高兴和自豪。

1958 年在中国历史上留下了极其浓重的色彩。因为就是在这一年，中国共产党提出了"鼓足干劲，力争上游，多快好省地建设社会主义"的总路线，农村则掀起人民公社化运动，在工业上以大炼钢铁为中心推进"大跃进"。尽管在今天看来，当时所做的一切，有不少是很缺乏科学精神和理性分析的，但初衷都是为了中国的快速发展，为"十五年赶上英国"而举国奋斗。因此那是一个全国人民精神振奋、斗志昂扬、干劲冲天的年代。我们在这一年里还参加了两个时间长、强度大，而大家仍然忘我投入的劳动。一个是为了解决长春市的饮用水问题而兴建新立城水库，另一个是为全国实现钢产量翻一番，从 535 万吨增到 1 070 万吨而全国大炼钢铁的劳动。为了兴建新立城水库，建设大军都被安排住在工地旁的工棚里，吃住都在工地上。那里的条件可以说极其艰苦，根本没有任何娱乐活动。一天的生活，除了吃饭之外就是干活和睡觉。而吃饭的目的和睡觉一样是有充沛的精力去干活。我们每天要把由挖土机在五六千米外挖出的土，用独轮小推车运到大坝上。开始时坝很矮，但随后它就越来越高了。要从地平面把土推到高出七八米的坝顶，是非常困难的。由于距离远，一个来回就要差不多一个半小时，空车时还得小跑，一天就只能运五六趟，这已经是很大的劳动量了。但是在整个工地上，你看到的都是热火朝天、争先恐后的场面。这里是真正的人海，真正的劳动大军，在大坝上穿梭往返的小推车足有几千辆。十分难能可贵的是大家吃的都是粗粮和油水很少的菜，差不多顿顿都是土豆白菜，更没有一分钱的工资，是真正的义务劳动。但是人人都毫无抱怨，干劲十足。这就是爱国主义精神、共产主义精神、集体主义精神、公而忘私的精神。当年洋溢在新立城水库工地上的这种精神变成了今天碧波缥缈的一池清泉，为长春人民提供了可放心饮用的甘甜的水。我觉得这是永久的荣誉。

再一场劳动就是大炼钢铁。吉林大学作为长春市的一个大单位，自然也要承担炼钢的任务。任务分解到校内各系，我们既要炼焦，还要搞炼钢厂的基建。作为刚从中学升到大学来的大学生，曾经手不能提、肩不能挑，但经过这一场又一场的劳动，我们脸晒黑了，手变粗了，脚板硬了，也掌握了许多劳动技能。但是像炼焦和基建中的砌砖、抹灰、架房架等都是技术性更强的劳动，不经过学习是不可能掌握的。通过大炼钢铁，我的同学们分别学到了这些技术。这些劳动不仅让我们为社会创造了物质财富，也把我们变成了"文武双全"的劳动者，使我们的人生观、世界观发生了深刻的变化。它对我们每个人的一生都产生了重大的影响。

我自己在所有这些劳动中可以说都是冲锋陷阵、奋勇当先、不遗余力的。我的这种劳动态度和精神为同学普遍认可和赞扬，所以多次被评为劳动积极分子，还被评为社会主义建设积极分子。共青团组织评我为学校的优秀团员，后来我又进一步评为长春市的优秀团员，被选为出席长春市团代会的代表。当时要对我进行全面的审查和评价，还要看我的家庭出身、社会关系以及个人的学习表现等。就家庭出身而言，因为还有祖母在广西博白，当地政府可以证明我们家在国内就是贫农。至于父亲在国外的情况，我国使馆提供了父亲是爱国华侨的证明。在社会关系方面，也有人证实没有什么问题。剩下的就是我的学习表现了，我头两年的学习成绩全都是优秀，所以我完全符合要求。后面我还将进一步介绍这方面的情况。这里只先提一句，我是到当时为止唯一被调动到过系里所有专业的学生。开始时，系里只有一个专业，就是数学专业。后来根据国家和学校发展的需要，数学系增加一个新专业——力学专业，这就要从原有数学专业的学生调出一批到力学专业去，我被调去并且担任力学班的团支部书记。后来又成立计算数学专业，我又被从力学专业调到计算数学专业。没过多久，王湘浩教授决定成立控制论专业，系里又把我调到控制论专业。也就是说，我在数学系的三年学习期间，数学系的四个专业都待过了。我真的感到组织上对我的器重和培养。

　　就这样，在 1959 年 6 月初，在我刚满十九岁的两个月后，我就被党组织吸纳为中国共产党党员。1959 年 6 月 23 日那天，在全校党员大会上，我和其他新入党的同志一起在党旗下庄严宣誓，要为党的事业奋斗终生，牢记初心，坚守信念，永不叛党。这一天成为我生命中的一个亮点，因为它是我政治生命的起点。从宣誓的会场走出来，我仰望天空，感到天格外蓝，空气也格外清新，我感到眼前的一切都在为我祝福。而我也感到自己肩上突然有了新的重担，这就是党的事业，为祖国的繁荣富强而奋斗。

　　从那开始至今已经过去了整整 61 个年头，比一个轮回还多的时间。回首往事，我在自己的人生路上没有成就任何惊天动地的伟业，也没有做出过任何重大的贡献。但是在这漫长的岁月里，我没有一天忘记自己所许下的庄严宣誓，没有一天不坚守自己的信念。我可以满怀自信地向世界宣告，我是中国共产党的忠诚党员。

　　可以说我在大学里比较正规和不受干扰的业务学习是从 1959 年才开始的。因为在入学不久的反右派斗争开始后，我们就得上午上课，下午乃至晚上参加反右活动且在劳动期间不能上课。到了 1959 年开始贯彻党中央提出的"调整，巩固，充实，提高"八字方针，学校转到巩固教学秩序的时期，我们就完全回到教室回到课堂了。在进行业务学习时，我心无旁骛，全力以赴地听好每堂课，认真领会每一个概念，认真和独立完成每一次作业。大学数学同初等数学的一个根本区别，就是从静止转向运动，从个别转向一般，同时考虑时空的变化。比如极限概念通过变动的逐渐趋向无穷的过程来描述，而运算符号针对不同的操作对象来定义。不少同学在学习这些内容时都感到难以理解，但对我而言，由于高中阶段在湖南省图书馆借阅大学的数学书籍时接触过这些内容，虽然掌握得不算深入，但经老师指点我就完全懂了，做题也不觉得困难。为了提高自己做题的能力，我还买了当时比较出名的苏联吉米多维奇的《数学分析习题集》和《高等代数习题集》，一有时间我就集中精力做题。我囊中羞涩，也没有什么兴趣去逛大街或到哪里去玩，因此虽然到了长春好几年，我可以说什么地方都没去玩过。有一次田荆荣大姐的丈夫（他是部队军官，因此是穿着军装和我们一起玩的。这是我和解放军军官头一次近距离接触，感到新鲜和羡慕）来探望她，她约我一起到学校附近的儿童公园（现为人民公园）去玩，这是我头一次去这个公园。而距离火车站较近的胜利公园我是大学毕业后才去的，所以我的时间可以说都花在学习上了。这就为我打下了较坚实的业务基础，使我在后来的工作中能轻松应对各种学科门类的挑战，可以承担许多不同课程的教学工作。

1959年的10月1日是中华人民共和国的十周年大庆，这是一个非常令人难忘的日子。1949年10月1日，毛主席在天安门城楼上宣告中华人民共和国成立时，我刚九岁，又身居国外，还不大了解这件事。中华人民共和国成立十周年，我已经在祖国生活了四年，而且我在1961年6月23日已经正式成为一名共产党员了。我亲眼见到祖国的飞速发展，看到我国人民在党的坚强领导下，用快刀斩乱麻的手段对这片土地进行改造，使国家开始走向正规的发展道路。特别在我们还是百废待兴、尚需站稳脚跟的时候，以美国为首的西方国家，想在侵略朝鲜的同时也把我们扼杀在摇篮里。我们以大无畏的气概，以十分简陋的装备和恶劣的物资条件，硬把武装到牙齿的敌人击退，让他们知道站起来的中国人民是不可欺、打不垮的。成立十周年的中华人民共和国以崭新雄姿屹立在世界东方。在首都北京有盛大的阅兵式，长春当然没有，但是少不了全市的庆祝大会和大游行。这样的场面对于我来说也是生平第一次见。为了这个游行，我们也特别做了几次预演，以保证在十一当天的队形。白天游行结束，晚上还要在大街上举行舞蹈晚会，为此所有学生都被要求学会跳舞。我从小就缺乏对文艺的兴趣，唱歌还勉强可以充数，对跳舞则从来都不感兴趣。看别人跳还可以，但自己从不愿跳、不敢跳、不想跳。但这个舞会是政治任务，我还被指定负责带队，我怎么能不跳呢？为了我们这个集体，也为了表示我对祖国的热爱，我就得带头满腔热情地跳，我和同学们一起坚持到最后。第一个十周年大庆在我的脑海里留下十分美好的印象，同时我也坚信，第二个、第三个……以后一定会更好，好上加好！

在这头三年的生活中，体育课令我十分难忘，特别是冰上体育课。和在长沙不同，到了大学之后的我，身体素质有了很大变化，体育课对我不再是难堪的事。我虽然跑不快，但耐力较好，长跑绝对是我的强项。我可以跑一千五百米或三千米，这在过去是根本无法想象的。我在体操类项目上显得很笨拙，如在单杠上我都完不成复杂的动作，只能做引体向上、双臂屈伸。但我爬绳还不错，可以爬到超过规定的高度。但我想说的是冬天的体育课，这是热带出生的我想也想不到的。头一次上冰上体育课，我们就被带到学校的冰场上。原来的足球场现在被厚厚的冰所覆盖，晶莹剔透。我看见在冰上已有很多同学在以矫健的姿势飞奔驰骋，这是速度滑冰。也有的则在冰上翩翩起舞，表现各种优美舞姿，这是花样滑冰。看着他们我的心也早就到了冰上了，我也好想在这冰场上一显风采。但是确如常言所说，看花容易绣花难。看人家做似乎是稀松平常，易如反掌，但到自己来做可就不是一回事了。首先是穿冰鞋，这就有学问。一定要把鞋穿紧，不能让脚还在鞋中活动，否则就不能溜动了，但也不能绑得太紧让脚感觉不舒服，还要穿上足够厚的袜子才不致很快就冻脚了。头一次穿上冰鞋，我连走都走不了，在别的同学的搀扶下我才进到冰场里，下一步才开始真正学溜冰。老师向大家说了要领，于是大家也就开始自己溜冰了。由于大多数同学都是东北人，他们在中学甚至更小的时候就滑过冰，不像我是真正的"旱鸭子"，所以他们马上就如鱼得水了。我尝试自己站起来开滑，但屡屡因脚不听使唤而摔倒，好不容易可以站起来了，但一开始溜又不行了。过了半个多小时，我的身体开始出汗，也算是可以溜起来了。这时的心情开始转为喜悦，觉得只要付出总会有成果，但没有想到滑冰也是很耗体力的。我越滑越有兴趣，甚至下了课还不想走。当时是下午，下了课学生还可以继续玩，我也就留下来了。谁知道我开始感到有些冻脚，也没有力气了，在滑到离冰场边较远的场子中间时我又摔了个跟头。我想爬起来，可是不管我怎么用力都不奏效，我就是起不来。我真的急得快哭了，看起来我只得爬出这个冰场了。幸亏这时一位雄健的同学把我扶起，他牵着我的手让我让我跟着他，我才终于离开了这个冰场，也离开了这个让我窘迫的地方。

后来倒也没有再出现类似的情况，但是这一次的经历使我永远不能忘怀。我自然忘不了把我牵出冰场的那位同学，他也是数学系 58 届的，名叫孙铮，他和帮我从电车站扛回行李的郑连凯是同级同学，他们俩都是体育好手。但郑连凯是田径好手，而孙铮是冰球队队员，是吉林省代表队的，他经常代表省里参加全国性的比赛。他和郑连凯毕业后都留校工作了，我和他们就成了很亲近的同事和朋友，特别是孙铮。我们有一段一起在学校总务处房产科当工作队员的经历，为了工作我们必须住在离房产科较近的一处房子，我们俩同住一间房。我们俩还曾冒着严寒挨家挨户到工人家进行家访，深得他们的好评。我们三人也有一个共同战斗的机会，在一年一度的教工拔河比赛中，我们都是数学系教工队的主力队员。我们数学系教工队由于有孙铮这样个大力不亏的健将和郑连凯这样的运动好手，所以实力不俗，几乎年年都名列前茅，那时能和我们对阵的好像只有总务处代表队。他们都是年轻工人，当然有好体力，但是多次都败在我们手下。回想起这件事，我们由衷地感到自豪。

孙铮留校后不久就结婚了，他的夫人是 59 届的赵文。这里顺便回顾一下数学系曾出现的"女权"时期。1958—1959 年，数学系曾出现过学生的年级党支部书记清一色都是女性的情况。

当58届还在校时，他们的支部书记是男性。但59届、61届（没有60届，因为从56年开始改成五年制）、62届，乃至63届，各年级的支部书记全是女性。59届的支部书记就是赵文，她是东北工学院一位教授的女儿。赵文的气质和别的女同学不同，可以说是德才兼备而颜值又高。61届的书记叫林进祥，是调干生，她是较年长的一位，长了个圆圆的脸庞和慈祥的眼睛，身体微微发胖，给人以和蔼可亲的印象，所以同学们都亲切地叫她胖姐。还由于她处事干练，人品又好，所以她在同学中威信最高。我们年级的书记叫李湘珍，她长得又瘦又小，因为是调干生，岁数较大，大家叫她李大姐。63届的书记叫刘雅男，她是从中学考上来的。她在中学就入党了，这在当时来说真的是凤毛麟角。刘雅男以自己时时处处的模范行动而受到拥戴。学生党支部是女书记掌天下，有意思的是系里的领军党总支书记也是女性，叫王金鋙。原来的总支书记是关连第，而王金鋙是教政治理论课和党委派出联系工作的。王金鋙老师由于课教得好而广受好评，后来半导体系刚组建，党委把关连第调去担任第一任书记，就把王金鋙安排在数学系担任总支书记，于是就有了在一段时间里数学系由女性掌权的时期。那也是很不错的时期，说明女性一样能干。

在我头三年的大学生活里，不能不提一笔我和两位邦加老乡，也是槟中校友的友情。真要说一句很俗套的话：世界太小，而邦加人走遍天下。我到长春见到了很多印尼的归侨，在数学系就见到了曾华泰、邱双灿、叶振良、廖玉移等，我自然想知道有没有邦加来的。我有这种心理，而那些高年级同学也都关心新生中有没有印尼归侨同学。这两方面的结合，使我的到来很快就被在化学系58届的李新云知道了。我系58届的曾华泰也告诉我说，化学系的李新云是邦加的，因此接下来就是我们俩的相见了。现在我已记不得我们第一次在哪里见面的，只记得两人都很激动。因为李新云1952年就已回国，他当然很想了解他走后邦加特别是母校槟中的发展变化。尽管我回国也已两年，但总归还是比他多知道些情况。他对我介绍的一切都很感兴趣，然后他向我介绍他自己的情况。原来他是在槟中教英文的雅加达巴中毕业生李慕云的弟弟，他回国后到了大连上高中，然后从大连考到东北人大。他从一开始就显出大哥哥的样子，告诉我应该怎样做。他说他已是共产党员，他希望我从一年级就积极争取入党，我之所以很快就提出入党申请，与他的指点也有关系，我想他应该成为我的学习榜样。他又要我有问题时可以找他，当然由于我后来学习工作都很忙，我也没有什么需要他帮助解决的问题。由于不在同一个系，我们见面的机会很少，所以接触并不多。但他说在长春地质学院还有一位邦加人，也是槟中校友，有空我们也可以和他相聚，这倒使我很感兴趣。在长春地质学院的这位同学叫凌云，我以前也并不认识，但久有耳闻。因为他父亲是邦加槟港中华学校的老师，母亲是积极从事华人妇女工作的社会活动家，在槟港有些名气。他妹妹也在槟中读书，比我低一年级，而回国时我们是同一批，乘坐同一艘船。等到快放寒假时，李新云找我，说有好消息告诉我。他说他已和凌云约好，年初二那天我们仨聚一聚欢度春节，到时他会带我一起到地院找凌云，我想这真是好消息。到了那一天我早早等着李新云来接我，这也是我头一次到地院去。到了地院我先向凌云自我介绍，他一听很高兴，因为这么一来大家都不陌生了。接下来我们便说起槟港的印尼方言来，他们因为有机会在一起，所以还是有较多机会说，可我整整两年都没说过了，大家一起说家乡话的感觉真不同。这也使我对父亲和他的博白同乡一起说家乡话的心情有了体会。我和他们在一起算是小弟弟，他们在张罗吃的，全然不用我插手。由于条件所限，他们不可能做印尼风味或邦加风味的菜肴，但还是做了很合口味的饭菜。那天我们三个邦加人尽情地在一起聊天说笑，其乐融融。直到很晚了我和李新云才告别凌云，离开地院。后来因为忙我们就再没有机会重聚了，甚至连凌云什么时候离开长春，又分配到哪我都不清楚。至于李新云，他在离开长春前找过我，并告诉我他被分配到中国科技大学，我非常羡慕。我们三个就这样分开了。然而那年春节愉快的相聚永远铭刻在我心里。几十年后我们有机会在广州再次相遇，我们感叹人生的种种际遇，但是我们都对自己所做的选择——留在国内为国家贡献自己的一点力量无怨无悔。当时回国就是我们自己做出的选择，也只有回来我们才有了掌握知识技能的机会。我们没有放弃自己的初心，也因此感到很自豪。

从1957年9月入学到1960年暑假，我经历了三年的大学生活。如果是现在那就还剩一年就要毕业了，但是我国从1956年开始，一些重点高校实行五年制，北大和清华甚至实行得更早些，吉林大学也是从1956年开始实行的。这样按照常规我还有两年的学习时间，但是那一年全国有那么一阵风，各个学校都预先把自认为优秀的学生留下，称之为预备教师，参与教学工作或进行特殊培养。在数学系我就是这样被提前抽调成为预备教师中的一员，所以在当时我就脱离了原来的年级，转到和教师一起活动，在待遇方面也不再拿学生助学金，改为拿预备教师的补贴。

二、大学的后两年

在被抽调出来当预备教师之后，学生时代的暑假就没有了。当时正值我国开始研制电子计算机。虽然国外第一台电子计算机1946年就已经由美国研制出来了，到1960年国外已经进入半导体计算机时代。然而以美国为首的西方资本主义国家对我国实行禁运政策，实施严格的封锁，根本不可能把先进技术介绍给我们，对我们算是友好的只有以苏联为首的社会主义阵营的国家。当时苏联卖给我们的只有两种机器，一种是M-3，另一种是BECM（俄文字的首字母缩写，意为快速电子计算机）。当时电子计算机确实属于神秘的尖端技术，唯一可以掌握它的工作原理的是阅读俄文版的《BECM 原理》。该书 40 万字，我们系仅有一本，但是谁可以读懂它并把它翻译出来呢？系里开始物色翻译人选，找来找去就瞄上我了。系里负责这项工作的老师找到我，并对我说这是一项艰巨而繁重的任务，而且是政治任务。他问我能不能承担，愿不愿承担。我拿过来看看，觉得自己完全有能力完成它。于是我就问要求什么时候完成，他当然说越快越好。但是 40 万字摆在那里，他也知道肯定要花时间，最后我们约定半年内完成翻译并且油印出来，给系里教学用。

任务下达后我就全力以赴开始翻译工作，但白天我还有别的工作要做，也就是说这项翻译工作只能是在晚上或白天没有其他工作时进行。在我翻译完前面部分后，我把翻译出来的稿子给老师看，他很满意，让我继续翻译。我把它当作对自己俄语的一次实际运用，因为以前从来没有这个机会。为了尽快完成任务，我可以说是"两头点油灯"——早晨起床，锻炼身体，然后开始翻译，再到食堂吃早餐，接着上班，到了晚上又加班到深夜。我就这样连续工作了四个月，一部 40 万字的俄文电子计算机原理就翻译出来了，这也是我平生第一次完成这样大的翻译工作。我在如释重负的同时也产生了这样一个信念，就是任何困难都挡不住我前进的步伐。大概也正是这次锻炼使我有勇气去翻译美国斯坦福大学著名教授 D. E. Knuth 300 万字的名著《计算机程序设计技巧》（后译为"计算机程序设计艺术"）。那时不是别人让我翻译，而是我自己要去翻译。

翻译完之后的下一步是要把它油印出来。当时的印刷和现在大不相同，除了排版铅印之外，就只能用钢板刻蜡纸了。但印量很大，又要尽快把它印出。这就要请外面的刻印社来刻写了，刻完后我自己来印，这样就可以省点钱。为了印这些讲义（要求印100 份），我学会了如何使用油印机，这和邓小平当年在法国巴黎留学所用的是同一类型的机器，为完成任务我天天晚上都得来印它。当时宿舍楼到晚上十一点半就关门了，而我在数学楼一楼收发室旁边印这份材料，每天都要干到凌晨一两点，回去敲门很不方便，所以系里就批准我在办公室里睡，我常常累得不行，但休息一会儿，咬咬牙又继续工作。

我还有一个任务。1960年控制论专业开始招收第一届学生，当时招得不多，只有十名学生，但一招进来就要有人管，系里就指派我做这些学生的辅导员，这样我就又增加了一份工作。我想既然让我负责做这些学生的思想教育工作，我就得把工作承担起来。为了熟悉每个同学，我就同每个人接触谈心，因为我原本就是学生，而且好几个人年龄都比我大，所以和他们的接触交朋友都不存在困难。

长春市根据上级的指示，从1958年开始成立市侨联组织。由于吉林大学是归侨较多的单位，我又是吉林大学归侨小组的负责人，因此我被选为市侨联副主席。我十九岁就当上侨联副主席，当然会引起一些人的非议。但是由于有组织的支持，那些人也不好说什么了。后来校统战部为管理和组织校内的归侨和侨眷，成立了归侨侨眷工作小组，任命我为该小组的负责人。当时我校共有归侨和侨眷五十余人，除了归侨学生外，还有归侨教师和港澳同胞，侨眷也包括在内。他们分布在全校各个单位和部门，做好他们的工作，建立起密切的联系，是非常重要的统战工作内容。我按照校统战部的要求，在一两个月内，工作小组召开一次碰头会，了解大家的情况，看有什么需要解决的问题。而在节假日，要举办联欢会、座谈会，以增进彼此间的友谊和团结。我的工作不但得到了学校统战部赞许，也得到了市侨联的赞许和表扬，吉大归侨小组还曾被评为市侨联的先进集体。

我总是感到工作着是幸福的，因为它会给你成就感。把一件工作做好了，就有一分收获。重要的不是别人的评价，虽说这也是你需要加以考虑的。重要的是你自己是否全力地认真地去做让你做的事，或者你决定做的事。如果你投入了时间和精力，为什么不去争取最好的结果呢？所以我一生坚持的原则就是全力以赴，一丝不苟。

在计算机原理讲义印好后，系里又把讲授这份讲义的任务交给我，这也是唯一的选择，因为除了我之外没有人接触过这个讲义。我的上课对象是我上一个年级学计算机的同学，也就是说我成了他们的老师。这也是我头一次走上大学的讲台，开始时我多少还有些紧张，但在我讲解内容时就完全没有恐惧心理了。我想闻道有先后，术业有专攻，我当这个老师无非是践行这句话而已。

1960 年我国进入困难时期的最艰苦阶段，粮食不够吃还不是最严重的，最严重的是没有油水、肉食，这就造成许多人营养不良，身体虚弱，许多人得了浮肿甚至肝炎。我开始时只感到体力减退，没有气力，甚至连走路都有点困难。但我想大概大家都一样，只要渡过这个难关就好了。1961 年的五一前夕，市侨联组织归侨学生到吉林市左家特种动物园去参观，还让我带队。我想难得有这个机会，不仅可以增长见识，也可改善一下生活。我心里很高兴，并向市侨联办公室表示，那天一定准时参加。但是万万没想到，那天早上我不仅不能像平常那样起来跑步，就连床都起不来。同房间的同学们一个个都走了，最后走的同学看见我还躺在床上，当然觉得很奇怪，因为这很反常，要是在平时，我都会早早起来跑步，然后又快速洗漱完毕，出去吃早餐，开始一天的生活。我告诉他我起不来，头昏沉沉的。他摸了摸我的头，才知道是滚烫的，他说你病了，你得到医院去。但我说我走不了，我今天还有活动呢，但我也去不了。我让他帮我打电话到市侨联说我病了，去不了左家特种动物园了。

同学们都走了，房间里就只剩我一个人。我静静躺在床上，浑身乏力，又感到冷得难耐，不吃不喝也无任何食欲。直到中午同学们回来，这下全房同学才知道我病了。在他们的护送下我才去了医院，我是由他们背着走的，因为我已经毫无气力了。因为当天是五一劳动节，医院也放假，值班医生只能假定我是感冒发烧，就给我开了一些治发烧感冒的药。但是我吃了却不管用，几天下来病情丝毫不见好转，高烧不退。几天后，当我再次被同学抬到医院时，医院决定把我留下观察。医院开始感到我病情严重，因为我已经走不了路，连上厕所都去不了，需要别人搀扶。经过症断，确认我得了肝炎，但这还不能解释所有症状。直到5月9号医院对我进行透视和全面体检，才大吃一惊：我患有肺结核、肝炎、贫血、浮肿、神经衰弱等症。身高1.76米的我体重却只有45千克，而在这之前我的体重是55千克。难怪体温长时间居高不下，是肺结核等病所致。

　　接下来我就只能住院全休了。当时缺医少药，经济生活严重困难，副食供应奇缺。我病得真不是时候，不过也正是这个时候才使我得这些病。更加麻烦的是治疗肺结核的药对于肝炎有影响，治疗肝炎的药对肺也不利。在这种情况下我真的感到很无奈，因为这样一来我就给学校和政府增加了负担。实际上也是这样，因为在当时的条件下，在给我治病的同时要对我加强营养。为此，市侨联的主管部门市民政局领导一下子就给我送来了一百个鸡蛋和几斤白糖，还有其他慰问品。当时这些物资都是市场上买不到的呀！我见到这些心中涌起暖流，真的很感谢党和政府，不然我这条命也难保呢！在用药方面医院也是为我尽了最大的力量，他们给我喝一种叫鱼水蛋白的营养品，这在当时也是非常珍贵的药，此外治疗肺结核和肝炎的药也都是从国外进口的。我还得到了许多人的关心呵护，系领导、校领导、市侨联领导，还有市民政局领导都来看望我，安慰和鼓励我战胜疾病。他们给了我精神力量，我对所有这些人特别是党和政府满怀感恩的心。受人滴水之恩当以涌泉相报，我这一生就是报恩的。当然除了报答他们外也还要报答我的父母，报答一直呵护关心教育我的许多人。我自己通过学习毛主席给王观澜的信，更加坚定战胜疾病的信念。毛主席说既得之则安之，自己根本不用着急。我相信有医院的医护人员的精心照料，有医院提供的这些对症下药的药品，我一定会很快好起来。尽管自己在国内没有双亲照料，而即便他们在也是无能为力的，但有党和政府作为自己的靠山，党和政府是我的再生父母。我也真的非常感谢当时在医院里照顾我的那些年轻护士。有一段时间我不能起床，大小便都只能在床上。虽然自己很不愿意让别人为自己倒屎倒尿，但又确实下不了床，更下不了楼（当时我的病床在二楼，而厕所在一楼）。所以看见她们为我倒屎倒尿，我就非常难为情，也很感激她们。时至今日我都还真诚地感激她们。

我抱着战胜疾病的勇气和乐观的心态，积极配合医院的治疗。在一个月左右的时间里我的病情就大为好转，体重增加了，浮肿消下去了，睡眠也好转了，我可以站起来了。虽然开始还只能走很短的路，但至少不必靠别人伺候来大小便了。从那时开始我就恢复自己的生活规律，早晨起来后我就出去锻炼身体，这对我恢复健康很有效。毕竟我还年轻，生命力处于强盛时期。我当时对自己说，生命越是虚弱时越是要顽强面对。三个月后我的肺结核开始钙化，我的肝功能趋于正常。这两种病是我身体的主要敌人，它们被控制住了，其他病就是小事一桩了。当我刚被确诊入院治疗时，当时校医院的资深医生，为我进行医治的陈大夫曾断言我的病情相当严重，说没有一年以上的时间，是没有痊愈的可能的。因此在我 1962 年正式毕业，系里再次确认要把我留校时，校医院是持反对态度的。反对者是校医院宁院长（他是从部队转业的）和给我治疗的陈大夫，他们当然都是从我的身体情况来发表意见的。他们担心把我留下来，不但不能给系里工作，还要他们为我治病。不过幸亏他们的判断是错误的，而系里仍坚持要把我留下。在毕业后我不仅正常工作，而且承担了比其他人更为繁重的工作，那时离我得病住院才一年零几个月。

我被提前抽调出来作为预备教师的时间仅仅持续了一年，其他和我有相同境遇的学生也都大体一样。因为这样做的不仅仅是吉林大学，许多大学也都这样做，而到 1961 年暑期时教育部大概发现了这个问题，便下文予以禁止，并要求把这些已经成为预备教师的学生通通放回去，恢复学生身份。不过学校还是留个小口，如果本人同意学校就准予提前毕业，发放毕业文凭，正式留校工作，对于我，系里也是这个态度。刚刚成立的控制论专业很缺人手，当然希望我留下工作。但是我想我为什么要提前毕业呢？我不像其他一些人有养家资助家庭的负担，而我刚 21 岁，我觉得自己学得还太少。所以我决定回到原班级继续学习。

但是在回到原班级后我被告知，我并没有什么专业课程需要学，要学的仅仅是第二外语，当时所说的第二外语就是英语，因此我就和同学们一起上英语课。这英语课是面向从未学过英语的学生安排的，我的同学们原来都只学过俄语，自然属于这个情况，但我并非这样。所以老师从字母 a、b、c 等开始讲起，对我来说十分枯燥无味。等老师讲完一节课时我就找了他，我对他客气地说你讲的这些我都会，我可不可以免修。老师就问我什么情况，过后他说要先提出申请，再安排考试，如果通过了就可以免。于是我就照老师的要求做并同老师商定考试时间，考试就定在下次上课的前一天进行。考试形式相对比较轻松，因为考生就只有我一个人。除了不能带任何书或字典外就没有别的要求了，老师限定我在一个小时内答完，他在我的面前看着我，结果半个多小时我就做完交卷了。老师当场批改，过后他并没有告诉我考了多少分，只告诉我可以免修了。这个结果既在同学们预料之中，也使他们感到疑惑。预料之中是因为我经常从图书馆借些英文书特别是英文小说来看，既然这样通过英文考试还能有问题吗？但另一方面我是在初中时学的英文，那是在我 1955 年回国前学的。到那时已经过了六七年的时间，这个时间我一直在上学，不可能有多少时间去复习英语。所以一般情况下，不要说六七年，两三年时间就忘得差不多了。那我是怎样来记住的呢？我不仅要记英文，还要记印尼文，同时还有俄文也要记。其实我也没有什么特别的办法，我也不是什么天才，只不过要比一般人勤奋。每天我都会像过电影一样在脑子里复习英文和印尼文单词。在学了俄语之后，又增多一种语言，我就把它加到自己复习的内容中。就依靠这种勤奋才让我凭着初中的英文基础，在大学里免修英语，这也算得上一点小奇迹吧！

那个学期我没有什么课要上，所有时间都可由自己安排。也许那个时期的年轻人都有较强的自制力，谁都不会把自己宝贵的时间拿去做无谓的事，挥霍青春。利用这个时间我想再学点外语，于是我就学点日语。此外上大学前从未接触过外文期刊，现在在图书馆和系阅览室里看到许多学术期刊，一下子使自己大开眼界，才知道这学术界是如此浩瀚的知识海洋。看到期刊上发表的论文后面所附的作者简介，有的是国外知名大学的教授，自然十分仰慕。而当看到有的作者却是和自己年龄相仿的年轻人时，心中真有说不出的复杂感情，但最主要的是不服输。我想我也应该像他们那样做出学术成就，报效祖国。当时，杨振宁和李政道荣获诺贝尔奖的事刚刚发生不久，我就想着要以他们为榜样来治学。在我身边也有许多人让我羡慕和敬仰，比如数学系第一届毕业生伍卓群、李岳生、李荣华等，他们都是共产党员，也都是系里的业务骨干，已经和系里的教授们一起挑起了教学科研的大梁，我也把他们当作自己学习的目标。生活中有了目标，有了标杆，就不会懈怠，不会懒散，也不会满足。

一个学期很快过去了，转眼间到了大学生活的最后一个学期。根据系里的安排，在这个学期里，毕业班学生唯一的任务就是写毕业论文。和今天的大学生们不同，我们没有找工作的负担，不必为此事而分心，毕业了就由国家来进行分配。当然这种分配具有强制性，把你分配到哪里你就得去哪里，基本上没有挑拣的余地，也有一分配就定终生的意味。这是计划经济的产物，也许它的唯一好处就是让你不必分心。指导我毕业论文的老师是罗铸楷，他是四川人，是王湘浩教授的研究生。他给我出的题目是有限域的问题，即确定布尔矩阵的极小生成系，也就是通过哪些初等矩阵和矩阵的运算可以把所有矩阵元素都生成出来。所谓矩阵的运算包括与、或、非在内。在今天，这个问题已经是非常简单的一道习题，但在那时这应该还算是不大容易的问题。罗老师自己也刚刚解决它，所以说如果有点遗憾的话就是它不是还没解决的问题，即使解决了也不算创新。首先当然是了解题意。搞清题意之后就要设法去找出这些矩阵中的基本元素，它们应该是简单的。但通过矩阵的运算它们可以生成任何元素，也就是任何其他的矩阵。和其他同学的论文题不同，他们往往需要寻找某种方法，因而需要参考他人的工作，基于此来做出自己的创新或推进。但对于我的问题，情况全然不同。你把这些元素找到了，问题就解决了，如果找不到，那论文一个字也写不出，写什么也是白写。时间过得很快，一个星期，一个月过去了。尽管我每天埋头在阅览室里冥思苦想，绞尽脑汁，但都白费心机，空无所获。看到同学们一个个都渐有眉目，我为他们高兴，同他们分享快乐。可是反观我自己却仍旧毫无头绪，真的是煎熬，可又不知如何是好。三个月过去了，我焦虑的心情越发严重，真恨自己脑子愚蠢不开窍，连这样的问题都解决不了。那时真的是食无欲，觉难眠，成天无精打采。我也不敢去找罗老师，找他肯定只会遭他训斥说我还不够努力。

苍天不负有心人，我的努力终于得到回报。突然有一天，当我跑步回来，正在洗脸室洗脸时，脑海中突然出现了那几个基本的矩阵元素。我想通过那几个矩阵操作，用这些元素进行运算，不就可以生成所有其他矩阵吗？越想思维越清晰，也就觉得这个解对头。我真想跳起来，大声喊起来。但我还是控制自己不要那样忘乎所以，只是在洗完脸之后立即急匆匆上楼去找罗老师，那时年轻老师和学生同在明德一宿舍住，但他们集中住在楼的另一侧。我去到他寝室时他还没起床呢！弄得我很不好意思，我太冒失了。他让我上午去找他，这时我已经不那么激动了，并且把自己的想法也梳理过了，这样在叙述时就有条理了。经过几个回合的提问，罗老师确认我确实把所有问题都考虑过了，于是他就要求我按照毕业论文的格式把文章写下来。在罗老师的指导下，我的毕业论文终于完成了。我反过来比别的同学早差不多两个月时间完成，这时我真感到一身轻松。

这时我听说了王湘浩教授在美国普林斯顿大学做博士毕业论文时的情形。我很高兴，我的情况和他有相似之处，当然我不敢和他相比。听说他在北大数学系毕业之后就留校任教，适逢抗战时期学校搬到昆明，成为西南联大。他就是从西南联大作为公派留学生出国的，到了美国，他师从大数学家，普林斯顿赫赫有名的阿廷（Artin）教授。开始时阿廷教授给了王湘浩一个题目，这个问题需要用到代数学的一个奠基性定理格伦瓦尔定理。王教授接过题目也就开始潜心研究，并且大量查阅参考文献。他发现这里的参考文献真的是异常丰富，但是却没有一篇是和他研究的问题相关的，看来得自己想办法了。时光过得很快，一个月又一个月过去。而他仍然毫无头绪，一个字也还没写。外面还有不少活动找上他，他想拒绝，有时碍于面子又不便拒绝。于是他想了个办法，请个好朋友从外边把他反锁在房间里。就这样过了一年时间，有一天他要用那个定理去进行推导时却发现它用不上。明明是符合这个定理条件的情况，却无法得到定理的结论。他翻来覆去检查了一遍又一遍，始终都进行不下去。开头他不敢想这是该定理的问题，因为那个定理可以说在代数学里很重要。但一次次碰壁之后，他有了破釜沉舟的勇气。他想这肯定是定理的问题，于是他开始把注意力集中在这个定理上。要否定它就要找反例，说明它在给定条件下结论不成立。由于有了前面的工作作为基础，现在就比较容易了。但是否就可以说由这个定理所建立起来的整个理论体系将因为他的发现而倒塌了呢？这可是重大的问题呀。他又进行了一段时间的钻研，证实只要稍作修改，那个定理仍可用而整个体系也可存在下来。在这一切都完成后他才充满喜悦和自信地前去找他尊敬的阿廷教授，并把他的整个结果和盘托出。阿廷教授也很高兴，因为他的学生没有辜负他的期望，很漂亮地完成了工作。同时他让王湘浩写一个简报，题目就叫"Kill the subject"（杀掉该学科），就说格伦瓦尔定理是错的，并以极快的速度发表在最新的美国权威刊物数学学报上。这样王湘浩的名字在美国数学界引起轰动。他又被邀请出席当时召开的数学家大会，并被邀请作大会报告。这时他发表的论文以"Save the subject"（挽救该学科）为题。他的博士学位顺利拿到了，而且时间大大提前了。由于他的工作，格伦瓦尔定理改称格伦瓦尔—王定理，他也主要是依靠这个卓越成果而被中国科学院遴选为第一批学部委员（院士）的。第一批数学学部委员仅九人，他是最年轻的。中国著名数学家、数学所所长华罗庚对他的工作予以很高评价，而且当时有许多美国的大学高薪聘请王湘浩教授留在美国工作。但是新成立的中华人民共和国，对年轻的王湘浩更有吸引力，他在获得博士学位后就启程回国了。那时他还不满三十五岁，就这样他和其他在国外学成归来的数学家们一起，顶起中国数学事业的蓝天，开创中国数学的田园。他是服从祖国的调遣从北大调到吉林大学的，吉林大学数学系是他开创的。

毕业论文做完了，大学阶段的所有任务就都完成了。我感到毕业论文环节对自己确实很重要。今天的大学改革，应该使学生在做毕业论文中真正能得到实际的锻炼，能够有创新的意识，创新的思路，创新的理念。否则为了应对找工作的压力，那学生就只能在网上抄袭来应付差事了。我们没有找工作的负担，就只有等分配方案下达听候调遣了。

这个时候我想起了在北京的哥哥，我们自小就在一起长大，特别是从上初中开始，我都是在他的呵护照顾下成长。他虽然只比我大两岁，却时时处处展现做哥哥的风范，总是把一切好东西让给我，因此我们兄弟俩建立了很深的感情。但是从1957年我考上东北人民大学，他考上北京石油学院后，我们就再没有机会见面。我很想念他，他也想念我。我还有一个强烈的愿望，就是想看看伟大的祖国首都是什么样。但是作为全靠国家助学金生活的穷学生，哪有钱来旅行？我被调出当预备教师后，经济情况大有改善，我能承担这个费用了。就在这时哥哥作为北京市高校足球队的队员，在一次比赛中受了伤被送到医院治疗。他告诉了我这个情况，我心急如焚，向系里请了假，就独自一人乘坐火车前往北京。这时的我和当年从长沙到长春来时真的大不相同了，我已经可以独立地去应付各种事情了。我抵达北京时，哥哥因为还在住院，没有亲自到车站来接我，而是让他的同学来接，他把我带到哥哥的病房，我们兄弟俩在阔别数年后终于见面了，两人都激动万分。几年不见，他几乎都认不出我了，因为我长高了很多。原来我是比他矮一头的，而现在比他还高。第一次来到北京，哥哥为了我而提前出院，以便带我到北京的名胜古迹去看看玩玩。随后几天他带着我去了颐和园、天安门、北海、什刹海、故宫、天坛等，但没去长城，因为那时交通还不大方便，费用较高，我们由于经济原因就只能割爱。同样由于经济原因，我们大部分时间都在食堂用餐。但兄弟俩又在一起，心里就已感到非常温暖满足了。几天的北京之旅，让我对北京留下了非常难忘的美好印象。首先是大，它比我曾经生活过的所有城市，包括广州、长沙、长春都要大得多，我有生以来还没见过这么大的城市，没有看见过这么繁华的街道，这么密集的人群。其次是历史悠久，一说起哪个名胜，往往都是有悠久历史的古迹，老祖宗留下的文物，使人感受到它深厚的底蕴。最后是美和新，古老和美联系在一起，可以发现我们祖先的聪明才智。正是靠了它才使那些历史古迹经历沧桑魅力不衰，仍然熠熠生辉，让人惊叹它们的美。北京又处处充满了新的气息，特别是为庆祝中华人民共和国成立十周年而兴建的十大建筑。它们都用很短的时间就建成了，体现了中国速度，也体现了中国集中自己有限的力量可以干大事。中华人民共和国刚成立十年，当时的国民生产总值没法和西方国家比，但我们把力量集中起来却可以干成惊天动地的事。十大建筑使人感受到北京的新，也感受到中国力量。几天的北京之行不仅圆了我们兄弟团聚的梦，也使我头一次对首都北京有了感性认识，产生了对它的热爱。在北京也让我感受到发生在哥哥身上的变化，那年哥哥已经23岁了，他已长成充满青春朝气活力四射的帅哥，不但学习成绩优秀，而且体育文艺都堪称擅长。他歌喉不错，虽然没有上台独唱过，但合唱总少不了他，也是舞池中的活跃分子。他在体育方面更是颇有天分，他的羽毛球、篮球、足球的技艺在所在集体里是出类拔萃的。尤其是足球方面，他曾是长沙一中的校队队员，后来是湖南省队队员，北京石油学院队队员，以及首都高校队队员。更重要的是他的人品，那也是口碑极佳的。因此他也就成了许多同龄女孩爱慕和追求的对象，哥哥自然也有了寻求女伴的愿望。这时我发现有一位女同学叫李桂茗，在哥哥和我在一起时也陪伴着我们，她就是我后来的嫂嫂。从那以后我和哥哥的关系就和以前有所不同了，因为我们各自都要考虑一个新的因素——自己的家。

从北京回到长春不久，毕业分配方案也就下达了。我有了在北京的经历，加上哥哥在北京，就特别希望能分配到北京工作。我相信如果能在北京工作，我一定会有很好的发展空间。尽管我并没有具体的目标，但我喜欢从事研究工作。由于已经有过在大学里工作的一点经历，所以我觉得，如果能在北京的某个高校工作也不错。

毕业分配方案是按专业下达的。我们控制论专业只有四个人，我、黄永华、王雨新和李义婵。出人意料地，除一名留校外，其余三名都是进京名额。我不知道这个方案是怎么定出的，但我想，既然有三个名额进京，只要留校的不是我，那我就可以上北京了。北京的三个名额，两个是铁道部通信信号研究所，一个是部队的，后来我才知道是第四机械工业部，也就是电子工业部下属的第十研究院第十五研究所。我考虑到那时对海外关系有限制，十五所我可能去不了。但铁道部应该没问题，所以我便向系里的毕业分配领导小组请求分配到那里。但是事与愿违，系里不接受我的请求，仍然决定把我留在学校，而把其他三位同学分配到北京。黄永华同学到十五所，而王雨新和李义婵同学到铁道部通信信号研究所。对于我留校一事，系里曾向校医室征求过意见，因为我当时并未完全痊愈。校医室对于我能否坚持工作，态度并不乐观。他们的担心也是有道理的，如果不能正常工作，不是浪费了学校的一个编制吗？不过系里还是相信我能好，把我留下了。到那时我回国已经整整七年了。学习过程完结了，当然如果有可能我还想读研究生甚至博士学位。但当时系里就要我在王湘浩教授身边工作，做他的助手。作为党员我必须绝对服从党的安排，我也就没有再提什么，就接受系里的决定了。

我也把情况向在印尼的父母亲写信汇报了。他们日夜期盼的就是我们兄弟俩能读完大学，在我毕业时哥哥还没有毕业，他因为踢足球而延迟了一年毕业。当时写信是我和亲人保持联系的唯一方式，我基本上每个月给父母亲写一封信，还给哥哥及在南宁的堂哥写。父母亲得知我大学毕业了，还留校工作，真是高兴万分。当时又值印尼排华，许多人乘坐我国派出的接侨船只回国。父亲也思念家乡，思念他阔别多年的年迈的母亲。想到久别的祖国已经逐渐强大起来，两个儿子也都长大成才，父亲就想举家回国。但因为他是当地侨领，被我国领馆委托负责回国侨胞的回国事宜，让他等这些侨胞都走了他才走。但是到了后期由于两国关系有所缓解而要求回国的人源源不断，实际上国家已无力安排了，所以接侨工作中止，父亲回国的梦没有实现。最后在1967年，他因别无生计，又无资金，却要维持十几个未成年子女和母亲的生活，因此他只能替人在海上劳作，终于积劳成疾患上癌症，未到六十岁就撒手人寰。后面我还将述说父亲晚年的一些情况。

毕业时虽已被留校，但因为放假，我没有什么事，所以有出去走走的机会。我最想去的地方是南宁，上一次去南宁去见运智哥和嫂嫂，还是高中毕业时，距离这时已经整整五年了。这五年我一直得到堂哥的无私照顾、呵护，我想去看看他们，当面表示对他们的谢意。如果现在不去，等到工作了就不知何时才有时间去看他们了。正巧同时毕业的苏轴同学要回湖南岳阳，他愿和我同行并且热情邀请我到他家做客，这对我真是难得的机会呀！此处也要说说苏轴的情况。在我们这个年级里，来自湖南的同学有闵应骅、李人涛夫妇，严子谦，苏轴，谢宜源和我。除了我，他们都是真正的湖南籍。前三位都是调干生，岁数稍大些。苏轴、谢宜源和我一样是应届毕业生，苏轴和我又是全年级仅有的两个同姓，所谓五百年前是一家，因此他和我比较亲近。虽然说五年间我们并非很密切，但还总是保持很好的关系。他曾主动向我介绍他家的情况，他父亲是岳阳一中的数学老师，他还有一个哥哥，那时已经在北京中关村工作，他没有谈起他哥哥的工作。但我想在中关村一定从事的是重要工作，就不去打听。临毕业时他主动邀请我和他一起合影，由于年级里一些同学对个别干部有意见，我们年级最后连毕业照也没照成，真是遗憾。现在想再看看当年五年同窗的音容笑貌都已不可得。毕竟能在一起共同度过人生最宝贵的青春时光是一种缘分，但是为了一些人的赌气，却剥夺了日后借以回忆的那点东西，想起来真的有点悲哀。所幸的是我和苏轴一起的合影留下了我们友谊的见证。我和康富伦、胡大志、谢宜源等还有一张合影，不过也就只这两张而已。当年照相哪有今天的便捷？现在几乎每个人都可用手机照相，要照多少都不费力。经济条件也是限制照相的重要因素，如果不是特别亲密的朋友是不会在一起照相的。

　　大学期间我去过的同年级同学家非常有限，记得也就去过两家。一是康富伦家，另一就是苏轴家了。康富伦家是在毕业之前我前往北京看哥哥途中，在沈阳作短暂停留，上他家去做客。前面说过，康富伦入学时就是预备党员，当时又是我们班上唯一的党员，所以他是党支部指派和我联系的人。大概是因为作为预备党员受党支部考察，他必须做好联系人的工作。不过也可能是对我印象较好，也愿意和我亲近，所以他和我的谈心次数就较多。下课了去吃饭，我们也都结伴同行。印象中最深的是当时毛主席的咏梅词还未公开发表，但在党内高级干部中已经传达时，他当时大概从他父亲那里也知道这首词，因为他父亲是当时沈阳宾馆的经理，属于级别较高的干部。"风雨送春归，飞雪迎春到。已是悬崖百丈冰，犹有花枝俏。俏也不争春，只把春来报。待到山花烂漫时，她在丛中笑。"当他把这首词读给我听时，我受到了很大的震撼，联系所处的环境，我感到这并非只是歌颂梅花，它歌颂的是梅花的品格，梅花的情操，这也是中国共产党人所应有的品格和情操。康富伦多次邀请我到他家去，盛情难却，我就和他商定在我去北京路过沈阳时前去他家。这也是我在上大学时第二次到沈阳，但第一次仅仅是匆匆路过，没留下什么印象。这次由康富伦做向导，时间也比较充裕，去参观的地方就多得多。沈阳宾馆地处太原街，是沈阳当时最繁华的街道。而沈阳宾馆接待的都是省市级的干部，也就是说只有有头有面者才能入住。看了看那里的情景（是康富伦领着才进得去），觉得很压抑，觉得它和自己差得很远，似乎当官的高高在上，和自己这个平民百姓距离太大。康富伦家离沈阳宾馆不远，条件在当时应该说很不错。他父母亲待人很好，并没有那种高干的派头，所以在他家的两晚过得很愉快。康富伦带我去了沈阳故宫，看了东北工学院一带我曾去过的地方，也逛了太原街。感觉沈阳比长春要大得多，也繁华得多，难怪当时的东北局设在沈阳。沈阳实际上是东北的政治经济中心，但是当时沈阳的环境污染问题很严重，早晨穿出去的白衬衫，到下午回家衣领就变黑了，尤以铁西区为甚。当时人们还没有环保的观念，但对这种现象肯定不喜欢。

下一个就是苏轴家了。我虽然在长沙住了两年，但除了长沙之外，湖南的其他地方哪里都没去过。照理说，湘潭韶山，毛主席的故乡，离长沙不远，应该去瞻仰，但是由于经济原因，只好割爱。至于岳阳洞庭湖，那是风景名胜，也久已向往，但也无缘前去。这次，多亏苏轴邀请可以实现游洞庭湖的夙愿了，真是大喜过望。旅途是漫长的，但不觉得单调乏味，因为有两人同行可以相互交谈，共同活动，免除单个人的寂寞。苏轴性格内向，不大爱说笑。不过毕竟已同窗五年，彼此之间总感到亲近。越靠近湖南，我们也就越兴奋。他是因离家近了，而我是急于看看此前只在地理课上知道的岳阳和洞庭湖。那时要抵达岳阳，还要过轮渡，苏轴就带着我乘坐轮渡船。到了那里眼前就是碧波浩渺的洞庭湖，我的心情一下子激动起来，因为我平生还从未见过如此浩瀚的湖泊。在高中时学过的有关洞庭湖的顺口溜也浮出嘴边："洞庭湖边好赚钱，一去两三年。要想回家见母亲，冒得（没有）过河钱。"这个顺口溜描述中华人民共和国成立前对洞庭湖的向往，但到了之后却梦想破灭了。洞庭湖流域被认为是湖南省的鱼米之乡，不知今天洞庭流域人们生活是否有所改善。那时天气酷热，暑气难耐，人人都是汗流浃背。所以很多人都打赤膊裸露半身，从衣着还看不出他们的生活水平。但从在船上的人们的言谈和情绪看，他们还是很乐观的。风吹浪移，涛逐船行，在湖水和微风的作用下人的感觉要舒服些。在不知不觉间，岳阳码头到了，人们纷纷上岸。这时就有许多挑着竹筐或藤筐来卖饭的，但是在盛着米饭的筐上边，看不见白色的米饭，上面却是密密麻麻的绿头苍蝇，把整个筐都掩盖了。摊主盛饭时用手一挥，那些苍蝇就飞起来了，于是他把饭盛到碗里，等盛完后苍蝇又飞回筐上。菜装在一个桶里，上面没有盖，情况也一样，只是因为热，苍蝇不敢靠着菜。看到这个情况我真的觉得很恶心，差一点就要吐了。苏轴问我要不要吃饭。那时正是午饭时间，正常情况下应该吃午饭了，但我哪有食欲去吃那个饭，不过我没有把这话说给苏轴。可我一辈子也忘不了在岳阳码头看到的这一幕。

从码头到苏轴家只能走路，没有公共汽车。在当时的情况下我们也只能靠双腿。路并不近，我们走了好几个小时，难怪苏轴问我要不要吃饭。如果没有我，也许他也就吃饭了，不过也说不定，他可能也会和我一样对这样的食物不感兴趣。到了他家，因为已是下午，我们当然不能让他母亲再为我们弄午饭吃，她忙于为我们准备晚饭了。我注意到苏轴家里摆设极为简单甚至简陋，和我在长沙一中见到的老师家中的摆设没有两样。当时家家都没有电风扇，更不用说其他诸如电冰箱、洗衣机、空调、电视机之类。当时连康富伦家这样算得上中等以上的家庭也都还没有这些算是奢侈的物品。那天吃过晚饭后苏轴带我出去散步。太阳下山了，天变得阴暗了，但还隐隐约约看得见东西。就在离苏轴家不远的一条街上，这条街是不通汽车的，至少那时没有车。只见街道两旁，门板或竹床一个接一个地排起来，把这条街都占满了，中间只留窄窄的一条小过道。我和苏轴从这条小道走过，两旁都是人，有老有少，整条街形成一个壮观场面。人们相安无事，悠然自得地聊天、纳凉。

第二天我在苏轴的陪同下参观了他的母校，也就是他父亲任教其中的岳阳一中。看到它的校园虽没有长沙一中大，但也很整齐优美。我感到湖南省在教育工作方面还是很下功夫的，所以湖南才能出这么多的人才。谈起困难时期，苏轴父母都没怎么多谈，好像觉得虽然有过困难，但很快也熬过来了，中华人民共和国成立前那才是确实难以忍受的。所以我也就知道了，他们的生活是真的有所改善和提高了。

在岳阳的重头戏当然是参观岳阳楼。而参观岳阳楼，就要拜读范仲淹的不朽名篇《岳阳楼记》，它就被刻写在岳阳楼的墙上。一位古人，能提出"先天下之忧而忧，后天下之乐而乐"，表现出忧国忧民、先人后己的思想，这是何等的伟大和难得。我暗下决心，作为共产党员我也应该做到这一点。

告别苏轴和他双亲，离开岳阳，我继续南下向南宁进发。和苏轴告别时，彼此都不当一回事，没有那种"相见时难别亦难"的感觉，因为都还年轻，自然觉得以后必然会有很多再见面的机会。但我们都未曾想，这却是我们的永别。他毕业后被分配到锦州十院二十八所，该所和上面提到的十五所同属十院领导。我曾去该所出差，但不巧他因公外出，所以没见到他。后来根据上面的安排，二十八所整体搬迁到南京。我们都没有机会再见面，直到几年前有位同在二十八所工作的校友向我谈起，一次苏轴在家里要在立柜上面拿东西，下来时踩空了摔倒，就这样没了性命。我又一次感受到生命的脆弱，也为失去一个好朋友而叹息。

康富伦的去世也一样偶然。前文提到我曾造访过康富伦在沈阳的家。大学毕业时他被分配到北京七机部所属单位，该单位位于丰台。20世纪70年代我在北京出差期间，他得知我到了北京，就邀请我到他在北京的家做客。我们有十多年没见了。现在都已成家立业，能再次相聚是人生的幸事。我当然很期待，但我对北京不熟悉，怎么去到他那里，我毫无头绪。为此他先把路线详细告诉我，然后又专门在一个需要转车的地方迎候我，我们再一起到他家。他夫人也是沈阳人，印象中个子长得很高，相貌出众。她听康富伦当面夸我，知道我们是要好的朋友，就很热情地招待我。十多年不见，康富伦和我都很兴奋。我在他家差不多待了一整天，直到末班车时间才离开。那时的物质供应已经大为好转，因此他能弄到很多东西来招待我，餐桌上非常丰盛。康富伦还拿出他最好的酒来，不过我不胜酒力，只能喝一点来应酬他。这是我在访问他父母家之后再访问他自己的家，在这点上或许我是全年级同学中的唯一了。这以后我们过了许多年直到吉林大学五十年校庆（1996年）时才再次在长春见面，这时我也不在长春工作了。这次我们和更多同窗聚首，可以说感慨良多。大家在分手时都互道珍重，也预期来日再见，但没想到这却是我们的永别。从长春分别不久他就退休了，因为他比我大五岁。退休后他也就以各种活动安度晚年，休闲增逸。他家附近有可供垂钓的地方，那天他和往常一样前去垂钓，这时有鱼上钩了，他高兴地抬起钓竿想把鱼抓上来。或许太兴奋了，也或许一时用力过猛，更可能是心脏病突然发作，他马上昏厥过去，很快也就停止了呼吸，从此我又少了一个多年的好友。而他去世的这个噩耗还是胡大志告诉我的。说起来我们这些毕业后还有机会相见的算是有缘分的，更多的同学是毕业分别后从此散居天涯海角，彼此再无音讯。

离开岳阳后我就孤身一人往广西进发了。这时的我已经是真正的男子汉了，可以从容面对各种局面，到了南宁我可以自己找到堂哥家。和堂哥也多年不见了，所以也难掩喜悦激动之情。想到五年来堂哥对我的支持，我心里充满了感激之情。因为我知道堂哥和堂嫂两方面都有负担，而他们已经有两个孩子。在他们自己处境并不宽裕的情况下，却毫无怨言地资助自己的两个堂弟。他在广西邮电管理局做了一辈子的人事工作，一直老老实实做人，勤勤恳恳做事，淡泊名利，低调处事，从未做过任何违纪的事，他也决不为自己升官发财而溜须拍马，因此他虽然资格很老，能力也不差，却未被提拔重用，我从内心钦佩堂哥的为人。我的到来给他们带来喜悦，因为在当时能上大学的人还是少数，堂哥就没上过大学。他从博白中学毕业后就投身革命工作了，因此当他向周边同事或朋友说自己的弟弟是大学毕业生时，总是带着自豪的心情。他也总夸赞我，年纪轻轻很会自爱，从小就靠自己奋斗走出来。但是我知道，我能成长起来，靠的是从小父母的悉心呵护教导，靠的是各个时期老师的谆谆教诲，也少不了哥哥的关怀和帮助。我的到来也给堂哥增加了很大负担，他住在单位的平房，面积很小，我一来就更拥挤了。但堂哥堂嫂毫无不满的表示，而且总是热情地招待我。堂哥很会烧菜，家里总由堂哥掌勺。我最爱吃堂哥做的莲藕炒肉或炒蛋，他先把莲藕弄成碎片，然后和上油，再和碎肉或鸡蛋搞成团，最后蒸或炒，真是香甜可口又不腻，百吃而不生厌。堂哥还有一个绝活，他能用锯片拉出美妙的音乐，他的这个绝活曾在广西的一次文艺晚会上获奖。堂哥的字也写得很漂亮很规整，他的字是我见过为数很少的写得好当中的翘楚。我为堂哥的这些才艺而自豪。堂哥平日上班很忙，有时晚上还要学习或开会。他怕我一个人在家寂寞无聊，让堂嫂有空就陪我出去玩。因为堂嫂在市邮电局上班，开始时还是话务员。她是八小时工作制，不像堂哥那么忙，所以有时堂嫂就带着我和两个孩子一起出去，我们度过了许多难忘时光。但我在南宁的时间很有限，很快我就要回长春工作了。堂哥堂嫂知道我这一走，不知几时才能重新相见，所以也难免有惜别之感。堂哥替我买了车票，又送我上车，一再叮咛我路上小心，也许由于太担心了，他竟耽搁了下车时间，车开了他才发觉，结果只好到前方的黎塘站下车，害得他单位的人和堂嫂都为他担心，以为他出了什么事。这也算是我走上工作岗位前的一个小小插曲吧。

　　回到长春我的身份就变了，我正式走上大学教师的岗位，走上为人民服务的岗位，开始了我崭新的生活。我也真正成了男子汉。

第六章

任教生涯

一、吉大任教之初

从南宁回长春后，我的住处从原来的明德一宿舍转到解放大路宿舍，这是专门为青年教师修建的。我们数学系这一届留校的同学共有八人，分别是邹承祖、俞致寿、严子谦、崔志勇、王峻禹、宋玉琦、周长林和我。这些人是按专业留下的，邹承祖和俞致寿是函数和分析方向，在江泽坚教授门下；严子谦、崔志勇和王峻禹是微分方程方向，在王柔怀教授和伍卓群老师门下。这里要把伍卓群老师列出，因为他当时虽还不是教授，但已经是学科带头人，后来是吉林大学的校长。宋玉琦是代数几何方向，在谢邦杰教授门下。周长林是计算数学方向，在徐利治教授和李荣华老师门下。李荣华老师、伍卓群老师、李岳生老师及吴智泉老师都是吉林大学数学系首届毕业生，是数学系的栋梁之材。他们为数学系的发展起了承上启下的作用，也是数学系的骨干。因为除了老教师之外，数学系就要靠他们了。刚才提到伍卓群后来成为吉林大学的校长，而李岳生在调到广州中山大学之后不久也被任命为校长，李荣华则任数学系主任。我本人是控制论方向，在科学院学部委员（院士）数学系主任王湘浩教授门下。还有一位同学梁学章是作为徐利治教授的研究生留下的，所以我这个年级全部留校的就是九个人，因为梁学章毕业后也留校了。

作为新留校的教师，我们有一个统一的名称叫"见习助教"，或称"试用期内的助教"。我们的试用期是一年，只有在试用期内经系领导认为表现良好，没犯任何错误，才能按期转正，那助教前面的"见习"两字才可以去掉，而成为正式的助教。在工资待遇上，我们在见习期是每月 46 元，转正后是 56 元。但这仅仅是我们在大学任教的起点，我们要走的路是从助教到讲师，到副教授，最后是正教授。即便到了正教授这个金字塔的顶层，仍然有好些级别，最高为一级，其次是二级、三级等，这就有一个能不能走下去或者爬上去的问题，所以我们就要为生存而奋斗。这是系领导在我们入职后专门为我们八个人开会的主题。

那是1962年9月开学初的某天下午，会议是由系党总支和系行政共同召开的。党总支书记是蔡运时，系行政则是副系主任江泽坚教授出席。会议主要说了作为一名教师的职责、使命和学校对我们的期望等。开会的时间不长，领导讲完后就要我们每个人表态，说说自己打算怎么做。我们当然都表示自己能留下来是学校对自己的信任和培养，因此要珍惜这样的机会，好好努力。这成为我们在吉林大学任教的真正起点，从此我们开始了人生的航行，开始书写自己人生的历史。

见习助教当然不能上课，一般就连助教也不能上，只有到了讲师职称才可以当主讲老师。习题课可以由助教上，见习助教也还不能上，但在特殊情况下也会破例让见习助教上习题课，因为作业是由他批改的，因此由他上课也顺理成章。

我当时的肺结核和肝炎都已基本治愈，但在校医室每三个月一次的复查中，医生认为还需要继续用药和进行必要的休息，而我能不能休息要由工作决定。对于工作，我的态度很简单，只要让我干的，我二话不说坚决服从，努力做好。在头一学期我要负责批改三个班的解析几何作业和两个班的高等代数作业。每周都有两次作业，每班人数是30人左右，也就是说每周我要改大概300份作业。起初我还不用上习题课，但仅仅过了两周情况就变了，我也得上习题课，每周的高等代数课和解析几何课各四节。这300份作业大大超出一般人的标准，其他人顶多改两个班的，一周顶多改120份。但是我想既然领导这样安排了，我就尽力去做，实在不行我再提出来。

但这还仅仅是教学工作，学校对青年教师的另一个要求是进修提高。控制论是全新的专业，即便对王湘浩教授而言它也是新的，因为他是为了国家需要才毅然决定改行的。为了专业发展，王湘浩教授主持开展讨论班，除他外，其他人每周一次轮流做报告。当时学习的是苏联一位年轻学者 Yablunski（雅布伦斯基）在《控制论问题集》上发表的关于多值逻辑的长篇论文。当时教研室的成员除王湘浩教授外，还有管纪文、罗铸楷、陈金余、刘叙华和我。这些人中管纪文是 1955 年毕业的，是王教授带的第一个研究生；罗铸楷是 1956 年毕业的，也是王教授带的研究生；陈金余是 1958 年毕业的，毕业后被派到北京科学院进修，回来加盟王教授带领的这支队伍；刘叙华是 1961 年毕业的，是我上一年的。到 1963 年下半年，再加上当年毕业的庞云阶，我是当中年龄最小的。

由于这个教研室人数较少，系里从工作方面考虑，把控制论教研室和概率论教研室合在一起，叫作二联教研室。概率论那边有周光亚、胡宗材、蒋茂森、赵文、欧阳植等人。不过仅仅是在政治学习时两边才合起来，在业务和教学上，还是各管各的。由于开展向解放军学习活动，加强政治思想工作，在基层配备政治指导员，我被任命为二联教研室的政治指导员，还担任党支部的副书记。这些工作都是要实实在在花时间去做的。

同时在侨务工作这条线上，延续我在当学生时就承担的长春市侨联副主席的工作，我仍被选为市侨联副主席，而在学校里党委统战部部长张铁男也还要我主持学校的侨务工作。为了做好统战工作，学校决定除了把侨眷纳入工作对象外，也把港澳同胞纳入进来，使工作对象达到六十多人的规模。

这样一来我的工作确实变得非常繁重。我每时每刻都得动脑筋想这些工作怎么安排，要想作业怎么改，还要想怎么向学生讲解，上好习题课，要想讨论班的问题，看看如何进行有关的研究。而当轮到自己做报告时更要考虑怎么讲好，不致被别人问倒。每逢周三的政治学习时间时，又要考虑政治学习的安排，还得考虑如何组织归侨侨眷及港澳同胞的活动。有时几件事情一起来，真有手忙脚乱的感觉，也就是所谓的脚打后脑勺了。

对学生的作业而言，我对自己的要求是每份作业都认真批改，不是轮流改一部分。尽管系里考虑我的负担太重，给我指出我可以不必全改，但是我想，学生肯定希望老师每次都帮他批改，使他知道自己完成的情况，所以我从一开始就坚持必须全改，而且我会学习一些名师的做法，时不时地对一些突出的学生写些鼓励的话。没想到一些学生对我的话非常上心，多年后和我相遇时竟提及此事，并深切感谢我的教导和鼓励。

但是我最开始上课时却不大被学生看好。那时一些学生年龄稍大些。62 级、63 级的同学，有些和我年龄相仿甚至比我大。当我头一天站在讲台上面对他们时，他们见我这么年轻，又刚毕业，就显露出不信任的眼神，我知道他们肯定对我的教学能力产生怀疑了。但是一堂课下来，他们发现我把他们的问题都正确解决了，有些人也就部分解除了怀疑。不过我知道我只有拿出"杀手锏"，才能让他们彻底消除对我的不信任。

机会来了。一次作业里有几道求矩阵的逆等的关于矩阵运算的题，这恰是初学者较为陌生的问题。我在黑板上把题目写出来，他们从未见过，自然一时无从下手，我给他们时间让他们做。时间到了我问有谁做出来了，下面鸦雀无声，于是我开始展现自己的本事。首先我给出了一种解法，在他们明白之后，我说这还仅是第一种解法，我还有别的解法。我又给他们时间，仍然没有人做得出，于是我又把第二种解法抛出。然后我说解法还不止这两种，我还可以有第三种、第四种。到这时那些原来对我不信任的学生，一个个都服气了。我想这不是我多有能耐，不过得道有先后，我只是比他们早一点掌握这些知识，所以也就能做他们的老师。

原来担心我因为身体不能坚持工作的校医室医生们，对我的担心是有理由的，因为他们都知道我曾经是多么孱弱。我一米七几的身高，体重却不到 45 千克。后来虽然逐渐痊愈，但是肺结核和肝炎都是不易治愈又有点相克的病。我抱着乐观的心态，又积极地同疾病做斗争，坚持吃药，注意加强营养，千方百计地增强自己的体质。因为我自己有工资了，可以增加自己在饮食上的开销，所以到了 1963 年夏天，我的病就彻底好了。我坚持早晨锻炼身体，和几名归侨同学如张智光、易华新、陆惠民等，每天清晨从解放大路宿舍出发，沿解放大路一直跑到南湖，然后一起横渡南湖，再从南湖跑回来，这个运动量相当大。但这时的生活条件已经大为改善，所以我们能充分保证营养。此外，吉林大学还有一项传统体育活动——拔河比赛，每年学校都组织系与系之间的比赛。我们数学系的拔河队是全校的一支强队，几度在全校夺冠，而我是不可或缺的主力队员。更值得一提的是，1963 年学校组织横渡南湖，为保证人员安全，学校设立了安全救护队，我被选入这个救护队中。我们这个救护队的任务是跟随着横渡队伍，如发现紧急情况就立即施救。当横渡结束时，作为活动参与单位的校医室的医生护士们看到我也在其中，就问我干什么来了。当他们得知我是救护队成员时无不惊奇万分，都没想到我恢复得这样好。

教学这一关就这样闯过去了，我的习题课受到了学生的欢迎。我对工作的认真和一丝不苟给学生们留下了良好的印象。我对他们又很平易近人，因为本来我和他们就是同龄人，因此我们的关系相当融洽。可以说，我在教学和为人师表方面通过了最初的考核，被认为是合格的大学教师。

如果说教学这一关相对好通过，那科研这一关就是更大的挑战了。因为我在科研方面所受到的训练是很不够的，创新意识当然有，但在如何才能创新、如何进行创新等方面则较缺乏。讨论班是王湘浩教授从自己在美国攻读博士学位中继承下来的好做法，他想运用这个办法来加强系里的学术研究风气，也意在通过它来形成学术团队，共同攻坚克难，攀登学术高地。这也意在提携后来者，扶持年轻人，以老带新，一起发展。实践证明这确实是非常有效的做法，当年控制论的先驱维纳就是通过这个做法把不同领域的专家，包括生物学家、物理学家、数学家等吸引进来，集思广益，把控制论这一新型学科建立起来的。而在数学系通过讨论班，形成了几个以老教授为核心的学科方向。大家在经济生活比较困难的时期依然心无旁骛，专心科研。数学系浓厚的学术氛围在全校是有名的，每个人除完成教学工作外，绝大部分时间都在看文献，思考问题，人人都夙夜治学。在数学系几乎没有人晚上不看书，而且都工作到深夜。我为他们的这种精神所感动，决心也要在科研上迈出第一步。讲好讨论班的课就是我的第一个挑战。我原来以为把论文的内容讲述一遍就完了，其实大谬不然。因为论文中往往有"不难证明""不难看出"或者是"显然"之类的话，那阅读论文就要去考究所谓的"不难"是怎么回事，"不难看出"就要把它看出，等等。作为没有这方面训练的我，刚到讲台上还信心满满的，但碰到这样的地方，经历老师们的几次追问，就无力招架了，只好答应下次重来。但是有了这样的经历之后也就知道该怎么做，后来的讲解就获得肯定了。王湘浩教授在每次讨论班结束前总要谈谈对于一些问题的见解，这些见解往往就是一个研究课题，甚至是一个方向。比如针对多值逻辑，他提出缺值的多值逻辑。后来他自己和罗铸楷老师都对这个问题进行了深入研究，并发表了许多国内首创的高质量论文，成为国内开展这项研究的领军人物。

这个时期我们看的学术论文开始发生变化，从阅读俄文文献变成阅读英文文献。政治上的风云变幻必然影响社会生活的方方面面。苏联对我国态度的变化，从我国撤出专家，逼我们还债，甚至要我们支付在抗美援朝中他们提供的军事开销，使我们和他们的所谓友谊和同盟顿时荡然无存。我们便开始转去学习西方，主要是美国的学术刊物。当时对我来说俄文已是得心应手的语言，英文虽说不存在困难，但以前并未接触过专业词汇，现在就要在专业词汇上下功夫了。不过在这方面我比较有优势，按照管纪文老师的话，我那是童子功。确实，对我来说英文底子似乎比俄文更雄厚些。

　　在能够初步应对讨论班的报告后，我的任务就变成写出能发表的论文。这时管纪文老师是我的直接领路人，当然我的第一个领路人还是王湘浩教授。从我进入吉林大学数学系起，我就受到他的关心、教育和呵护。我一直在他手下工作，得到他的亲自指导。他曾参与我所主持的 Nova 单用户 Basic 和多用户 Basic 解释程序的分析和注释的科研项目，正是由于他的突出贡献，这个项目才得以顺利完成，并在后来荣获全国科学大会奖。我和他的师生情谊让我永铭心间，我在后面还将专门进行回顾。而我和管纪文老师的情谊也从我在他指导下撰写的第一篇学术论文开始。我的第一篇论文的题目叫作"关于 Bose—Chaud uri 码信息数字个数"，所谓 Bose—Chaud uri 码是一种编码技术，它实际上就是初期的密码技术。在长度为 n 的这种密码中包含有冗余位，实际的有效位可能是 d，当然 $d < n$。现在每一位可以取多值比如说是 k。由于这 d 位有效码可以随意分布在长度 n 的码的任意位置，因此就有必要确定由此可以产生多少密码。这个问题自然是属于多值逻辑的，它也是原创性的，因为当时还没有人解决它，它的解决对于密码学研究是有一定意义的。问题看似简单，但要考虑 d 位的随意性就变得相当复杂了。我在完成了自己的教学工作后，就时时刻刻都在想着怎么来统计这个密码数。我走路时想，吃饭时想，躺在床上时也想。这就像当初我思考罗铸楷老师指导我做的有限矩阵环的极大生成集那样，所不同的是在做毕业论文时我不能总去找罗老师求教，而现在管纪文老师总是主动关心我的工作进展，问我有什么困难和问题。他并不代替我做什么，但他会检查我任何一个进展的正确性，以使我能继续深入下去，这对我形成很大的压力和动力。如果连续几天我毫无进展，我自己会感到无法交代。而当我有什么想法后，我要自己先验证它的正确性，免得管纪文老师检查时发现它竟是错的，那岂不丢脸？但管纪文老师从未很严肃地批评过我，顶多会说我想得不够周到。他这种宽宏的态度对我是很好的教育，其实王湘浩教授也是这样对待大

家的，因此大家和他相处都感到很亲切。我和管纪文老师也就这样开始了我们几十年的交往，从而建立起了深厚的友谊。在他的精心指导下，经过大量繁杂的计算，仔细考虑各种组合的情况，运用容斥原理，结果就得到了需要用许多个 Σ 符号的计算公式。我把这些公式写出后他很高兴，因为这就是我的论文的收官阶段了。他要我逐个地讲解公式中的每一项，每一个 Σ 符号的上下限及其含义，一直到他确信没有问题为止。为此在我写完论文后，他用了差不多一个星期的时间帮我验证其正确性，又帮我逐字逐句地对文字表述进行润色，之后才把论文投到《吉林大学自然科学学报》，最终在 1963 年的第三期上发表了，这也是我的处女作。没有管纪文老师这样尽心尽力的帮助，我是不可能这样快就独立发表自己的论文的。不仅如此，通过它我懂得应该怎样做研究，又怎样写论文，这是让我受用一辈子的本领。我不曾想到的是，后来我到数学所去进修并同数学所、中山大学、贵州大学等单位进行科研协作时，有一天偶遇中科院学部委员，当时也在进行密码学研究的万哲先教授提起我那篇论文，他说见到那篇文章他很感兴趣，对其中的计算印象很深，并要我在方便时做一次报告详细讲述。这对我来说实感荣幸，只是做报告的事并未实现。我想，我当时也还没有这个实力来在那么崇高的讲坛上班门弄斧。

　　20 世纪 50 年代对我国来说是形势非常特殊的时期。在中华人民共和国刚建立的时候，西方国家想在摇篮中将我们扼杀，但没有成功。在那时，只有以苏联为首的社会主义阵营支持我们。为了发展我们采取了"一边倒"的战略决策。然而到了 60 年代，以赫鲁晓夫为首的苏联领导显出了要骑在我们头上的用心，这是我们决不容忍的。苏共二十二大之后开始了"中苏大论战"，中国方面连续发表"九评"对苏联进行坚决的还击。那时的中国采取的策略是"两个拳头一起打出去"（反美帝，反苏修），团结亚非拉第三世界国家，所以周恩来总理 1964 年的非洲之行非常有历史意义。

　　作为高校当然要坚决拥护中央的一切决策。当时国内还没有电视，连收音机都还是结婚彩礼的四大件之一，远未普及，而要让大家都听到"九评"的广播就得组织收听。学校宣传部接到上级有关当天晚上有重要广播的通知后马上往下传达，系里一接到通知也立即传达给支部和教研室，我作为支委和教研室政治指导员，就得组织大家一起收听。一般有两件事是伴随而来的。第一件是第二天上报收听情况，有无缺席的，如果有要说明为何缺席，是否请假了等。第二件是之后该周或下周的政治学习的内容就同这个广播有关。从"一评"到"九评"持续时间相当长，以此为主题的学习也持续了很长时间。

　　使大家深受鼓舞也感到十分自豪的是，在刚刚经历了严重的经济困难后，我们的生活就获得了明显的改善。同时以原子弹、氢弹的成功爆炸为标志，我们的国力大大增强。当时大家绝对拥护党的领导，对自己的祖国无比热爱。对于自己承担的工作，像我对自己的支委和政治指导员工作，从不当成负担，而当成信任和荣誉，根本不会去想还要什么报酬。担任这样的工作肯定意味着有没完没了的会议，但不会有人埋怨会议太多，尽管有时会有这样的情绪，但一般不会吐出来。

　　1963年3月5日的报纸上发表了毛主席"向雷锋同志学习"的题词，中国大地开展起向雷锋同志学习的波澜壮阔的群众运动。雷锋同志的先进事迹被广泛地报道出来，这对我来说很是震撼，因为雷锋是我的同龄人。他所表现出来的对党和人民的深厚感情，他对工作的高度责任感，以及他对自己的严格要求等，都是我所不及的。但从那以后我就有了一面活生生的镜子，以对照自己。向雷锋同志学习成为一代代人的生活准则，这是我们这个国家宝贵的精神财富。

　　3月5日这个日子也具有特别的意义，这一天恰是我所敬爱的周恩来总理的生日。我是从周总理1955年4月到印尼万隆参加第一届亚非会议才知道他的。他风度翩翩，举止温文尔雅，思维敏捷，言谈风趣而有深意。他面对挑衅时，淡定从容，回击有力，如利剑在手直指敌人要害，而自己毫发无损。他在万隆会议上的即席发言，极大地振奋了印尼华人的自豪感，我为自己的国家有这样雄才大略的领导人而感到无比自豪。回国后我从报纸和广播上看到和听到对周总理日理万机的报道，对周总理的敬仰之情也就更加强烈了。1964 年河北邢台发生严重地震，这是中华人民共和国成立后的第一次严重地震。周总理在地震发生当天就赶到地震现场，代表毛主席、党中央和国务院慰问灾区人民，并指导救灾抢险工作。我看到他在废墟上面对灾区群众情绪沉重地讲话的照片及相关文字报道时，脑海里马上产生了这样一个想法：周总理其实就和雷锋一样，而他对我们国家、党和人民做出了比雷锋更大的贡献。

1964 年，我国又出现了一座丰碑——河南省兰考县的县委书记焦裕禄。他以鞠躬尽瘁死而后已的精神，献身给他任职的地方。他的清廉为公，尽职无私，给所有党和政府的干部，特别是领导干部，树立起光辉的榜样。当由穆青同志撰写的长篇通讯《县委书记的榜样——焦裕禄》在中央人民广播电台播送时，我真的为之震撼，不由得全神贯注地去收听广播中介绍的焦裕禄同志的感人事迹，眼泪也不由自主地夺眶而出。我想，这不是毛主席倡导的为人民服务的精神在祖国山河的传播发扬吗？如果每个老百姓都能以雷锋同志为榜样，而每个干部都能像焦裕禄同志那样忠诚于党，忠诚于自己所从事的事业，那我们的祖国还能不强大吗？即便我们还不富裕，而且要面对两个穷凶极恶的敌人，但我们有强大的精神力量来凝聚人民，我们有伟大的党的领导，我们就可以变得攻无不克、无坚不摧。这就是赤子情怀。它成为我那时生活的动力，也正因为这样，我在参加工作的短短时间里，就被评为学习毛主席著作积极分子和先进教师。

我的另一方面的工作在市侨联和校侨务工作小组。在我看来这也是我必须努力做好的一项工作，是我的特殊身份所决定的、不能推脱的工作。在侨联委员中我是少数党员中的一个，侨联主席陈觉万当时还不是党员，而在学校侨务工作小组中我既是组长又是唯一的党员，当我想到这些时我就意识到自己责任重大。那时校侨务工作小组成员包括数学系的陈铭俊、外语系的饶应麟两位老师，前者从印尼回国，后者从马来西亚回国。他们回国的时间都比我早，年龄也比我大。我在工作中除了要不折不扣地贯彻校统战部和市侨联的部署和要求外，在工作开展的方法、步骤等方面也要尊重他们的意见，重视和加强工作小组的团结。我所领导的侨务工作小组后来被市侨联评为先进集体，当然这个荣誉首先应该归功于校统战部，然后再归功于我们整个集体。

党和政府对于归侨的关心和照顾，也体现在政府鼓励归侨争取侨汇改善我国外汇情况所做出的努力，因为那时我们创汇还极为困难，政府为有一定侨汇收入的归侨提供票证，归侨凭这些票证可以去购买一些紧缺商品。政府还为归侨提供创汇证明，归侨凭它可以去长春市宾馆吃饭，因为市宾馆是由市政府办公厅主管的。当时在归侨同学中有侨汇的有陈涤非、张智光等，他们都是我的好朋友。我们在一起时，偶尔他们会提议一起到市宾馆去"打牙祭"。这是我们高兴的时候。从学校到宾馆走路不用半个小时，我们边走边谈天说地，不知不觉也就到了。有时他们买单，有时我来买，因为我有工资了。不过多数时候还是他们买单，因为他们的经济情况比我这个刚工作不久又没任何金钱基础的穷助教还是好些。

我当时的业余生活也很单调，但有一点是即使在今天我仍十分留恋的，那就是看电影。当时学校每逢周六晚上和周日上下午都在鸣放宫放映电影。除了电影外有时也会有舞会、演唱会，演唱会会请一些著名歌手、歌唱家到校演出，如长春电影制片厂的明星甚至中央歌舞团（现中国歌舞团）的演员，都来校演出过。碰到这样的机会，我都会积极争取弄到票，因为一般都是免费的，即使有时要收费也都很便宜。不过这种演出次数不多，一学期顶多有一两次。至于舞会我从不感兴趣，除了庆祝国庆十周年我出于要带头在斯大林大街（即今人民大街）上"出丑"外，我就再没有跳过舞了。电影则不同，因为它是当时最普通的文艺娱乐活动。当时的票价好像是学生八分，教职工一角二分。我当学生时连八分钱也要精打细算，但在工作后一角二分就是能承受的开销了。学生时代有时因为学习忙或其他工作而割爱，工作后，我可以调节，或周六晚，或周日上午或下午，所以就几乎每周都去看电影。我不但对看正片感兴趣，对正片上演前的新闻纪录片也感兴趣，因为那些新闻纪录片就像今天的新闻联播一样及时报道重大新闻。那时国产电影数量有限，我们也不和美国有电影往来。到了 20 世纪 60 年代苏联电影也不引进了，但还有印度、日本、巴西、阿根廷、法国等国家的电影。所有这些电影都是很好的精神食粮，丰富了我的文化生活。国产片当然都是宣传主流思想的，而国外片也给人提供正能量。

　　除了电影，生活中也少不了朋友。在我的朋友圈中，归侨也是主要的组成部分。我和陆志刚、梁菊珍夫妇可以说保持了终生的友谊。陆志刚是马来西亚归侨，他学的是化学，比我高一年级，岁数也大些，所以较成熟。他被选为校学生会副主席，曾代表吉林大学出席全国学代会，毕业后留校任教。梁菊珍也是归侨，是从印尼归来的。梁菊珍虽然年龄和陆相仿（也许小他一两岁），但在我们还是学生时她就已经工作了，教外语。那时她已结婚，丈夫是一位空军飞行员，但是不知何因突然暴卒，留下身怀六甲的妻子。这时刚好陆志刚毕业留校了，他毅然决定娶梁菊珍为妻，且对梁菊珍与前夫的孩子视如己出。这一点确实表现出了他男子汉的胸襟，也真正体现他对梁菊珍的珍爱，后来他们又有一个女孩和一个男孩。我和陆志刚的友谊始于学生时代，由于都在理科而我又被统战部指定为归侨工作小组的负责人，所以我就主动和所有的归侨，包括教工和学生、侨眷以及港澳同胞都一一作了联系。在这过程中我发现除了我之外还有两名党员，一个就是陆志刚，另一个是中文系的谢鹤林。在一次市侨联组织的归侨学生赴大连旅游的活动中，我和陆志刚有较长时间的接触，也让我对他有了更深入的了解。他出身于贫穷家庭，但所受教育使他很早就向往伟大的祖国，希望为国家贡献力量。为了筹集回国的路费他什么工作都干过，后来终于把路费筹足了，他就义无反顾地踏上了回国的旅程。陆志刚对人总是彬彬有礼，谈吐斯文，他给人以稳重厚道、谦虚谨慎的印象，而在处事上又果断干练，这些方面都比我强，因此我就很乐意和他交往，难得的是他也把我当作自己的挚友。留校后他和梁菊珍有了自己的房子，这为我去拜访他们提供了便利。巧的是我是王湘浩教授的门下弟子，而他师从的化学系主任也是中国科学院学部委员的蔡镏生教授，所以我们在一起时很多时候都谈到如何向老科学家学习。他在这方面也做得比我好，他尽量地为蔡教授解决那些琐碎的事务，让蔡教授能全身心地做科研，处理大事。所以蔡教授很器重他，把他当作自己的可靠助手。陆志刚很勤奋，平日里总是争分夺秒，抓紧时间学习钻研。他特别注意理论知识和实践知识的结合，他的业务方向是催化，这是实践性很强的学科领域，不能光凭理论知识来下结论。他也特别注意从蔡镏生教授身上学习这方面的知识，因为这正是蔡教授的拿手本领。作为陆志刚的贤内助，梁菊珍既是贤妻良母，又是烹饪高手，她真可谓是上得了厅堂又下得了厨房。作为在赤道之国出生的女性，梁菊珍既擅长游泳，也是羽毛球的好手。而在文艺方面她也是多才多艺的，算得上是才艺超群者。同时在烹饪方面她既能做味美可口的印尼菜肴，也能做色香味俱佳的中餐菜肴。我每次到他们家总是感到这个家窗明几净，整洁雅观，温馨舒适。使我非常感激的是，我每次到他们家造访总受到他们夫妇的热情欢迎，而且还多次受邀共进午餐或晚餐，我每次吃到梁菊珍老师的菜肴都感到是一次享受。

前面提到的谢鹤林是印尼归侨，而他的侨居地是印尼有名的华人占比很高的山口洋。他上学前曾在部队里工作过，后来他在吉林大学中文系担任年级党支部书记，从他的这个身份可知他在政治上是较成熟的。我们因不在一个系，也住在不同的学生宿舍楼，所以见面的机会并不多。大多数情况都是我出于工作原因去找他，但通过数次接触我们加深了对彼此的了解。他为人诚恳踏实，话不多，但说出来的话很有见地，有分量，让人感到掷地有声。我曾问他担任年级党支部书记的体会，他简单地归结为，首先是做好一名党员，发挥党员的模范带头作用，再就是做好上级党组织下达的所有工作，带好班子。我把谢鹤林当成自己的挚友，但毕业后他就离开学校了，他和他同班的未婚妻一起被分配到北京的一所中学，在那里他被任命为学校的中层领导。我到北京出差时曾去访问过他，后来就没有联系了。

我拜访较多的另一家就要数陈觉万老师了。陈觉万老师是印尼归侨，他夫人也是。陈觉万老师曾经和统战部的张铁男部长是同学，可见他是回国较早的。我认识他时他已当选长春市侨联主席，在学校里他是教马列主义的。除了我之外其他的侨联委员也常常到他家，他总是满腔热情殷勤待客，有时他会拿茶招待，有时又会拿咖啡招待。在当时的长春街上根本没有卖咖啡的地方，因为国内没有喝咖啡的习惯，而对于归侨来说喝咖啡也算是奢侈了。陈觉万老师家里人口很多，除了他们夫妻和三个孩子外，两个当时未成年的弟妹，外加虽已成年但未成家的一弟一妹，加起来就有九口人。一家人挤在不大的房子里（当时北方特别是东北的房子都没有客厅，即使有也很小），可想而知在住房上是很困难的。他当时是讲师了，而他夫人在一个工厂当女工，大弟弟在光机所里当技术员。靠三个人养活九口人，经济上也是很紧张的。鉴于这种情况，造访者当然都不会在他家吃饭，除非盛情难却。但陈觉万老师总是非常热情亲切地接待来访者，也从不以资格显摆，而是平易近人、坦诚待人，所以全市的归侨很多人都到过他家，他家里总是高朋满座，走了一批又来一批。作为教师，时间是极为宝贵的，要用到自己的业务钻研和写作上，他有时也有点苦恼和不耐烦，然而却把苦水吞进自己的肚子里。对于侨联的工作他总是尽心尽力毫不敷衍，因此也就为全市归侨侨眷所拥戴。

大学毕业有了工作，我才真正步入自己的成年阶段，也就开始对异性有了感情需求。其实在高中阶段那位姓潘的归侨女同学，或许对我有意才想用资助我的方式向我隐约地表达这种感情，但在当时我确实还没有感觉。我那时才十七岁，那时甚至可以说我是很排斥异性的。当时和我同桌的是一位姓汤的女同学，因为是同桌，她很大方地和我相处，而我却总是躲着她。到了大学阶段，我在前三年里也都从未有这方面的想法。当时针对男女同学谈恋爱的问题，学校党委第二书记陈静波曾经号召同学们在大学的五年和参加工作的前三年暂不谈恋爱。我从理智上同意他的号召，但到了二十岁的时候我发现自己在感情上有了变化。看见一些同学有了恋人，自己也想着为什么不找一个心仪的女孩呢？

也就在这样的心理作用下我有了自己的初恋，我的恋人和我是同专业的。我认识她是在我作为他们班的辅导员时。她姓耿，当时是他们班的团支部书记，我们在工作上有所接触，我有事时当然要找她来布置工作，而她在有事时比如班上有什么情况时也会找我谈。但这时两人还都限于谈工作谈学习，而不涉及个人感情问题。当时还有人总结了所谓 $n\text{-}3$ 或 $n\text{-}2$ 的公式，指的是学生间的谈恋爱，除了同班外，许多是差两或三个年级，对于师生恋则更多适用这个公式。学校是不提倡甚至反对师生恋的，所以开始时我也未曾想过和她恋爱。但是有一天我的生活发生了根本改变，我收到有生以来的第一封情书，信是她写给我的。在这封信中她向我表达了对我的爱慕。她说她是以忐忑的心情来写这封信的，因为这是她第一次给男人写信表达她的感情，她很害怕遭到拒绝。在信中她列举了我被她看上的种种理由，我这才知道我的哪些方面是被女孩看上的。除了我是党员，学习好，外文好之外，重要的是我人品好，老实、坦诚、朴实，为人厚道，还很乐于助人，等等。在此之前我也大体了解她的一些情况。她也属于我前面讲的 n-3 的范畴，因为她是 1960 年入学的，比我低三个年级，但年龄只比我小一岁。她家就在长春，毕业于长春一中，父亲在一家国有工厂当会计，母亲是家庭妇女，有一个哥哥在北京中科院的计算机研究所工作，算起来是我的同行。她还有一个姐姐，和她姐夫一起都在长春市总工会工作。另外还有一个弟弟和两个妹妹，那时都还不大，在中学或小学念书。

说来也巧，我和哥哥在选择女朋友这方面都有相同的想法，为使自己完全融入祖国怀抱，我们都决定不找归侨。除了这一条外，我在家庭出身和政治条件上也希望是公认好的，然后是人品好、学习好，对于相貌或所谓颜值，我并无太高要求，只要看起来顺眼就行。这是因为我自己并不是长得帅的那种，你自己相貌平平，怎么可以对别人有太多要求？再说我认为外表的美仅仅是年轻人的专利，一旦青春时期过去，美貌也就一去不复返，那追求这种东西有何意义？但人品却是长期起作用的。年老时两人还能不能相濡以沫，就取决于人品。

我按照这些条件来考虑这位耿同学。首先她没有嫌弃我这个归侨。论家庭出身，论社会关系，论个人表现，我觉得她都符合我自己提出的条件。她不是那种让人一看就眼睛发亮的美女，但她是看起来很顺眼的女孩，让你看了会对她产生好感。现在是她主动提出要和我谈，也就是她主动向我射出丘比特之箭，我当然应该接住箭并向她把箭射回。在给我写信两天后的下午，那天正好是周六，她趁别人不注意悄悄走进我们教研室，教研室里碰巧只有我一个人。她问我看了信了吧？我当然说早看过了，她于是说今晚九点后在某个地方等我。这是我们的第一次约会，也是我和女孩子的第一次秘密相恋。那天晚上我谈了我对她的印象，我感到能得到她的爱是我莫大的幸福，我也一定珍惜。也就在那个晚上，她让我拥抱她并且吻她，这都是我人生的第一次。我满心陶醉在爱情的幸福和甜蜜中而心情却极其紧张。我们相依相拥很久，谁都舍不得分开。一直到差不多学生宿舍关门的时间了，我才陪着她到她的宿舍。回我宿舍时我真感到从未有过的喜悦。我多想告诉父母亲，你们的孩子长大了，谈恋爱了！从那晚开始我们就正式发展起了我们间的恋爱关系。

那时好像是我桃花运较好的时候，也或许因为，我正好到了谈婚论嫁的年龄，有好几个女孩向我求爱。一位是长春卫生学校姓廖的女孩，她也是印尼归侨，来自爪哇岛三宝垄市。她是通过参加市侨联的活动认识我的，比我小一岁，也许见我那么年轻就是大学老师了，又是侨联的副主席，对她当然有点吸引力，所以她一上来就问我有没有女朋友。我如实告诉她正在谈女朋友，她一下子就激动起来说，你为什么要找国内的女孩谈呢？我们都是印尼回来的，我们俩不是很合适吗？她甚至说"我难道不漂亮吗？"说真的就颜值来说她确实比耿还漂亮些。然而我的原则是不找归侨，这点也就限定了我们的关系。回过头来想，我不找归侨这一点确实是明智的决策，尽管当时并非完全从以后的发展做出的。如果找了归侨，那后来归侨大批去香港时就会给我带来不必要的麻烦，因为我是无论如何也要坚持留在国内的，但如果对方却坚持要出去怎么办？不找归侨就避免了这个麻烦。当然如果两人都坚持不出国也不会有麻烦，但是两人都是归侨，给人的印象是你和国内其他家庭就有所不同。我只向廖表示我已经有了耿在先，自然不能再考虑她，而没有谈起我选择的原则，她对我的这个回答只能表示遗憾。

还有一位是吉林大学外语系的学生，是吉林省白城市赉县人，姓张，也比我小一岁，比我低三年级，开始她已经有男朋友了。她的男朋友就是耿班上的，似乎也是白城地区的，不知什么原因他们闹翻了。我们是在我住院期间认识的，那时她也患病住院，因而相互认识。那天她突然找到我，说想约我谈谈，等我赴约后她就向我表达了她的爱慕之情。她说从认识我的那一天起她就油然生起这种感情，但羞于向我表达。这时她前男友于某向她求爱了，原来他们是中学同学，她也就和他谈了。但经过一段时间的相处她觉得两人并不合适，所以她现在要去找自己的真爱。但我觉得他们既然有点青梅竹马，那才真正有感情基础。何况我已经有耿了，所以我就婉拒了她，并希望他们重新认真考虑，重修旧好，果然最后他们结成百年之好。

另外一位是今天我们所说的父母亲帮找对象类的，我明确宣布我谢绝他们的好意。

我和耿的关系发展得很快也很平稳，唯一使她疑心的是廖。因为有一个外系的女生，既认识我也认识耿。她有一次见到廖找我，我随后送廖上电车。于是她向耿提出要提防我脚踩两只船，为此耿质问我和廖的关系。我如实地告诉她廖确实在追我，但我不会接受她。后来廖也识趣地不再找我。耿想也需要父母亲接受我，因此她就约定某个星期日领我到她家去。她家住的是今天我们所说的棚户区，那是在大街后面的平房。走进大门，左边是她姐姐和姐夫一家，右边住着她父母亲加上她弟弟和妹妹，中间过道是两家人的厨房。她大妹妹在兰州上学，如果在假期，她和大妹妹都回来，那一家人真的住得很困难。这也是我头一次进到长春普通市民的家，了解他们的生活状况。但我见到她父母亲都很乐观，也很热情。他们自然要问我家里的情况，也许他们生平第一次接触海外赤子，他们对于我所介绍的情况无不感到十分新奇。当听说我十五岁就回来了，他们又感到有点不可思议，因为那时她弟弟都超过十五岁了，但他们仍不放心他一个人外出。我的出现使街坊邻居也很好奇，也走过来看看，我真成了动物园的新动物一般了。不过后来耿总领我到她家，街坊邻居就不当一回事了。耿妈妈真的很疼我，虽然我们并未结成婚姻，或者说光开花不结果，但对耿妈妈的一片心意我是始终满怀感激的。初恋确实带给人许多美好的经历，我们曾一起到北京的哥哥处，让哥哥认识我的女友，我也把这事向父母亲弟弟妹妹们通报了。不过由于当时的经济条件有限，我们也只是去了北京，其他地方也就限于长春市而已。有人说不在乎天长地久，只珍惜曾经拥有。对于初恋，对于没结果的初恋，大概也只能这样。

1963年下半年开始，我除了正常上课外还被系里指派参加系里组织的教学督查小组。为什么我会被选进这个小组我也不清楚，但我的态度是，组织上让我干什么我就愉快接受，认真去做。我们这个小组的负责人是系办公室主任徐延林，成员包括吕洪范老师、张淑芝老师、孙铮老师及我，在这些人中我是最年轻的。我们的任务是去听一些老师的课，然后把情况汇总到系里，看看在系里的教学中，或者在一些老师的教学中有什么问题。这样的活动对于促进老师们重视教学、增强责任心有好处。我们并非要整谁，只是给在教学上不太负责的老师提个醒。这件事也让我学会如何去处理问题，如何向他人提意见。组内老师如徐延林、吕洪范都是较为年长的，有丰富的经验，懂得待人接物的一些诀窍。和他们一起工作让我学到了不少东西。

转眼进入1964年，这一年在我的生活中也留下很难忘的一页。当年全国在农村开展社会主义教育运动，或者叫"四清"运动。我感到以毛主席为首的党中央，始终关注着道路的问题、方向的问题，根据我们所处的大环境时时刻刻警惕干部特别是领导干部的贪污腐败，搞特殊化等问题。

配合农村"四清"，在城市的一些单位里也相应地开展"小四清"。吉林大学也是开展"小四清"的单位。当时学校决定从全校各部门抽调人手组成"四清"工作组，由校党办主任李枝万带队，成员由来自物理、化学、数学、半导体等院系的教工组成。现在我记得的有栗宜明、张德安、魏振乾、杨树人、孙铮、赵朝选、刘杰好等。我们下到后勤（那时叫总务）处的房产科，我和孙铮被安排到木工组。我们的任务是要全面了解房产科有没有经济问题，也就是贪污贿赂等问题。为了工作需要，我们从自己的原住处集中住到学校安排的一个地方，比如孙铮本来有家有妻子儿子了，他也得搬到这个工作组安排的地方住。这段时间我们就不在系里活动了，而完全从事"小四清"的工作。我们和工人同劳动，如果没有到某人家里或某个部门修理家具的任务，就在木工组的工作房里进行劳动，或锯或刨，或搬运木料。而如有维修任务，那我们就跟随工人师傅一同前往，做点力所能及的工作，目的是了解工人师傅的情况，除此之外的一项工作是要对每个工人师傅挨个进行家访摸清情况，这是最艰巨的一项任务。我和孙铮老师在这段时间里用了许多个周末挨家挨户看望工人师傅们，了解他们的情况，这是我了解社情的一次机会。

那时已是冬季，天寒地冻，滴水成冰。我和孙铮穿着厚厚的棉袄棉裤，还穿着棉鞋戴着手套，早早就出门了。因为我们没有交通工具，仅靠两条腿。我们要去的工人家大多是在离学校较远的南关区、二道河子区（现二道区），距离都在十千米以上。开始出来时还觉得很暖和，走了不到十分钟就感到脚特别是脚趾头开始冻了，手也一样，手脚冻得麻木，身体却开始出汗。渐渐地身上汗如雨下，身体背后的内衣湿了贴在身上，很不舒服。我们还都戴着棉帽，我的帽子是那种最便宜的狗皮帽，这时帽子的上方贴近额头处已经挂上薄薄的冰花。这时我们已走到一户人家，在那里和工人师傅聊他们的情况，我们不能久待，因为一天之内至少要访问四五家。身体感到暖和点了，话也谈得差不多了，我们便起身告辞，再去下一家访问。就这样一直进行到下午四点左右我们才能返回，这中间我们连一粒饭也没吃，得等到回家了才能吃。水是有得喝的，因为到了工人师傅家总有水喝的，但上厕所也是当时的大问题，很少人的家是有室内厕所的。到了那些陌生的环境中，一是不知道公厕在哪里，二是见到的公厕太脏了，真的没有勇气迈进了。这时不可与前些年淘粪积肥时相比了。

这时的孙铮已经从冰球场上退役下来。他原本就很壮实，而现在由于运动少了就发胖。我可以想象他走这么长的路会很累，但是孙铮脾气很好，他对人对事都很豁达，在多年的相处中我从没看到他和别人红过脸。无论我什么时候见到他，他总是文质彬彬，温文尔雅，微笑和善，很亲切。谈吐也很诚恳坦直，他特别关心国家大事，经常谈起中国的钢产量是多少，而发达国家如美日又是多少，念念不忘的是我们什么时候能够赶上。从他的谈吐可以看出他拳拳的爱国心。

我们从在房产科蹲点特别是家访中大大加深了对社会底层的了解。当时的用工情况是，在学校的工人中，分为正式工、合同工和临时工。正式工是在学校的编制之内的，他（她）享有和其他教职工同样的待遇。合同工在某些方面和正式工一样，但福利待遇就要差些。有的福利待遇是根据编制也就是从上边发下来的，合同工没有编制，就不能享受这些待遇。至于临时工就更差了。他们不享有任何福利待遇，只能按日计工资，上一天班计一天工资，不上班就不给工资。从临时工转为合同工，第一要在同一岗位或单位连续工作半年或一年以上，用人单位对你的工作表现认可，同时也还要考虑实际的工作需要等。在工资待遇上显然正式工、合同工及临时工是存在差别的。决定工资级别的首先是技术级别，工人级别一般都分八级，一级最低，八级最高，级别要通过考试评定。当时木工组组长是五级，但他是正式工，而一位合同工是六级，因为他是公认的技术能手，他做的活又快又好，他后来由合同工转为正式工。五级以上就被认为是高级工匠，所以这些级别的工人人数不多，四级、三级的则占绝大多数。当时国家规定正式工或合同工是不能自己接单位之外的活干的，如果这样做就被认为是干私活，就是"资本主义尾巴"，我们工作组的一个任务也就是看看有没有这种情况。在我们见到的这些工人家里，有的生活确实困难，有的是家里有卧病在床的老人，或是家里孩子较多。在当时几乎看不到住房宽敞的家庭，很多家庭一家老少可能就挤在一间房子里，有两间就已经算好的了。当我们从这样的困难家庭走出时，我难掩内心的沉重。我在想我们国家什么时候能为广大老百姓提供更好的生活条件，如同杜甫所说"安得广厦千万间，大庇天下寒士俱欢颜"。总算有点安慰的是，这些人虽然贫寒，但一日三餐仍有保证。我们在工作组的碰头会上，把见到的情况如实向领导汇报。我们报告了一些干私活的情况，也汇报了我们见到的家庭特别困难的情况，希望能为他们提供帮助。我感到我们党和政府是真心为人民的，是关心人民疾苦、为人民谋利益的。所以对于我们的工作，我和孙铮以及其他同志们都没有怨言，我觉得能做些有益于人民的工作很有价值。

我在这期间的一个难忘经历是和张德安在房产科的春节值班。当时学校放假，但房产科属于行政部门，春节只放三天假，而那几天要有人在房产科值班，保卫单位的安全。因为房产科位于学校东南一角，远离其他建筑，我和张德安都是单身，所以派去值班最合适。张德安是化学系的，和我同年。他多才多艺，善于吹笛子，常在全校的晚会或艺术表演会上登台演出，甚至可以说在吹笛子上校内无第二个可以和他比肩的。他又擅长写美术字、画画。更了不得的是他在短跑上也很出色，凭着他个子小，灵活敏捷，跑一百米二百米屡屡创造佳绩，夺冠登魁。他为人又很低调随和，和我这个与一切体育类专长全不沾边的"低能儿"也能相处得很好。他在学习上也很勤奋。我们住的房子没有暖气，只有靠我们自己生火的火墙取暖。我从未用过或住过烧火墙的房子，所以生火这个任务就只能靠在白城长大的张德安了。他对这可以说驾轻就熟，一早起来锻炼完之后都是他把火墙烧好，然后我们一起到食堂吃饭，吃过饭他就开始学习了，这是他雷打不动的习惯。我们当时确实没什么地方可去，也没有音响或电视，所以学习、阅读是我们唯一的选择。到下午四五点我们才到四分局街上走走，我们身上没有多少钱，一般也不买什么零食。但是那天记不得是年初二还是年初三了，我看见在水果杂货店外放了一铁盆的冻梨。所谓冻梨是北方一种特别的梨，它要冻了之后才能吃，因此也只有在冬天才有。我在东北长春生活多年，当然知道和吃过冻梨，它的冰冷滋味就和我童年吃过的烛冰一样，所以它也就成为我的"味爱"。这冻梨黑黑的、硬邦邦的，这一铁盆足有二三十个，平时是论斤卖的，现在摆放在外面显然是要处理的，我就问店主怎么卖。他的回答使我惊奇不已——二角钱，这对我来说太值了。要是正常价，一斤也不止两角，可现在这些足有三四斤，我二话不说就把它们买下了。回来之后我和张德安就高高兴兴地先把它们洗一洗，然后就用凉水浸泡。慢慢地每个梨的表皮就结上冰了，没等冰融化掉我们就大开"杀"戒了。这时的梨已经完全化了，它又软又甜还略带点酸味。而最吸引人的是它的冰冷，吃到嘴里，全身顿觉冰凉，真的是沁人肺腑，凉意透心，其乐无穷，比吃烛冰更有乐趣。尽管这些冻梨的个头不大，但并不影响它们的美味。外面这时已经冰寒刺骨，屋子里也不暖和，可我们一下子就把所有冻梨都吃光了。开头我们只感到痛快淋漓，但过后我们逐渐感到肚子里非常寒凉。这就好像那些喝酒的，开始时酒还没发作，并没感到什么，待到酒起作用了就开始醉醺醺的。我感到这种冷意不是从体外向体内渗透，而是从内向外。于是赶紧盖上被子，蒙头入睡。我还担心肚子太凉了会不会拉肚子，但是幸好一夜安眠，次日一切如常。这一顿冻梨大战成了我和张德安永生难忘的回忆。后来我们俩向组内的伙伴们讲起这段经历，他们无不为这两个小伙子的疯狂大笑不已。

这次活动结束后我又回到系里，继续教学工作，同时担任二联教研室的政治指导员和二联及力学的党支部副书记。支部书记金希琢是上个年级的，力学专业。他为人很好，随和谦虚，善解人意，遇事总和我商量。如果我们出现分歧，也总是通过商量讨论取得共识，因而相处得很融洽。我也还担任市侨联副主席和学校的归侨工作小组的负责人，这期间学生中增加了几个新归侨同学，包括数学系的陆惠民、易华新、陈觉婷（陈觉万老师胞妹）、熊加海、曾台禄，物理系的符光国（树起）、叶振基（我系叶振良的胞弟）、陈子根（陈觉万老师的胞弟）等。我们的队伍扩大了，相应地工作任务也加重了。对于他们我当作自己的弟弟妹妹般关爱，因为我知道他们也有和我一样的经历。

二、到北京十五所

进入 1965 年，我的生活又开启了新的一页。完全出乎我意料的是，系里把我派到北京，和研究生奚涌江一起到国防科工委十院十五所开展科研协作，这又进一步把我推向更大的生活学习空间。奚涌江和我是同届毕业的，但他毕业于上海华东师大，毕业后考上了吉林大学研究生，师从王湘浩教授。他是江苏人，他的到来使我们教研室多了一个南方人。原来我们教研室的南方人是罗铸楷（四川）、陈金余（安徽）和我，现在就有四个人了。来到十五所，这才发现周围都是南方人，而且以江南人居多。和我们协作的是十五所六室五组，组长蒋雅娟，江苏人；副组长陈炳从，福建人。他们俩都是南京大学毕业的。组员有陈方勇，上海人，西北工大毕业；季求非，江苏人，南京大学毕业；唐国樑，江苏人，南京大学毕业。我头一次和这么多南方同志一起共事，确实感到很新鲜。十五所的环境也使我感到和吉林大学截然不同，因为它原本是部队单位，全部成员都穿军装，称为×××部队，在我们到来之前不久才奉上级命令集体转业，脱掉军装，但仍属国防科工委领导，单位的建制仍然是延续部队的。如党的系统在所一级叫政委，而在室一级叫指导员。大门有战士站岗，所有人进出都要出示证件。

我和奚涌江是来所里开展协作的，除了十五所和我校之外，还有一个协作单位是南京大学。在我们到来之后不久，南京大学的人也来了。他叫汪承藻，是江苏人，也是南京大学毕业的。使我震撼的是他是位残疾人士，大概是由于小儿麻痹症，罗锅，身体瘦小。但他身残志坚，毕业后能留校就说明南京大学很器重他，把他单独派出和十五所、吉林大学一起协作攻关更说明对他的信赖。他为人乐观开朗，又很健谈，一点也没有因残疾而造成自卑心理，更多感觉到的是他的自信、自强和向上的力量。

在十五所的合作伙伴中，我和陈方勇的关系最密切。他是上海人，长得稍胖，从外表看有点孤傲的样子。但我到所里之后他就主动和我接近，而且很愿意同我进行交流，丝毫没有傲慢或以势凌人的气势。他还主动给我看他女朋友的照片，甚至连她写给他的信也给我看。当然这是因为他的女朋友长得很漂亮的缘故，这使他很自豪，而我也从不吝赞美。他在我和奚涌江回长春之后，还向所里提出到吉林大学来和我一起工作。特别有意思的是他爱吃东北的豆制品，常让我领他到副食品商店去买豆制品，后来他离开十五所去到江西抚州的一个电子厂当领导了。在多年不见之后的一次偶遇，他邀请我去抚州玩，他说他和他女朋友已经在抚州安家，生活虽然艰苦但还很幸福。他是为数不多和我有交情的上海人。

三个单位协作，具体地说是我和奚涌江、陈炳从、陈方勇以及汪承藻一起，开展计算机设计自动化的研究课题，或者说是研究用计算机来实现计算机的设计。最早的电子计算机是由美国在第二次世界大战还未结束时研制成功的，到那时美国和西方的计算机已经走过二十年的发展道路。而在我国，计算机的研制工作始于1956年党中央发出向科学进军之后，真正的开始是1958年在中科院计算所研制103计算机，那是仿制苏联的M3小型计算机。总体而言，我们的研制工作要比国外差不多落后十五年的时间。开始时即在1960年之前，我们还可借鉴苏联的一些东西，但在两国关系破裂之后我们就脱离了苏联的技术帮助，走自力更生创新发展的道路。虽然当时的计算机设计工作无论在国外还是国内都是手工的，而且人工智能的思想在那时，即麦卡锡提出这一思想和提出的程序设计语言Lisp之后，其研究才进入蓬勃发展的新时期。然而利用计算机本身进行计算机的设计仍然是一个前沿的课题，具有开创性。当时我们在科技文献的进口方面面临诸多困难，西方国家对我国禁运科技文献，即使能买得到，价格也是高得惊人。我们利用香港这个渠道，得到科技期刊的原版，总之不能让西方把我们扼杀至死。在十五所可以看到比在学校工作多得多的外文期刊，而且都是和计算机有关的。开始时对于这个课题该如何下手，我的脑子里一片空白，在学校时也仅仅在理论上知道计算机的原理，但从未进行过计算机的设计工作。为了增进对这个课题的了解，我就到所里的图书馆翻阅各种期刊，凡是感到可能和这课题有关的我都不放过。我前面说过，通过翻译那本俄文计算机原理一书，我的俄语不仅水平大为提高，而且也掌握了许多俄语的计算机专业词汇，然而中苏关系破裂使俄语派不上用场了，因此我的英语要"登场"了，但是我的英语基础并不同计算机有任何关联，甚至我学英语时有些计算机名词都还没出现呢。现在我为了阅读英文文献就必须下大气力去掌握这些专业名词，我的英语水平可以说是在这个过程中取得进步的。经过艰苦的检索，一方面不论是我还是奚涌江都感到很失望，因为从文献中我们几乎得不到任何的帮助。但另一方面这又是对我们的激励，因为它告诉我们，我们在做的研究连外国人都还未涉及或虽已涉及但却严格保密，确实属于前沿课题。如果我们能在这个问题上有所突破，那也是对我国科技事业的一个贡献。

为了解决这个问题，我深感自己也需要获得进行计算机设计的实践经验。经过科室领导的同意，我参与到计算机的电路设计工作中。这就是把逻辑设计具体实现为电路的设计，是一项比较烦琐也比较枯燥的工作。但是我们要解决的正是如何向计算机提供计算机的功能设计，计算机就能把它转化为计算机的逻辑设计。在对这个逻辑设计进行优化（通过人工或计算机，或两者的结合）的基础上再把它提交给计算机，计算机就来做我所参与的工作——进行电路设计。这个实践让我懂得工作的细节，从而知道应该如何把它交给计算机。相对来说，计算机的逻辑设计是比电路设计要复杂和更有挑战性的，而电路设计被认为是相对低级的。然而电路设计要求有电路和半导体等方面的知识，如果没有这方面的知识就会遇到困难。

在十五所上班的头一件事是学习《毛主席语录》，每天有"雷打不动"的政治学习，而且要花相当长的时间，这使得所里的政治学习氛围非常浓厚。我过去后不久，所里还花很大气力搞了个展览，宣传政治挂帅在全国开展的情况，这使我很纠结。我想我们国家的当务之急不是要尽快把各方面的工作搞上去吗？虽然说磨刀不误砍柴工，但磨刀也不能用太长时间呀。假如磨刀占用太长时间，哪还有砍柴的时间？特别是如果工作要求进行连续的思考，一停下思索又要重新开始，更会误事。但是当时全国范围内都在开展向解放军学习，我既然接触到了这些情况，就向学校汇报了，也算履行自己的责任。

在十五所看到狠抓政治学习，狠抓学习毛泽东思想的情景，也不能不使我感受到一些形式主义，做表面文章的现象，感受最深的就是有些人出工不出力。所里当时号称一两千人，如仅六室就坐满了一个大房间，一百多人。我看到一些人完成政治学习之后，回到自己的办公室里，就什么也不干了。当初从吉林大学分配到十五所的，有黄永华、陈士鸿、胡乃仁、刘宝炎、宋振邦等，我来到所里之后和他们也有接触。他们是所里的人，自然对所里的情况更加了解，他们就向我说起苦乐不均的情况。有的人忙得要死，而有的人却闲着没事，感到一天天很无聊。这个所为国家承担着重要的战略项目，他们也确实研制出好些台计算机，为我国的计算机事业做出了很大贡献。但是就我所知，所里往往把新的项目落实到一些人头上，把这些人组织成攻关队伍，他们的工作对外保密甚至对家人也要保密。对于他们，我和其他人一样不打听不去套话，这些人也就是上面说的忙的一族，其他没被吸收到攻关组的就没多少事干了。后来我的那些同学出于各自的原因逐渐调出分散到各地，不过大部分还回东北，后来就只剩胡乃仁一个留在所里。一个一两千人的研究所却只搞出那么有限的计算机，我当时就开始感到我们的工作效率不高，似乎政治挂帅并未解决这个问题。使我产生疑问的另一个问题是所里的厕所卫生，十五所的办公楼是飞机型的建筑，中间是机头，左右是机翅。而当时完成投入使用的仅有一半，另一半就没建了，各层的厕所都集中在中间部位。按理说这样一个重要单位，应该把厕所清扫得干干净净才是。但是使我失望和不满的是，虽有人每天清扫，厕所却始终又臭又脏，和别处的公共厕所没多大区别。一个政治挂帅总挂在嘴边的单位，其卫生状况和工作效率都让人感到乏善可陈，所以形式主义确实很要不得。

到北京对我而言最高兴的莫过于又可以和哥哥在一起。当然现在我们都已经工作了，他承担着研制我国的航空高级汽油的任务，同样在搞科研攻关。我虽没有去深入了解他的工作情况，但从一些现象来看，我觉得石油部对攻关抓得更实。或许哥哥属于类似十五所为攻关而被组织起来的人，他工作任务繁重，即便是周末也还要加班。十五所位于苇子坑，它在塔院里边，在北京钢铁学院后门。如果要乘车到石油研究院，就必须先走小路到塔院站上车，经过好几个站才到成府路东口，即北京钢铁学院正门，到了那里还要走很长一段路才到研究院。我到所里后，十五所的同志告诉我走小路到钢院后门，这样不仅省了公交车费，也少走很多路。这条路其实是在农民的麦田里的一条小路，它的周围是一些单位的高楼大厦。在高楼大厦环抱中，绿油油的庄稼地让人感觉是真正的田野，麦子抽穗，麦苗摇晃，人在当中走，只有头露出在麦子上面，那形状有点像移动中的黑球，一点一点在麦野里动。因为小路是见不到的，因此就像人在麦子当中。我走在这条路上总是满怀着对这片田野赏心悦目的情怀，同时又夹杂着和哥哥会面的喜悦之情。从长沙分开后，除在毕业前有过短暂的相聚外，我们又有好几年没见了。我到北京来搞协作，有了再次相聚的机会。但由于我们都参加工作了，各自都有任务在身，就不可能还像从前那样自由，所以即使是周末也未必有机会相聚。不过两三个星期能见上一次面。然后我们聊聊天，谈论彼此的情况，或者再加上我未来的嫂嫂一起吃顿饭。当时由于哥哥未成家，所以不可能在他那里留宿。过后我就要打道回府，回到十五所我的住处了。到了晚上，由于没有路灯，来时走的小路就走不了了，只能乘公共汽车。不过过了公共汽车的乘车高峰时段，车内不再拥挤，乘车不再是负担。

不知是巧合还是特意安排，哥哥和嫂嫂就在这一年结婚了。这是我第一次参加我们骨肉至亲的婚礼，也是唯一的一次。因为我的其他弟妹都在海外，他们的婚礼我根本不可能参加。哥哥的婚礼办得十分简朴，连洞房都是借同事的房间进行的。因为哥哥是同另一个同事共住，恰好有个同事一个人住，哥哥就求他帮忙临时借用他房间，让他到哥哥房间委屈一下，他欣然同意。在那个年代这种事真的很寻常，相互间都很乐意相助。所谓洞房，没有什么家具摆设，也没有什么几大件，除了一张床和新购置的床上用品外，几乎别无其他。哥哥和嫂嫂当天上午还上班，下午在我和几位要好朋友的帮助下（哥哥也没多找人，因为真不需要），分头整理房间和购买花生糖果之类。晚上正式举行婚礼，亲友们欢聚一起，欢声笑语回响在洞房内外，这才有了结婚的气氛，众人纷纷走到新郎新娘面前握手祝贺。当年的婚礼就在这样简单的仪式下结束，连结婚的喜宴也没有。结婚固然是人生大事，但是也并非要大操大办大肆挥霍才有面子，才是风光。在那个年代下我们根本没有挥霍的条件，而且觉得这样的婚礼也不会使自己丢面子。我也从哥哥的婚礼中也学会了婚礼应该怎么办。后来哥哥分到了一套属于自己的房子，我去访问他们时也方便很多，因为毕竟有自己单独的厨房和厕所了，但也还是没有留我住宿的空间。但兄弟俩能够这样共处一城，对我们已是莫大的福气了。

还有一件也让我感到幸福的事是与吉林大学的一些领导到北京有名的饭店东来顺饭庄吃北京烤鸭。这一年教育部举办全国高校的科研成果展，目的是推动各校的科研工作，以便为国家的科研发展做贡献。在正式开展前各校领导都到北京来把关验收，也顺便观摩其他兄弟院校的成果。学校领导有党委第二书记陈静波和学校副校长何礼以及多名处级领导，我系则有伍卓群老师参加。不知是作为庆功会还是在京活动的结尾，领导们决定在东来顺吃顿午餐。我当时就是一名普通的青年教师，没有任何起眼的职务（算起来就是市侨联副主席，学校归侨工作小组组长，党支部副书记，教研室政治指导员），万万没想到学校领导竟通知我也参加这次午餐。当时参加的人不多，加起来就只有一桌。党委第二书记陈静波曾经是著名回族将领马本斋领导的回民支队的领导成员，写有《回民支队》一书，生动记述了这个少数民族抗日队伍可歌可泣的斗争业绩，他十四岁就参加革命，真的是老革命了。而何礼副校长原是教育部部长蒋南翔的战友，参加领导过一二·九学生运动，曾在团中央和教育部工作过。我对他们两位都很尊重，能与他们一起吃饭，对我是莫大荣幸。东来顺饭庄我耳闻其名，知道它是北京颇负盛名的饭店。这也是我第一次进入这个饭店的大门。我见到他们后，才发现他们都很平易近人，丝毫没有架子，还和我唠家常，问我在北京的工作和生活情况。他们点的就是北京烤鸭，因为好几位处级领导和我一样，都没吃过北京烤鸭，所以陈静波就说大家多吃点，也特别提出让我多吃点。他还教我怎么吃，使我很感动和感激。他们不像平时在台上讲话那样一脸严肃，一本正经，一板一眼，而是谈笑风生，一身轻松。大概是谈到自己的经历，何礼就说一个人要能经受各种考验，经历各种环境。从他讲话的上下文来看，应该从正面来理解他的话，就是要从各种经历中锻炼自己。几十年后的今天，虽说那是我第一次进到东来顺饭庄，但说起来也并非奢侈腐化的一顿饭，甚至连高档都算不上，只是对我而言仍是人生极难忘的一次经历。

第七章

长春生活

一、从北京回到长春

从北京回到长春，生活又恢复到原先的轨道。那时已经是学期的中间，我不可能还有什么教学工作。陈方勇的到来使我和奚涌江仍有机会和他在一起工作，但陈方勇不可能像我们在十五所那样逗留很长时间，差不多一个月他就回北京了，没料到这也是我们工作的完结，不然的话我们总有一个可以拿得出手的科研成果。"文化大革命"的风暴把一切正常秩序都打得粉碎。

其实在今天看来，事物的发展也还是有其过程的，只是作为凡夫俗子的我没有这样的洞察力。在北京大学爆出头一张大字报之前，国内各主要报章就已开始对以邓拓、吴晗、廖沫沙三人组成的"三家村"开展火力十足的口诛笔伐。

1966 年 6 月 6 日，《人民日报》在第一版通栏刊登聂元梓等的第一张大字报，全国震撼，暴风雨就这样到来了。但是最让我震撼的是过了不到两天，《人民日报》又指名道姓点南京大学校长匡亚明为"反革命"，这可真的非同小可。原来我所敬重的老校长现在成了"反革命"，这是我无论如何也难以接受的。但现在中共中央的机关报已经这样斩钉截铁地指出，我还能有所怀疑、有所保留吗？我仍得同中央保持一致，这就是所谓的"理解要执行，不理解也要执行"，或者说"理解要接受，不理解也要接受"。青年学生总是更为敏锐和冲动，紧接着我校物理系一位姓赵的同学贴出了校内的第一张大字报，随后成百上千的大字报贴满了校内的各个大楼，其势真如暴风骤雨。一时间课已没法上，因为学生要去看大字报，或者写大字报，谁敢制止？大字报原来的矛头还仅限于校内的领导，但很快它向下到各系党总支，向上则到省市委。开始时上面还发出指示，不许各校学生进行串联。但事实上学生们神通广大，尽管当时没有任何现代化的通信工具，既没有手机，也没有电子邮件，但是他们仍然很快就获知北京那边学生的动态，于是他们就以北京学生为榜样跟着开展活动。

于我而言，作为党的基层干部，所接受的教育就是要听从党的指挥，那怎么能对上级党委造反呢？所以当时的我对于学生所做的一切，只能是不理解，不跟风，不表态，更不行动。看到大字报所揭发的领导的言论或行动，我总是将信将疑。一方面疑惑他们如何获得这些东西，另一方面也怀疑它的真实性。所以在运动初期我就处于观望状态，也很担心天下大乱。学生们把我们这种人称作"保皇派"。"造反"的学生认为我们这些人是最了解领导和学校上层内情的，所以他们就对我喊话，叫我认清形势，快点站出来和他们一起革当权派的命。然而我从回到祖国的头一天起，就明白"没有共产党，就没有新中国"的道理。中国共产党是一个巨大的整体，它是由各个基层组织，到各省市，再到中央这样庞大的组织结构组成的。从 1959 年 6 月开始我又生活在党的怀抱中，在这期间我从未感受过党的哪个组织或哪位领导偏离党的宗旨，干些或提出些违背党的章程、纲领路线之类的事。因此叫我揭发，我哪有什么料可揭？记得那时最先跟物理系那位姓赵的同学一起"揭竿而起"的数学系同学中，有一位来自天津姓邵的女同学，是我教的学生之一。她对我印象较好，算是和我接触较多的学生之一。她出于对我的关心，就经常来开导我，让我消除顾虑，轻装前进。不过即使她已使尽气力，苦口婆心，我还是"顽固不化"，我仍难以相信省委领导是反对中央要搞独立王国的，难以相信匡亚明是反革命等，所以过了许多天我还是写不出揭发领导的大字报出来。后来有一天我所在党支部的支部书记金希琢和几个基层干部找我一起开会，我们商量既然党中央号召，我们自然应该坚决响应，不能无动于衷，按兵不动，袖手旁观，当时大家也就七嘴八舌地写出了我们的第一张大字报。它既是我们的表态，也是我们进行揭批的第一个行动，第一次亮相。

在那期间，由于各级党组织和行政领导都处于被炮轰或被群众组织置于边缘的状态，所以学校在无人或无部门宣布的情况下就全面停课了，至于高校停止招生则是由中央下达的通知。由于停课，老师也就不必上课了。所以白天我就到学校的几个大楼去看大字报，晚上我还和往常一样看自己的专业书籍，不过因为没有压力，就不像以前那么紧张了。

我感受很深的是，虽然我们不再上课，也就等于没给国家做任何工作，但国家照样给每个人发工资。学校里如财务处、总务处这些部门正常上班，而社会上也绝无动乱的迹象，商店照常营业，饭店照常迎客，连电影院也照常演电影，只是演的片子受到严格限制，所以从表面看社会并无大的变化。

在这期间，对我来说最重要的人——我亲爱的父亲凄凉地离世了。印尼发生的"9·30"军事政变，导致印尼和中国断交，这使两边的通信联系中断达数年之久，所以我真正知道父亲离世的消息是在我去农村之后。在印尼总统发出限制华人在县级以下区域经商的法令后，父亲的生计就出了问题。因为资金所限，他无力在更大的区域经商，迫不得已只能给别人打工。紧接着发生军事政变，印尼大肆排华，在这种形势下父亲已经下定决心回国。他无时无刻不想念自己的祖国，想念自己年迈的母亲和家乡。他想到自己已有两个儿子在国内，都已大学毕业，有了体面的工作，他带着全家回国断无生存温饱之忧，又可以实现自己落叶归根的心愿。他在此前给我的信中总是抱着乐观的心情期待着全家的团聚，他甚至写了好些诗来表达他的心情。我曾经当作珍贵的宝贝保存着的他的这些信件和诗文，因多次搬家，年代久远，终于未能留下，这也成为我一生的遗憾之一。正当父亲做着回国准备时，我国的接侨措施反而使他失去了回国的机会。因为我国的使领馆知道他的身份，就动员他帮助做好让别人回国的工作，并承诺可让父亲最后一批回国。父亲以大局为重，也就按使领馆的指示做。但当这件事完成后，局势的变化使我国的接侨工作停止。靠父亲自己的能力带一大家子人回国已无可能，在穷困潦倒中他又患上绝症，就这样他带着对家人无限的忧虑，带着对前途的失望，凄惨地离开了人间。父亲是 1967 年去世的，他去世前的一个细节使我极为感动。父亲原来躺在堂哥家，当时他已处于昏迷状态。等他有了知觉知道这不是自己的家后，他马上说我不要在这里，把我送到我女儿运凤家。可见他临走时都还想念自己的子女，不愿去麻烦别人。父亲于 1927 年年方 16 岁时离乡背井，告别自己的故乡和亲娘来到印尼，到 1967 年正好是 40 年。他连 60 岁都没到就葬身异乡，永远不能回到他日夜思念的祖国。每每想到这一点我都为父亲深深地难过。

二、继往开来长征队

在一部分人投身于写大字报等活动的同时，也有人提出重走长征路，体验老一代干革命的艰辛。于是就有了各级各类学校的学生和青年教工的大串联，特别是步行到北京去接受毛主席的检阅。毛主席在全国各族人民心中具有崇高的威望。在通过报纸广播得知毛主席在天安门城楼检阅红卫兵的消息后，我顿时也产生了去那里接受检阅、见毛主席的念头。步行前往北京既是对自身的锻炼，也可避免乘坐火车的拥挤，因为当时乘坐火车完全免费，于是很多人都乘火车出行。现在我已不大记得当时我们几个人是如何串联起来的，我只记得最后我们六个人——老师中有杨情民老师和我，学生中有杨庆新、赵忠江、吕玉兰（女）和贾艳玉（女）四人，后来丁原华和秦有圣也加入进来。大家决定我们也来一个步行串联，从长春走到北京。出发前我们一起开过会，首先给我们这个小集体取个名。在我的提议下，大家同意把它叫作"继往开来长征队"，又选了杨庆新担任队长。当然我们两个老师责无旁贷地要带好头，负责整个队伍的安全和纪律。由于他们几个都是四年级学生，还都是班上表现很好的学生，所以我对这个队伍的表现不太担心。不过我和杨老师还是强调了应该注意的问题，因为毕竟要走这么长的路，我们中也没有人走过。我们对于沿途会发生什么情况也都不清楚，因此要大家对遇到的困难做好充足的思想准备。我们争取在一个月左右走完从长春到北京的一千一百五十千米。

出发那天我们每个人背上都有一个行囊，装着被子和几件换洗衣服，还有一个水壶，也还有一两本书——这是不可或缺的精神食粮，其中有毛主席语录，也还有别的自己爱看的书。当时没有人规定我们要怎样做，出发前我们学了几段相关的毛主席语录，但后来并不是每天都搞早请示晚汇报，我们只是在感到需要时一起学学。我们的"继往开来长征队"的队旗也做好了，杨庆新扛起旗走在前头，两位女同学紧跟其后，随后是赵忠江和杨老师，我在队尾压阵。我们从数学楼门前沿解放大路出发了，不少同学为我们送行，助威祝福。

千里之行始于足下，我们正体会这话的含义。我们几个人，以前谁都没走过这样长距离的路，因此它对我们每个人来说都是考验。刚出发时背在身上的行李感觉很轻，双脚走起路来也觉得轻盈有力。大家情绪高昂，边走边聊天，海阔天空，无所不谈，还不时发出笑声。然而过了两个多小时，队伍开始沉默，步子开始变慢。有人提议休息一下，没有提要求的这时也附议休息。但是我知道这时不能马上坐下，因为一坐下就可能起不来了，大家就先站一会儿才找地方坐。我们也还不知道沿途设立的接待站是怎样分布的，我们要想办法在午间开饭时间抵达接待站保证有饭吃，所以大家休息了一会儿就咬咬牙上路了。这时每个人才懂得这一千多千米的路真不是一块肥肉，而是实实在在的硬骨头。走到长春郊区的一个村庄，我们才知道每个村庄都有接待吃饭的接待站，但接待住宿的就要到大点的村庄才有条件。中午我们吃了上路后的第一顿饭，我们也就心里有数，未来这二十多天近一个月我们能吃上什么。其实和吃什么有很大关联的是卫生条件。第一顿饭我们觉得还过得去，厨房干净，饭碗饭菜看起来也都干净，吃的是高粱米饭和大白菜汤。我们饥不择食，能吃饱也就满足了。但是过后几天我们确实碰到过卫生条件很差的情况，见到接待站供吃饭处的场面，马上就倒胃口了，哪还能吃得进？在这种情况下，大家宁可饿着肚子再走几十千米路到下一个接待站去。不过这也是有风险的，因为怎么知道下一个接待站就比这好呢？如果还是这样那怎么办？不过我们想不至于这么倒霉吧！我们还真没有遇到这种情况。我们的原则是开始先适应几天，不用走太多，过后才加快速度，延长每天的行走时间。第一天我们走了三四十千米，虽然天还大亮，但我们仍然停下不走了，在接待站为我们安排的地方住下。安顿好后第一件要做的事是看看脚打泡了没有，结果大多数人的脚都打泡了。在用热水洗脚后，个个都忙着拿针把泡刺破，把其中的水挤出来，再用止血贴把伤口贴上。万幸的是我是极少数不打泡者之一，所以我就没遭这个罪。有人还有换了床就睡不着觉的毛病，虽然这是一个能容纳一二十人的大炕，条件简陋至极。但经过一天的步行，差不多人人都不费力地就进入梦乡，却苦了认床的人，好在我也没这毛病。只是第二天一早起来有人觉得两脚不听使唤了，走起路来一瘸一拐的，十分难受。不过我也没有这个反应，我想这大概得益于我长期坚持体育锻炼吧，就在这一过程中我仍然坚持跑步。

　　天一亮我就立即沿着村中小路跑步，一边跑一边欣赏农村的美丽风光。这里正是所谓的松辽大平原，所以极目望去是连绵不断的田野。这时无论是玉米还是高粱，长势都很喜人。头上的蓝天和地上的绿色虽不是同一种颜色，但仍使人感到它们都是大自然的赐予，都是人们所离不了的。农作物已进入秋熟阶段，农民只等庄稼再成熟一点就可开镰了。所以当我一早出来锻炼时，几乎不会遇见任何人，农民都还在睡呢。即使到我锻炼完之后一些人也还在蒙头大睡，但也有人起来洗漱，为吃早餐做准备，我则去洗个凉水澡并刷牙等。沿途中有一件事使我深受困扰，那就是上厕所。那个年代的农村厕所，简直是没法落脚，所有粪便都露在外边。所以我经常不得已就在路上休息时跑到无人处解决。等我把一切都弄停当时队里的人才准备出发，我就独自等着他们。我注意到两位女同学和其他男同学都在一瘸一拐地走，我想他们是在顽强地坚持着，应该照顾他们。于是我提出，我们今天还是少走点，只走二三十千米吧，让大家有个调整的时间。大家都同意我的想法，所以第二天我们只走了二十余千米。到了第三天情况大为改善，原来走路瘸的现在不瘸了，这样我们就恢复了正常的速度。我们走到了公主岭，公主岭是距离长春最近的城市，而大多数人都未到过公主岭，队里就给大家一些自由活动的时间逛逛公主岭，住宿则安排在前方农村的接待站，后来到四平市我们也这样做。出了四平进开原，我们就进入了辽宁省境内，前方就是辽宁省省会沈阳了。由于我们要抢在毛主席的下一次检阅之前到达北京，所以大家都一致同意不去沈阳了。我们绕开沈阳向法库、新民方向进发。这里已经不属于松辽平原，而是丘陵地带。那一望无际的平原景观不见了，出现的是一个个不高的山包，无序地分布。在这里明显地感到老百姓的生活比平原上要差些，不过只凭外观也说不清，倒是为我们提供的吃的可做见证。我们有时只能吃上稀饭，有时连菜都没有，只有很咸的咸菜。这肯定不是老乡不欢迎我们，如果他们就只有这个条件还能怎样呢？更要命的是一些接待站的工作人员［他们有的是村（生产队）的干部，有的就是农民］卫生意识很差，在盛着刷锅水的锅里把用过的饭碗抖一抖，就算把饭碗洗干净了。看到这种景象，实在无话可说。

我们在法库和新民走了数天。有意思的是也许因为我们队伍里有老师，这引起了当地一些人的注意，他们邀请我去和他们谈谈"文化大革命"如何开展，但是这么庞大的问题我岂能回答得了。看来沈阳或锦州那些大城市的影响还没有到达这偏僻的山区，而我只能根据中央文件谈谈我的看法，这肯定满足不了他们的要求。

　　到了锦州我们听到一件非常感人的事，在一列满载红卫兵的列车就要和它前面同样载有许多红卫兵的列车追尾冲撞时，一位扳道工英勇果敢地跑出来把轨道拨到另一个方向，避免了一起可能造成大量伤亡的灾难。因为那两列列车都满载着大串联的红卫兵，一旦发生追尾，不仅在国内乃至整个世界都将引起轰动，后果真不堪设想。对于这件事，中央的广播电台和一些报纸都作了报道，铁道部也对那位铁路员工予以表扬和奖励，当然这些大报或全国性广播都不可能提供深入报道。我觉得我们学习红军长征也可以成为宣传队，我们何不以这个事件为主线进行深入报道，再加上我们长征路上的所见所闻出一期报纸？我把这个想法和队里的人说了，大家都很赞成。但是这件事光靠我们自己显然是无法完成的，在哪里印刷？钱从哪来？这些都是非常现实的问题。我提议依靠锦州铁路局来做，于是我和杨庆新找了铁路局的同志谈。我们把想法一说，铁路局的同志就马上表示全力支持我们，我们只要负责文字工作，剩下的如纸张、印刷及相关费用，一律由他们负责。我们在锦州期间的食宿，也全由铁路局帮我们安排。这实在太棒了！我们都十分高兴能做成这件事。我、杨庆新以及已经赶来的秦有圣一起采访了那位扳道工师傅，他的话令我深思。他话语不多，也不认为自己是什么英雄。他说当时他做这件事时，他想到的是，哎呀，糟糕，一场灾难要出现，要阻止它！所以他尽全身之力来做这件事。眼看着列车呼啸奔来，他只能让路轨完全转道。平时这是两个人干的事，现在就只能靠他一个人来做了。幸好，也就在他把轨道扳转之后，列车就乖乖地进到另一个车道了，一场灾难就这样避免了。我们的通讯着力复原了这次事件，同时也报道了这位扳道工师傅平时就拥有的优良品质和高尚情操。这也印证了，一切在突然中爆发的亮光，都源于它内部沉淀的火星。没有平时的优良品质，就不会有突发的英雄行为。报道了这件事，我自己也受到了教育和启迪。

　　为了完成这项工作，我们在锦州多住了几天。当拿到在长征路上的这个作品时，我们都很兴奋，因为每个人都有参与其中，每个人都为它操过心。从稿件送去检字、排版、校对到定版印刷，每个流程都要有人负责。报纸出来后我们还在各个长征队中进行散发，我曾经想着留下一张作为纪念，但是岁月把这些都带走了，只有脑中对它的记忆仍然和生命同行。

逗留锦州期间还发生了一件让我终生难忘的事。我们到锦州时已值深秋，早晚颇有凉意，但我没有带厚的外衣。有一天晚上我们在街上要走回我们的住所，一些市民看见我们，就问我们从哪里来，要到哪里去。我那时虽然已经二十六岁了，但按照一些人的说法，我长了张娃娃脸，别人都把我当成学生。一位老工人模样的男子很心疼地对我说："孩子，这可不中呀，要冻坏的。"说完，他就让我就地等他一会儿。我不知他的用意，便就地等他。没过多久，他回来了，手上还挎着一件皮大衣。还对我说，带着它上路就不会挨冻了。我马上想到的是红军长征中的"三大纪律八项注意"，不拿群众的一针一线是其中的重要要求，我若是拿了这件皮大衣，就不只是一针一线的问题了，因此我决定不要。但老人很固执，执意要我把它留下。他把大衣塞到我手中后就走了，我只得先把它收下。过后我和队里的战友千方百计查询老人的身份和住址，在离开锦州时我们终于把皮大衣还给了老人，我还附上了一封感谢信。但是我对他的感激之情，永远留在心上。

后来在秦皇岛市我又一次遇到同样的事。在接待站附近遇到一群妇女时，不知怎么我成了她们注意的对象。她们问起我的身世，我就如实说自己是从国外来的，这下就引起她们更大的好奇心了。她们纷纷提出各自感兴趣的问题，问我没有家不寂寞吗，一个人在那多可怜呀等，为了表示心意，一位大姐非要请我到她家做客，接着又送了好些吃的给我们。对于她们我也真的很感激，因为我没为她们做什么，她们却把我当成亲人。这也就是我的中国同胞，善良，纯朴，真诚。

　　随着时间的推移，我们已经完全适应了步行长征的生活，不再有任何疲劳或不适的感觉，诚如古话所说，"日出而作（行），日落而息"。我们和北京的距离也越来越近了。我们终于抵达丰台，这时我们接到上级命令，不准再往前走。所有要到天安门广场接受毛主席检阅的人，一律乘火车前往，有人会组织我们上车，大家要遵守纪律听指挥。但是人实在太多了，为了等上车就花费了许多时间。好不容易上了车，车子里挤得水泄不通，连转身都困难。虽然上了车，却没有一丁点关于出发的信息。这时上厕所可就成了大问题，因为车上的厕所也都挤满人了。你想下去上厕所，就有上不来的风险。但是使人惊奇不已的是没人发牢骚，没人说风凉话，大家只是静静地耐心地等待上面的安排。终于等来了机会，车开动了。这个等候足足用了七八个小时。所幸从丰台到北京的距离不远，没用多久就到了，这时又由北京的接待单位为我们安排住处。可能考虑到我们去天安门广场的方便，所以把我们安排在前门大栅栏的接待站。接待站的同志热情地接待我们，说我们是毛主席请来的客人，这使我们听起来很舒服，也很高兴。结束了长途跋涉、舟车劳顿，终于有一个温暖舒适的地方休息了，感到浑身轻松。我们总共用了 35 天时间走完全程，但真正步行的时间只有 26 天，这个速度还算不慢。接下来就是接受毛主席检阅，然后我们就可以回程了。但是毛主席什么时候检阅我们无从知道，大家也就耐心等候。

　　终于有了确切消息，上面通知第二天就是毛主席检阅的时间。我们赶上的是毛主席的第七次检阅，原来有人说这是毛主席最后一次检阅，但后来证实这个说法不准确，实际上毛主席计划接见八次。为了集合，每个人都得早早起床做好准备，然后又要花上许多时间找到自己队伍的位置。由于每次受检阅的人数都在 50 万以上，足以把整个天安门广场塞得水泄不通，每个人都要站在原地不动。在毛主席还没出现时，群众情绪还算平静，等到毛主席来了，群众的情绪达到高潮。"毛主席万岁"的欢呼声此起彼伏，响彻云霄。这是我第一次见到毛主席，所以就集中注意力看他。但因为距离太远，大概有三百米，所以只能看见他老人家的轮廓，但在我一生中能有这样的机会也算是幸运！毛主席在天安门城楼的时间不长。他先在中间的位置挥动帽子向群众致意，然后转向左边的群众致意，再转向右边做同样的表示。毛主席每一个微小的动作都引起群众的关注，引起热烈的欢呼。这样的过程后检阅活动就结束了，紧接着底下的队伍就地自动解散。人们随机选择离去的方向，东西南北任君走。这时在最外面的人就最有优势，一下子就可以离开广场了。最困难的是在最里面的人，我就是其中之一。我被来自四面八方的力量推来推去，不能自已。一会儿推到左一会儿又推到右，一会儿向前一会儿又向后，好像在做布朗运动。等外面的人走得差不多了，我才获得自由。但这时我发现戴在手腕上的手表没有了，这表是我初恋姓耿的女友考虑到我要步行串联肯定需要知道时间，就把她爸的表借给我。这是一块苏联表，它是典型的"傻大黑粗"，但走得很准。我把别人的东西弄丢了，没说的我就得赔她。但是如果要赔一个新的，那就得花上一百二十元。这可比我两个月的工资还多呀！我把情况告诉她以后，她倒是通情达理，说那表也是旧的，就赔个旧的吧，只要和原来差不多就行。我于是就照办了。她大学毕业后被分配到锦州的十院二十八所，也就是十五所的兄弟所。她本来希望能留在长春，一方面是因为家就在长春，另一方面是考虑到我们的关系。不过在长春市没有分配名额的情况下，如果我向组织提出要求照顾，在当时的情况下是不合适的。我还希望她先在二十八所工作一段时间，然后等我们决定结婚时我再向组织申请把她调回，她也同意这个想法。想不到她到了锦州后情况就变了，她在一位哈工大男生的追求下把我甩了，也就是在1967年，她到锦州不到两年就向我提出分手，我们的相恋也就画上句号。这叫瞬间即逝的花再美也白搭吧，它只成为我一生的短暂插曲而已。

　　步行串联虽是短暂的经历，但我一生难忘。在差不多一个月的时间里，我用双脚走过了吉林、辽宁、河北三个省，走过了十多个县，上百个村镇。如果说我以前对中国的了解是肤浅表面的，但在走访了这大片土地后，我对中国的了解大大加深了。

　　从步行串联回来，我发现校内仍没有什么大的行动。这时还有不少老师外出串联，他们不是步行而是乘火车，因为乘火车不花钱。我不记得是怎么和邵振豪老师联系上的，只是当时他刚好在校，我们决定两人同行往北，到哈尔滨等地去，于是我又有了往北的经历。在此之前，上大学期间我只到过哈尔滨。这次利用这个机会我们去了哈尔滨、大庆（那时称萨尔图）、齐齐哈尔、绥化、佳木斯、牡丹江等地，后来又到了吉林省朝鲜族居住区的延吉和图们。在哈尔滨，我见到了当年由哈尔滨建工学院送到吉林大学学习的和我同一年级的张云学、王金栋、王耕田、王香缘、王美儒、戈大征等同学，见到了我们年级原党支部书记李湘珍以及栾祖仁等。这是毕业后的第一次相见，大家都很高兴，他们尽了地主之谊为我们安排吃住。当时已是隆冬，天气极为寒冷，我们也无心去玩，主要也就是在校园里看看大字报、聊聊天而已。我想这是一次普通的见面，以后还会有很多这样的机会，但是真没想到过后不久生活竟发生重大变化，此后我们就再未相见了。

　　邵老师到了哈尔滨之后就不想再往北走了，我只好单独继续往北前行。我的第二站是当时我国刚刚建成的石油城——大庆。有了大庆中国才得以摘掉没有油的帽子，而且以王铁人为代表的中国石油工人提出的"宁可少活二十年也要为国家拿下大油田"的豪迈口号，强烈地激发了国人的爱国热情。所以我想亲眼看看大庆人是怎样战天斗地，把昔日的荒滩变成现代化油田，从"干打垒"建设起现代化城市的。来到大庆，看见那一个个拔地而起的烟囱，那宽广的马路以及那一幢幢现代化的建筑，我对大庆油田的建设成就感到心服口服，我为大庆精神所深深激励。我想依靠这种精神中国一定无坚不摧，攻无不克。

下一站我到了黑龙江省的工业名城——齐齐哈尔。齐齐哈尔以重型机械闻名，因而它也办起重型机械学院。我同年级同学有多位分配到这里，包括胡大志、李俊杰、唐宗贤、张文英等。很巧他们几位都是我一年级时的同班同学，所以我们都比较熟悉。我到齐齐哈尔既是为了看看这个城市，也是为了和这些同学相聚。同窗五年，一别竟是四年了，人生真的如梦幻般，而且真的是相见时难别亦难，当我们在欢笑中说再见时，我曾想那个"再"字何日成真呢？我和胡大志算是有缘，他后来和妻子王益姝一起从齐齐哈尔调到武汉，又从武汉调到青岛，我们有机会在青岛重逢。但除了他之外，和唐宗贤、李俊杰及张文英都没再见过面了。他们三位都是我在大学一年级时的同班同学。

离开齐齐哈尔我又继续往北进发。我的目标是佳木斯，因为那也是黑龙江省的一个主要城市，但在抵达佳木斯之前要经过绥化，我想也不妨看看，毕竟是还没到过的地方。在火车走到半途时上来了几位铁路工人，他们全都身穿两层棉大衣，我就和他们聊了起来。我问他们为什么穿这么多，他们告诉我，一会儿就要下去护路，检查路况，他们的工作就是清理路轨，要在火车到来之前把路轨清理好以保证火车的安全运行。他们不但穿着两层棉大衣，连手套也都是两层，里边一层是棉手套，外面再加上一层很大很厚的手扪子。我问这么厚怎么还能把镐把握住呢，他们说别看穿得这么厚，在外面干上超过半个小时就已经冻得直打战了，所以他们一般是干二十分钟就要进屋暖和暖和再继续干。戴两层手套干活儿是不得劲，但不这样手就冻得受不了。我感叹他们艰苦的劳动条件，但他们说条件再苦再累总得有人干，他们作为本地人还能适应这里的条件，换了外地人那就更受不了。我从和他们简短的对话中感受到了他们质朴和宽厚的品性。我感到他们确实有一颗善良的心，有勇于担当的美德。这是值得我好好学习的。绥化城市不大，也没听说有什么名胜古迹，我又只穿着适合住在长春的衣服，在这里根本抵御不了寒冷，所以冷得无心走出屋外，就继续赶路往佳木斯进发。

一个城市如果有山或有江河，会为城市增色不少，佳木斯就属于这样一个城市。我一到那里就看见松花江流经市区，把城市分割成两半。在连接这两边的桥下，松花江波涛汹涌，江水并未完全结冰，这大概是因为水流湍急所致。我看到江水顺势而下，两岸则是错落有致的房子，我觉得这个城市很有特色，如果利用这方面的优势把城市发展起来一定很有前途。

我继续自己的旅行，下一站是牡丹江。老实说是这个城市美丽的名字引诱我去访问它的，因为我对它毫无了解，我也没有需要去拜访的人。我想牡丹江一定是一条江，城市因为它得名，而且也像佳木斯一样，江水流经城区。但是我在下火车的地方并没有看见江河，市区的房子都不高，而且都有围墙围着，颜色灰暗，这使我失去了观赏它的兴致。这时我突然想起一个人，他就是我曾帮他父亲给他写信的那位舅舅彭石祥。他中专毕业后就留在黑龙江省工作，开始时在虎林县，后来大概去了五常。于是我就按他原来的地址打听他的下落，可惜我没有找到他，只好放弃，从牡丹江返回吉林省。但是不久我就收到了他的信，原来关于我找他的这件事还是有好心人向他传递了信息。他从1952年回国后不久就到了黑龙江省，然后就再也没离开过黑龙江，在那里安家落户。他后来在五常工作和生活，工作单位是林业局，还被选为五常侨联的常委，可见他在那里是受到尊重的。十分遗憾的是他自回国后就再也没去印尼探亲，大概在我离开邦加后我那舅公也不容易找人帮他写信了，所以关于他双亲去世的消息他是过了很久才通过别人知道的。他真的把自己的全部献给黑龙江了。

我不想原路回到长春，那样既绕远路又遭罪。从牡丹江正好有开往图们的车，到了图们又有车到吉林市，到了吉林再去长春就很便利了。这也是因为我还从未到过图们，它属于延边朝鲜族自治州，我想到那里亲眼看看朝鲜族的风土人情。乘坐这列火车还有一个好处，就是乘客不多，所以不拥挤，不愁没有座位。经过几小时的旅途，就顺利抵达图们了。到了图们我才发现它原来是个很小的地方，人口不多，房屋矮小，街道狭窄，很多还是土路而非柏油马路，缺乏现代化的气息，但有两样东西很抢眼，那就是狗肉和冷面。这两样东西都应算作朝鲜族的特殊风味。我对狗肉没有兴趣，但对用荞麦做成的冷面很感兴趣，因此就找了一家冷面馆来尝尝冷面。我看到店主把冷面放进盛放冷水的大锅里浸泡一会儿，才放上各种佐料，然后才端上来。我觉得这真有特点，那碗也特大，其中的汤是冰冷的。这又使我想起两年前和张德安一起吃冻梨的情景，但这可比那更刺激，因为这是在严寒的环境下吃的，面馆大门敞开，没有任何取暖设施。荞麦做成的面条有特殊风味，口感很好。只是那一大碗真的很实惠，我虽然肚子饿也吃不完。吃完之后又是从内往外发冷的感觉，不过一走起路来身体就又暖和了，大概因为这是主食，所以会产生热量吧。走着走着，又发现朝鲜族的另一风味小吃——打糕。我看见那卖主在用舂子捶击米饭直到它完全黏成一团为止。打糕的卖相很好，雪白的米饭，上面配上红豆沙、绿豆沙等，很有吸引力。如果不是吃冷面吃饱了，我真想尝尝。我真想再多了解些，朝鲜族还有哪些特殊风味。但因为已经出来多日，不能再久留了，所以我也就返校了。这次出行虽说只是走马观花，但已经让我感受到祖国的幅员辽阔。

回到学校我注意到校医室的医生护士中，那些出身不属于红五类的同志们组织起真理战斗队，这在校内引起轩然大波。有的骂他们是反攻倒算，有的说他们是黑组织，是非法的，应予以取缔等。我对此真是怒不可遏，因为我对他们是满怀感恩之心的，在几个月的住院治疗期间，正是他们发扬了革命人道主义精神对我进行护理治疗，我才得以快速康复。我出于对他们的感恩之情也基于对学校教职员工的政治素质的理解，坚定地站在他们一边。我指出他们都是学校的合法员工，怎么会因家庭出身而变成反攻倒算分子呢？他们是人民群众，怎么成立的组织就成为黑组织非法组织了呢？真是荒谬至极！我为了说明自己的这些观点，写了一张很长的大字报并把它贴在理化楼非常显眼的地方。这张大字报给了校医室的医生护士们很大的支持和鼓励，他们见到我时都表示感谢，这也是对攻击他们的人的有力反击。我真的感到有些人的过激思想把他们弄糊涂了。

可以想象那些攻击真理战斗队的人肯定对我恨之入骨，因此就把矛头转到我头上，但我并不在乎。我觉得自己拥有真理就不怕任何攻击，因为那些攻击者没有遵循毛主席的教导，把真理丢到九霄云外了。那时在数学系，从王湘浩开始，到江泽坚、王柔怀、徐利治、谢邦杰等都曾不同程度地受到不公正的待遇。我从这些年和他们的接触中，也如同和各级领导的接触一样，感到他们个个都是平易近人、和蔼可亲的，根本没有一点飞扬跋扈、蛮横专断、以势压人的作风，所以我对他们都是从内心里尊敬、仰慕的。在他们受到不公正待遇时，别人见到他们都退避三舍，生怕被人说是没和他们划清界限，但我仍然和往常一样尊敬地同他们打招呼，在我的心目中他们仍然是我的恩师。或许正是由于我这样的态度，在"文化大革命"结束后，这些老师对我都很亲近，甚至另眼相看。

这时长春到北京的列车是 60 次而回程是 59 次，这是长春与首都保持联系最重要的交通工具。如果这个工具遭到破坏，就会殃及整个社会。就在"文化大革命"的一个阶段，受派系斗争影响，60/59 次列车停运了。这时该列车的一位列车长挺身而出，希望铁道部和沈阳铁路局根据长春的实际需要，恢复这趟列车的通行，长春列车段找到吉林大学的同派组织希望协助把这个事情办成。结果事情落到了我头上，这派组织的负责人推荐我来参与这件事，让我跟随列车段的同志们一起开着列车到沈阳和北京交涉。这两地都已由军管会负责。我和长春列车段的几个人先到沈阳，说明列车恢复运行是为了贯彻执行毛主席提出的"抓革命，促生产"的指示，说明列车停运造成的损失，并且说明我们恢复开通的条件，还保证开通后一定防止派性影响再次破坏列车的正常运行。在沈阳我们连市内都没去，吃住都在车上。我们等了两天，最后沈阳铁路局表态同意恢复60/59次列车的运行。这使我们大受鼓舞，但还必须到北京铁道部去，因为最后的决定权在铁道部。我们立即启程开往北京，但在北京事情就没有这么顺利。一是要等，二是要我们详细叙述列车停运的经过和原因。由于列车停运的责任确实不在我方，并非我们造成列车停运，因而我们就能理直气壮地说明。我们同时指出，一旦恢复运行，一定全力保证列车正常运行。我没有想到这件事要得到上级批准这么难，还要经过这么多关卡。为了等结果，我们住到长春列车段的列车员招待所里，具体位置是前门附近的珠市口。等了差不多一星期，我们被告知，铁道部军管会领导批准，60/59次列车立即恢复正常运行。我们的努力成功了，我很高兴，因为我在"文化大革命"期间实实在在地做了一件有益于长春人民的事，尽管我在其中只是起了一点点作用。

除了交通这件大事外，保证长春市几十万居民每日三餐做饭所用煤气的正常供应更为重要。长春曾经是伪满洲国的国都，它在建设管道煤气方面下过大气力。在当时，长春市的管道煤气普及率就已超过25%，在全国处于领先水平，在这种情况下确保煤气的正常供应关乎全市许多老百姓的日常生活，这不是小事。但是煤气的生产靠的是煤的供应，一旦煤的供应不能保证，那煤气供应也就成了问题。幸好掌管运煤的火车是由公社派负责的，煤气公司里绝大多数人都站在公社派一边，他们支持群众组织负责人来行使靠边站领导的职权。我为了宣传"抓革命，促生产"的方针，主动去煤气公司了解情况，报道工人师傅可歌可泣的劳动热情和献身精神。这个报道登载在报纸上，使人们更了解长春的工厂企业，以大局为重，消除派性斗争，抓革命，促生产，保证社会的正常运转。这对煤气公司的工人师傅是很大的鼓舞，他们都抢着要得到这份报纸并先睹为快。自来水公司也是坚持正常生产的企业，它保证了长春市百万居民的日常用水，我也对他们进行了采访和报道。

三、在长春成家

在此期间，具体地说是在 1968 年，我的个人生活发生了一个大的变化，就是我和盛锦华的结合。在这过程中需要提及两个人，就是侨领林希泉先生和他女儿林乐华女士，他们俩是我们的红娘。林希泉先生是印尼万隆人，虽然他受的是西方教育，却始终不忘自己是中华儿女。在万隆时他就热心地为侨胞服务和为维护侨胞公益而出力，他早早地就把自己的儿子林同善送回国内求学深造，并且毕业后就留在国内工作，他的工作单位是长春生物研究所。林希泉先生在儿子有了稳定工作后决定举家回国，长春市政府对于这位侨领的回国定居非常重视，安排林先生为市政协副主席，并在还未找到合适住房前，先在长春市宾馆暂住。于是林先生夫妇和一起回国的女儿林乐华就都住在长春市宾馆。市宾馆领导还专门安排他们的优秀员工盛锦华作为服务人员，平时无论有什么事都可向她提出，由她负责帮他们办理。林乐华所受的是荷兰教育，专业是药剂，因此被分配在长春市立医院药剂部门工作。我作为侨联干部也有意和他们一家人联系，由于彼此都是印尼回来的，有一种亲切感。又因为他们全家都不会说中文，我去了就为他们提供沟通上的便利，所以他们也就对我颇有好感。他们自然关心我这年轻人的生活问题，而且热心帮我解决。由于他们在同盛锦华的接触中对她印象很好，又了解到盛锦华当时还没有男朋友，所以他们就介绍我们认识。通过他们的介绍，我知道盛锦华也是一名共产党员，对于这一点我看得较重。她出生于1938 年，比我大两岁，对于这一点我则不大看好。我希望女方比自己小些，至少是同岁。但他们说年龄大点不成问题，我也就认同了。关于她进一步的情况，也经他们介绍使我知道更多。她原籍辽宁省普兰店市，家里有一个同父异母的大哥，另有一个哥哥，一个弟弟和一个妹妹，但父亲和大哥在她很小时就病故了。她父亲去世后她被送给姑姑抚养，从三岁开始她就来到长春和姑姑姑丈一起生活。由于战乱，她直到长春解放时才上学，小学毕业时年龄就比其他同学大，加之姑姑家庭条件有限，所以1954年在她刚十六岁时就参加工作了，而她工作的单位就是长春市宾馆。从参加工作起她就以诚实、正直、勤勉、负责的态度对人和事，因而受到单位领导和群众的好评，她多次受到单位的奖励，还曾被评为长春市的三八红旗手，而且很早就入党了。组织上为了培养她，以调干生的身份把她送到吉林大学学习。可惜她没有坚持在对文化基础要求较低的经济系学习，而到要求相对较高的外语系学英语。这就有点像赶鸭子上架，26个拉丁字母的随机组合难倒了她。在吉林大学待了两年后她只好放弃，重新回到宾馆。这时也就是林老先生一家暂住宾馆的时候，对她来说，照顾林老先生一家自然得心应手，并深获林先生一家人的好评。林乐华在长春市医院工作后，在周围环境的影响下，加上她本身的语言天分和努力，她的普通话进步很快。这也得益于她原有的语言基础，因为她熟练掌握印尼语、荷兰语，她也会英语。在能够和盛锦华进行沟通后，林乐华就很主动地找到盛锦华，要给她介绍对象。对我这边她不存在沟通的困难，我们总用印尼语交谈。她像老大姐似的（她大概比我大十岁）向我介绍盛锦华的优点，并告诉我年龄差异根本不是问题。对我来说我的择偶标准并不把美貌作为重要条件，只要看得过去就行，人品是第一位的。她是党员这点符合我的要求，我本来希望她能是大学毕业生，但如果不是，那降低点条件也无不可，毕竟她的工作决定了她还是有一定文化素养的。因此我很快向林乐华表示可以进行下去，这也因为我想她已经快三十岁了。但对她而言事情却没那么简单，最大的问题是我的身份。当年很多人一听说海外关系都要退避三舍，躲都怕慢，岂有上赶子去找之理。她照顾林先生一家那是工作，并不涉及个人，而婚姻就不同了。她的那些好朋友，包括在吉林大学外语系和她较亲密的潘老师，以及在宾馆的那些闺蜜，无不反对。她们说国内大把条件好的男人你不找，偏偏要找有海外关系的，而他又是个穷书生，你看上他什么？不过她也不是光有这些闺蜜，她还有她更尊敬的领导。这些人虽然被批判靠边站了，但她和他们仍保持良好关系。其中和她关系最密切的要数当时的长春市委第一书记宋洁涵和他夫人——长春市总工会主席贺瑛，以及长春市委书记处书记、长春市副市长李承锟。由于找贺瑛比较方便，她就找了贺瑛，而宋洁涵得知此事后也很关心。我从这件事和日后同宋贺两位的接触中感到他们都是党的好干部，他们为官清廉，对待下级和人民群众没有官架子，平易近人，心地坦诚。他们还非常严肃认真地向吉林大学的党组织了解了我的情况。当得到吉林大学关于我的政治背景、现实表现和业务情况的信息后，他们才向盛锦华说，他们敢保证我的海外关系根本不成问题，不必有任何担心，他们的话当然对她更起作用。通过林乐华的引介，我去了她家，她家就在数学楼南面永昌胡同里。这时她姑姑已经去世，她姑丈回到辽宁金县老家，她就把她母亲从普兰店老家接到长春，住到她姑姑家来陪她，所以我也就见到她母亲了。显然她母亲的态度对她作决定也很重要，而她老人家见了我之后没有异议，她认为盛锦华都快三十岁了，还挑什么，只要人不坏就行了。因此她认为我至少人不坏，未必就很满意，但是考虑到现实情况，她希望盛锦华和我早点把婚结了。就这样在林希泉父女撮合后四个月，我们就定下终身大事，于1968年4月30日举行了婚礼。所谓婚礼，实在是再简陋不过。我们没有新房，所谓洞房就是她在永昌胡同的那间面积不足十平方米的房间。那间房实际上是一套两居室的外面一间，但两居室既无客厅也无厨房卫生间，卫生间是房子外面的公共厕所，两个房间共用一个狭窄的走廊。因此我们不能在走廊做饭，做饭也在那不足十平方米的房间里。我们不可能对这房间进行任何装修，只是在床上铺上新的床单，上面放上两对新枕头和两床新棉被，这也就是我们结婚的全部家当。结婚那天我们俩都穿上了新衣服，这大概算是我身上唯一的作为新郎官的标志。这一套衣服还是她给我买的，而我并没有为她购买任何结婚的纪念品，我们也没有任何仪式，只在家里恭候客人的到来。来的人中首先是我的同窗，他们中严子谦、俞致寿、邹承租、周长林、宋玉琦、崔志勇那时都结婚了，就剩梁学章还没有。这些同学并不是一起来的，而是和系里其他老师结伴来的。然后是我同教研室的老师，再就是系里的老师了。归侨中陆志刚夫妇、市侨联主席陈觉万以及我的那些归侨朋友们都前来祝贺。老教授中，王湘浩老师、江泽坚老师、王柔怀老师等也都来了。这些是我这边的客人，而她那边也就是宾馆的人以及她的其他朋友，他们是一起来的。几十人一起过来，涌向不足十平方米的房间，可以想见那是什么场面，所以就只能排成一队一个一个进来和我们握手表示祝贺，然后就退出让下个人进来。于是走廊里、房间里还有外面楼梯上都是人，挤得水泄不通，笑声和讲话声响彻这个小小的天地。等所有人都完成了这一流程，他们也就告辞了。

那时办喜事很简单，因为每个人只需出五角钱、一元钱的贺礼，一起买个脸盆、热水瓶等作为礼物，也就表达了情意了。我系的老师们也就给我送了这些东西，而她宾馆的同事们送给我们一张饭桌。这些东西都是成家用得着的，也是雪中送炭了。4月30日那天从早到晚，来人几乎不断，大家纷纷向我们表示祝贺，我永远忘不了他们这份情谊。我们也就在这样兴奋欢愉的气氛中完成了结婚这件终身大事。

我们没有举办婚宴，但第二天适逢五一假期，我们还是办了一场只有几个人参加的难忘的午宴。那天主厨是她姓田的宾馆同事，参加的有她姓金的几位好友，加起来没超过六个人。这顿饭之所以难忘，不在于我们准备了怎样丰盛的菜肴，依当时我们的经济实力，绝对买不起什么山珍海味；也不在于田师傅的烹饪技术如何高超，因为如果我们准备的只是普通的食材，怎能让田师傅施展才华呢？这顿饭之所以难忘实在是另有原因。那天客人们早早来到我家，还带来我从未喝过的茅台酒。等菜都做好了，大家入席就餐。一位客人开腔说："今天是苏运霖和盛锦华大喜的日子，我们一起来庆贺他们的喜事。我们还没有和苏运霖一起喝过酒，因此他今天要好好表现，让我们大家高高兴兴，酒足饭饱。"紧跟着这个开场白的，就是他们每个人，轮番向我敬酒，而且每个敬酒的第一杯都得干了才行。我这是第一次喝白酒，喝茅台更是这辈子的第一次，也从未经历过在酒席上和别人一起饮酒。本来一开始我就声明自己不会喝酒，更不用说喝这样的烈酒了。但是他们立下规矩，说今天是我的结婚宴，所以要听他们的。他们说和他们每个人的第一杯都要喝干以显公平，那也就是说他们每个人喝一杯而我就必须连续喝上四五杯，而且是在很短的时间里。这真正是来"整"我，我的每次求情都毫无效果，他们横竖就是不依不饶。还没能把所有人都轮上一遍，我就已经觉得天昏地转，思维混乱，肚子翻腾滚动，而且无法控制。我已经酩酊大醉，什么也吃不进了，也无力坐着，听任他们把我放在一边躺下，我就这样一直睡到次日上午才醒来。这次喝酒的经历真是刻骨铭心，从此以后我就对白酒失去了兴趣。

到了1968年中，学校有解放军进驻负责领导，后来又有工人宣传队进驻。在那个特殊时期，也并无全面工作要做，学校停止招生，剩下的任务就是领导全校运动的开展。当时整个运动的部署都来自上面，学校只要认真按上面的要求贯彻执行就行。当时军宣队和工宣队到来之后的头一个任务就是铲平山头，解散群众组织，成立大联合委员会。之后在军宣队和工宣队的领导下，追查前一阶段的打砸抢事件、违法乱纪事件以及清理阶级队伍。这时两派中总会有人还在闹派性，试图把对立面的一些人拿来整一整，泄泄气。由于我所在的公社派是原来军队没表态支持的，直到中央文件明确指出，长春市的两派群众组织都是革命群众组织，为两派的大联合扫清障碍后，才使运动向前推进。但派性是不可能一下子就消除的，特别是那些头头们总还想表现自己是正确的。因此对立面有些人也把矛头指向我，要抓我的辫子，而"反军"自然是最大的辫子，因为原来军队是不支持我们这一派的，所以安上"反军"的帽子最容易。他们给我戴上"反军黑干将"的帽子，接着又给我戴上"印尼特务"的帽子。不过这后一顶帽子不那么容易戴，因为要有证据呀。我十五岁就回国了，这一点是个大障碍，因为不论哪个国家的特务机关在一般情况下都不会招募未成年人为它服务，还有重要的一点，就是在我入党之前组织上对我的家庭情况、社会关系、个人表现（包括我在印尼时的表现），都已做了认真仔细的调查，正因为没发现什么问题才发展我入党。因此对于这样的指控我根本不放在心上，不去理会它。但是那些要给我颜色看的个别人还不甘心，非得把我置于死地而后快。有一天他们说要到我家去看看，我想为人不做亏心事，不怕半夜鬼敲门，你们要抄家就抄吧。到家之后他们要看我的藏书以及我写过的东西，我把一整箱我写的日记搬出，他们如获至宝，料想其中必有"干货"，于是就把多本日记本拿走。但是过后他们大失所望，因为日记里记的全是我学习毛主席著作、学习先进人物的体会感念、我的日常生活等。其中完全找不到我反对毛主席、反对毛泽东思想或对社会不满的内容。他们只能把日记原样送回。

但是他们还是觉得这样太便宜我了，一心想着收拾我以解心头之恨，那也就是要对我动武，但是不知怎样走漏了风声。他们计划第二天下午要收拾我，而头天下午就有朋友告诉我这件事。于是从那时开始就有人陪伴着我怕我被他们抓去，到第二天更安排我去做别的事使我可以不在系里出现。当点名问起我怎么缺席，早有人为我编了理由，使我逃过一劫。而那之后，工宣队和军宣队明令宣布禁止使用武力体罚，我也就免于遭受皮肉之痛了。

在军工宣队领导下，学习班的师生被混合编在一组，一组就住在一个房间里，同吃同住。平时老师不能回家，只在周六晚上可以回，到周日下午回来。每天早晨统一时间起床然后做早操，还要点名清点人数。全系都住在明德二宿舍或叫七宿舍，我被分配到第八组。我们这个组的批斗对象，或者说有问题的人是王湘浩教授，就是说这个组要负责对王老师进行审查。当然这个组也还要进行自我教育、自我提高，如消除派性、增强大团结等。各组选出一名组长，组长清一色由学生担任。组长要全面管好本组，主持会议，要保证自己的组员不迟到，不早退，不缺席，会议时还要积极发言。在这样的形式下，师生间的距离真的大大缩小了，让他们打成一片，大大增进了师生友谊。在开会之外的时间，老师和同学或对弈切磋棋艺，或放声高歌练练嗓子，或促膝谈心。但是打扑克似乎不被允许，至少在我这个组没有人玩过。有的同学生性对这些玩耍不感兴趣，他们觉得老师毕竟岁数较大，经历丰富，学识渊博，难得有这样的机会和老师在一起。我们中也确有这样的老师，他们兴趣爱好广泛，涉猎广博，上至天文，下至地理，古今中外，人物传奇，名人逸事，全都通晓。这样的老师在我们系有好几位，他们还获得"大仙"或"半仙"的美称。他们在同学们中最具吸引力，一有空一群同学就像被吸铁石所吸引那样把他们围住让他们侃。学生和老师就这样相处得无拘无束，十分融洽和谐，这段时间给老师和同学们都留下了美好的记忆。还要补充一句，在党中央"抓革命，促生产"的方针指引下，物质供应在当时已有保证，大家在食堂吃饭对伙食都很满意。

回过头来说说小组的主要活动，就是对王湘浩教授进行审查。但事实上王老师回国后，组织上为他建立的档案中早已对王老师的家庭情况、社会关系等有了结论，现在只是拿出来重新审查一遍，这倒是一次让我了解王老师过去的机会。原来王老师有一位早年毕业于北洋大学的叔父对他有过较大影响，所以他在1931年十六岁时考入北洋工学院附属高中。由于年轻时的王老师不善画图，对于工学院要学机械制图有点应付不来，因此他在高中毕业时放弃了直接从附属高中升入北洋工学院本科的机会，而考取了北京大学算学系。在北京大学学习期间，王老师成为真正的学霸，获得每年240元的最高奖学金，受到全校师生的赞颂。但王老师非常低调，要不是这个学习班我们根本无法得知王老师的这段辉煌经历。

在办这个学习班时，三年级以上的同学都已毕业分配离校，只有原来一、二年级的同学参加，这些同学本来就没有那么强的派性，又经过大联合的实践，所以都能理性地对待领导和专家。我们组内就只有王湘浩教授一位审查对象，从组长到其他同学，对王老师都很尊敬和客气。在生活上，他们都照顾王老师，只是偶尔按照上面的布置要对王老师进行审查，这时当然要对王老师提问，在进行提问时也都一改以前声色俱厉直呼其名的做法，而称王老师，语气也都很温和。但王老师毕竟仍被叫作审查对象，因此他还是很拘谨，心有余悸。平时他从不多说话，只是一个人静静地看书或按上面的要求写材料。在公开场合他不会和任何人同行，怕引起不必要的麻烦。但有时他会找我问问有什么要他做的以便他早做准备，我便把知道的情况告诉他。有一次他突然对我说让我方便时到他家去一趟，但他并未说是什么事。直到我去了他才告诉我，他要把存折交给我保管，存折上有三万元，这个数字在当时算得上是天文数字了。因为像我一样的青年教师一个月工资才五十六元，一年下来才六百元出头，三万元差不多等于我四十多年的工资总和了。而王老师的工资是三百四十元，他一年也才差不多四千元，他要不吃不喝地花上七八年时间才能积攒这么多钱。师母没有工作，他们有三个子女，都要靠王老师来负担，所以王老师这些钱确实是血汗钱，是一点一滴地积累起来的。王老师一生艰苦朴素，从不奢侈铺张，所以我也就知道王老师把这个存折托付给我的分量，这也体现了他对我的极大信任。

无独有偶，也是在这之后不久，盛锦华也受长春市委第一书记宋洁涵的委托，替他保管数额相当的存折。存折不是由宋洁涵或他夫人贺瑛直接给的，而是由贺瑛的老母亲送到我家的。作为长春市的一把手，存款也就只有三万多。这说明在毛泽东时代，我们党的干部是多么清正廉洁。我还听宋洁涵亲自对我说过，作为长春市的领导，他竟没去过哈尔滨市。现在我们面临抉择，接不接受这个存折？我们身为普通百姓，平时老实巴交，却被别人如此信任，只能说和我们的处事之道直接有关。因为我们不贪不沾，诚信待人，与人为善，决无害人之心。正是因为别人认同我们的做人准则，他们才敢这样信赖我们。既然这样，我想我们替他保管不过是举手之劳，我们也就接下了。等到局势稳定，他们都平安无事了。宋洁涵先是到吉林市当书记，不久又回到省里当省委领导，王老师也当了副校长，我们就把存折都"完璧归赵"，也没要任何回报。

我们老实做人，靠着真正属于我们的工资过日子。当时我每月五十六元，盛锦华五十四元。我们还没有孩子，我在学习班，她也在市政府的学习班。而且她那个学习班是在靠近吉林农大一个叫拉拉屯的地方，那里没有公交车，只能在周六傍晚跟着单位的接送车回家，周日又要到指定地点回去。我们这一百一十元钱也还算过得去，因为就我们自己花。周日我们可以买些肉、鱼之类改善生活，但也会碰上不愉快的事。有个周日，我们打扫完房子，盛锦华让我到附近永昌副食品商店买点肉回来。当时永昌副食品商店是那个区域唯一的副食品商店，适逢周末，家家都要买肉改善生活，因此在那里就排起了长长的队伍，我也就在这个队伍中耐心等候。我把一张十元钱夹在手里，但脑子里根本没想着保护这个钱。就在这时我突然感到我的手被人碰了一下，之后才意识到我的十元钱不翼而飞了。我身上再无多余的钱，只好悻悻而回。到家后我向盛锦华述说经过，她只说怎么那样大意，就没再多说，只是这天的"改善生活"随着那十元钱的丢失而泡汤了。我一生中还经历过无数次这样的事。

前面提到过，当时在学习班和老师在一起的学生都是低年级的。他们在和老师们一起度过难忘岁月之后，上面一声令下，他们也要离校了。他们一离校，师生混合编组的学习班也就解散了。老师们作何安排呢？这时根据上面的指示精神，一部分人要到农村去帮助开展运动。在学习班结束不过几天，名单公布了，我系有几十人要下乡，我也在其中。去的地点是舒兰县，属于吉林地区。除了学生时代的劳动抗旱，我真还没去过农村，特别是没有真正在农村生活过。我确实为得到这个机会而庆幸，因为并非每个老师都被派下去。在被派下去的人中有伍卓群、胡守信等系里的骨干，我觉得我被选上并不是被甩包袱。我们到了舒兰县，县长和其他领导专门来接待我们，并给我们介绍舒兰县的情况和我们的工作任务。我们被安排住在县委党校，等在县里的学习结束之后才以工作队的形式下到各公社和大队。让我们始料不及的是，没过几天，刚刚要宣布下去的方案，一道命令下来，我们不是下去当工作队员，而是当五七战士，我们是来接受农民的再教育的，这样我们就被直接分到生产队。年代久远，我已记不得去的是哪个生产队，归哪个公社和大队管辖。我现在只记得我是和另外三个老师一起，我们四个人睡在一个炕上，在一起吃饭，基本上也被分配做同一种活计。

对我来说，吃苦已经不算什么考验，粗粮咸菜、脏活重活全不在话下，别人受得了我也一样受得了。还因为我比他们年轻，我的承受能力按理来说应该比他们还强。然而我有一些从小带来的"毛病"，那就是爱洗澡，如果可能一天至少要洗一次，这在农村很难解决。好在那时是夏天，我用井水也可擦擦身体当作洗澡。再一个大问题就是厕所，我总觉得我们祖先在这方面没给我们留下好的传统或解决方案，自古只教我们吃进嘴的问题，却从不在意排出去的问题。

这段生活只持续了一个月，我们又被召回学校。这次可真正是大动作了，叫作"插队落户"。之所以叫"插队落户"，是因为它有别于我们到舒兰那样，我们虽然下去了，但人还是属于吉林大学的，工资、户口、人事关系，还有当时的粮食关系等都还在校内。然而，插队落户则不同，上面讲的这些统统都随人下到农村，所以就有还能不能回来的问题。尽管事实上组织早已作了安排，但形式上还要每个人报名以表示自愿。因此也就有人由于种种原因不想下去，但组织上已经决定要他下，于是就会找他谈话，三番五次，直到他同意为止，然后他就得报名申请了。对于这种做法我很不以为然，但也习以为常了。

至于我自己，有一点我是确信无疑的，就是国家能一时由于某种原因而停办大学，但决不能不办大学。所以我确信作为国家花巨资培养的人才，可能一时不把他放在合适岗位上以尽其才，但绝不可能弃而不用，所以即使我们这么多人下了农村，但绝大多数人还是要回到城市里来从事他们专长的工作。即使我不一定还回到吉林大学，我也还是会从事与我所学知识相符或相近的工作。既然学校暂时不招生上课，那下农村经历那里的生活，对自己无疑是一种锻炼。毛主席不是也让自己在苏联学有所成的儿子毛岸英到农村锻炼吗？所以我是主动报名申请到农村插队落户的。在主动申请的人较少的情况下，我的申请就如"自投罗网"，自然很快获批。

但是过后我才知道，上面有政策规定，归侨乃至侨眷可以不下。长春市委市政府在对待归侨侨眷方面确实有很多可赞之处。我前面谈到在我得病时市里的关怀照顾，那好像只是对我个人而已，但是实际上政府为归侨侨眷做了很多。在经济生活困难时期，长春市普通市民的口粮是每人每月三十斤，其中细粮三斤，可买大米或白面。开始时，归侨侨眷也都一样。随着整个国家经济情况的好转，吉林省长春市的情况也跟着好转了。长春市就出台了和"政治上一视同仁，生活上适当照顾"一致的政策，对归侨侨眷全部供应细粮，所以归侨可不插队也体现了对归侨的照顾。但在我报名时并不知道有这个规定，等到我知道后我也无意撤回我的申请，因为作为一名共产党员，响应和执行党的号召是我的职责，这种照顾留给对非党员的归侨就行了。但这件事却成了学校和外单位动员归侨下去的依据，他们说吉林大学的苏运霖都下了，所以你们也要下。我的行动让别人受罪，真是罪过。后来我才知道，归侨中特别是因为我而被劝插队的归侨，有人恨我骂我，甚至诅咒我，他们说就因为我要出风头而把他们也害了。其实我想都没想过要出风头，去吃苦有什么风头可出？有什么名利可得？所以我也就任由他们评说，我还走我的路。这时算得上支持我的人是我的妻子盛锦华，当时她已经有八个月的身孕，我完全有理由提出等她分娩后再下，但她却毫无保留地支持我马上下去，让我到她分娩时再回来。所以我是在她未临产时就去农村了，等到她临产时我才匆匆回来。只是我们的头一个孩子迟迟不愿离开妈妈，过了预产期足足三个星期才不情愿地降生人间。

在我下农村前，当时为了帮助插队落户人员下去后安家之需，长春市统一给每家一百二十元作为安家费，用来购买在农村生活的必需品，如水桶、扁担、镐锹之类。一百二十元比我两个月工资还多，不能算少。而那些东西本来都是凭票供应的，还只能到固定的商店才能买到。那天天气很冷，我穿着厚厚的衣服，行动笨拙地到长春市大马路的五金商店去，这是当时供应下乡用品的商店。我到那里之后才发现店里早已挤满了人，因此显得很无序，互相争先恐后，而店的大门用厚厚的帘子挡着以便保温。我手里攥着那些票，而钱就放在棉袄上面的兜子里。我看见有行人在排队，我也就跟着排，同时盘算着需要用多少钱。突然有人冲进队里把我挤到一边，我还不知怎么回事，但我下意识地摸一摸我的棉袄兜，才发现兜里的一百二十元已成别人的猎物，刚才的拥挤就是小偷的手法。我在农村所需的生活用品也就泡汤了。我别无选择，只好悻悻地空手而归。对于社会治安我只能无语，谁会把丢一百二十元当一回事？可就是这样的事使人失去安全感。由于那些东西确是生活所需，我只好再凑钱去把它们买回来，所幸这次没再出事。

　　1969年12月9日，我和其他同我一起插队落户并且都到伊通县新家公社的老师出发前往目的地，开始我们在农村插队落户当五七战士的新生活。我们之所以被叫作"五七战士"，是因为毛主席有一个关于教育的批示是五月七日作出的，插队落户就是贯彻这个批示的具体行动。

第八章

插队农村

一、我的五七战友

> 插队落户，
> 从此下乡当农夫。
> 锄禾日当午，
> 晨起侍弄谷与粟。
> 战天斗地种庄稼，
> 为搏丰收不言苦。
> 暂把书本搁一边，
> 转向实践做学徒。
>
> 何必打怵？
> 钢材总须经熔炉。
> 百炼始成材，
> 久经磨难才为佛。
> 跌打滚爬炼筋骨，
> 为国效力任吩咐。
> 文武体脑皆强时，
> 我当无愧为国卒。

1969 年 12 月 9 日清晨，我早早就把要带的东西都收拾完毕，只等学校来车把我和行李一起运走。我原以为我会和与我分到同一个公社的其他老师同行，但实际上不可能，一是学校没有那么多车，二是有的人需要多些时间准备。而且目的地不同，也就只能自己走自己的了。盛锦华还不能和我一起下乡，我就单独下去。等她生下孩子，坐完月子，我再回来接她。

我原以为此前已经在舒兰县待过一段时间，那插队落户也会到舒兰县，其实不然，我最后被分配到伊通县新家公社新家大队的新家五队。伊通县属四平地区，位于长春市西南，距长春一百

220

二十千米，这个距离也就和从槟港到沙横差不多。当时的伊通在吉林省属于较小的县，人口仅有二十多万。此前我从未到过伊通，我对它完全是陌生的。

东北的十二月初，还没进数九天，但寒冬早就来了。我不记得那天的气温是多少度了。只是为押运行李，我坐在卡车的后厢，没多久就被冻得发僵，但这没有影响我思考。为了转移身体感受到的寒意，我就写了前面那首诗，看得出我是满怀豪情下乡的。

从长春到伊通，沿途和从槟港到沙横的景色可就大相径庭了。后者是热带风光，椰林婆娑，郁郁葱葱。而眼前则是冰天雪地，百树只见干枝，片叶无存。但见伊通河上并无水流，白色峻峭冰凌散布于原本的河面。路旁除了已经收割而成荒野的农田外，也有未开垦的土地，还有光秃的山丘。原来东北农村竟是这样的景象。

从长春到伊通没有铁路，这条公路是两地唯一的交通线。它不是柏油路面，而是清一色的黄土路面，坑坑洼洼，和从槟港到沙横差不多。但从槟港到沙横还有少许柏油路面，这里可就是光秃秃的黄土路了。我想中华人民共和国成立二十年，国家太大，也真还顾不上来建设这些地方。车子开了四个小时左右，终于到了县城。伊通县城有纵横两条街，最大的建筑就是县政府大院，最大的商店的规模也不能和长春同志街的商店相比。但这些都不是我所关心的，我关心的是：哪里是我的家？

简单吃过午饭，车子继续往南开。没多久领路的农民说快到了，但是汽车要开出公路转到很窄的乡间小路，不过没有多远也就到了。这里就是我的新家——新家公社新家大队的第五小队。大家习惯叫它"小五队"，因为它确实很小，后面我再对它作进一步的介绍。新家公社位于伊通县南边，紧靠着县城，再往南还有营城和板石两个公社。它的东面是另一个公社，叫"头道公社"。伊通县的北边还有更多公社，如西苇、大孤山、小孤山、伊丹、二道山等。全县有二十多个公社，也就是今天的乡，公社取消后，统统都恢复成乡的建制。

过后我才得知，和我一起在新家大队的有袁孟陶、田康惠老师夫妇，胡宗材、吴凤文老师夫妇，苗树梅、陈丽琴老师夫妇。一个大队成立一个五七战士小组，组员就是大队内的所有五七战士，也就是我们四户八个人。我们四家人分处四个小队，从距离上说是最近的，但最近的也都在一千米以上，所以在一起的机会也不多，除非大队开会把我们找去。那也只是男的去，女的还都在家。由于四个人中我是唯一的党员，我就被大队指定为组长。在公社的五七连里我自然也被指定为排长。

在新家公社还有一个大队叫"新山大队"。我们吉林大学数学系分配在新家公社的就集中在新家和新山两个大队，还有几个在新红大队。在新山大队有孙以丰老师夫妇、王师老师夫妇、管纪文老师夫妇、王在申老师夫妇以及陈维钧老师，在新红大队有由邵振豪老师、吴志纯老师和陈景松老师组成的集体户，以及单身户阮寿南老师。在新家公社除有数学系的教工外，还有化学系的教工。他们被安排在不靠公路边的后柳大队和前柳大队。新家公社的五七战士主要由吉林大学这两个系的老师再加上从伊通县下来的插队干部组成。

但在伊通县也还有几位老师，被分配在和新家公社相邻的头道公社。他们是王柔怀老师一家、李荣华老师一家、潘吉勋老师一家、魏育鹍老师一家。

在和我们毗邻的新山大队，最引人注目的当然是孙以丰老师，因为他是我们中最年长且资历最高的人。说起来他在中国数学界也有相当高的地位，他和中国科学院数学研究所研究员、中国科学院院士、中国科学最高奖获得者吴文俊同为国际数学界泰斗陈省身的弟子。孙老师原来也在数学所工作，他有"百科全书"的美称，因为他记忆力非凡，而且对许多数学课题都有涉猎和了解。但他为人十分低调谦虚，总是十分腼腆。他教过我几何原理，这是一门极为严谨也十分枯燥的课，一切结论都要由几何学的五个公理一步一步推出。这对培养学生的逻辑思维和推理能力极为有益，因此我对孙老师十分崇敬。每次见到他，我都十分有礼地问候他。他大概也能感受到我的善意，因而有时在去公社或从公社返回小队的路上，常和我结伴而行，因为我们有一段三四千米的路是都要走的大道。我看得出，和我在一起他是愉快的。

但在新山大队的那些老师中，和我关系最密切的应该算管纪文老师了。因为在下乡前他就帮助过我，又同在王湘浩老师的门下。管纪文老师是浙江人。他应该算是天资高的那种人，大学毕业时还不满二十岁，是王湘浩老师的第一个研究生。原来王湘浩老师决定换方向搞计算机时，管纪文老师也就想跟着从代数转到计算机，但由于家庭出身的原因，组织上不允许，不过他还是可以参加科研活动的。当时王老师指导两个课题，一是多值逻辑，一是有限自动机。王老师的两位研究生罗铸楷老师和管纪文老师各自负责一个课题。管纪文老师主动担负帮助我的重任，这才有我的第一篇论文《关于 Bose-Chaud uri 码的信息数字个数》。下农村后多数人都对未来的去向感到迷茫，当然希望还能回学校教书。在这一点上，管老师似乎比别人更确信我们大多数人最终都会回到学校，所以当我们在一起时他谈的最多的是以后我们还会在一起。他希望能和我在一起开展科学研究，他认为在这件事情上我或许能发挥更大作用，所以他希望我到时一定努力发挥这样的作用。但我并无这样的想法，因此我只是说假如那样我一定会尽力。每次见面我们都有很多话谈，而且也都是乐观向上的话题，所以很高兴。不过由于两个大队，特别是我们的两个小队相距较远，我们见一次面也不容易。

在头道公社的王柔怀老师是老国立武汉大学的毕业生，是中国科学院学部委员李国平教授的学生。中华人民共和国成立前王柔怀老师当过国民党军的翻译，可见他的外语水平很高。他是数学系微分方程方向的带头人，以治学严谨著称。我的同年级同学严子谦、崔志勇、王峻禹都在他的麾下。他们对他都是很敬重的。在日常生活中王老师是可敬的长者，对同事们都很友善，或许是因为他们几位的家离他们头道公社和供销社比较远，而离新家比较近，因此他们几位经常跑到我们这边来买东西，我和他们几位见面的机会就比较多。每次见到王老师他总是很客气很慈祥，我们也会聊聊天。所以后来我虽不是搞微分方程的，但和他的交流不比他的手下人少。特别是后来我在北京而他应邀到四川讲学时，他和我有更多的接触和交往。

前文已提到过李荣华老师，他和李岳生老师同是当时苏联专家梅索夫斯基的学生，是我国计算数学方向的开拓者。后来二李也成为吉林大学计算数学专业的掌门人。此外，头道公社还有潘吉勋和魏育鹃，他们都是我们数学系的，现在同为五七战友。

二、在生产队

我抵达新家大队五小队时已过了午饭时间，或许也正因为是午休时刻，拉我的车刚抵达队里，全小队男女老少都蜂拥围上来，看看要在这里落户的是什么样的怪物，长什么模样。因为这次只是我自己来，家属还没来，那些妇女更想看看城里的女人是什么样子，她们没看到就有点失望。在我的行李中，最重的也最宝贵的是我那两木箱书，乡民们三下五除二就帮我搬到我的临时住处梁大娘家的北炕上了。妇女小孩们看了我的模样后也就离去了，因为一看不过是个平常人，但男劳力全都留下了，想再多了解些这所谓的城里人、大学老师的生平家世。他们头一次听说"华侨"这个名词，也就对我感到好奇，所以各种各样的问题便像连珠炮般向我提出。最有意思的是问我是不是中国人，有的说看你不怎么像呀。当我说起我全家共有十七个兄弟姐妹时，他们更感到不可思议，就像我是从别的星球来的一样。但和我聊天并看了我的装束之后，他们确信来的是好人，是愿和他们亲近的人。由于我是带着工资来的，我不会占有他们一分一毫的劳动果实，也不占有他们的土地或其他生产资料，所以我的到来真的对他们毫发无损，还可能为他们带来好处。因此经过第一次接触后，五队的乡亲们算是接纳了我。从这里我想到当时的这个政策确实是有远见的，不然要我们下来和农民同工同酬，那我们就等于侵犯农民的利益，农民肯定不会欢迎我们。从我们自身而言，我觉得自己是那种肩不能挑手不能提的人，真要我做农活糊口，也绝对养不活自己。所以"四带"是维护稳定的重大决策，有利于农民，也有利于五七战士。

接下来是我的吃饭问题。有三个解决方案：一是我自己做。但是我住在梁大娘家，她家要做饭，我安排什么时间做？我初来乍到，锅碗瓢盆、柴米油盐都还没准备，自己怎么做？二是像下乡干部那样吃百家饭，每天轮着在村里各家吃，一顿一角钱。但我并非下乡干部，五队户数又少，只有十几户，还有些户由于某些情况不适合安排接待，队里不同意我这样做。所以他们给我安排第三种方案，就是既在梁大娘家住，也在她家搭伙。梁大娘家当时有三个孩子。大儿子梁忠华是生产队副队长，女儿梁丽华是大队小学的代课老师，小儿子梁忠国当时还在读小学。梁大娘是心直口快、心地善良的农村妇女，她和梁忠华都同意让我搭伙。这样我也就不用一日三餐全靠自己做了。当然这有一个前提，那就是我要适应农村的饭菜。对于这一点，因为我在舒兰生活过，倒也有所准备。在梁大娘家住下之后，她告诉我，她还有三个女儿，都已经出嫁了。大女儿叫梁桂琴，在长春市医院工作，是一名护士。女婿也是大学毕业生，姓孙，是北京林学院毕业的，毕业后被分配到吉林省林业厅工作。有这个关系显然对我有利，更确切地说是对盛锦华有利。盛锦华的预产期应该是在十二月初的某一天，但那时她还没有任何感觉。直到十二月二十日，她才觉得有要生的感觉，于是赶紧想办法联系我让我回长春。我一回去就把她带到市立医院去。正巧，梁桂琴就是妇产科的护士。我找到她并向她介绍情况，她很高兴，并说这事就交给她好了。她为能直接服务住在她妈妈家的五七战士而感到荣幸，把这看成是一种缘分。我们的媒人林乐华也在市立医院，她对我们头一个孩子的降生也很关切。

有了她们俩的关照，我心里踏实了许多，就在这样的气氛下我们的第一个孩子终于不大情愿地来到这个世界。由于是过熟儿，她反倒比其他孩子强，一出生就比较健康，有抵抗力，在物质生活上不要求太多的照顾。这在物质条件还比较缺乏的情况下对父母是很有利的，但对她来说则不然，因此我觉得对她亏欠很多。

通过梁大娘，后来也通过队里的其他老乡，我对小队有了初步的了解。五队之所以叫作小五队，是因为它确实小。全队不过十多户人家，不到一百口人。整个队由西向东一字排开，住家大半在北面，第一家姓符，一个老汉带着两个儿子和一个女儿。第二家就是梁大娘家。再往东去，共有三家，分别是姓任、姓张和姓关的。任家的前方有一口井，这是全村人唯一的生活用水来源，全村人就靠这口井喝水做饭。在井的南边就是小队的牲畜饲养场。在这几家人东边有一条上后山的路。在这路的东面，才是村里的主居住区，这里住着村里的大部分人家。首先是会计李发和他父亲家，然后是齐氏兄弟俩，再就是队长许万山家、金家、关家、杜家、周家、崔家等，在生产队东边还有一户张家。这就是小队的全部人家了，这里有好些家是沾亲带故的。但就是这么个小村却有着复杂的人际关系，明和暗不和，各种矛盾都源于经济利益的纠葛，所谓人穷志短，大家眼睛盯着的就是些蝇头小利，但失去它就真的什么都没有了，这让谁大方得起来？

当时正是隆冬季节，恼人的蚊子暂时绝迹了，但困扰人的小东西丝毫不少。最让我难以招架的是跳蚤。这东西太了得了，咬了你它就不知去向，你要报复它都不可能。麻烦的是我被它一咬，身上就红肿一片，痒得钻心。不一会儿浑身无处不出现红肿，痒得没着没落，抓痒抓得人心烦意乱，失了方寸。可恨的是还没有药能对付它，晚上也没法安眠。浑身发痒怎能入睡？一直到实在困得不行了才睡过去。但还没等睡熟过去，这种发痒的感觉又把我弄醒。臭虫当然也很厉害，不过它不像跳蚤那样引起过敏，所以还不觉得那么可怕。这种困扰不知延续多久，我才没那么怕了。

接下来的日子，我开始挨家挨户访问村里的乡亲，因为五七战士的一项任务是帮助农村发展生产，所以就需要亲自了解村里的家底和各方面的情况。我了解到，这个队所有土地都在村的周边，共有几十垧。按人口计算，全村男女老少每人有好几亩地，应该算是土地较多的生产队了。但因缺水，只有旱田，没有水田。而且队里除了靠这些地的收成外，就无其他收入了。和全国各地一样，队里按工分计算劳动报酬，一天即一个劳动日的标准工分是十分。如果劳动强度大，经队里研究同意可以超过十分，而有的活计或妇女劳力就要计得少些。到年终结算一个分值可值多少钱，这样每个人就按自己所得工分从队里拿到钱了。经了解，1969 年队里一个劳动日所得才不过几角钱，分到的口粮每人才四百斤左右。也就是说这些口粮根本不够一家人一年吃的。当时按照上面的政策规定，除了自留地之外，不能饲养家禽家畜，这些统统算作"资本主义小尾巴"。当时还流行一句话，叫"吃饭靠集体，花钱靠自己"。但是就这个队的情况而言，靠集体并不能吃饱饭，靠自己又被限制手脚。我这时才深切感受到农民生活的穷困。中华人民共和国成立已经整整二十年，不能说农民生活没有丝毫改善，至少他们不再受到剥削了，但距离温饱还很远，更不要说脱贫了。那时的房子是清一色的土坯茅草房，连一家砖瓦房都没有。后来政府拨款为所有五七战士建房，标准是每户三百元，所建的也就是这样的房子。每家也都没有任何像样的家具，文娱活动就是播送《新闻联播》，让大家知道点国内外大事。在物资极度匮乏的情况下，自然也谈不上有什么精神文化生活。鲁迅说一求生存，二求温饱，三求发展。当时农村还只能说是求生存，连温饱问题都还没有解决，谁还顾及精神生活？孩子们大多只上完小学甚至还没上完就辍学了，上中学的更是寥寥无几。生活在这样几近与外界隔绝的环境下，难怪人们眼光短浅，只图眼前，胸无大志。你让他们怎么能学会看得广看得远？这不是如空中楼阁吗？队里的那些年轻劳力，也很想走出去，但外面的世界并不需要。他们能到哪里去？所以也就在队里混了。每个人早出种地干农活，中午回来吃午饭，再抽空干点自留地的活，然后再到队里干一会儿。太阳还很高，也就收工不干了，用不着"日落而息"。等到天一黑，就上炕睡觉了。在经济落后、基本生活保障没有落实的情况下，人们的生活就只能这样了。

还有一个严重的问题，就是"滥砍盗伐"。农村中生火做饭是一个大问题，特别是处于平原地带的农村。他们平日是用玉米秸、高粱秸等来烧火的。但对于东北农村而言，一个冬天，为保持房内至少是炕的暖和，要烧掉许多燃料。有时要蒸黄米面饽饽之类，靠那些秸子火力不够，得用木头才行。怎么办？那就上山去砍了。还有一种情况就是家里实在缺钱用，便把秸子卖了换得现金，再上山弄些免费的柴火。但山是国家的、集体的，上山砍伐名义上是犯法的，所以这就叫作"滥砍盗伐"。但农民确实没有钱买燃料，而家里的所有秸子又不够用，那叫农民怎么办呢？所以对于滥砍盗伐这种事，从公社到县里可以说都是睁只眼闭只眼。每次开会，领导在台上讲话都慷慨激昂地说要严厉打击滥砍盗伐之风，不过会上说完也就完了，不见具体行动，这就是形式主义。前面谈到队里有一条通往山上的路，这座山不大，原来还有不少树，整座山看起来还是郁郁葱葱的，却架不住每家每户只要有机可乘就上山砍上一两棵。这样一来，山上的树肉眼可见地减少，慢慢地青山渐渐变成秃山了。大队根据公社要求设立护林员的编制，安排专人来保护森林。护林员除了防止火灾这类灾害发生外，还要防止滥砍盗伐、毁坏森林。担任护林员的条件自然是思想觉悟高，责任心强，秉公办事，大公无私，不徇私情。在待遇上和强劳力同样一天记十工分甚至略高。但要找所谓觉悟高的，也就只能是"矮子里边拔高个"。如果真的有乡亲故知甚至三亲六戚来，那护林员很难拉下脸来阻止。责任心强的护林员能阻止家里人去做这种事，因为这就等同于监守自盗，是要罪加一等的。但是亲朋好友这层关系很难撕破，护林员顶多告诫来者适可而止，不要太难为他。识趣的也就少砍点，少伐点，或者只砍些干枯树枝，这是允许的，彼此也不大伤感情。有的人则趁护林员下班后，在晚间或凌晨去砍树。有的山很大，方圆好几平方千米，一个护林员也是鞭长莫及。护林员几乎都没安排夜班值守，所以晚上或凌晨去偷一般都神不知鬼不觉。直到天亮护林员查看时才发现树被人砍了，却不知何方人士所为，也就只能独自生气。护林员生活在村子里，和乡亲们同喝一井水，抬头不见低头见，也都深谙"远亲不如近邻"的故训，所以都不敢把谁得罪，使自己不好在村里立足，所以倒霉的只能是作为公共财产的山林。我亲眼看到大队的后山逐渐被蚕食的这一过程，却只能心痛而没有办法改变它。我想农民肯定也懂得绿化荒山的意义，但面对眼前的困境，又能怎么办呢？

来到队里，我就是一个普通的农民了，我有自己的工资，当然不用去挣队里的工分，但待在家里什么也不干显然很不妥当。我自告奋勇参与那时农民们的活计。队里一项重要的工作是打场，就是把粮食从穗上打下来，然后装包过秤，挨家挨户按各家所得送上门去。打场本身是技术活，我不会，但装包和过秤是我能干的。同时需要年富力强的人送到各家，因为每包都有两百斤上下，要用肩从场院扛到两百米左右开外的各家，中间又没有歇息的地方，这确实是很大的挑战。但我看到在场院里打场的都是老把式，年龄都比我大，显然不能让他们来干这重体力活，于是我自告奋勇说让我上。那些老把式开头都一惊，说你行吗？等我

229

说行之后他们也就让我干了，因为当时也真没有人能行了。但从小到大，我都没有扛过这么重的东西，更不要说还要扛这么远的距离了。但是如果我做到了，那对我来说，"肩不能挑，手不能提"这个标签就可以撕下了，所以抱着试试看的态度，我也要迎接这个挑战。当两个农民费很大劲把那一袋粮食放到我的背上时，我确实感到沉甸甸的。他们问我中不中，我斩钉截铁地回答"中!"并迈起步子往前走。是我人生的重要一步，这个步子迈出去了就没有退路了。走到半路时，旁边确实没有可歇脚的地方，如果把袋子放下了，那再让谁帮我把袋子放上肩？这时当然可以选择撂挑子向别人说不行了，你们来替换我吧！但那又意味着什么呢？即使没有人说你，甚至有人会"理解"地说你"实在"，你不逞强逞能，本来就是知识分子嘛。但多年之后回忆往事时，你可能会想，我那时为什么不咬咬牙坚持把它扛到目的地呢？本着"排除万难，去争取胜利"的信念，我让自己坚持住。剩下不到二十米了，十米了，五米了，终于我把粮食扛到了目的地！当我把粮食稳稳当当地放到主人的炕上，当主人家看到为他们扛来粮食的是刚到队里的五七战士时，他们惊呆了，他们没想到这五七战士真的跟他们打成一片，这样的重活也乐意干，他们热情地招呼我歇一歇，喝点水再走。我连说不用不用，又回到场院继续去干活。我连着送了三趟，这下真的没有力气了，社员们也体贴地说不用扛了。就这样到分完粮，一连几天我都坚持为各家送粮食。这样一来我在队里就有了很好的名声，队里的人都说，来的这个五七战士真的没有一点架子，真的不把我们当外人。

让队里人对我留下好印象的另一件事是那年的掏井。1970年夏天，大家发现队里那口唯一的井，水有点发黄，水量也变少了，很难取水。经大家确认是黄土造成的问题，需要下井去清理淤泥。但是下井是有点难度的活，要用绳子把人吊下去，人要把衣服脱光，只留个内裤。但到了十多米深的井底，寒冷刺骨，气温只有十度左右。这就是考验。你还要把淤泥从井里挖出装到桶里，让井外的人吊上去。整个操作当然都要和淤泥及水打交道，那寒冷的感觉就更是雪上加霜了。当时井外围着一群"爷们"，队长问谁愿意下去。这可是没有工分的活，没人吭声。我想起了一个类似的情景，那是十多年前在长春郊区吉林大学的柏家屯农场，时值深秋，湖里泡着一些麻秆，也要捞上来。当时也要志愿者潜入湖底把一捆捆的麻秆捞出。这不仅要有游泳技能，更要有不惧寒冷的勇气。当时我就第一个下水捞麻秆，现在当然又应该是我显身手的时候。于是我当着大家的面说我下吧。队长和几个社员说你行吗？我说行。当时正需要有人出头打破僵局，大家也就让我下去了。没有这个经历的人不会懂得，那确实不是开玩笑的事。我刚下去就浑身起鸡皮疙瘩，冻得不由打战。但既然已在井底，那就要把淤泥清理干净。我干了一会儿后，上面就喊话，说让我上来，换人下去。我又装了一两桶才上来。后面的人就没有那么胆怯了，他们一个个主动接替我下去，这就好了，每个人都不用坚持多久。经过这番战斗，我们的井又恢复了清凉的水质。

冬天的北方，尤其是东北，冰天雪地，天寒地冻，滴水成冰。农民习惯"猫冬"，即躲在家里，躺在炕头。但是积肥修水利是可以做的活计，为了来年的生产，上级都会提出要求，要各生产队抓好这些工作。小五队没有什么水利设施，但是积肥是必要的，因为大部分地都不肥沃。队里鼓励各家把自己家的粪肥，也就是厕所的肥上交给队里，当然也有相应的规定即如何计算价钱，换算为工分。不过由于家家的自留地也要施肥，所以几乎没有谁会把自家的肥拿出来交给队里。因此所谓积肥就是要把各处的牛马粪等收集起来，或者到小河沟去刨淤泥。前者是个体活动，每人拿个簸箕或挑一双簸箕，再拿一把锹沿路观察，见到粪就捡进簸箕里，捡够了就把它交到队里。后者则是集体行动，队里发现哪里有淤泥可挖，便动员大家一起前往，这可得用大镐来刨了。这两种形式我都干过。只是刨淤泥的机会不多，还是捡粪的时候多些。这也就让我回想起刚上大学不久我干过的同样的营生，不过那时走街串巷于长春市内，而在这里就只限于小队的周边，彼一时此一时，现在干起来要费力得多了，动力也小得多了，因为那时带有竞赛性质，大家都争先恐后。现在干多干少都没多大区别，而且能去的地方有限得多。

当时最困扰我的问题是吃饭。我这个人一向都是一天三顿饭，并且把它看作天经地义。如果哪天少吃一顿饭都会感到特别难受。经济生活困难时期为了节约粮食，有时又为照顾炊事员，在周末或假期，食堂改吃两顿饭，我十分不习惯，就设法解决它。问题在于我吃任何一顿都没法多吃，把另一顿补上。在城市里问题还好解决，无非自己在外面用什么办法对付。可是在农村特别是在同别人搭伙的情况下，吃几顿由不得自己，可这样就出现问题了。冬天属农闲时节，农活不忙，农民口粮又紧，各家便都吃两顿。农村人在冬天"猫冬"都特别恋炕，早晨不到太阳升得老高——九十点钟吧，都不会起床。可是我每天早上最晚六点，冬天最晚七点就起来锻炼身体，梳洗，看书，开始一天的生活，然后吃早餐。可现在倒好，要到十点左右才吃饭，真让我饥饿难忍。而在吃饭前这段时间，又没事干。只是队里组织去刨河泥时才有事干，但大部分时候集体没有活儿，就让每个人干自己的活。我的家属还没来，实在无事可做。过了吃饭时间，这时队里才开始干活，干到一点多钟时，开始午休。这时回到家，社员们也没有饭吃，但可以"盘"点东西垫垫肚子，吃点烙的玉米饼或窝窝头。但我不在自己家，怎么去厚着脸皮蹭饭吃？唯一的办法是到距离小队 1.5 千米远的供销社去买叫作"炉果"的粗糙饼干，那时的价格是一斤七角八分，还有更便宜的，一斤六角六分。那时农民就有用它下酒。但要走那么远只为买这点吃的，实在太费事。虽说七角八分似乎不算多，但下农村后工资减了好几元，就得精打细算。买回一斤吃不完又没处放，就要和房东一起吃，这点东西一下就吃光了。自己都会觉得拿这点东西招待人家太寒酸，所以我在到队里的头三个月里，总共也只买过几次。我就这样强忍着饥饿的折磨，但还是挺过来了。

当时队里没有几户人家里有钟，手表更是奢侈品了。为了早晨能准时出工，队长许万山提议让我早晨叫大家上工。一是因为我有表，能准确掌握时间；二是他大概想我是五七战士，由我来叫队里的人会尊重点。说实在的，来到队里我也想过如何帮助大家把生产搞起来，让大家都能走上富裕的道路。但是面对农民根深蒂固的观念，我感到自己的力量太渺小，根本无法改变什么。当时的风气是，"自留地上挥汗出力，为的是自己。队上干活随大流，干多干少两角七"。两角七就是当时队里一个劳动日的价值。我搞不清楚为什么农民不想想，如果大家都心往一处想、劲往一处使，一起把集体生产搞上去，那就不是两角七，而是两元七甚至更多。当时也有搞得好的队，就很富裕，这就是人心齐泰山移。可是这小五队真的是矛盾错结，各有各的打算，人心不齐，噪音难息，于是大家就都混日子，一起浑浑噩噩度日。面对这无计可施的现实，我如果能为大家做点实事，也算没有白在队里待一回。于是我就答应许队长的分配，干起早晨喊号的工作。每天七点左右，我就拿着队里的锣边走边敲边喊"上工啦，上工啦"。我从西走到东把村子走一遍，接连数天，天天如此。后来队里的小孩子们见了我就学着我的腔调喊"上工啦上工啦"。可是我发现社员们的上工并没有什么变化，依旧是慢慢腾腾，无精打采，稀稀拉拉的。房东梁大娘有一天对我说，许队长在耍你呢，你别干了。我觉得梁大娘的话是对的，我也就向许队长请辞不干了。但队里的孩子们过了好久都还学我吆喝的腔调。

我是 1969 年 12 月初下到小五队的，我女儿是当年冬至降生的。到 1970 年 3 月底，她已经过百天了，天也开始转暖，盛锦华决定带着她到伊通来。这样两个人可以互相照应，照顾孩子也更方便。农村的条件虽然差些，但对于我们寻常百姓家，城市里也多不了什么。特别是像鸡蛋这类农产品，在城市里只有高干才有特供，而在农村我们可以从农民手里买到。3 月底有一天意外地冷。盛锦华把孩子包得严严实实，里三层外三层，生怕把她冻坏了。她和孩子坐在卡车的驾驶室里，尽管那时的驾驶室也不暖和，不过有遮挡总要好一点。孩子好像很懂事，没哭也没闹，安安静静地睡在妈妈怀里。她根本没有想到自己的幼年要和伊通新家公社新家大队小五队联系在一起。我在车后押车，任狂风严寒侵袭都可以挺住，因为我在祖国已经生活了十五个年头，这十五年已经足以使我不畏任何艰难困苦了。

盛锦华和孩子的到来在小五队引起轰动，队里的妇女们都过来看这城里的女人长什么样子。当我刚来时，队里的许多人都不相信我会久待。他们认为有知识有文化的人，特别是像我这样从国外回来的人，怎么可能就留在农村呢！所以在这一点上农民比我们中有些人还聪明，因为他们是很现实的，他们不相信国家会弃人才而不用。不过在看到我的家属也来了之后，他们才相信，尽管我不会一辈子留在农村，但确实会待上一段时日。他们看到盛锦华非常平易近人，还是东北人，都很乐意和她打交道。特别是那些和她年龄相仿的妇女，很快就都成为她的好朋友。农村里的女人结婚都早，年龄和盛锦华相仿的女人孩子都大了，看见我们的孩子才那么小，都喜欢抱抱她，逗她玩，引她笑。我们的孩子天生是外向型的，她不怕生，谁抱她她都亲，因此那些妇女们也就很乐意和她玩。那些十几岁的小姑娘们也愿意抱着她玩，她竟成了队里的"香饽饽"了。农村里没有什么好吃的，但等她大些，她们就会把烤玉米、烧黄豆、瓜子等给她吃。她来者不拒，在这样友爱的气氛中一天天长大。即使在这样艰苦的环境中，她也很少生病，这就减轻了我们的负担。

在盛锦华和孩子刚下来时，我们还住在梁大娘家的北炕。幸亏盛锦华和我都是宽容大度的人，我们从不在小事上斤斤计较，一贯地秉承以和为贵的处事原则。梁大娘一家也很友善，他们并不因为我们住进来给他们带来不便而不悦，这也使我很感恩。我们一家人住在一起了，我也就不用在梁大娘家搭伙了。但我们要自己做饭也面临一大堆问题，大灶是现成的，因为北炕烧的火就是用的北边的大灶，困难的是要准备柴火，可我们连一点柴火都没有。这时队里又及时地为我免费提供柴火以解决我的燃眉之急，这真是雪中送炭呀，当然以后就要我自己解决了。

这时一个重要的政府决定传达下来了——政府给每户五七战士三百元的补助，由所在公社、大队及小队帮助修建住房。这项决定深受五七战士的拥护，这也表明，政府不是把这些人弄下去就撒手不管了，而这也是非常及时的政策。不然的话，把这么多人放下来，可他们连住房都没有，短期内和老百姓挤一下也可以接受，但时间长了就会产生诸多问题。这样怎么能让五七战士安心？住处解决了，生活才有基本保障。

为五七战士建房的这笔资金是从省里下拨到各地的。钱早在年初就下拨了，但由于冬天无法施工，所以各地都是在开春后才纷纷开建。在小五队一切都由队里操办，在哪建，房子如何设计，建筑材料如何筹措，施工队伍如何组织等，这些事一概不用我操心。队长只告诉我，房址选在生产队的东侧，房子朝南，前面是队里的地，再过去是一片森林，视野开阔。我去看了看，果然很理想。我想，这回就有了属于我自己的房子了。我在长春住的那个房子是盛锦华的，但也不属于她，是她租的。现在我们将拥有的是我们自己的房子，产权当然不属于我们，但我们有完全的使用权，无须交租金。

在整个建房的过程中我什么事也不用管，只等建成后入住。但有一件事例外，队里告诉我，等房子上房盖，相当于盖大楼封顶时，按照习俗我要宴请所有的参建人员。得知这件事，乡亲们的关照才使我们感到毫无不便。于是我在上房盖那天买了猪肉、鸡肉、粉条、土豆、豆腐、青菜等，自然也少不了酒。我用我最大的力量来犒劳为我们辛勤劳苦的乡亲们。原来建房的人全是我们队里的社员，根本没用外人来干。社员们个个都是能工巧匠，他们也不用什么图纸就把房子建好了，我实在佩服他们。那天他们吃得也很满意，可谓酒足饭饱，心满意足。他们认为我这个人实在、厚道、坦诚、随和，和他们能贴心，觉得我和他们想象的知识分子不同，我就是和他们一样的人。得到他们的信赖和认同，我也感到很荣幸。不过我知道，我本来就是和他们一样的，我不就是赤道那无名小岛上小村庄的村民吗？

房子建好后还不能马上入住，因为墙是用泥抹的，还没干，很潮湿。过了一段时间队里告诉我可以搬了，我们也就高高兴兴地搬进属于我们自己的房子。而搬家也是在大家的帮助下进行的，我们不用花一分钱就把家搬好了。

房子有了，但还不能正常开火做饭，因为我们还缺柴烧。这时又是队里提出上山帮我打柴火。我担心滥砍盗伐，连连说使不得。但队长说我们砍的是树枝，不砍树，不犯法，让我放心，我也就同意了。这次也和上房盖一样只需招待一顿饭。队里组织了二十来个壮劳力，动用队里两辆马车。一大早我就和大伙一起出发了。这次根本不用喊，大家就都早早来到了。我见状，心里热乎乎的，非常感动，感到乡亲们对我真是一片赤诚呀！来到四队东边三四千米的山上，我先前从未来过，原来这里比队里的后山还大许多。大家立即挥舞起镰刀开干。这时我看到了壮观的劳动场面，人人挥汗如雨，镰刀飞舞，没过多久就打了两百多捆柴火。如果从伊通市场买，那最少要花两三百元钱，这还不包括运费呢！现在顶多一百多元就搞定了，我怎能不感谢呢？

我应该怎样答谢队里和乡亲们呢？受人点滴之恩，当以涌泉相报，我懂得这个做人的道理，也碰巧遇到了报答他们的机会。从我来到队里开始，队里就筹划着通电的事，因为没有电，生活中有诸多不便，但是通电又非易事。如果国家的电网还没建到此地，那是无计可施的。有了电网了，才可能把电引到队里来，但这需要一笔不少的钱。1970 年国家电网通到了新家。公社要求各个生产队自筹资金把电接到自己队里，但是队里却筹不出这笔钱。眼看别的队都筹齐钱了，而自己队却筹不上，人人心急如焚。队里向我谈起此事，让我也想办法帮助队里克服困难。我问了问一共需要多少钱，他们说需要一万六千元，我一下子想起王湘浩老师。我当时为他保管的存折里有三万元，王老师肯定没有花掉这笔钱。而且借方是集体，是为公益，王老师肯定会乐意为之的。所以我向队里表示我可以帮着解决这个困难。听说我可以帮忙，全队都乐开花了，因为这就意味着通电有望了。大家多么期盼早日用上电呀！那天队里出了两个人和我一起到长春，一个是生产队长，另一个是会计。在路上他们还不停地问我这钱有没有把握，我说你们等着瞧好了。我领着他们到了王老师家里。我向王老师说明来意，他当即毫不犹豫地就把钱准备好交给我。这下队长和会计都喜出望外，但也十分惊讶，王老师这么容易就把钱借给我了，这要什么样的交情呀！出发时队长和会计头上的乌云现在烟消云散，取而代之的是无比的激动和欢欣，一路上真是笑声欢语。一回到队里，他们就立即把这喜讯高声宣布，马上让全村人都知道了。全村顿时一片欢腾，因为接下来就可以通电了！这一年的春节就能在有电的情况下度过了。他们纷纷对我说，苏老师真有面子，帮我们把钱的问题解决了。在当时这一万六千元确实已是不小的数字。试想当时毛主席作为国家主席，他的工资也不过每月四百元多一点，这一万六千元就差不多是他四十个月的工资了。对于王老师来说，他当时每月领的工资是三百四十元，他就需要差不多四年才凑得上这个数字。这样的巨额资金我就这样轻易地从王老师手里拿过来了，如果没有足够的信任，王老师是绝对不会拿出来的。小五队感谢我为他们解决燃眉之急，但实际上他们真正应该感谢的是王老师，是他为小五队通电作出了实实在在的贡献，不然的话，小五队就将错过当时的绝好机会，那就可能要推迟若干年才能把电接到村里的家家户户。当电灯在那个漆黑的夜晚于小五队的各家大放光明时，从未享受过电灯带来的光辉的男女老少沉浸在欢乐中，燃起他们对未来更加美好的希望。他们再次向我表示感谢。但我还是说，要感谢王湘浩老师，因为是他拿出了这笔巨款。王湘浩老师已经作古二十余年，我要遥望西天，向我敬爱的王湘浩教授表示深深的感激。我也要代表小五队的乡亲们向他表示深深的谢意，他们都很感恩。次年他们给王老师还钱时，还给王老师送去了一麻袋大米、三百个鸡蛋，还有一板冻豆腐等。若论钱数这些并不及这笔钱一年多的利息，因为当时大米不过一角八分一斤，二百斤大米不到四十元，八分钱一个的鸡蛋三百个算起来也不到三十元。而这笔钱的利息，按当时的百分之二点七算，就至少是四百元。可问题是小五队不产大米，他们要用本队生产的高粱和玉米去生产大米的朝鲜族小队换。而对于王老师来说，虽然他已得到全细粮的照顾，但师母还是按普通市民的标准，一个月三斤大米，所以二百斤大米也算很大的回报了，此外鸡蛋也是限量供应的，小五队真的是尽力来回报王老师。

我女儿是1969年12月22日出生的，刚好是冬至。她的降生使我有了一个新身份——父亲，这使我很高兴。但当时我在乡下，她和她妈还在长春，我和她还没有多少接触的机会。直到她们也到了新家五队，我们才团圆了。特别是我们有了自己的房子以后，开始过上普通人的生活。关于给女儿取名字，按照家谱我父亲这一代是"嘉"字辈，所以父亲叫嘉芬，但到了印尼后他把名字改成汉仁。这名字的意义很明显，表明他对祖国的一往情深，而他自己也是以"仁"来立身的。他自己改名，但对于孩子他仍延续家谱，用"运"字来为我们取名。所以我哥哥叫运彩，夭折的哥哥叫运辉，我叫运霖，其余的弟妹也都这样。按照家谱我们"运"字辈的下一代应该是"方"字辈。但时代不同了，我的堂哥都不坚持这个规矩，我哥哥在给我侄儿起名时也打破了这个规矩，因此我想我也随他们吧。取名无非给被取名者一个标记，一个标注身份的符号，不过人们总希望有一个好听又有内涵的名字。那我怎样给女儿起名呢？一时间我真有点迷茫。我不想给孩子取太响亮的名字如治洲、治国、国豪等，但我希望名字有点内涵，经得起品味。我想她是在清晨降生的，那何不就叫"醒晨"呢？一方面表示她是在清晨出生的，另一方面还可以引申为是她唤醒早晨的。将来如果她真有作为，那也就人如其名了。在我提出这个名字后，盛锦华也同意了，就这样我女儿有了"醒晨"的名字。

到乡下前我没有抱过女儿几次，但到了乡下后她很喜欢我抱她到外边玩。她特别喜欢看队里的牲口，看牛和马，她还喜欢用手触摸它们，一点都不害怕。但最让人喜爱的是她一岁多一点就学会说话了，而且会说很多话。她姥姥在我们全家下乡不久就来到我们这里帮忙照顾她。一天，她姥姥背着她在井旁玩，姓杜的大爷过来挑水。没有人教过她，她竟自己向杜大爷打招呼叫"爷爷"，这真使姥姥和杜大爷惊喜不已。她还会天真地回答别人的提问，引起在场人的欢快笑声，她真的成了个开心果、香饽饽了。原来的邻居符大爷家有个十几岁的女儿，她不上学也不干活，就经常来我家逗小醒晨玩，几乎成了我们家的义务保姆了。

在我有了自己的房子后，生活上确实安定了许多。我要么在队里和社员们一起干活，要么就到大队参加会议。农闲时节，农村的会议很多，所以真正干活的时间不算多，直到春耕开始时会议才停下来。

三、在新家公社

这时我接到公社五七连办公室的通知，要我从第二天开始到公社上班。在此之前没有任何人跟我谈过这件事，所以这确实有点意外。公社坐落在向前大队，距我家有五六千米远，还好我有一辆从长春带来的破自行车可以代步。骑车从家走要上一个大坡，二十分钟左右才能到达。但还是比走路省力，如果走路，总得要一个多小时。我到公社后才知道我被安排在公社办公室，而不是在五七连的办公室。公社办公室里原来有一位秘书，但是似乎他一个人忙不过来，这才让我上来帮忙。当要写材料时我就被推上一线。公社的党委秘书姓秦，他很能显耀自己，可惜由于文化水平有限，所写材料往往缺观点、缺视野、缺深度。他又不接触实际工作，成天就在公社里转悠，以显出自己多么重要又多么忙碌，因此他写的东西总不受待见，送不上去，大概就因为这样公社才决定调我上去。这并不是说我比他高明，只是他毕竟只有小学还是初中的文化水平，而又不像一些有志者，在工作中不断阅读，锐意进取以提高自己的水平。他只愿夸夸其谈，卖弄自己本来就有限的那点知识，所以就有点可悲了。公社还有一项任务，就是上报各种统计数据。这往往是和评比相挂钩的，因此与公社领导的业绩以及公社的面子有关。有一次，上面要求上报上交公粮的数字。公社的会计说公社的上交任务是125吨，截至当天已经完成85吨。上级就要求把完成的百分比也报上。这位公社的会计姓夏，打得一手好算盘，于是他就开始用125来除以85。好几位公社领导在场，也关心着这个结果。我看会计在忙碌，就看了一下，然后告诉他不必算了，并把结果68%告诉他。他当然不信，但当他费了一阵功夫算完后得到和我一样的结果，他才相信了。这也使在场的公社领导们啧啧称奇，连连说真见到速算高手了。其实这是碰巧遇到的非常容易的速算。夏会计如果在熟练使用算盘之外，也能掌握一些速算技巧那就更好了。因为我能写会算，所以在公社里小有名气，被认为是一个人才。但是我自心知肚明，和我一起的我校教师中，哪一位不是身怀绝技，身手不凡？我不过是他们当中非常普通的一个而已。我到公社工作，被一些农民误以为是大官，但是我自己很清楚，我既无职也无权，只能踏踏实实干些具体的工作。除了我之外，公社里还有在五七连部工作的五七战士，其中一位姓田的是化学系的。由于他是单身下来的，连部为照顾他，就安排他在公社里处理连部的日常工作，包括和县五七办公室的联系。这样，他虽然在后柳大队有住处，但平时吃住就在公社里。我和他不同，我每天都回家，因为路途不远，中午我也回家吃饭，只是偶尔有什么特殊情况才在公社吃，但晚上肯定回家。公社有位年轻的妇女主任，由于家在县城，来回上班不方便，平时她便住在公社里，每周六下午乘路经公社的长途车回县城，到周日下午再返回公社。以前单休的日子就是这样。公社还有一位姓韩的秘书，他也是成天要坐班的。后来我系陈维钧老师因为家属没下来，原先和他一起的老师又调走，只留他一人在新山六队，他也被调到五七连。我们几个人就成了在公社的搭档，彼此间关系比较密切。农民也慢慢知道了我们的身份，也就不把我们当官员看待了。

　　公社的领导，都是从农民中选拔出来的，又受了党的多年教育和基层的磨炼，因此他们是根正苗红一类的。他们脚踏实地，朴实肯干，一门心思想把工作做好。只是由于文化水平低，能力不是很强。但也有一些领导是很优秀的，深受群众爱戴拥护。如公社的革委会主任刘祥。他个子不高，身形清瘦，长年背一个破旧的类似解放军用的帆布书包。他很少待在公社里，处理完工作后就下到大小队了解情况，解决问题。他两袖清风，一身正气，不吃不拿。他对别人要求很严，对自己更严。他对五七战士们都很热情友好，他说你们都是国家培养的人才，国家肯定要重用你们的，下来锻炼只是短期的，过一段时间肯定要把你们调回去。从这些话就可以看出他的远见卓识。不过他这样的作风和为人并不受那些得过且过、随波逐流、不愿吃苦工作的人的欢迎。他无法在伊通县发挥自己的才华和能力，不久就被调到怀德县了。但新家很多人都非常怀念他，称赞他是真心为老百姓办事的人。

　　除了刘祥外，还有几位公社领导口碑也不错，如王国才、杨希省、夏云汉等。他们都是踏踏实实工作，不搞歪门邪道的人。杨希省后来被调到长春一个政府部门工作。王国才一直在新家工作，家也在公社附近，退休后才搬到离县城较近的东新。夏云汉据说已经过世。他们三位都是普普通通的农村干部，为国家辛苦工作一辈子，我对他们始终满怀敬意。

但也有和他们形成对照的，那就是姓严的公社书记。刘祥走后由他接替，他一上任就摆出老资格大干部的架子来，和刘祥平易近人，对五七战士很尊重、很客气的作风大相径庭，严书记根本不把五七战士放在眼里。我们感觉到的是他飞扬跋扈，以势压人，妄自尊大的官威。从他那里，倒使人感到，说公社领导是"大官"没错，因为在公社几十平方千米的天地里，他真的是说一不二。经常听到的是他在什么地方大吃大喝了，又在什么地方破口大骂了。但是一般人又不敢惹他，只是对他敢怒而不敢言。他在公社当领导，他妻子又被他安插在公社的粮管所。有城镇户口的人才能到粮管所凭粮本买粮，没有这种户籍或没有粮本根本买不了粮，连粮管所的门都进不去。但如果与粮管所或严姓夫妇有关系，也可以通过关系弄到粮食。这个"老严头"，后来大概真到了恶贯满盈的程度，应了"恶有恶报"那句话。他被挖出来，面临理想信仰丧失，作恶多端，贪污巨款，道德败坏等多项指控，最后的结果是被"双开"，并送法律机关惩处，新家老百姓对此无不拍手称快。

在这期间还出现过在新家发现有矿藏的传闻，使大家也为之振奋。因为如果有矿，一旦开采就能给公社和百姓带来效益，但这个梦很快就破灭了。虽说发现了矿不假，但它的储量十分有限，毫无开采价值。倒是后来对日本出口蕨菜的决策，让很多人尝到了多种经营和发展副业的甜头。蕨菜是山上野生的，在此之前没有人把它当成有用的财富。没想到日本人把它当成好东西，给出一吨一千五百元的高价收购。那也就是说一斤得七元五角，相比于当时市面上的青菜——没有哪种的价格会超过二角一斤，这当然是很不错的买卖了。但是毕竟山上的蕨菜也有限，最后这个买卖也停了下来。

四、在伊通县五七办

在公社里工作了半年左右，又是一个电话从县五七办公室打过来，让我立即前去，我不知道这就是调我到那里工作的调令。到了县五七办公室，首先接待我的是办公室主任李春喜。他是伊通人，个子不高，身材不胖也不瘦。他的一大特点是总满脸堆笑，对人和善亲切。他告诉我是由于工作需要而决定把我调上来的。我的主要工作是写稿，当年流行的说法叫"笔杆子"。我是学理科的，真没想到现在被当成"笔杆子"来用了。不过我想只要组织需要我，什么工作都可以做，我也一定全力做好。我记得当时要为县领导写一篇关于五七战线工作的报告。所谓五七战线，就是五七战士的工作和下乡知识青年的工作，两者都有落实政策、进行教育和发挥作用的任务和问题。对于知识青年还有保护的问题，尤其是保护女知识青年的问题。因此五七办公室的任务相当繁重。它管的主要是人，但因为还有为知识青年和五七战士建盖房的任务，所以也涉及大量钱物的问题。然而五七办公室的人手却很有限，工作忙不过来。为此它就利用自己的权限，从下面把五七战士调上来工作，反正国家已经支付了这些人的工资，调上来工作只需按出差来给他们补贴。

其实何止是五七办，县里的各个部门也都以这种方式把五七战士调上来。这些人主要来自省的各个部门，如省农业厅、工业厅以及省委省政府下属机构。后来我听说像我这样到县里的有一百多人，所以县委县政府的集体宿舍都住满了。当然条件很简陋，一个房间就是一铺大炕，睡六七人。房间没有暖气，用火墙取暖，空气污浊。当时还不懂得污染问题，所以谁都不提，只要保暖就行。夏天就很难受了，连电风扇也没有。在那个年代大家也就这样挺过来了，所以人有很强的适应性，再差的条件也能熬过去。想一想战争年代不就这样吗？宿舍里也没有室内厕所，洗漱也都在外面，可是比起公社或农村来，它不是又好多了吗？

当时解放军"支左"还没结束，在县里还有部队干部参与到县的班子里去，差不多每个局每个室都有"支左"的解放军同志。如在五七办公室"支左"的是姓丁的股长，大概是营级。县里的"支左"部队领导是副团级。这比起在吉林大学只是团级的首长就显得更高了，因为县就和团平级，但吉林大学至少是厅级。如果按编制来算，县的原班人马再加上部队的加盟，编制就大大超了，或者说人就多了。这样一来，办事效率非但没有提高，反而降低了，因为原来一个人干的事现在却要分配给两个人甚至更多人。更重要的是，本来就贫穷的老百姓，却要养活这么多不创造财富、不从事一线生产的人，这不是一个社会问题吗？可当时没有人提精兵简政的问题。

当年县里各种各样的会议多到层出不穷。县领导如果开了班子会，接下来就要召开中层干部会传达贯彻会议精神。五七办办公室主任当然是县的中层了。于是接下来就是由中层传达到各个单位。而传达贯彻有时不是一两次会的事，要连续几天进行讨论，令人心烦体乏。有时县里还要开三级干部会，把各个大队的领导都找来，甚至要开四级干部会，比如在动员春耕生产时。问题在于开会时兴师动众轰轰烈烈，但开完了会，事情也完结了，一切照旧，必要的督促检查跟不上，没人抓。所以会议开得再多，规模声势再大，如果不抓紧落实，就是形式主义。下面往往也用这种方式糊弄上面，说我们开了多大规模的会来传达贯彻上面的精神，做到了家喻户晓人人明白，因此干部群众都决心大、干劲足。但实际情况并非如此。

这里要插叙一件事，就是关于我父亲在 1967 年去世这件事，我是在伊通县工作时才得知的。我到县里工作后不久的某一天，办公室的一位同事交给我一封信，信封上写有外文，但已严重破损，信似乎已被打开过。我一看就立即认出是运凤妹寄来的。信已经发出很久，从邮戳来看，它不是直接寄过来的，中间还经过罗马尼亚。原来1965年9月30日，印尼发生由苏哈托发动的推翻首任总统苏加诺的军事政变，印尼当局对内残酷镇压印尼共产党和进步力量，掀起反华排华浪潮；对外则污蔑我国干涉它的内政，指责我国支援印尼共产党，一直闹到和我国断交。中国和印尼断交后，民间的通讯联系要经过第三国中转，当时罗马尼亚作为社会主义国家和我国保持友好关系，而它同印尼关系也不错，所以就承担了中间人的角色。从印尼发往中国的信，或者从中国发往印尼的信都由罗马尼亚中转处理。我绝想不到妹妹的信从1967年寄出，直到1971年才到达我手里。但我还是很庆幸，中断几年的联系现在得以恢复了。不过这封信带来的是父亲去世的噩耗。妹妹告诉我，我们的父亲由于生活所迫，积劳成疾，死于癌症，享年仅56岁。我失去了最亲爱的人，但我没有在别人面前流露出丝毫的伤感，而是默默走到没有人的伊通河桥旁，伤心地大哭一场，倾诉对父亲的哀思。

来到县五七办公室帮助工作的，我是第一个，但后来陆续来了好几位。其中来自《吉林日报》的人有不少。我首先接触的是董雨懋。他是《吉林日报》的编委，是老资格的报人。他中等身材，戴一副深色镜框的眼镜，显得很威严。他为人低调，话不多，但处事待人都很严谨求实。我们俩的任务是出版五七办的一个内部刊物。刊物的主编当然是办公室主任李春喜，董雨懋和我都是这个刊物的责任编辑。他当时已经五十多岁了，又是老前辈，是中华人民共和国成立前就已经参加革命的老干部，因此我把他当作自己的领导来尊重。但对于一些问题，我则会提出自己的见解来同他一起讨论，而非完全听他的，毕竟我是多年的大学教师了，从事文字工作也已经有许多经验。比如关于刊物名称，就是在经过两人的讨论并经过李春喜同志同意的情况下，定为"五七道路"。这个刊物或者是刊登由知识青年自己写的稿件，或者是刊登由我们或其他人写的知识青年的先进事迹。万事开头难，创刊号是对我们的第一个挑战。一切都要从头开始。组稿、写稿、改稿，相对来说还不太困难。但联系出版的印刷厂，稿件的拣字、排版、校对、付印等，却是非常具体而烦琐的。这些具体工作都要靠两条腿去跑，有的问题在伊通县城就可以解决。但毕竟伊通县是个小县城，许多事情还是得去长春才能做到，所有这些事自然就落到我头上了。在这个过程中我很高兴和伊通印刷厂、长春新华印刷厂的工人师傅和干部交上朋友。他们在得知我的身份后对我都很热情友好，诚心帮助我完成任务，绝不给我添麻烦。

除了和董雨懋一起工作外，我还和报社的多位同志共事过。在和董雨懋共事时，我们都在县招待所里住，同住在一间不过六平方米的房间。房间里除了两张床和一张放热水瓶和茶杯的桌子外，别无他物。而两张床之间的过道，都不能并排站两个人。房间内没有洗手间，要上厕所须走出房间，经过长长的走廊，走到招待所的另一头。洗澡就更谈不上了，招待所里根本没有浴室，要洗澡只能到县里的公共澡堂去洗。没有任何的文艺设施或活动，算得上文艺设施的只有电影院，但我们俩都不去电影院。所以晚上我们也都是继续写稿改稿。偶尔有空董雨懋会向我介绍他刚参加工作时的情况，我很乐意听。这使我增加了对他的了解，也增进了我们的友谊，我和他算得上是忘年交吧。只可惜他后来不来了，我们也再无接触。他是我在《吉林日报》认识的头一位资深编辑，他朴素求实的作风对我有很大的启示作用。

在《吉林日报》插队落户的诸多编辑记者中，在伊通县五七办和我相处共事最久也最融洽的是郭影。后来的《五七道路》几乎都是我们俩共同的劳动成果。郭影个子高，性格外向，皮肤白皙，很有北方汉子的特点，堪称帅哥。在工作中他又仔细认真，一丝不苟。他平时话语不多，但一旦打开话匣子，就滔滔不绝了。作为一名资深编辑和记者，他思路敏捷，文笔流畅，下笔如有神助，挥笔即成佳作。我们从各个公社的知识青年中组稿，也欢迎五七战士供稿。对于由基层推选出来的优秀知识青年，有时我们也代为宣传他们的先进事迹。所以我们的工作，就是从组稿、编辑到出版印刷。不过我们作为五七办的"笔杆子"，任务不单纯是出版《五七道路》这个刊物，更经常性的工作是写材料。有时上面需要什么材料，要求五七办提供，办公室主任李春喜就会把我们找去，把我们安排在一个安静的环境里写作。对于重要的文章，还会找一帮人一起讨论怎么写，形成写作提纲，等到把整个文章的框架和内容组成都讨论清楚了，我们才按照这个提纲来着笔。成文之后，还可能再由那个班子讨论提出修改意见。只有这个班子认可了，这篇稿才能付印，或上交有关部门。那时的五七办公室，有正式编制的人不多，除李春喜外，还有两位姓王的，一位姓夏的，以及一位姓石的。姓夏的原来也是五七战士，是伊通人，后来抽调回县里就在五七办负责财务工作。五七办就这么几个人，在文山会海的时代人手真不够用。所以五七办可以以人手不够为由向县领导打报告，请求批准调五七战士上来帮忙工作。后来正式调了长春吉林财贸学院一位姓王的毕业生进来，才使缺人问题得到缓解。为了完成紧急任务，办公室的同志晚上经常加班。我们身为"笔杆子"，也要一起加班。

我和郭影在"炮制"文章时很少停下来干别的事情或聊天，我们都是自己干自己的，只是在干了一会儿后他会向我提出休息一下。休息时，如果在夏天不下雨，我们可能会顺着县府大院周围走走，否则我们就在房间里喝水，随便聊天。在我们住的宿舍里，有郭影和我、省五七办联络员《吉林日报》的赵军，还有另一位联络员吉林大学的吴铁铮，再加上从吉林财贸学院新分配来的姓王的年轻人。睡觉时间我们才回到房间里聚首，大家相处得很友好。住在一起自然要交谈，你一言我一语，相叙甚欢。

在中华人民共和国的历史上，1971年是不寻常的年份。1971年9月13日，林彪夫妻和儿子驾机逃亡坠毁在蒙古伊都尔汗，事件震惊中外，轰动全球。事件发生时我们当然都不得而知，但是按照中央的部署，由党的各级机关逐步向下传达。由于我们是在县级部门，因此当传达到县级时，县里组织学习班，我们几个都进到学习班里，因为我们几个都是党员。当时的保密制度非常严格。在学习班期间，所有人都吃住在一起。这是我回国十余年头一次经历如此严格的保密措施。

临近1971年国庆节时我们放假了，我接到哥哥的消息。当时没有电话，他虽然知道我在农村插队落户，却不知道怎样才能找到我。1965年我在北京十五所，1966年我步行长征到北京，我们有过在一起的时光，再以后就没见面了。转眼又过了五六年，这些年我们都有很大的变化，都有了家，他有一个儿子，我有一个女儿。我到农村插队落户，他也下放到河南洛阳炼油厂。几年不见，他想念着我，我也想念着他。但我身在农村无法脱身，他在工厂又身负建厂重任。于是他利用出差到东北的机会，从长春一路打听我下放的地方。好在我是吉林大学的"老员工"了，而他询问的那个人对我又很熟悉，所以没费很大劲就打听清楚了我的下落。他到达那天，一位我们五队的社员听说他是来找我的，还是我的亲哥哥，就高兴地领着他回到队里，并带到我家来。五六年不见，我们都非常激动，全村的男人们也都像碰到喜事一样到我家来看我们的团聚。他们一个劲地说你们兄弟俩真的不简单，小小年纪两兄弟就这样闯天下，真让人佩服。他们又在我哥哥面前极力夸奖我人怎么好，怎么把他们当成亲兄弟，怎么吃苦耐劳，等等，真让我很不好意思。末了他们说："我们这里成了你们兄弟俩团聚的地方，我们感到很荣幸，所以我们一定要尽地主之谊。"结果在我哥哥来我家的三天里，我们天天被请去吃饭喝酒。在一个贫穷的小村里，农民这样款待我们，我们真的非常感动，也非常过意不去。想想他们每天都节衣缩食，而为了我们却要花很多钱，要买酒买肉，又要杀鸡，真是一笔不小的开销。但是盛情难却，我们只有从命了。

在五七办有一项工作是关于下乡知识青年的。在这当中又涉及两头：一是知识青年中的先进人物，是我们的刊物《五七道路》要大力加以宣传报道的。二是侵犯知识青年权益的问题，尤其是女知识青年遭到强奸猥亵的案件，我们也要予以披露。为了做好报道，包括报道知青工作做得好的公社大队的事迹，先进知青的模范事迹，同时也了解占用贪污知青经费，女知青遭受迫害的问题等，李春喜同志曾带队到各公社大队进行调查研究。他也带着我去，这样我也就有机会去伊三道公社、小孤山公社、大孤山公社、西苇公社、发展公社等。因此在一年左右的时间里，我的足迹几乎已遍及大半个伊通县的山山水水、村村落落。我接触了不计其数的公社领导和普通干部，大小队领导和社员，还有知青。在一些地方我看到社队都善待知青，亲切地称他们是城里的娃，把他们当作自己的孩子一样对待，为他们营造较好的居住和生活条件。凡是在这样的环境下的知青，精神面貌和情绪也都较好，但也确实有不尽如人意之处。

面对那数以千计的知青，面对他们每个人日日夜夜用自己的言行来谱写的历史，我当时有这样的一个判断：他们是中国的一代新人。他们中的大多数肯定会是新一代的老百姓，可能是农民，可能是工人，也可能从事其他职业。但是那些能经风雨、吃苦耐劳，又能自觉磨炼自己的，必定会脱颖而出，成为未来党和国家各级的领导人，也可能成为各类专家学者。采取知识青年上山下乡这样一种做法确实是在全世界绝无仅有的。这不是一种消极的应对当时无法在城市里解决他们工作的临时措施，当然在那个时代，这方面因素的影响也很大。不过作为战略性考虑，它对于培养年青一代的积极作用无论如何都不能低估。今天有习近平、李克强这样从知识青年中走出来的党和国家领导人，也有从知识青年中走出来的科学院院士、企业家等。他们都不会否定在农村的那段经历为他们提供的正能量和前进的巨大动力。

在伊通有一段经历也是我深感荣幸的。公社组织社队干部到山西大寨去参观取经，在公社众多的五七战士中，公社领导只选定我跟着去。大年初三就要动身，冒着严寒赶路。选我确实反映了公社领导对我的信任。我还是整个队伍打前站者，也就是说要在队伍抵达前把全体人员的吃住安排停当，这实在不是好办的事，因为在这之前我也从未到过山西，更不要说大寨了。我想公社领导选派我做这件事，是考虑到我除了在诸多五七战士中算是年轻力壮的，也比较有外出的经验，走南闯北，见过世面。干这件事也确实需要些外出经验。我和另一位公社秘书一起，从伊通先到长春，把整个队伍的车票买好。等队伍到达之后我们把票分发到每个人手中，向北京进发。到了北京，我又为大家准备好到大寨的车票。要知道当时没有任何的通信工具，假如有手机，一切通信联系都没有问题，但在当时就完全靠等。我先到了北京，就得等大部队抵达。这就要按他们乘坐列车的抵达时间在车站里等候，即使列车晚点了，我也不知道，也还得到车站等着，除非车站广播晚点信息，但在当时这很罕见。所以只有在广播通知列车抵达时我才能确认队伍到了。从北京到大寨并没有直达车，火车只开到阳泉市，从阳泉市到大寨就得乘汽车了。我打前站的任务到阳泉才结束，之后就跟随大部队一起活动了。回程时队伍解散，公社提供返程车票就各自回家。这次的外出参观使我有机会亲眼看到一个真实的大寨。耳听为虚，眼见为实。大寨人在自然条件极为恶劣的情况下，依靠艰苦奋斗的精神，在党的领导下战天斗地，硬是创造出奇迹。他们远非富裕，但确实给全国的农村带了好头。如果全国的农村都能有他们的精神，那我们全国农村的面貌必然焕然一新，必然会是一片新天地。

当时"农业学大寨"是响遍全国的口号。全国各地都高喊这个口号，表示自己也要把农业搞上去。但有的地方完全没有去学大寨人战天斗地的革命精神，也不去学他们针对自己的实际来开展的农田改造、技术改良，特别是动员团结群众的有效做法。对于我们新家公社而言，我觉得这次出访还是有正面作用的。在此之前许多人的脚从未迈出伊通县半步，最多到过长春和四平，不少人连火车都没坐过。这次有机会看到一个真实的大寨，发现在客观条件上，我们自己比起大寨来真要强上很多倍，为什么大寨能成为全国农业战线上的一面红旗，而我们却连穷困的帽子也摘不掉呢？这实在是发人深思。同时在整个参观学习的过程中，干部和群众都很团结，行动听指挥，干部不搞特殊，这都成为以后工作的宝贵财富。应该说经过这次大寨之行，公社里的许多人真的见识大涨，看到了外面的世界，也初步认识到了自己和外面的差距。

经过两年的风风雨雨严寒酷暑，1971 年冬天传来省里一些单位开始把人调回的消息，这意味着学校也会开始有所行动。特别是听说中央已经明确大学还要办，因此我也期盼着能尽快回校，投身自己所熟悉的业务工作，为祖国的教育事业贡献力量。12 月中旬，第一批调回名单传下来，其中包括我。这时盛锦华待产，回到新金县（现改为普兰县）家中。1972 年 1 月 12 日，我的大儿子在新金县杨树房出生，他满月后我们就一起回到伊通县我们在新家五队的家。盛锦华去辽宁时女儿也跟去了。现在我们一家四口回来了，乡亲们既想看我女儿长什么样了，更想看看她弟弟长什么样。因此我家顿时非常热闹，几乎挤得水泄不通。当我谈到根据学校安排我将回长春去继续以前的工作时，乡亲们眼神里都流露出难过。毕竟我和他们相处了两年时间，彼此建立了深厚的感情。但是他们完全理解我回去，因为那里才是我发挥自己才智的地方。

在准备动身时，我的一项紧迫工作自然是收拾我们的东西。俗话说破家值万贯。回到城市里意味着要开始新的生活，这也意味着一些生活和生产用具将不再需要，比如镐和锹，以及用来挑水的水桶、渍酸菜的大缸，像这些东西就要送给乡亲们。但是我又没有那么多东西做到每家都送，可又不能只送给一两家，所以就还要费点心思考虑怎样把有限你的东西恰到好处地分送出去。乡亲们尽管未必需要你的东西，但在表面上却做得非常好，好像你给的东西对他如何有用。而后他就回送你他家很有限你也很需要的东西，如鸡蛋、冻豆腐、干豆腐、豆包等。而且令我感动的是，那些我没有给他们东西的乡亲也送我东西，所以在我回长春时我收到了许多东西。这些东西在长春未必能买得到，即使买得到，也要花不少钱。学校的车来接我们的前几天，家里来访的客人络绎不绝。他们都是来向我和盛锦华告别的，也是来同我女儿醒晨和儿子晓旭告别的。晓旭刚出生不久，什么都不懂，他们要看看他长什么样。醒晨虽然刚两岁，但她说话早，这时已经什么话都会说了。乡亲们喜欢听她说那些天真无邪的话，也乐于逗她，比如对她说"你爸你妈要把你带走离开这里，你舍得走吗?"他们知道一旦我们走了，再见到她的机会就少了。长春市对于她来说确实是陌生的地方，她只在自己人生的头一百天在那待过，但当时她还毫无所知。现在回长春，连我也不知道学校为我安排的住处在哪。

搬家的那天终于到了，学校派来接我的车开到了我住了两年多的山村。听说车来了，全村男男女女老老少少都赶来了。男的七手八脚帮我装车，女的和盛锦华聊天，或者和醒晨说话，或者就看热闹。不一会儿工夫车装好了，车也就要开动了。全村人都自发站在车的两旁，随车的行驶而前行，一面还挥着手向我喊再见。此情此景，气氛真诚热烈，感人肺腑，我不由得流下热泪。我也看到送行时不少人眼中也挂着泪花。我想我大概会是这个山村中来定居过的唯一的知识分子吧。

我女儿当然不懂得这次搬家的含义，所以她也没有任何表示，看见人们向我们高喊再见，她也喊再见作为回应。但是在到达了目的地，我们被安排到老校长匡亚明所在楼房的门房后，她突然爆发了，号啕大哭，连连说"这不是我家，这不是我家，我要回新家，我要回新家"。无论怎样哄她，她都停不下来。一直到邻居家和她一般大的小朋友过来陪她玩，她才安静下来。但她还是忘不了那个给了她很多童趣的新家。不知过了多久她才忘记了那地方，融入了长春的城市生活，但她总想着什么时候有机会再去访问那个地方。可惜的是至今她也没有机会再去。

对于我个人来说，插队落户至此已经画上句号，但这时系里还有不少人没有回来。接他们回来是系里的繁重任务，系领导就安排人去接他们。我被指派去接同为归侨的黄进源、陈秀珠夫妇。他们在蛟河的一个江边的小队插队，和他们一起的还有物理系教授唐立寅夫妇，学校也让我负责接回。由于山路崎岖狭窄，坑坑洼洼，汽车根本无法快速行驶，只能在那艰险的路段上小心翼翼地驾驶。但进了公社的地段后却可见到茂密的森林，那些树都笔直挺拔，郁郁葱葱，景色比伊通新家要好得多，真让人心旷神怡。不过在与黄老师、陈老师的交谈中才知道他们在这里生活的艰辛，毕竟风景是代替不了过日子的。这里虽靠着江，但农民靠种地为生，打鱼仅仅是副业。这里最大的问题是远离公社所在地，从小队走到公社有十几千米，没有公路，交通极为不便。农村的生活可能比新家还不如。看到他们如此艰辛我很自责，因为是我带的头，导致他们也都插队落户。黄老师、陈老师在这里也和老乡建立了很亲密的关系，老乡们知道他们两位都是从国外回来的，对他们更怀敬意。他们有两个小男孩，都很天真活泼，聪明伶俐，让人喜爱。他们在农村度过的幼年生活为他们的一生打下了良好的基础。陈老师在印尼时就已学得一手好厨艺，特别擅长做印尼菜。为了招待接他们回学校的司机和我，陈老师展示了她高超的厨艺，用刚从松花江打来的新鲜江鱼为我们精心制作红烧鱼，还用她能找到的食材做成丰富菜肴。我和司机都很感谢陈老师和黄老师的热情款待。

唐立寅教授是江浙人，南方口音很重。一般的北方人都听不懂他说的话，不过因为在乡下待了两年多，乡亲们也都能听个大概。当时他已年近六旬，这么大岁数的老汉在农村里也都不怎么干活了。不过在乡下，老乡们也都通情达理，并没让唐老师干什么重活，五七连也善待唐老师。所以唐老师在这里虽然受了点苦，但在精神上肯定是一种解脱，不必像原来在学校里那样天天为思想批判所累。这也许可以称作"福兮祸所伏，祸兮福所倚"。插队落户画上句号，新的生活也从此开始了。

第九章

重回吉大

一、过生活关

回到吉大开始新的生活，先从解决住房问题开始。从伊通回来后，学校给我安排的房子是老校长匡亚明楼房的门房，也就是他的门卫所住的房子。匡亚明的楼房坐落在理化楼后面，即北面的柳条路上。在理化楼后面，有一条沟渠把它和柳条路分开。柳条路是一面街，它的北边只有几户人家：原来党办的一个院、匡亚明的一个院、党委第二书记陈静波的一个院以及省里某厅长的一个院。到我搬来时，匡亚明、陈静波的楼连同党办都已住满了一般教工。住户增加了，但整个环境没变。这里人不多，环境优美、僻静，紧挨着长春市的牡丹公园和吉林大学的大礼堂鸣放宫。我所住的门房位于匡亚明楼房的入口处，它独立于匡亚明的楼房。门房是南北结构，从中间进去是厨房、厕所和取暖的火墙，南面和北面各为一间卧室。门房面积不大，合起来大概二十平方米。如果房屋能保暖，自己家独门独院，那也还算不错的住宿条件，作为一名普通教师还能有何苛求？但问题就出在保暖上。当时还在寒冬，长春市白天的气温仍在零下十度左右。我使尽吃奶的气力烧炉，想把室内气温升上去，以保证刚出生不久的晓旭不至于感冒。但室温无论如何就是升不上去。匡亚明楼内温暖如春，里面住的人甚至感到太热，要把厚衣服都脱掉。可我家的室内温度从未超过十二度，晚上和清晨更是低至五六度，我们把所有厚衣服都穿上仍觉得冷气难挡。在这样的环境下，两个年幼的孩子自然都难以忍受而感冒了。除此之外就是在这里要自行解决买煤烧炉的问题，若在楼房里，有专门的锅炉房，也有专人负责烧火，根本不用为取暖操心。在那一个个寒冷难熬的夜晚，我真是夜不能寐。我连续几次找到学校的后勤部门反映情况，要求解决问题。然而无论我怎样抱怨，怎样呐喊，似乎都无济于事。这件事一直拖延到冬天过去之后才突然有了转机，问题还是在匡亚明楼内解决的。当时住在二楼的一位姓吕的外语系老师被调配到另外的地方，就让我搬进他那房子里。楼上住有姓陈的房产科的油漆工、姓张和姓范的机械厂的工人，加上我就是四家人了。姓范的住在楼梯右面单独的一套，自带厨房。姓陈和姓张的在水房搭上炉灶共同使用，我便只能请求他们也搭上我。但两家共用勉强能凑合，三家人共用就几乎谁都吃不上饭了。我是后来的，自然要自觉忍让。我先是用煤炉做饭，后来利用我同煤气公司的关系申请到一个煤气罐，这样做饭问题就比较容易解决了。但还是没有用管道煤气方便，而楼下是有管道煤气的。楼下住有三户人家，姓雷的是房产科的管道工，他家住得最好，楼下两大间朝阳的房间都归他家所有。我底下那间住的是机械厂姓赵的工人。还有一间面积较小，开始没人住，后来物理系姓朱的老师被分配进来住。楼下的管道煤气就归他们用。他们用的是匡亚明原来的厨房，所以也就比较宽敞，三家人用仍显得绰绰有余。所有住户的共同问题是全楼只有一个厕所，这确实是极大的不便。但这是基本上无法解决的问题，大家也就只好得过且过了。

冬天过去，天不冷了，房子的问题也算解决了。做饭的问题，姓张和姓陈的都希望我们楼上也用上管道煤气。他们看见我有办法弄到煤气罐，就建议我向煤气公司申请接上管道煤气，因为这无非是把管道从楼下延伸到二楼而已。但是看起来难度不大的事却真非易事，它要经过煤气公司由下向上一级一级地请求审批。为这件事我不知跑了煤气公司多少趟。不过那时办事还用不着花钱或送礼，至少他们都不曾开口提这要求，这就和我回国在印尼邦加警察局的经历大不相同。经过了漫长的等待，最终这件事获得批准，并终于使我们二楼几户人家都受益。有了管道煤气，只要打开开关点上火柴，就有火做饭烧菜了。这样一来，楼上的几个邻居真感到生活一下变了样，也都对我深表感谢。这件事之后，邻居们对我和我们全家都客气友善起来。但我并没有享用这个管道煤气多长时间。后来学校在永昌胡同建了一排平房，多是两居室的，我分到了一间，一直住到我 1980 年离开长春。这排房子共有六栋，每栋三个门，一个门有两家。但有一栋是两个门的，那栋是三居室的。其余全是二居室，外加厨房和厕所，这是和我原来的房子最根本的区别。这个房子面积虽然不大，根本没有厅，由于确实装不下我的所有家当，房产科领导专门来看过，确认是个问题，但我又不够级别分多一间房间，于是就特别为我在门口边搭了个小棚用来存放东西。这算是我回国十八年得到的最好住处了，我也很知足了。这个房子的前面有一片较宽的空地，小孩可以在那里玩耍而不必担心有车辆通过。我坐在房间里面对着这片空地看书，视野光线都很好，真正感觉到有一个属于我自己的世界了。

二、重操旧业创新路

新的生活向我提出了严峻的挑战，整整两年我都没有系统看过自己专业的书籍了，有时偶尔摸一摸书，却不能进行系统思考。首先的拦路虎是外文。中苏关系决裂后，苏联从我国撤走专家，撕毁和我国签订的合同，我们就不能从苏联学习任何先进的科技了。国家让我们把目光转向西方。以美国为首的西方列强对我国也实行封锁和制裁，但我们可以通过香港获得一些我们需要的东西。从这里也可看出当年毛主席力主保持香港地位不变是何等英明，我们和西方的交往反而不像和苏联那样无路可通。这时要看的文献绝大多数都是英文的。

在我回到系里的头一天，我进到久违的阅览室，习惯性地去查阅熟悉的期刊。我大吃一惊，我不再熟悉那些内容了！明明过去非常熟悉的单词我也想不起来是什么含义了。我陷入极度的痛苦之中。我不责怪任何人，也不后悔走过的路。我只觉得现在要拼命追回失去的一切，我坚信我能够把损失的一切都找回来。于是我开始了自己的“长征”路。我每天晚上都抽一段时间复习英文，并且准时在十点睡觉。次日三点半醒来学习英文，背英文单词。在这段时间里我不看电影，虽然电影是当时人们仅有的娱乐活动。我把所有能利用的时间都用在学习英文上。我后来总结了自己学习英文的方法——长流水，不断线，日积月累，积少成多。当然要做到这些并不容易，因为一个晚上只睡上不到六小时的觉，很多人都可以做得到，但要是日复一日，月复一月，连续经年，确实不易做到。但我做到了，因为我知道这是让自己恢复和提高英文水平的唯一途径。这时候激励我的名言是"在科学上面没有平坦的大道，只有不畏劳苦沿着陡峭山路攀登的人，才有希望到达顶点"。它时时刻刻鞭策着我，也让我产生无穷的力量，让我继续坚持下去。有时确实也会感到累，但只要活动活动，用凉水洗洗头，也就好了。不过锻炼身体也很重要，这既可以保证睡眠的质量，也可以保证充足的体力。在学习到六点时我一定开始跑步。一小时的跑步让我又恢复了体力，迎接新一天的战斗。在这段时间里我的体重保持在六十千克左右，人显得消瘦，但是很健康。过去的肺结核和肝炎早已无影无踪了。确实功夫不负有心人，到了1973年初，我的英文又恢复到以前的水平。我可以基本不看词典就顺利阅读英文专业书籍或小说了，这让我充满愉快和自信，觉得只要努力，就能做到我想做的一切。在此期间我也复习俄文、印尼文，并自学日文，我的外语能力正是在这个时期获得较大提升的。

在这个时期，出现了归侨出港的热潮，一些回国多年的归侨这时都纷纷申请到香港定居。其中有长春地质学院的卢某、林某，他们两人都是党员，一位是长春市侨联副主席，另一位是委员；有省实验中学的黄某，他也是侨联委员，是印尼勿里洞岛的。邦加和勿里洞是苏门答腊南部相邻的两个小岛，长期同属苏（门答腊）南省的一个县，现在成为邦加勿里洞省，所以我们可算是半个老乡。他比我大几岁，一直像大哥般待我，我们关系较好。还有我系的黄进源老师和叶振良老师、哲学系的吴锦东老师，以及原半导体系学生、毕业后被分配到吉林市工作的张智光等。这些人中许多是和我关系较好的，算得上我的好朋友，因此他们打算赴港定居时都找了我，约我一起出去。他们说回国这么多年，希望国家能繁荣富强，但是现实离这目标太远，我们归侨又不被信任，参军入党入团都受到限制。趁着年轻还干得动，何不到香港打拼？我对于他们的决定都充分尊重，绝不说一句反对或劝阻的话。我只是希望他们要作最坏的打算，去争取最好的可能。至于我自己，我认为人各有志，归侨难入党，可是我回国四年就入党了；所谓工作中不被准许接触机密，可能有那么一点，但也不全是，我从事的计算机不也涉及许多机密吗？而最重要的原因是我爱这个国家，她是我的祖国，我的母亲。在我只有十五岁时我就下定决心回国，并决心要把自己的一切都贡献给这个国家。假如我现在离开了，那就意味着我背叛了自己的初衷，这不是我想做的。如果做了也可能成为我一生的悔恨，所以我是绝不会离开的。

当初王湘浩教授带领我们这支小小的队伍，做的是计算机结构设计和逻辑设计及其相关理论研究。但是近十年过去了，情况发生了很大变化，科学技术的发展远远超出我们的预期，一个崭新的分支——计算机软件应运而生，发展迅速。我们不能不适应形势，调整方向。但是我好几年没搞业务了，急需加紧归队。软件对大家来说都是新的课题，因此我也被安排来参与当时系里进行的工作。当时计算机已不再是我原来接触的那些较老的机型了，出现了计算器、小型机如 Nova 机等。这些新的事物都是我从乡下回来之后才接触到的，因此也感到有压力，希望能尽快跟上节奏。好在我当时还没有教学工作，除了无休无止的各种会议外，其他时间都可用来进行业务工作，学习新的计算机技术。大家对那些毫无意义、纯粹浪费时间的会议也都早有应对之策。所以主持会议的领导在会前通知大家说，上头布置要讨论什么问题，还要求做记录等等，大家积极提出对策，会议也就很快结束，大家就可以利用这个时间做自己的业务工作。这时大家都感到"文化大革命"对业务工作造成了巨大冲击，我们再也耽误不起，必须把时间"抢"回来。

由于我有较高的英语水平，在掌握那些机器的各种性能上也就比较能应付。这时一些工厂也开始引进国外的配有计算机的先进机器设备。比如，长春市国营 133 厂，长春市较大的一个工厂，他们从国外进口的计算机出了问题，就找到学校，学校又找到系里，系里决定让王湘浩教授和我去处理。这是我头一次作为专家和王老师一起到企业去帮忙解决问题。厂领导十分重视，特意安排了隆重的欢迎仪式。在饱受大小会议上被称作"资产阶级学术权威"来批判的痛苦之后，王老师才得以恢复应有的尊严，我也才得以施展自己的才能，感受良深。但我们也感到很大的压力。人家请我们解决问题，如果问题解决不了，丢面子事小，影响他们的工作事大。连续三天他们一早就用小车把我们接到西安桥外的工厂。一到目的地我和王老师就开始工作。第一天我们几乎一无所获，我们所做的猜想都解决不了问题。但是我们逐渐缩小问题的范围，也对问题的性质有了更清晰的了解。第二天我们就在第一天工作的基础上采取地毯式排查的方法，终于找出问题所在。第三天我们已经胜券在握，只需对问题进行处理，使机器恢复正常运行，经过测试我们成功了。那天下午仅仅花费两个多小时，就使机器正常工作了。厂领导闻讯赶来向我们表示感谢。我们本来想事情完了就走人，但厂领导执意要我们留下享用丰盛的晚餐。在这过程中我当然发挥了自己的作用，和王老师进行了有效的合作。我也从王老师身上学到钻研问题的高超方法，他总能拨开迷雾，深入问题实质，从而避免在外围上花费精力。在此之前他和我的同班同学，也就是那时和我一起工作的周长林，一起到过通化计算机厂帮助解决问题。那是在我从乡下回来之前，所以我没有参与。听周长林说王老师擅长在山重水复疑无路中引领大家走到柳暗花明处，看到又一村的境地。周长林从通化回来也喜欢讲起他和王老师一行人在任务完成后所受到的盛情款待。厂里根据上级部门的指示，为王老师等安排乘坐游艇在通化江上巡游。那时江水没有受到任何污染，江水清澈如镜，碧波荡漾起伏，游艇破浪前进，人在船上阅尽两岸景色，赏得上天造化，真是心旷神怡，如痴如醉！为了招待他们，船员边开船边撒网捕捉江鱼供他们享用。把鱼宰杀之后不加任何调料，只用少许盐巴，就地取江水来煮。煮出来的鱼却是鲜美无比，让他们个个大快朵颐。他们说此生从未吃过这样美味的鱼。但是随着江水受到污染，江水不但不能这样直接使用，江里也没有鱼了。或许现在好起来了吧。

接着沈阳电子厂的一位科长和一位技术员到系里向我们求援，他们希望能派人到他们那里，最后系里确定派我和陈登宣老师前去。讲到陈登宣老师，我得花点笔墨来介绍他。他是浙江人，是1957年从系里毕业留校的。他爱人黄宝英是印尼归侨，也是同一年从系里毕业的，被分配到长春水电学校。陈老师夫妇根本没有出港的念头。我想除了陈老师的因素外，大概起决定性作用的人是黄老师。她在水电学校的工作表现可圈可点，多次被评为先进工作者或优秀教师。陈老师是那种温文尔雅的书生，待人接物总是那样彬彬有礼，斯文客气。他从来都是礼让三先，绝不惹是生非，绝不争锋抢先，也绝不跟人红脸，而他又特别准时守纪律，从不迟到早退，因而在系里大家给他起了个"模范公民"的雅号，这就足见大家对他的肯定。

我第一次到沈阳是入学时路过，由田荆荣带领到东北工学院作短暂逗留。后来家在沈阳的同班同学康富伦邀请我到他家做客，这才算是真正在沈阳游玩。这次却要到沈阳工作了，而且这后两次到沈阳相距十多年了。陈登宣老师也久未到沈阳了，所以有这个机会，我们俩都很高兴。我们的沈阳之行是真正来工作的，没有任何仪式，也没办任何手续。我们一到厂里，吃的住的一切都为我们安排好了。当天我们就和厂里那些将与我们一起工作的同志们相见了。他们也都是大学毕业生，但学的是工科，所以数学基础稍差些。但他们都很好学，并把我们的到来当作是学习的好机会。我们可以说是夙兴夜寐，夜以继日地工作。早晨七点半上班到十一点半吃午饭。下午一点再上班，五点下班。吃了晚饭后又继续工作到晚上九点半。由于我们对于计算器的结构已经掌握得较好，对于什么地方出问题以及解决问题的办法都心中有数，所以可算是为他们雪中送炭。我们在厂里工作了整整一个星期。要特别指出的是，我们为他们工作完全是义务的，就和我同王湘浩教授在长春市 133 厂工作一样。沈阳电子厂除了为我们报销交通费、提供我们的食宿外，不提供任何报酬。这在当时是很自然的事，并不是我们觉悟高。如果我们向别人要钱，那反倒是另类了。

从沈阳回校后，我的工作就更多地转向计算机软件开发和研究。当时国内获得最新信息的渠道是外文影印图书。由于我们的外汇数量极为有限，外国又对我们封锁，包括一些出版物在内。我们从香港或其他渠道弄到的期刊或书籍，都通过影印获得。由于图书直接进到书店发行，就比期刊要经过邮局再到各个单位来得快些，所以我经常骑上我的破自行车到外文书店买书。影印书比我们公开出版的书贵些，买书成为我的一大支出项目。除了给自己买之外，还专门负责给王老师买书。他事先把钱存在我这里，我去到书店看到有什么书是我们这个方向或领域的，我就可以把书买回来给王老师。他看到这些书总是爱不释手，然后我才给他算清账目。他不在乎那些零钱，但我总是要把钱给算得清清楚楚，我不多占别人的一分钱。

不知从什么时候开始，有外单位的人专门到系里请我去他们单位做报告。最早找我去做报告的不是长春市的，而是公主岭的。公主岭属于怀德县，归四平地区管辖。我真搞不清他们怎么知道我的，八成是他们到了系里后，系里就让他们找我了。我生平第一次以专家的身份来做报告，不过我在"文化大革命"期间

263

在群众组织内做过报告，所以我也不会怯场。有一次在一个大型国有工厂做报告，听众竟坐满礼堂，估计人数逾千。当我看到台下黑压压一片时，开始还真有点紧张。但一进入讲话主题便信心满满，没有任何紧张的心情了。我以学者的身份做报告，听众都是从事技术工作的，因此讲的内容要有深度，要讲些对他们来说是新的，且是他们以前从未涉及过的东西，这就是有关计算机的内容了。这次报告引起的反响很大。他们有的说我这么年轻，知道这么多，讲得这么好，真了不起。我听到一片赞扬声，却"飘"不起来，因为我深知自己离学术巅峰有多远，而我已过而立之年，不年轻了。这次讲课就不像去133厂或沈阳那样，这次公主岭那边给了我20元，这在当时确实是很高的酬劳了。对于当时一个月工资只有五十六元的我来说，这无疑对我的生活有很大的帮助。

在这以后就有越来越多的单位找上门来请我做报告了。比如黄宝英老师所在的水电学校、吉林省水利厅、省电力局等。我很高兴自己能得到这样的机会，因为并不是所有人都能得到这样的机会。除此之外我还受《吉林日报》记者的邀请，在《吉林日报》上发表介绍计算机的科普文章。有一次吉林人民广播电台也播送了我的文章。所有这些并不是通过我和《吉林日报》社或广播电台几位编辑的个人关系，因为和我约稿的都不是我原来认识的人，他们是通过组织系统从系里找到我的。这说明这时我国国内形势已逐渐趋向正规，大家都有了更多的自由空间，希望学习新知识、新科技，物资供应也有了改善。1972年学校招收了第一批工农兵学员，这是由下面推荐上来的，这就难免有"走后门"上来的，但也有靠自身条件上来的。1973年春节，那时的春节只有三天假，初一到初三，除夕不在内。大家对于三天假也都兴高采烈地接受了。特别难忘的是我和刘叙华、庞云阶三人决定一起到庞云阶家吃饭，后来我提议把王湘浩老师请来和我们一起喝酒。他们俩当然都同意，因为王老师是我们三个共同的恩师，但是怎么请他呢？他们俩都不敢去，推我去请，我也就当仁不让。我想我去请，王老师肯定会给我们面子的。果然我一到他家，提起这件事，王老师就高兴地答应了。这大概印证了中国人喝酒要共饮的传统习俗。王老师大概也好久没有和别人一起喝酒了，所以那天特别兴奋，话多，喝得也很尽兴。我们三个人就更不用说有多高兴了。那天庞云阶的夫人（也是我们系的毕业生）周晓阳没有在家，她带着孩子回沈阳父母家过年去了，只有庞云阶一人在家，我们的到来也使他消除寂寞。我们在他家度过了整整一个下午，大家可以说吃得尽兴，喝得舒畅，聊得开心。最后又由我把王老师送回家。那可真是我们难忘的一次聚会。

1973 年的到来又在我的生活中添加了新的一页。新学期开学不久，教研室开始研究新一年的工作和发展方向。大家都感到向软件方向发展是大势所趋，迫在眉睫，我们要尽快掌握国内动向，所以会上提出派人到北京进修的事。我没想到大家又推荐我去。虽然到北京去进修有离家的种种困难，特别是要把家庭负担都推给妻子一人承当。尤其对于我来说，第三个孩子即将降生，可想负担会更重。但是好处也是明显的，在业务荒废多年后，这是提高业务水平的绝好机会。可以说这次到中国科学院数学所的进修是我人生中的一个重要台阶。我的第三个孩子复昱在 1973 年 3 月 21 日降生。由于盛锦华的妈妈已经在我家，所以盛锦华就坦然地支持我到北京去。我在孩子刚满月不久就去了北京。

三、到北京中科院数学所

这次到北京距离我上十五所那次差不多过了七年。后来在步行串联中我又到了北京，但那次除了到天安门广场参加毛主席检阅红卫兵的活动以及到我哥哥家之外，就再没有参加什么活动了，那是 1966 年的事。七年未见，我没发现北京有多大变化。可能是北京太大了，我所见到的或者我生活的区域都很有限。上次在十五所，我生活的区域是德胜门外苇子坑附近和塔院附近。在串联时住的是前门大栅栏附近，这次就住在中关村了。中关村对我来说是一个陌生的地方，因为它是我国最高学术机构中国科学院的所在地，我对它有一种崇敬和向往的心理。我去的地方是数学所，当时数学所的所长就是我所敬仰的著名数学家华罗庚，但那时我没见过华罗庚上所里上班。几位名盖天下的大学问家如吴文俊院士、秦元勋院士等，他们都在数学所上班，因此我经常见到他们，他们朴素的作风、平易的为人，给我留下很深的印象。

特别要提到的是，那时我被安排住在数学所的集体宿舍88楼。我真没有想到学术造诣那么高的秦元勋院士一家竟也住在里面，他只不过住了两个房间。秦院士是贵州人，和我一起来数学所的贵州大学老师有章直鲁和付光轩，秦院士对自己的小同乡爱护有加，经常请他们到家里坐坐，他们俩对秦院士也很敬重。我通过他们与秦院士相识，感到很荣幸。

更使我感到荣幸的是，当时已经因著名的"1＋1"问题崭露头角的陈景润也和我住在同一个楼，而且住的是同一层，他就在我的斜对面房。那时徐迟那篇著名的报告文学还没有发表，我们多数人对他的了解还比较少，比较肤浅，我们只是从表面来看他的言行。在我们这些凡夫俗子看来，他确实有些"奇葩"。他非常节俭，一顿饭就吃一个馒头，而吃的菜就是一个几分钱的青菜。我们这些人总是早早去到食堂，为的是能买到好菜。可他总是最晚去，从不为买不到好菜而费心，因为他从不买好菜。他也从不出门或上街，一天到晚就待在他的房间里。他对人很客气，见了面总是先向别人打招呼问好，但他绝不再多说什么。他也从不欢迎别人进他的房间，所以我们谁都没进他房间一步。在我的印象中他就是一位苦行僧。在读过徐迟那篇文章后我才真正对陈景润的人品和他的工作的价值有了更深的了解，为曾经和他有过这样的交集而深感荣幸。

　　到了数学所，和我在一起工作的数学系的同志是陆汝钤、周龙骧、陆维明等。陆汝钤是我们这个科室的负责人。当时的他还很年轻，只比我大几岁而已，但他却有不平凡的令人仰慕的经历。他中学毕业就入了党，同时被派到德国留学，所以他不是在国内上大学而是在国外上大学的。他进入数学所时，和所里其他人一样参加由所长华罗庚组织的考试，结果让大家大为惊叹。因为他是所里参加考试的人中唯一获得满分者，所以华罗庚对他也特别器重。以他为首的这个科室是所里唯一从事计算机软件开发和研究的，同时负责所里的机房的运行。他敏锐地提出要创新地发展自己的软件，所以他率先提出研发 XR，即系列软件的课题项目。他邀请了吉林大学、中山大学和贵州大学的学者一起参加。学校派我以进修的名义来，但实际上是让我来参与这个课题组的。我感到这样的实战确实比单纯学习什么课程的进修更有价值，可以学到更多的东西。陆汝钤既是科室的业务负责人，也是政治带头人。当时全国各地都在开展"批林批孔"的运动，他也就带着大家开展这方面的活动，后来他还被选为党的十四大的代表。在他的领导下，系列软件项目在国内引起广泛注意，有越来越多的高校或研究所的学者参与其中。这对推动我国的软件的发展起到了重要作用。系列软件最后虽未发展成为商业产品，但它带动了软件事业的发展，推进了队伍的建设。在这些方面它是功不可没的。陆汝钤后来被遴选为科学院院士，并曾担任软件学报的主编和英文版的刊物 *International Journal of Software and Informatics*（《国际软件和信息学报》）的主编，堪称不可多得的德才双馨的人物。

　　周龙骧和陆维明也都是很有才华的人物。他们在学生时期都是高才生、佼佼者，因而才能被分配到科学院来工作。在所里几乎没有人是不拼命工作的，这里有着很浓的学术氛围。那时每个人的工资收入都不高，发表论文没有或者只有很少稿费。但是大家都埋头钻研，专心致志，就像陈景润那样。那么这动力从哪来？我想这动力来自荣誉感。已经处于这种地位的人并非为了钱，虽然他们也希望能够有更多的钱，但是他们首先想的、驱动他们发奋工作的肯定不是钱，而是工作的成就。所以和陆汝铃一样，周龙骧后来成为数据库领域的知名学者，曾受邀到北欧的著名大学工作。而陆维明则把精力集中于 Petri 网，在这方面成为国内的领军人物之一。

当时来自贵州大学的两位学者是章直鲁和付光轩，来自中山大学的是李师贤和一位姓许的老师，他的名字我忘了。来自吉林大学的是只有我自己。我们五个人同住一个房间，后来贵州大学又新增加了一位王翰虎。应该说这几个人从东到西，从南到北，能在北京同居一室是一种缘分。大家又都来自高等学校，属于高层次的单位，应该是能够和谐共处的，总的来说情况也还好。但因每人的生活习惯不同又都已届中年，所以也有一些不协调的地方。中山大学姓许的老师，从北京回到中大不久后就调离了，因而和他失去联系。留下的李师贤后来被公派到北欧，回国后继续在中大任教并晋升为正教授。贵州大学的两位也都成为该校的业务骨干，晋升为正教授。较年轻的王翰虎后来去了德国进修，业务上有很大提高，除了晋升为正教授外，还被任命为系主任。可以说我们全都得益于在数学所的工作和学习。

我在北京期间也成了学校和系里在北京的办事员。学校或系里在北京有什么事总会打电话过来吩咐我去办。有一次就是系领导伍卓群老师让我购买教材，为节省时间就让我亲自带回，如果不急则让我通过邮局寄。当我要回长春时，许多人都知道，于是我就成为众人的运货员了。这还是因为长春的物质供应较差，很多副食品供应紧缺。有关系的人就通过北京的亲朋好友来想办法，因为北京的供应在全国的支援下是最好的。但如果没有人带还是解决不了问题，所以托我带就是我不少熟人的唯一办法了。他们知道了我乘什么车（当时从北京直达长春的就是 59 次列车），什么时间开，那些托我带东西的都来到北京站，把要带的东西都交给我。那么多人的大包小包，我就是有三头六臂也拿不了。好在当时可以通过买站台票进站，所有送我的人就都陪着我上车，帮我把东西放到行李架上。最多的一次我竟带了三十二件行李，分属十五人。回到长春，这些朋友也都进站来接，道一声谢谢后他们就带着满意的心情把东西拿走。我不图回报也不要任何费用，做人嘛，能帮助别人就是一种快乐。

在离开长春之前，我曾前往王湘浩老师家，请教在北京要注意的问题或事情。他向我提到他的一些朋友，在数学所里有田方增研究员，在计算所有胡世华研究员，在北大有江泽涵教授、段学复教授等。我知道江泽涵教授是我国数学界的老前辈，还是王老师的老师，所以王老师还专门让我带一份见面礼给他。我接过东西，保证一定带到。但在到江老家前我根本不知道那是什么，后来到了他家，江老把包装打开，我才知道那是山参。山参在当时是珍贵药材，王老师送山参给江老，足见江老在王老师心中的地位。我在去江老家之前先打了电话说明情况，约定到访的时间。我去时江老一家正在吃饭，我也就在他家客厅坐下等候。我看见江老个子不高，身体清瘦，戴一副眼镜，满头银发。他仪态端庄，和颜悦色。由于这是我和他第一次相见，我们不可能有深入的交谈，但他的慈祥、随和、平易近人都给我留下很深的印象。还有一点也是使我惊讶的，就是他家和王老师的家一样简朴无华，甚至连宽敞都算不上。大概中国的知识界自古以来就是清贫的吧。

鼎鼎大名的吴文俊教授是所里的一位重量级人物。他当时并不算老，却已一头银发。他总是笑脸迎人，处事平和谦让。我们的办公室在同一楼层，相距不远，所以经常见面。吴文俊院士是国际著名的拓扑学专家，但在此时他已开始进行几何定理的机械证明的研究，后来在这一领域做了出举世瞩目的成就。可惜我当时没有时间向他请教。

数学所与计算所在同一栋楼，两个所分别占据大楼的两翼。

在这栋大楼前方，还有一栋大楼完全归计算所所有，因为数学所只有不到二百人，而计算所有一千余人。我的方向是计算机，因此很自然地就和计算所有越来越多的接触。在老专家中我接触的是数理逻辑学家胡世华先生，他也是王老师推荐给我的。我头一次进到胡先生的办公室，就被他办公室的图书资料惊呆了。他的办公室很大，但大半空间都被图书资料占着，他就坐在被这些书籍包围的办公桌前。我看到他正在低头沉思，真不好意思打扰他，他听到敲门声才抬起头来。他个子不高，身材中等，头发稀疏，戴副眼镜。一看到他精力旺盛，行动自如，就知道他身体很好。他平易近人，宽厚随和，一下子就把我开始时的紧张惶恐的情绪打消了。我在他的办公室里待了一个多小时，足以说明我们不只是寒暄而已。我觉得他真的是学富五车的学问家，同时也和我一样痴爱书籍。

但在计算所我接触最多也最敬慕的是另一个人，他就是计算所所长许孔时。他让我印象最深的是他的经历，他曾经像陆汝钤一样留学国外，但他去的是苏联而非德国，之后又去了英国。他是我国最早接触早期的高级程序设计语言 ALGOL60 的人。他作为所领导，领导着一个千余人的大所，工作的繁忙可想而知。但我见到他总是乐呵呵的样子，对人又是彬彬有礼，所以对他有很好的印象。敬爱的周恩来总理曾以"举重若轻"来赞誉邓小平同志。许孔时当然没法和邓小平相比，但在行事风格上他们是相似的。当时我们国内和国外的学术交流已经开了小小的门缝。一些外国专家来我国访问，做学术报告。许孔时是当仁不让的翻译，这一点也让我钦佩不已。我是通过陆汝钤认识他的。有一次他来找陆汝钤，陆汝钤就把我介绍给他，我就谈到我对他的翻译能力很佩服。他就对我说，你应该也能做到这一点。他对我的勉励给了我巨大的动力，我想我一定要努力去实现这个目标。后来不久他出国访问，回来之后某一天他专门找到我，给了我一本加拿大多伦多大学计算机系一个教授编著的操作系统教材。他说这是我国最先拿到的操作系统教材，你看看能不能把它译出来。这突如其来的事情确实让我大受感动，因为他作为计算所的所长，下面有大把人才可以轻而易举地完成这件事，但他却把任务交给我，这真的让我大为感激和兴奋。我想我当尽力完成这件事。这件事的意义在于，当时国内还没有一本关于操作系统的书，我的工作可以为国内填补空白，哪怕只是翻译。自收到书的当天起我就把心思放到翻译工作上。当然白天还要做陆汝钤交给我的任务，就是在系列软件中使用 BASIC 语言，这件事在今天当然已经像初等数学那样简单，但在当年它还是一个挑战。夜以继日的工作使我取得很大收获。在来北京之前我翻译过一本 ALGOL60 的教材，但遇到的词汇相当有限，现在却碰见许多原来不认识的单词。应该如何用中文翻译外语在当时无处可借鉴，要我们自己来斟酌。好在陆汝钤、周龙骧、陆维明他们随时都向我伸出援手，帮助我敲定。有时甚至需要我们四个人一起坐下来讨论，确定共识。经过几个月的劳作，全书译完了，我把稿子交给许孔时，他很满意。后来由陆汝钤等出面交给十五所的《计算机参考资料》刊物出版，国内头一本关于操作系统的教材就这样问世了。它引起了业界同行的极大关注，编辑部几次加印以满足读者需求。这二十几万字的译作我并没有得到任何稿费，因为该刊物是内部刊物，不提供稿费，但它却为我赢得声誉，这对我也是很重要的起步。

　　过了很久我才知道，原来许孔时是我国著名的民主党派领导人之一，也是政治活动家，还是著名学者许德珩的公子，他姐姐许鹿希就是我国"两弹一星"功臣邓稼先的夫人。这真是名门之家、爱国之家。但许孔时为人非常低调，他从不炫耀自己的经历，也不炫耀自己的家庭，对人又那样谦虚平和，宽厚大度。他对我的提携使我终生难忘。我还记得匡亚明担任吉林大学校长时，吉林大学曾邀请许德珩到校讲学。但那时由于所属学科不同，我没有去听他的报告。

　　就在我旅京期间，李大庸老师也从广西来到北京，而且在北

271

京住了一段时间，这使我们有机会在周末一起度过许多难忘的时光。其中最难忘的当然是他带我去见他的表哥、我们共同的博白老乡、中国著名的语言学家、北京大学教授王力先生。使我感到意外的是原来王力也和邦加有缘，他的父母亲都侨居邦加，因此在他从法国获得博士学位之后他先去了邦加，在邦加同他双亲共同生活了一段时间后才回到祖国，这就自然地增加了我对王力教授的亲切感。关于王力教授和李大庸老师之间的关系，除了李老师是王力教授的表弟外，李老师还告诉我，他是王力教授和他现任夫人夏蔚霞结婚时的男傧相。一般可以当男傧相的一定是新郎特别亲密的人，所以我才知道李老师和王力教授的关系确实不一般。既然是博白同乡，也算得上是邦加同乡，而且是李老师的表哥，有这几层关系我当然很愿意访问王力教授。王力教授家在北京大学校园内一个僻静的小院里。他原来住的是一栋二层楼的小别墅，环境优雅，屋前还有一棵大树遮阴，增添了整个院子庄重的气氛。在我们去时他头上的"资产阶级反动学术权威"的帽子还未被摘掉，对他还没有完全落实政策，因此他原来的房子，一层还被人占着，他家就只能屈居楼上一层，这使他家显得十分拥挤窄小，连楼梯也被用来存放书籍。还没进到他家的门，就看到这个景象，我心里确实感到不平。一进到王力教授工作的书房，看到他被挤压在连转身都困难的书桌前，心里更增添了几分不平。他是在为国家工作呀，总应该给他更舒适的工作条件。但王力教授对此似乎并不在意，他仍对自己的工作乐在其中。对于李老师和我的到访，他发自内心地表示欢迎，真所谓"有朋自远方来，不亦乐乎？"也许他和李老师也是多年不见了，所以夏师母给我们看的头一件东西就是他们当年的结婚照。照片是二十世纪三四十年代拍的，李老师当时在上海暨南大学，还没到印尼，而王力教授已从邦加回国工作了。照片虽已旧黄，但丝毫不减照片上几位主人公的光辉形象。新郎一脸帅气，风度翩翩，西装革履，光彩照人。而新娘更是美艳无比，一代丽人，婚纱之中，如花似玉。新郎新娘，珠联璧合，举世无双。我还在欣赏新郎新娘时，夏师母就把指头点到新郎身旁的年轻人身上，并告诉我这就是李老师。我注意看，那是年轻的李老师，果然也是风流倜傥，容光焕发，风华正茂，英俊不凡。原来夏师母出生在号称美女如云的苏州，她还是当年著名的校花，所以如此绝艳也就不奇怪了。没想到我和王力教授的第一个话题竟是他的婚姻状况，而且他是这样主动这样爽直地对他的后辈述说。他告诉我他有两次婚姻，夏师母是他的第二任妻子。接下来他就问我博白的老家在什么地方。我告诉他之后，他说他对那里很熟悉，因为博白中学离那里很近。他又问起我在邦加的住处。我告诉他沙横之后，他说他对沙横就不熟了，他没去过，他只去过槟港和他家勿里洋附近的地方，但他对邦加也有很深的感情。话题逐渐转到他现在的工作，他说商务印书馆刚找他联系再版他以前出版的汉语言方面的著作。我看到桌面上他用毛笔在方格稿纸上所写的文字，我真为他工整清秀的小楷所折服。我想这真是学问家的风范和过人之处。原来那些浩瀚巨著都是这样写出来的，实在了不起。我也为有这样一位博白同乡而自豪，并为能认识他而感到荣幸。在我们进行这样无拘无束的交谈时，我发现王力教授心情也很好，大概是因为难得有他阔别多年的表弟和我这小老乡的造访，增添了他生活的乐趣，驱除了寂寞。一边是我们两个来访者和王力教授交谈，更多的是我和他交谈，因为李老师的失聪问题，他把交谈机会给了我。另一边是夏师母在忙着为我们准备餐桌上的菜肴。午饭时间到，夏师母就把饭菜都端上了。菜很简单，四菜一汤，却不失讲究，有松花蛋，南方的香肠，有夏师母亲自烹制的炖肉和青菜，再加一个汤。这桌饭菜实在美味可口，更给我留下难忘的印象。饭后是王力教授雷打不动的午休时间，我们知趣地告别。夏师母代表王力教授送我们出门，并表示欢迎我们再来。后来我和李老师又去过他家两三次。一回生，二回熟，再去就不那么拘谨了，他们也对我们更随意了，但热情不减。总的印象是，王力教授虽已年过七旬，却仍旧孜孜好学，治学不倦。每次见他总是伏案思索或专心笔耕，希望留下更多的精神财富。由于是同乡，王力教授也成为我人生征程中的一个榜样。

除了王力教授外，李老师还带我访问了在北京的槟中校友们。他们都是槟中头几届的毕业生，算是我的师兄师姐。迫于时局，在印尼邦加槟港的槟港中华中学已被关闭多年，那里的槟中已不复存在。但是当年在槟中求学的年轻人已奔向社会，奔向世界各地。在北京就集中了一批槟中的校友，难能可贵的是他们和李老师都还保持联系。他们大多数都是先我回国的，这时他们都已步入中年时代，成家立业，在社会上有了一定地位，正在用自己的学识回报祖国对自己的养育之恩。与此同时，他们对被视作第二故乡的邦加和那里的槟中给自己的启蒙教育也是铭记不忘的。所以对于曾经对自己谆谆教导的李老师的到来，他们都互相转告，热情欢迎李老师去自己家做客。他们也都不在意自己家的条件，执意让老师来看看自己的情况。这也说明大家对于在祖国的生活是满意或基本满意的。大家虽不富裕，但是生活有保障，温饱没问题。李老师约我同行，我感到很荣幸。在回国前，我对这些师兄师姐很是羡慕，现在能同他们相识也感到很高兴。所以凡是李老师约我同去的我都欣然同意并前往。我们一起访问了夏莲妹、黄力蒂、何菊芳、凌丽莲等人的家，所到之处都受到了热烈殷勤的款待。这也成为我人生中的美好记忆。

中国科学院是中国最高学术机构，它承担着和外国科学界进行交流的任务。"文化大革命"中和国外的学术交流被中断，到20世纪70年代，国内外学术交流的门悄悄开启，比如许孔时访问加拿大。也就在这期间，美籍华裔著名数学家陈省身应邀到数学所来做报告。陈省身称得上是国际著名数学家，数学界泰斗式人物。他多次被选为美国数学会的主席，由于在微分几何上的卓越成果而毫无争议地获得国际数学界的最高奖菲尔茨奖，这就相当于数学界的诺贝尔奖。他到数学所做学术报告，自然要介绍有关他的学科领域的进展。在这方面我当然完全是外行，但他总会谈更广泛的情况，同时我也想领略大学问家的风采，所以我也前去聆听了。听后果然感到受益无穷，因为他谈到了进行科学研究的一些方法，我觉得很有启发。在这期间还有美国计算机学会的六位教授前来中国访问，他们都是对中国友好的人士。由于参会人数的限制我没有机会直接参加他们的报告会，但过后他们的演讲稿被译好发给大家，我也就了解了最新的学术动态。

　　除了同国外的学术交流外，还有国内的学术交流。比如计算所邀请北大的杨芙清教授到所里做报告，这样也就给了我认识杨芙清教授的机会。当时她还不是教授，后来才成为教授和中国科学院院士。她是留苏学生，曾和吉林大学数学系的金淳兆（朝鲜族）老师、南京大学的徐家福老师一起在苏联学习。徐家福老师也曾被邀来讲学，我也就认识了他。不过当时他们都还不认识我，我也不敢贸然前去自我介绍。

　　和唐稚松研究员的认识，是由罗铸楷老师的介绍开始的。在我来京之前，罗铸楷老师告诉我他和唐稚松老师认识，在一起开过会，所以他让我在北京见到他时可以提起他，日后需要时可以向他请教。我在一次开会时遇见唐稚松老师，便走到他面前向他作自我介绍并提起罗铸楷老师，唐老师很高兴。后来每次见面他总是主动和我打招呼，非常客气。有一天下午，就在计算所和数学所之间的空场上，我见到唐稚松老师正在和一位我未见过的人交谈。唐老师看见我，就把我叫过去，他向我介绍说这位是洪加威。当时洪加威在计算机领域的创新性成果刚刚问世，许多媒体都以之为中国最新科研成果来加以报道。洪加威是江西人，和我系 59 级的王仁宏、王仁藻是同学。当时洪加威还不是教授，但由于他的这一成果使他很快获得晋升，因此他甚至比资历要较他高得多的唐稚松老师先成为正教授和中科院院士。后来唐稚松老师因为在 XYZ 语言的独创性成果也成为中科院院士，但时间要比洪晚。不过洪之后走的是另一条路。他开始时是作为客座教授去美国同美方进行科研合作，后来就受聘到美国工作，长期在美定居不回，这样他的院士身份就取消了，所以他就成了中科院的匆匆过客。在那个时期，像洪这样有才华但不愿留在国内的也不止洪一位。清华大学计算机系原系主任金某，北京大学计算机系马某，也都去了美国不回。马后来也被遴选为中科院院士，但他们都放弃在中国很不错的待遇和地位，马后来因病客死他乡。

直到很久后我才得知原来唐稚松老师还是我长沙一中的校友，是我的学长。他是20世纪40年代从长沙一中毕业的。在一中时他就是一名德才兼备的好学生，因此在一中校史上还保留有关于他的一些报道资料等。我引以为豪的一中校友还有朱镕基、朱光亚等。

在计算所还有一位名人是我不能不提到的，他就是董韫美。他是我吉林大学数学系的校友，实际上他还是管纪文老师的同班同学，所以我到了数学所后就找过他。但他为人低调内向，在日常生活中我也没有什么事要麻烦他，后来他给了我和管纪文老师很多帮助。他是计算所内公认的编程高手，后来也被遴选为中科院院士。

我在北京待了一年后，按照原定计划，学校和系里要求我回学校。我感到在北京的一年时间学到很多新东西，也认识了很多学界的权威和同行，为自己的业务发展建立了很好的基础。我很感恩组织对我的培养，如果没有这个机会，光靠自己努力也是难有所成的。

四、在吉林大学的最后阶段

1974年春天我回到吉林大学。当时一个大事件是邓小平同志的复出，这在中国历史上是一件大事，因为在他复出后不久，人们就可以感觉到一股崭新的空气。整个国家的经济生活开始正常运转，工农业、交通运输业，乃至金融财贸都呈现欣欣向荣的景象。可邓小平复出的时间并不长，又受到"四人帮"迫害，第二次被打倒。但是他通过这次复出向世人证明，他确确实实能把国家治理好，是能力挽狂澜的人。他向人民展现了自己，这也就为他的第三次复出和成为我国改革开放的总设计师奠定了基础。

随着整个形势的好转，学校的工作也一天天转向正轨。在1973年进行试招生之后，1974年又继续招生，所以我回校之后就要给学生上课。同时王湘浩老师和教研室领导也要我把在北京学到的新知识介绍给大家。原来我们从事的是计算机逻辑设计和理论，现在我们认识到计算机软件是当时最主要的方向，因此向教研室的同事们介绍这方面的进展确实极为必要。当时对于我们教研室的同事们来说操作系统是全新的概念，我作为被派去学习的人，回来之后当然有义务把自己学到的东西毫无保留地传授给大家。这样做就可提升我们的整体实力。当时国外也刚有计算机科学系的建制，我受到国外这种发展趋势的触动，也想在吉林大学率先建立计算机科学系。当时国外的ACM（国际计算机学会）发表的课程表68刚传入我国并引起广泛关注，我想这是让更多人了解和研究它的时候，因此我就把它翻译并打印出来。这项工作得到教研室包括王湘浩老师的支持，后来就由教研室印刷出版。它一经出版，影响很大，许多单位和个人都纷纷来信来电索要，因此印数一再增加，最后达到数千份。我们也为自己的工作受到全国这么多人的关注而高兴。

关于计算机科学是否为独立的一个学科分支，当时在国外如美国都还有争议，中国就更不用说了。如果这个问题不解决，遑论成立计算机系。而课程表68的意义就在于它肯定了计算机科学是一个独立的分支，并把它的组成课程呈现于众，这就为成立独立的计算机科学系扫除了障碍。成立计算机系要有学科带头人和队伍，我们在这方面拥有优势，因为在数学系的计算数学教研室原本就有专门从事程序设计的金淳兆、徐立本、金成植等，在物理系原本就有从事计算机硬件的鞠九滨等，加上王湘浩老师率领的我们这部分人。这样，有了学科带头人——王湘浩老师，有了队伍——三部分人合在一起。这就为我们在全国高校中率先成立计算机科学系创造了非常有利的条件。当时我们对标的是北大、清华、复旦、南大以及国防科大等院校，因为我们和他们是并列的。最终我们在 1976 年初成立计算机科学系，成为全国第一个计算机科学系。

在担负教学工作的同时，我在校外也有了一点知名度。除了前边谈过的一些单位邀请我做学术报告外，也有单位邀请我为他们系统地讲授一门课。吉林工业大学（现已合并到吉林大学）以吴知衡老师为首的电子工程系的一批老师也决定成立计算机科学系。顺便提一句，吴知衡老师原是清华大学的。但吉林工业大学的这批老师原来都不是搞计算机的，自然要重新学习有关计算机方面的知识，这就需要有人为他们进行系统的授课。他们在吉林大学找到了我，我就承担起这项任务。每周两个下午，我去给他们上课，这样足足为他们上了半年的课。因而我也同他们结下了友谊，和他们许多人成为学术上的朋友。

远在吉林市的东北电力学院（今东北电力大学）也找到我，请我对他们的老师进行培训。长春和吉林两地虽仅相距一百千米左右，但当时的交通不允许我每日往返两地，而只能集中一段时间天天上课。我在那里讲了近一个月的课。在那里我有幸认识了电力界的老前辈马召彦老师，以及后来成为学院院长的丘昌涛教授、成为副院长的杨善让教授等。丘、杨二位后来成为中国电工学会工程数学专业委员会的负责人，他们也推荐我参与到该专委里一起工作。后文我还将对该专委的工作做更多介绍。

就在这期间我无意中接触了一本有关计算机流程图符号的英文著作，对它产生了兴趣。它是把流程图符号作为一门学科来介绍的，如果把流程图符号设计好，通过图形识别和文字符号识别，就可由流程图作为源程序直接产生目标程序。即便是流程图符号本身，全世界也应该有统一标准，我想在介绍世界标准的同时也推出我国自己的标准。这个国家标准应该尽可能地同国际标准一致，但又应该根据我国特点作些必要的调整。在《吉林大学自然科学学报》上，我关于这个课题的论文被作为综述性论文发表，这引起四机部（电子工业部）标准局的关注，他们正需要制定流程图符号的国家标准和 ALOGL60 语言的标准以供大家使用。这样他们就选中我来主持流程图符号和 ALOGL60 语言标准的制定工作。当年夏天在大连召开了由我主持的工作会议，来自全国各地的代表有二十余人。先由我对标准符号制定的意义、工作的目标、工作的步骤等做了说明，然后再介绍初始的方案，接着就转入对每个拟采用符号的讨论。问题在于，国际标准对一个步骤并非仅给出一个符号，而是有一个乃至多个符号，因此我们就要选定一个作为标准，使之成为大家共同认可的那个。由于大家都以制定标准的符号为宗旨，工作中协商一致，大家在一起工作始终充满着友爱和谐的气氛。经过十余天的共同努力，我们把标准符号定下了，正式交付四机部审核发布成为国标。这也可以说是我给国家做的一件事。

1976 年初，新的一年刚刚开始，学校进入期末复习考试阶段。1 月 9 日早晨，我跑完步回来，习惯性地打开收音机，收听中央人民广播电台的《新闻联播》。收音机是当时家里仅有的电器，而《新闻联播》是我最关注的节目，是每天雷打不动必定收听的节目。在节目开始播放音乐之后我听到播音员异样的声音，我就有一种不祥的预感，但我没有想到是周总理逝世了。直到听到周总理的名字，我才忍不住泪流满面，心恸欲绝。1955 年 4 月周总理去印尼万隆参加首届亚非会议，我头一次知道周总理的名字。这二十余年间，在广播里、在报纸上，我几乎每天都能听到、看到周总理的活动。我感到周总理真是日理万机，天天不知疲倦地为国家为人民奔波操劳。我发自内心敬仰他，热爱他，崇拜他，他才 78 岁就离开了他所热爱的国家和人民，我真为他的离世而感到无比悲伤。在我父亲去世时我没有戴黑纱，因为我知道时他已经去世好几年了，但周总理逝世我不能不戴黑纱，很多人也和我一样要戴黑纱，但不知道哪来的通知说不允许戴黑纱，不允许自行组织悼念周总理的活动。好在后来有人不知从什么地方买来黑纱，我也分得一块，也就戴上了。

通过和四机部十五所的关系，我们参与了一项属于国防建设的项目。我参与了他们为该项目研制的计算机的逻辑设计。当时我们所招收的"文革"后的第一批学生正需要实习，在长春没有可供他们实习的地方，因此就得到外地去寻找可安排他们实习的场所。这个任务落在我身上，借着参与这项国防项目的名义，我和十五所领导联系，没想到他们痛快地答应了。就这样，1976 年第一学期刚开始，我就受命带领这些同学到北京四机部十五所去实习。除了我之外还有管纪文老师和周长林老师，周是我的同班同学。我不但要带队，更要对所有师生的思想、生活以及安全负责，而且也是业务上的负责人。这是我第一次在远离学校的地方负责领导这么多人，我既感到这是组织上对自己的信任，又感觉责任的重大。我不能掉以轻心，要时时紧绷头脑中的弦，防止任何意外情况的发生。当时十五所的条件也很简陋，他们只能把原来的仓库腾出来作为同学们的宿舍。没有床，同学们就只能打地铺，一起睡在一个大房间里，女同学也是一样，睡在另一个小一点的仓库里。但是能够到北京，到全国一流的研究所实习，同学们还是兴奋不已的。他们都很感谢我为他们争取到这么好的实习场所，所以总体来说同学们都很听话，很守纪律。虽然难免发生个别事件，但并没有出什么大乱子。时隔几十年，我对他们在工作上给予我的支持仍十分感谢。

时间过得很快，我因故回长春待了差不多一个月。由于我的离开，在北京的同学确实有群龙无首之感，和十五所的有关人员的沟通也出现了障碍。我想如果我不回来北京，工作肯定是要受到影响的。这有两方面的原因。一方面，周、管两位老师没有做学生管理工作的经验，和这些同学也不熟，自然难做他们的工作。另一方面，与十五所的联系一直由我负责，我不在了也就难以进行了。我一回来北京立即抓紧进行内部整顿的工作，加强纪律性。同时把实习的工作也落实下去，要求同学们充分利用最后的时间以取得最好的效果。实践证明，这次实习打开了同学们的眼界，增强了他们的实干能力。由于他们都是从插队落户的农村、工厂或部队考上来的，在政治思想上受过锻炼，用人单位也看重对他们的培养。因此这批同学大都成了国家的有用人才。他们中的佼佼者是李凯。李凯出身于知识分子家庭，其父李楚杰原在长春白求恩医科大学（现并入吉林大学）任教，后来调到暨南大学，是暨南大学医学院院长、教授。李凯毕业后被分配到国家计委工作，后来他考取计算所读研，成为曹东启教授的研究生。通过他的不懈努力和其他人的鼎力相助，他又获得在美国耶鲁大学读博的机会，终于在学术上攀登高峰，取得许多举世公认的成就。他后来成了美国工程院的院士，普林斯顿大学的教授，国内好些大学包括吉林大学和暨南大学都聘请他为客座教授。他的同班同学高全泉被分配到数学所陆汝铃手下，在陆汝铃、周龙骧、陆维明等人的培养下进步很快，也成了研究员。其他人中有被十五所选中分配到十五所工作的，还有留在吉林大学工作的，以及在北京或在长春重要部门工作的，等等。绝大多数都在自己的人生中创造出精彩业绩。我为曾经在他们的成长阶段助过他们一臂之力而感到欣慰。

进入 7 月，我们的实习也到了收尾的阶段。我们的工作得到了十五所的肯定和好评。在工作完成的时候，我安排同学们进行三四天的假期自由活动，主要是让他们在北京自己或集体参观游览，也让他们买些特产带回家里。我提前买了我们 7 月 28 日中午直达长春的火车票。我让大家只预留了头一天的北京粮票和食堂的餐票，因为一离开北京这些对我们都没用了。7 月 27 日那天，大家都上街购物去了，我留在所里逐个向帮助我们工作的严友谅、王寿松、梁大周等告别，表达对他们的感谢。我和他们长期共事，一直都相处融洽，这次分手后或许就不大有机会再聚首了。吃过晚饭，我向同学们交代完明天集合的事宜，就和管老师、周老师聊天。九点多后大家也就各自上床睡觉了。7月的北京已是盛夏，天气炎热，一时半会热得睡不着，但到了半夜天就转亮了，也就进入了梦乡。正当大家都睡得正酣时，四点多的时候，突然连着几声巨响，床剧烈晃动，房子也在晃动，地面也在晃动。我闹不清楚是怎么回事，有生以来第一次碰到这样的事。正当我还摸不着头脑时，一个声音吼起来："不好，地震！快出来呀！"于是所有人只穿着内裤背心，男女一窝蜂全都跑出来，露天站着。北京的夏天，天亮得早，一会儿工夫天也就亮了。但由于余震不断，大家都不敢回房间。直到六点多大家确信没有余震了，才战战兢兢地回房间去。到了七点左右，听到《新闻联播》，才知道地震发生在唐山，而且震级高达7.8级。这场强震造成铁路的严重破坏，为了弄清我们什么时候可以走，我赶紧前往北京站去查询，同学们则焦急地等候着我的消息。由于地震，北京的公交也受到影响。我从德胜门外的苇子坑出发，然后换乘到北京站的无轨电车。中途经过王府井时，由于塞车，在王府井百货大楼门前停下。突然一声巨响，眼看着百货大楼正面右侧的墙整个儿坍塌下来，车上的所有乘客无不大惊失色，有的则高声喊"哎呀！"所幸当时那儿没有人，因此未造成任何伤亡。无轨电车走走停停，比平时走得更不顺畅，好不容易来到了北京站。我立即到售票处去查询情况，我前面已有一大堆人和我一样查询北上火车的情况，因为往南的车基本不受影响。我被告知我们可以不退票，但什么时候走要等通知，要和车站保持联系。有了这个结果我还得跑到在东单附近的电报大楼向学校发电报，报告我们的情况。那天电报大楼的服务大厅人满为患，我不到十一点就到了那里，足足等了四个多小时才把电报发出去。但事还没完，出来之前我向同学们交代让他们自己解决午饭，等我回来再解决在食堂用餐的问题。关键问题是原本我们要走了，就退伙了，现在我们已没有北京市粮票，全国粮票也所剩无几。要重新在食堂吃饭，没有粮票根本不可能。我回到所里，向所里的有关部门求助，希望借给我们粮票解决燃眉之急。所里很理解我们的处境，但是一切事情都要经过几道手续。我向别人说了许多好话，并保证回长春之后就立即寄还他们，终于把饭票问题解决了。可我一整天都没顾上吃饭，等这些事都处理完了才买了点饼干对付。震后几天同学们也无心到哪里去玩，就留在宿舍里聊天、打扑克、下棋，消磨时间。大家就在这样无奈的情况下度过那艰难的时光。终于从火车站获悉我们可以乘8月4日经赤峰的火车回长春，绕开唐山、秦皇岛、山海关的线路。当我把消息告诉同学们时，大家的兴奋和喜悦溢于言表。而让大家永远难以忘怀的是，学校组织了好多人到车站来接我们，我们好像成了英雄一般。想起地震时那惊心动魄的场景，我们也觉得万幸，因为即便在北京市内也有受伤的，房屋的损毁就更不用说了，那段时间大家都住在临时搭建的地震棚里。

当时中国的经济状况是很困难的，地震的损失无疑是雪上加霜。请求国际援助是许多国家在受到不可抗拒的自然灾害时普遍的做法，但中国政府却明确表示谢绝外国援助。我感到这是一种骨气，一种精神，一种风格。在当时的情况下是很需要的，但因为那时很多国家对我们并不友好，如果它们给你点援助，我们又要"受人点滴之恩，当以涌泉相报"，我们又何必做这种事呢？但现在已经不再采取这种态度，因为情况有了变化，我们真的有许多朋友，朋友的援助就比较自然了，也是可接受的。当时我们尽管没有接受任何援助，但是依靠自己的力量，硬是把新唐山建设起来，而且新的唐山比旧唐山更加美丽辉煌，令全世界为之感叹。这就是中国精神，中国速度，中国力量！

地震的悲痛还在发酵，没过一个半月，中国又发生了震惊中外的事件。中国共产党久经考验的伟大领袖、中华人民共和国的缔造者毛泽东同志在9月9日与世长辞。那时我已回到长春，当中央人民广播电台播送哀乐和讣告时，我正走在永昌路朝阳区医院附近。当时路上还有不少行人，大家也都和我一样停下脚步专心收听，听完广播后顿时泪流满面，悲痛万分，为失去自己敬爱的伟大领袖而感到悲痛。多少年了，大家几乎天天都听到关于他的活动，阅读他的著作，听从他的教导。大家也感受到在他的英明领导下祖国的发展壮大，也因而感到作为中国人的骄傲和自豪。尽管我国还比较贫穷落后，但是我们却在发展着，更拥有作为独立自主国家的尊严。今天他走了，我们失去了伟大的掌舵人。我们祖国会怎样继续前行？这是大家最为关切的问题。

党和国家的三位卓越领导人相继逝世，史无前例的大地震造成重大伤亡和财产损失，1976 年真是多灾多难。然而正所谓否极泰来，国家的转机也在这个时候出现了。在毛主席离世仅一个月，华国锋、叶剑英等中央领导就果断粉碎了"四人帮"，挽救了党，挽救了国家，使中国的航船继续在正确的航向上平稳行驶。从那之后，特别是在恢复邓小平同志的领导职务后，我国的改革开放政策引领着国家走在康庄大道上。

这时一个重大的变化是党和国家的工作重点转到以经济建设为中心的轨道上来，因此在学校里，教学和科研都受到了高度重视。有一件事给我留下很深的印象，那就是学校又开始统计学术成果和完成论文数。当时多数人很久都没做任何科学研究了，或者刚要开始做，自然还没有任何成果。但是谢邦杰教授却不然，他一下就发表了八篇论文，这可真像"放卫星"了，不但在我系引起轰动，在全校也引起不小的轰动，激励起全校老师都潜心开展科学研究。为此我想应该开展一些软件方面的研究，正好当时 Nova 计算机在全国广泛流行，人们都用其中的 BASIC 语言来编写程序，王湘浩老师也加入了这个行列，也用 BASIC 语言来编程序。但作为学问家的他，不仅仅是拿这个解释程序来做些简单的事，而是要探究它是怎么工作的。这正是当时人们还不清楚的问题。王老师就用它来测试求解线性联立二元方程组。对于这个问题，学过代数学的中学生都知道，依赖于系数行列式和式子右边常数值的情况，这个方程可以有唯一解、无穷多解和无解三种情况，因此在求解之前需要判定它属于哪种情况。但是王老师通过测试几种情况，很快就发现这个解释程序竟然没有经过对情况的判定就贸然求解了，这自然会出现错误的情况。王老师的这个发现鼓励我们"揭底"解释程序，把它的原码的真实含义公之于众。但是 BASIC 解释程序有单用户和多用户两种版本。单用户有4 000余条指令，多用户则有 14 000 余条指令，所以要做这件事只有把两者都搞清，特别是把后者搞清才有意义。于是我向王老师提出这个想法，得到了他的鼎力支持。他表示可以参加进来。我又邀管纪文老师和周长林老师来谈，他们也都爽快地答应加入。就这样，分析和注释 Nova 单用户和多用户 BASIC 解释程序的工作开始了。为了便于工作的开展，我建议我们要集中坐班，但王老师是例外，他可以根据情况来找我们。对于我们来说，单用户根本不是问题，因为它程序条数少，功能简单，要做的仅仅是逐条解释，但多用户就不同了，它长达 14 000 余条，而程序入口在哪里都不清楚。好在我们通过中科院物理所的校友金英淑得到了它的反汇编。所谓反汇编就是不论是指令还是数据，统统把它当作指令来处理，变成汇编指令的形式。于是我们首先就要判定它是指令还是数据，如果是指令，那它完成什么任务？如果是数据，那这个数据用于何处？我们把 14 000 余条指令大体分为四份，每人各承担三千余条。作为组长我自告奋勇要求多承担些，但在寻找入口阶段大家还是集中兵力一起找。开始时很不顺利，一两个星期过去了，我们仍然毫无头绪。但事情总有峰回路转之时，到了第三个星期我们发现了突破口。由这个突破口出发，我们逐个发现了每个局部模块的入口，这样整个结构就非常清晰了，往下就是要把每个细节都弄个水落石出。这时包括王老师在内，我们每个人都如释重负，豁然开朗。有些操作涉及硬件的一些特性，但一些硬件设备我们不仅没用过甚至都没见过。因此，要弄清这些硬件的操作自然有一定的难度。但我们遵循一个原则，就是要揪出事情的因果关系来。任何事情都服从于前因后果这个大的原理，只要把这个搞清楚就没有解不开的结了。往下的时间可以说我们就是在享受生活，收获我们的劳动果实了。终于到了大功告成时，我们又一同商量要把这成果公之于众。但在当时没有电脑排版印刷，我们就只有刻蜡版的手工印刷。为此我就在长春的街头巷尾四处寻找誊印社为我们誊印题为"Nova 多用户 BASIC 解释程序的分析和注释"的成果。同时我又通过各种途径找到可能对我们这项工作感兴趣的单位和个人，向他们推介和征订。出乎我的意料，短时间内每天都有大批订购的汇款寄来，把主管这件事的兰大姐忙坏了。我们这项工作反响很大，许多人对于我们在短时间内完成这看似难以攻克的任务表示由衷的敬意。1978 年召开了全国科学大会，学校上报了我们这项成果，最后我们获得了全国科学大会奖。虽然奖励的级别不算高，但对我们已是很大的鼓励了。

紧接着另一个更大的荣誉——我所主持的计算机流程图标准符号和 ALGOL60 标准的制定项目获奖了。在那个时期我们的计算机事业还在艰难起步阶段，需要制定统一的标准来规范，电子工业部重视这项工作的意义也就在此。我所主持的这项工作被电子工业部评为科技进步一等奖，又被国防科工委评为科技改进二等奖。虽然我并没有得到多少经济上的奖励，学校也没有在专门的会上来宣布这件事，但它对于我却非同一般，我找到了自己工作的价值和意义。我决心在这条路上继续走下去。

机会来了，我在新华书店外文部偶然发现一部三卷巨著 The Art of Computer Programming，作者是美国斯坦福大学的年轻教授 D. E. Knuth。他仅比我大两岁，却已著作等身，享誉天下。这一巨著更在 1974 年荣获计算机领域的最高奖图灵奖。我想如果把这套书翻译出版，必将对我国的计算机事业起到重大的推进作用。我把这个想法告诉管纪文老师，他非常赞同，并愿意和我一起来完成这件事。我们首先通过计算所和数学所的关系联系了国防出版社，出版社的领导经过仔细慎重的讨论研究，表示对出版此书有兴趣，但他们没有权立项，立项要经过更高层的领导，而这需要我们自己来申请。我和管纪文老师都未曾处理过此类事，可谓完全不谙此道。我们只能求助中科院数学所的陆汝钤、十五所的严友谅等朋友来帮我们寻求高层领导的批准。我们的翻译工作在进行着，而同时我们也怀着忐忑不安的心情等着来自北京的消息。等待总是漫长的，但有一天消息传来了，我们的书在国防工业出版社正式立项了。也就是说我们的翻译成果将会正式出版，当然前提条件是我们的翻译质量符合要求。

就在这期间，科学院邀请 D. E. Knuth 教授来华访问和讲学。我和管纪文老师作为有意翻译他著作的人也被邀请参加接待活动，并被主办方正式介绍给他。能够全程参加他的讲学活动，后来又同他单独会见，我们确实感到荣幸。他也真的成为我在学术上奋斗的一个榜样，可惜后来我错失了到斯坦福大学去成为他的博士生的机会。这次见面他只客气地表示希望我们的工作顺利。

顺便说说当时和他同行并担任其翻译的胡德强教授，他是 D. E. Knuth 教授的朋友，从事组合算法的研究。我对能和他相识也感到很高兴。当时我对胡德强教授的身世了解不多，但他操着纯正的北京口音，说的普通话字正腔圆，使我对他印象深刻。他在美生活多年，担任 D. E. Knuth 的翻译自然游刃有余。他在翻译之外还提供有关 D. E. Knuth 的更多信息，比如他介绍 D. E. Knuth 严谨的工作作风，这一点我在他的著作中已略有所见，而胡教授提供的一些具体例子就更为生动感人。他的生活极有规律，每天做什么事都有周密安排。他热爱音乐，还热爱爬山等体育运动，这些都成为他生活中不可或缺的组成部分。但在工作时他就是一个地地道道的工作狂，连续工作十个小时以上是司空见惯的事。胡教授帮我更深入地了解了 D. E. Knuth，我也就更加仰慕这位学术大师了。同时胡德强教授谦逊低调的作风也给我留下了很深的印象。

在国防工业出版社处理稿件期间，我还偶遇了国防科技大学的陈火旺老师。他后来被遴选为中国工程院的院士，是中国计算机学会理论计算机科学专门委员会的首届主任，在这个专委会里我们一起共事多年。他当时也在国防工业出版社处理他和上海交通大学的孙永强以及复旦大学的钱家骅合著的《编译原理》一书。从此我们就有了数十年的交往和友谊。他们的这本书成为填补我国这一领域空白的著作，多少年后仍被认为是这一领域的重要著述，很适合做教材。钱家骅教授比我年长，而且当时已是复旦大学计算机系的系主任。他为人十分谦虚真诚，我曾把我所编写的在吉林大学计算机系使用的操作系统教材寄给他，请他批评指正。他在百忙中认真仔细地阅读了书稿，并极力肯定和赞赏我的工作。同时也指出不足之处，使我获益匪浅。我们几次相见都很投机，畅谈甚欢。可惜不久钱教授因为不治之症过早离世，这不能不说是复旦大学计算机系的损失，也是我国计算机界的损失。我也为失去一位尊敬的挚友而悲痛。

由于挡在我们翻译出版这套书前的石头已被搬走，国防工业出版社当然希望我们尽早交出书稿。因此从北京回来我和管纪文老师就铆足了劲，争分夺秒地进行翻译工作。我们的工作方式是由我来进行翻译，翻出一部分后就交给管纪文老师审阅誊抄到稿纸上，抄好后再由我校阅。如有疑问两人一起讨论处理，如无问题就算通过。我的字迹极为潦草难认，这在系里是出了名的，加上为了快就更是龙飞凤舞，别人看我的字都叫苦不迭，十分头痛。但管纪文老师认起来却毫不费力，所以我们的合作可谓天作之合。

我每天一大早起来锻炼之后，一边吃早餐一边就开始翻译。如果我那天有课，还得按时前去上课，上完了课又立即着手翻译。那时一周只有周日一天休息，从周六下午到周日晚上就是我的黄金时间了，我把这难得的时间全都用到翻译工作中去。正巧那个时候我的课不多，这就为我提供了大量的时间专心做翻译工作。我心无旁骛，除了早晨雷打不动的体育锻炼，接送孩子到幼儿园，再加买菜买粮，其余时间全花在翻译上。后来我的课上完了，系里又安排我去参加在明德二宿舍即七宿舍西边挖防空洞的劳动。每天一早来到工地上我就和大家一起挖土运土，中午回家有两个小时的午休时间，吃过饭我就又动手翻译。如果一整天都是脑力劳动，肯定受不了，但因为挖防空洞是体力活，所以利用午休时间翻译对我下午的劳动丝毫没有影响。下午下了班回来我抓紧时间洗澡、吃饭，就又忙着翻译。有人看我总是精力充沛地工作，问我哪来的力量。我觉得力量来自使命感，如果你想着自己要把某个工作做完，那在没做完时你就一定有一种力量，有一个声音催促你继续完成那项工作。

但是在翻译过程中遇到的困难也是巨大的。D. E. Knuth 不仅是一位卓越的计算机科学家，同时在文学艺术等诸多领域也有很深的造诣，他的书文字优美，文笔流畅，在叙述深奥的专业知识的同时，也夹杂着许多生动有趣的文学素材或各种典故。他会引用莎士比亚的名句或诗词，也会引用古希腊的荷马或苏格拉底的论述，真是旁征博引，挥洒自如。所以要把他的书翻译出来，就要求译者也得通晓这些知识，而且也要把原文优美的韵味翻译出来。这对我们无疑是严峻的挑战。我碰到过许多这样的困难，有一次是为了一个挪威文单词，由于吉林大学没有懂挪威文的老师，于是我只好专程到北京外国语学院（今北京外国语大学）请人解决，但也没有找到懂挪威文的。最后找到一位懂瑞典文的，他帮我看，总算把它搞明白了。我坚信，任何困难只要下定决心去应对，总能战胜它。就依靠这样的韧劲和执着，我们仅仅用了半年多时间，便把近百万字的第一卷，也是最精彩的一卷，即他荣获图灵奖的那一卷翻译完成。当我们的译著在全国新华书店的书架上出现时，许多人都竞相购买，且对它的质量赞许不已。我为自己的工作成果感到喜悦，也充满成就感和获得感。

　　粉碎"四人帮"给中国老百姓带来的好处是实实在在的，一个看得见摸得着的好处就是涨工资。从 1962 年大学毕业，我第一年的工资是 46 元。1963 年转正开始我每个月拿 56 元。这个数字一直不变，而且到伊通插队后由于地区差还减为 53 元，回到长春后才又恢复 56 元。到了 1977 年，我的工资才涨一级成为 62 元，真的令人感叹。在我拿 56 元工资时我还是单身一人，这钱同我领的助学金相比真多了不少。当时我还想过如何能帮助在国外穷困潦倒的父母亲。在博白的伯父提出让我每月寄钱给他，他让在印尼的儿子也就是我堂兄等额给我家。我想这办法可行，也就把钱给伯父寄去。殊不知我的一片苦心却打了水漂，那个堂兄根本没给父亲一分钱，使我颇有受骗之感。不过即使寄走一部分，我的生活也还是过得去的。结婚后盛锦华的工资是 54 元，只比我少两元。我们和她母亲一起生活，老太太省吃俭用，我们的生活也就有条有理，无愁无忧。我们有了第一个孩子后开销陡增，特别是在为她准备衣物时。但后来下乡去了农村，一家四口在省吃俭用和整个国家都处于贫穷的情况下，这些钱也还勉强够花。但后来又有了两个孩子，变成六口之家，我们的收入就有些捉襟见肘了。不过按照助学金评定标准，只有家庭人均低于 13.5 元的才可以享受助学金，而且平均高于 9 元的只能享受丙等即 6.75 元，也就是说我们还不在贫困线以下。我们虽不富裕但还可以维持生活，增加了 6 元就略微纾解了困难，而且更重要的是它带来了希望，就是下次再涨工资不再需要等十几年了。

　　在涨工资的同时，职称评定也恢复了。当了十余年的助教，对外都不好意思说，而只说是大学老师。1978 年教育部下达恢复职称评定的通知，我和同期毕业留校的其他几位同窗无一例外地都获得了讲师职称。如果按照惯例助教在正常情况下五年即可获得讲师职称，再经过五年就有希望被提升为副教授。到 1978 年我们已经整整毕业十六年，难道不应该是副教授吗？尽管讲师职称姗姗来迟，但它也给了我们希望，不久后我们也可以拿到副教授职称。抱着这样一个信念，我对自己也对祖国更加满怀信心。

这时全国的计算机学会为推进我国的计算机事业的发展，从原来的电子学会独立了出来。我正是吉林省积极推进计算机学会成立的推手。当然，我的后盾有王湘浩教授，有吉林大学计算机系，还有主管这件事的学校科研处，以及当时的吉林工业大学（现已与吉林大学合并）的系主任吴知衡教授及其他老师。我因到那里给他们讲课而和他们相处融洽。我多次到省科协去请示如何办成此事，从过程中我认识到，办事没有坚持不懈、遇难无惧、百折不挠的精神是断然不成的。正是依靠众多人的支持和我的实干努力，省计算机学会宣告诞生。德高望重的王湘浩教授被大家拥戴为第一任学会理事长，吴知衡教授和长春第一汽车厂的总工当选为副理事长，东北电力学院院长丘昌涛教授当选为常务理事，省内的各路计算机精英也都被囊括进来，而我被选为秘书长，主持学会的日常工作，做王湘浩教授的助手。正式成立那天，会员们都来了，大家都兴高采烈，为有了一个自己的"家"而欢呼雀跃。会上省科协的领导来了，并对学会工作提出希望。王湘浩教授讲话，汇报了学会的筹备情况并对候选人一一做了介绍。学会的领导就是在这个大会上由大家通过无记名投票选举产生的。学会成立后我便当仁不让地挑起秘书长这个担子。学会工作开展得有声有色，经常组织各种学术活动，因此学会在会员中和社会上都有一定的声誉，主管部门省科协也对学会和我的工作有良好评价。不到一年时间，在省科协举行的评优活动中，我被评为省科协的优秀工作者。从1962年在吉林大学工作，其间我由于踏实勤奋的工作态度，诚恳朴实的为人，无私奉献的精神，先后被推选为学习毛主席著作积极分子、学习雷锋先进个人，以及学校的先进工作者和长春市的归侨积极分子等。但在这些荣誉面前，我十分清楚自己实在非常普通平凡。

一个重要的事件发生了。中国决定派遣留学生出国学习，而且派出的人数之多、国别之广是原来不敢想象的。根据教育部的指示精神，吉林大学首批可选八名教师出国。在获得通知后全校组织报名，然后进行考试择优选拔。我感到这是自己奋斗的好机会，也就报了名。全校报名人数28人，要在这28人中选出8个人来，也就是说出线率不足三分之一。考的是英语，报名的外语老师也和其他老师一起考，因此要想脱颖而出是有一定难度的。况且从接到通知到正式考试相距不过两天，根本没有多少准备的时间，但是凭着我已翻译出版了百万字（还不算我以前在数学所时翻译的操作系统教材）的著作，以及我多年坚持不懈的努力，我相信自己有实力来应付这场考试。结果确实和我的判断并无二致，在28个人中我的成绩名列第二，仅次于外语系的那位老师。而且若以60分为及格线（当时及格线定为50分，以保8个人出线），就只有我和第一名合格。成绩出来后，许多人为我的突出表现感到惊讶，他们没有想到我会有这样的实力。我以为接下来的事态发展应该顺理成章了，选派出国名单应该会按考试成绩确定。然而事情就是这样蹊跷，我被刷掉了。我当然十分不满，原来的规则就是按成绩确定，体现公平公正，但现在却出来别的规则。我找到有关领导，得到的答复是因为我是归侨，所以谁能保证我出国后能回来？即使我能回国来，但因为我已多次表示要求调离学校到其他单位工作，如果我回国后调走，学校不就白浪费一个名额吗？原来是这样！

　　这里有必要说说我要求调走的事。从1957年我到长春，我的想法就是体验北方的生活。大学毕业时我想我对东北已经有所了解了，由于我哥哥在北京，当时好几个分配的单位也在北京，所以我自然选择北京。但是组织上决定把我留下来，我也就服从分配。我对自己在学校十多年的工作经历是无怨无悔的。但是随着年龄的增长，我越来越难以适应北方的严寒，特别是两个时段。一个是每年从10月中下旬到11月中旬，具体说是11月15日。这个时候长春已经开始冷了，晚上都在零度以下，白天也在十度以下。但因为北京是11月15日才供暖，长春不能先于北京，弄得长春人冻手冻脚苦不堪言。另一个时段是次年 3 月 15 日到 4 月中旬，这时的天气依然很冷，远还未转暖。但因为北京到 3 月 15 日就停止供暖了，所以长春也得停止。这两个时段真的让我越来越害怕。看到我身边的南方老师一个接一个调走，如李岳生老师去了中山大学，后来当了校长；罗铸楷老师去了湘潭大学当了系主任；谭䶮老师去了江汉大学当了副校长。吴宏国老师回到贵州也当了某个学院的副院长；这一位位老师的调出也就使我萌生了调走的念头。我开始的目标就是北京，因为我希望我们两兄弟能在一起。后来多次到北京，对于北京的工作条件有了更多了解，从这方面考虑希望到北京工作。恰好，原来的解放军总后部部长洪学智的儿子曾经在吉林大学学习，这时也被分配到北京航空学院工作，他向北航领导推荐我到该校工作。对此北航当时的党委书记胡孝宣同志十分重视，约我面谈，并表示如果我能把档案调出，他们就同意接受。但在吉林大学方面我却遇到了很大的阻碍，从系里到学校口径很一致，绝不放人。为此我曾希望通过归侨这条线冒昧地给当时的中侨委主任廖承志写信，希望通过他解决吉林大学不放我走的问题。开始我觉得像我这样的小人物，讲的话也不会有什么分量，不会有人屑于一顾。但万万没想到，就是我这样的小人物，廖承志竟还放在心上。

也就在这时，我又得到一个机会。1978 年刚经国务院批准复办的暨南大学由于停办多年，教师流失，需要从全国招募教师，便由中央组织部和国务院侨办出面在全国招募 300 名教师。他们招募的对象自然是归侨侨眷和南方人。暨南大学来了石有和黎金波两位同志，他们来了之后就主动联系我，告诉我他们来的任务，并且告诉我，中组部和侨办提供的名单上有我的名字，问我愿不愿到暨南大学去。他们也对我说暨南大学还没有计算机系，但学校肯定要办计算机系，所以我去之后的一项重任就是把计算机系建起来。我对于这样的任务自然十分满意，因为它可以充分发挥自己的独立工作能力，可以使自己更快地成长。所以我毫不犹疑决定接受这项调令。

做出决定后，我很快被许多人规劝，一句话，就是不让我走，让我继续留在吉林大学工作。我记得跟我谈话的有匡亚明当校长时任第一副校长的刘靖的夫人、当时的人事处处长袁峥。她对我说，你在吉林大学二十多年了，大家都认识你。你有一位好导师指导，这是多好的条件呀。我的老上级，校党委统战部部长，后来升任省委常委、省委统战部部长的张铁男也说，学校对你很信任，你在吉大肯定有前途。规劝我的人真多，有的领导甚至表示，我有什么要求都可以向学校提出，学校一定设法解决。但我去意已决，长春和吉林大学就只能长留在我记忆中了。

当我举家赴穗的日子越来越临近时，对长春和吉林大学的感情油然而生，毕竟这是我人生二十三年的居住地呀！一场又一场的送别宴也排得满满的。有的是盛锦华的朋友或单位请，有的是我们系或我的老同学请。王湘浩老师特意在他家请我们一家，吃完饭他还特意送了我一件白衬衫，送给孩子们一把弦琴。白衬衫我穿了多年，到现在还没坏。孩子们对弦琴也很喜欢，可惜几次搬家，琴没保护好，坏了。长春市侨联也安排了宴请，使我得以和曾经共事多年的归侨朋友话别。长春市的归侨不多，从东南亚回来的就更少了。他们分布在长春的各高校或大型工厂，如汽车厂等，在我离开长春时出国潮已基本过去，所以留下的都是坚定留在长春的。他们留在长春、留在东北工作，凭的是一颗赤子之心。比如吉林农业大学的陈学球是马来西亚归侨，他每逢夏天就要到海南去进行培育良种的工作。在酷暑之下，他也坚持在田间地头挥汗劳作，皮肤晒得黝黑，但他总为自己的成果自豪和欣喜，人们对他这种精神钦佩不已。我和他们告别，互道珍重，因为这一别南北相隔，见面肯定很难了。

最使我难以忘怀的是出发那天的情景。我怎么也没想到，学校竟出了三部大客车来为我送行，而且三部车都坐满了人。学校领导中有一位副书记和一位副校长来，学校各职能部门也都有人来。当然计算机系和数学系老师是主力，然后是学生。想我何德何能，竟有这么多人牵挂我、关心我。但是我知道有一点我是真正做到了的，那就是在长春的二十三年里，无论对谁我都真诚相待。我从无亏待别人的心，只想多为别人做点自己力所能及的事，所以我才能被许多人认为是好人、老实人，我为得到这样的评价而知足。我想做到的就是一辈子做好事不做坏事。面对这一大堆欢送我的人，我激动，我感恩，我许诺我将永远不忘他们的友情，愿他们一生平安。

从 1957 年我十七岁来到长春，到 1980 年我四十岁离开，我把自己人生最美好的阶段都献给了它。我没有后悔，没有遗憾，也没有失落。看着送行人群中不少人热泪盈眶，还有人抓着我的手久久不愿松开，似乎有许多话语还没来得及向我倾吐，我更清楚我确实没有虚度，他们对我的情谊不是最好的见证吗？我也禁不住流下热泪，回首这二十三年的时光。往事一件件都还铭刻在我的心中，在朋友的心中，有的还留在档案中，在文字中。我翻译的书、编写的讲义、我的论文、我的学生们、我的同事们……都是活生生的见证。二十三年已经使我与长春结下不解之缘，特别是和吉林大学结下不解之缘。

再见了长春，吉林大学，和我的二十三年！我将翻开自己人生的新的一页，这是我离开培育我成长的吉林大学，由我自己开创的新的一页。

第十章

暨大创业

一、南下创业

从长春到广州，在当年可是漫长的旅程。仅从长春到北京，就需要十六个小时。我和盛锦华带着十岁的醒晨、八岁的晓旭和七岁的复昱，开始我们的南下之旅。好在到了北京，我们在我哥哥处可以稍事休息，也可以让孩子们对北京有更多了解。

其实，三个孩子在更小时，都分别离开过家。因为我一出差，往往就要加重家里的负担。带走一个，家里负担也就相应减轻了。我最先带出来的当然是大女儿醒晨。关于醒晨的故事，同事刘叙华最清楚，后来一见到她，也总用这件事跟她开玩笑。因为那次，我和刘叙华一起出差，我带着醒晨。她倒是很大方，不怕生。当时我们住在十五所内。十五所的梁大周，也有一个女儿，和醒晨差不多大。那天晚上，我带着醒晨去梁大周家玩。两个小女孩一见面，就高兴地玩在一起，不愿分开了。我原以为醒晨可以独立了。过了几天，她在睡觉，我因有事要处理，就暂时离开了一会儿。我向刘叙华说，等她醒来，就告诉她我一会儿就回来。可她醒来，没看见我，她就有点怕了。刘叙华就有意看她会怎样，就对她撒了个谎说我走了。这下糟了，她马上哭起来。刘叙华招架不住，只好照实说出真相。又哄了半天，她才不哭了。从此她记恨刘伯伯，说刘伯伯骗她。到她大点了，当然不再记恨了，但当刘叙华谈起这事，她就很不好意思。晓旭只和我到过辽宁锦州，那一次，我带着他，管纪文老师带的是他的二儿子管胜。我们开会时，他们俩可以在一起玩，所以很开心。这样，我和管纪文老师工作时省了很多心。每天吃过早餐，我们俩把孩子放到同一个房间，交代他们一起玩，这就好了。他们从不打架，不吵架，真让人对他们充满爱怜。会议中间休息时，我们回来看看他们。然后就是中午吃饭，带着他们一起吃。吃饭时，两人也都很乖。要说和我一道走得最远的，要数复昱了。他和我一起到过贵阳，住在风景如画的花溪，还去了全国著名的黄果树大瀑布。从贵州回来，我们又取道广西回长春。他和我一起，也就有许多故事。

来到北京，这可是第一次我们兄弟两家团聚。我哥有两个孩子，叫苏泳和苏冰。儿子苏泳是夏天出生的，所以叫"泳"。女儿是冬天出生，所以叫"冰"。苏泳比醒晨大两岁，而醒晨比苏冰大不到一个月。五个孩子，是第一次，也是唯一一次聚在一起。虽然哥哥的住房不宽敞，但我们还是在他家挤着住，难得有这样两家亲密接触的机会，何况时间不长。孩子们很快就熟络了，他们在一起玩得很开心，看得出血浓于水的亲情。哥哥又安排他们到天安门、颐和园等处游玩，让他们大饱眼福，尽情享受。我还通知陈涤非我搬家的事，他也热情地从北京南面靠近天坛的家到我哥在北京西北面的家来看我们。

两天后，我们出发南下。在火车上，发生了一件有惊无险的事，但当时确实把我吓了一大跳。我们很幸运，全家人都有卧铺，但两个男孩只能睡上铺。就在南下的第一晚，我们因为没什么事，就早早入睡了。等到半夜时，大家睡得正酣，突然听到"砰"一声巨响，一下把我惊醒了。我问盛锦华发生了什么事，然后就看到地面上被子裹着的人，原来是复昱从上铺掉下来了。我赶紧把他扶起来。他自己还在睡梦中，还不知怎么回事呢。我问了他，又检查他头部、身上，确认没事了，我心中的石头才落地。我最担心的是他摔成脑震荡，因为那会影响他的一生。

当年，从北京到广州，正点运行要 57 个小时。车上生活枯燥乏味，活动空间狭窄。孩子们都能忍受，因为他们也想看看陌生的广州。

终于到达了广州。1955 年回国，我在广州住了一个多月后，就去了长沙，此后再未来过广州。二十五年的岁月，给广州带来了巨大变化，使我有些认不出来了。我们一到达，暨南大学就派了叶健源老师等人来接我们。原来暨南大学就是我当年住过的华侨补校，校园里许多地方，还是当年的模样。

和石友、黎金波之前许诺的不同，来之后，我们还没有正式的房子。分配给我们住的是在原来大礼堂后边、由仓库临时改成的住房。这是一栋平房，由于原来是仓库，整栋没有隔墙，现在的隔墙是不到顶的，房子也没有天花板。所以隔壁房互相看不见，但说话声是相通的。房内没有厕所，只有简易的洗澡间搭在房后。最大的问题是苍蝇蚊子密布，我们饱受它们的侵袭，苦不堪言。但在接触了一些领导和同事后，我了解眼前的困难是暂时的。而我，更为自己的使命所激励。

原来从1969年开始，在北方的解放军第一军医大学迁到广州，就安置在暨南大学。所以，在我来校时，大部分房子都还被军医大占着，迟迟未能解决。不过我想暨大复办是中央的决定，住房问题一定会得到解决的。

领导交代的任务，确实让我心动。暨南大学顺应形势的发展，要新成立计算机专业。1958年，暨南大学在广州复办时，不可能像吉林大学一样，有条件创办计算机专业。而到了20世纪70年代末80年代初，如果不顺应科技的发展，创立计算机专业，在招生这个环节即失利了。因此，到校伊始，校领导和系领导都向我介绍学校情况，并告诉我说，从1981学年开始，计算机专业招收学生。我的任务就是培训教师，确保到时能有合格的教师来给学生上课，当然还要制订好教学计划。至于计算机系缺少设备，尽管学校眼下经费困难，但为了办学，学校一定千方百计予以解决。领导们还一再说，他们已了解我过去的情况，知道我是共产党员，是回国多年的老归侨，又从事计算机领域工作多年，一定能很好地完成领导交给的任务。领导的信任，对我是很大的激励。相对于工作，生活条件是放在第二位的。而且，我也坚信一切都会改善。

培训教师的工作，在我安顿下来不久，就马上开始了。因为要讲授的课，就是要给学生开设的课，包括计算机原理、汇编语言程序设计、数据库、操作系统、离散数学、算法设计和分析等。由于计算机专业的老师大半是学数学出身的，以前从未接触过计算机，因此刚开始学习时都感到有些困难。一开始，也不知道谁上什么课合适，只有在学过之后，才能做出决定。很显然，每个老师都要准备上两门以上的课，所以，我就要求老师们对我上的课都要听。参加计算机专业筹办的老师们都比较年轻，也都对计算机有浓厚兴趣。在我进行了课前的动员和对任务的说明后，老师们都表示，愿意上我的课，好好学习，为计算机专业的成立和发展做贡献。成立当初，我们一共才十余人。吴希光老师是中大数学系毕业的，原来是留校工作的，后来暨南大学成立才转到暨南大学来。他是教研室主任，而我是副主任。叶健源老师也是副主任，主管思想政治工作。

为培训老师，我是真的拼了。不过，这对我来说也并非很费力气的工作。这得益于来广州之前，吉林大学承接了教育部下达的为其他高校培训老师的任务，当时有来自全国各地的四十多位老师接受培训，为期一个多月，几乎天天都要上课。我那时就承担了讲课的任务。至于在那之前我为吉林工业大学（现已合并到吉林大学）和东北电力学院（现为东北电力大学）讲课，时间更长。所以，现在只不过是把课堂搬到广州，搬到暨南大学罢了。不同的是，当时老师们普遍还没上课，因此培训就是单打一的任务，老师也只有我一人。我就必须辛苦点，多担当点。这反倒使我感到生活过得很充实。

这期间，还有一件值得一提的事，应该算是暨南大学对我的破格重用。我到暨南大学时，还只是讲师。按照教育部的规定，还没有指导硕士研究生的资格。但学校为培养师资，招收了多名本科毕业生攻读硕士学位。其中一名是南开大学的毕业生、当时在广州无线电厂工作的陈火炎。陈火炎想攻读的是计算机专业，但暨南大学当时还没有计算机专业的硕士生导师，而在计算机界已有一定名望的就是我了。因为我和管纪文老师合译的《计算机程序设计技巧》三大卷在全国颇受推崇，凭此来指导硕士研究生应当是够格的，所以学校就让我当陈火炎的指导老师，还把资格比我老的吴希光老师也挂上名，并把他的名字列在我之前。因此，从1980年开始，我就成为硕士生导师了。我为陈火炎按照硕士生的培养计划系统地讲授了他需要学习的课程，有的课程还要进行考试。他也很认真地下气力阅读了《计算机程序设计技巧》一书，为他的成长打下了坚实基础。然而，按照国家规定，硕士论文答辩和硕士学位的授予，必须由拥有学位授予权的单位来实施。当时，中山大学、华南理工大学和我们学校一样都还没有授予权。我于是想到了长沙的国防科技大学，其计算机专业的负责人陈火旺和我是在北京认识的。计算机的学科带头人慈云桂教授当时是副校长，他在哈军工时就带领整个团队进行攻关，研制出我国早期的计算机441B等。由于在同一条战线上战斗，他认识吉林大学的同行，更熟悉王湘浩老师。有了这层关系，我就同陈火旺老师联系，并专程到长沙当面商谈关于陈火炎到国防科大答辩的事。此行使我有机会重新回到长沙来。其实，这已不是我1957年离开长沙后的第一次回长沙。在此之前，1978年，为了带毕业班同学到浙江大学进行毕业实践，我打前站安排同学的吃住等事宜，曾取道长沙到杭州。那次当然不能久留，仅在长沙停留两天一晚，在这样短的时间里，我只能抽出时间到母校长沙一中去看看。毕竟离开学校二十余年，学校已经物是人非，所幸还有一些老师，虽然退休了，但还在学校里住。当见到我所敬爱的黄美瑜老师、旷璧城老师时，还没等我向她们自我介绍，她们就认出了我。更使我感动的是，在我去看她们的那天晚上，黄美瑜老师专程到我下榻的旅馆回访，并给我送来油茶面。这件事，真让我终生难忘，因为二十多年了，我没有给黄老师写过一封信，而她仍然把我记在心上。现在又这样关心着我，真是师恩如山呀！

这一次，我住在国防科大的招待所里，离长沙一中不太远，所以我还是回一中去看老师们。由于距上次见面不久，她们当然都还认识我。听说我已调回广州工作，她们很高兴，希望我常回长沙看看。虽然当面说好，但我知道这个可能性并不大。再次见面，相互间都增加了亲切感，共同回忆了我在校时的往事。她们也为我的成长进步而欣慰，我向她们表示了感恩之情。是她们和其他老师共同的教诲，才有我的进步和成就。

这算是到长沙的一段插曲吧。我的任务，是获得国防科大的批准，让陈火炎得以来这里答辩。为此，我想我有必要求见对此事也许拥有最终决定权的慈云桂副校长。在陈火旺老师的安排下，我有幸到慈云桂副校长家去探访他。我发现，作为一位老学者，他也和王湘浩老师一样平易近人，没有什么架子。在我向他自我介绍后，他表示说，国防科大能为我们做的，一定会尽力去做。得到陈火旺老师和慈云桂副校长的大力支持，我对陈火炎的硕士论文答辩在国防科大进行也就信心满满了。

这次同慈云桂副校长的会见，也是我和他的唯一一次会见。我了解到，原来慈云桂副校长早年也曾出国留学。他去了英国，并且取得了硕士学位，抱着拳拳爱国心回到了祖国。他的一生，也都奉献给了祖国的建设事业。可惜的是，慈云桂副校长不久之后离世了。对于他，我是满怀崇敬的。

落实了答辩事宜之后，我就火速回到广州，进一步做好答辩的准备工作，因为这是我第一次参与硕士生论文答辩。我想，要保证这次答辩的成功，最根本的是陈火炎论文的质量，既要有创新点，又要保证这个创新点确实有较高的含金量。为此，我对他的论文进行反复审查，发现文章中还有不够深入的地方就让他再作修改，确保所提的观点论述都有理有据，同时也要保证文字表述的通顺流畅。然后就是答辩本身了。因为答辩时个人讲述的时间是有限的，因此一定要简明扼要，突出自己在这个研究中的创新点，自己如何在前人工作的基础上进行推进。要讲得使人信服，使人认同，使人感到你确实够水准。由于指导教师不能当评委，我和吴希光老师只能列席答辩会。当答辩委员有什么疑问要我们回答时，我们才可以发言。但在口头答辩前，我知道，两位审稿专家都已给了论文很好的评价，所以只要陈火炎正常发挥，通过答辩不会有太大问题。所以我就让陈火炎一定要保持平常心。

答辩的前一天，我和吴希光老师、陈火炎一行三人，来到了长沙。我让陈火炎再次背诵他的讲稿。这可是我们头一次上战场呀，也像是女孩儿头一次上轿出嫁，那是许久以来未曾有过的经历。有了这第一次，后来我们自己组织论文答辩就驾轻就熟了。国防科大组织这项工作时，显示了他们认真、一丝不苟的态度，每个细节都不放过。可喜的是最终论文顺利通过。这次的国防科大之行，也让我学到很多东西。在地方院校或一般人心中认为无所谓的小节，在这里却不允许。所以，毛主席提出的向解放军学习，我想是真有道理的。

完成了我平生第一次指导研究生的工作，接下来我就专注于两件事。当时，在整个广州市，包括中山大学、华南理工大学在内，计算机专业的力量都还相对薄弱。在那个年代，不要说正教授，就连副教授也还没有。当时中山大学的姚卿达、肖金声，华南理工大学的区益善、陈兴业以及华南师范大学的李冠英等，都和我一样，只有讲师职称。唯其如此，我想我们更要联合起来，形成整体，以增强我们的影响力和话语权。来广州之前，我是吉林省计算机学会的秘书长，在组建计算机学会的过程中是立下了汗马功劳的。因此，我也想为广东计算机学会的组建，勇敢地承担责任。我主动联系姚卿达、陈兴业等人，他们与我一拍即合。恰好在这期间，原来在贵州凯里的四机部下属的计算机厂迁址广州，成为华南计算机公司，其总工王卓人是我早些时候就认识的。还有一个重要人物是省计算中心主任黄汉良，省计算中心归省科委领导，黄汉良的积极态度对促成此事十分关键。经过多次协商，我们七个人（中大姚卿达、华工陈兴业、暨大苏运霖、华师李冠英、华工区益善、华南计算机公司王卓人、省计算中心黄汉良）成为省计算机学会的创始人，由我们发起成立计算机学会。这件事在 1982 年我们就确定下来了，但要经过好几个部门，包括省科协、省民政厅，还有省电子厅（因为原来计算机归省电子厅管辖）由下至上层层申请审批，一直到 1984 年才正式成立。那时我已经到新西兰做访问学者了。

　　第二件事，其重要性一点不亚于第一件。因为它是我们暨南大学本身的事，也就是我们立足的根本。为了把计算机专业成立起来，我们需要有一个"大和尚"做住持，这个"庙"才能建立起来和对外招徕"信众"，我这个"和尚"还没有资格。因此，我就想到王湘浩老师。他作为我的恩师，对我的要求总是有求必应。建章立制、确定教学计划等工作，需要有学术权威来把关。我向学校提出敦聘王湘浩老师来校当客座教授的建议，学校领导对这件事也很重视和支持。恰好，暨大物理系要请吉林大学的著名教授、中国科学院学部委员余瑞璜教授来校。我向王湘浩老师谈起这件事，他很乐意来，甚至让他的小儿子王康也到暨南大学来工作。他的到来，使计算机专业的老师们对于这个专业的成立更加充满信心。王湘浩老师是热心工作、不计报酬的人，他一来，就立即投入工作，关心每项事宜。因而，从 1981 年开始招生的工作也就落实了。

　　有一件值得回忆的往事。在两位科学院学部委员到校后，学校曾组织两位老人家到肇庆去旅游，并由我全程陪同。我为能有这样的机会感到荣幸。原来，余瑞璜教授是留英的，而且他获得学位后，回国服务前，曾有较长时间在曼彻斯特生活工作。他谈到，英国各地的英语差别很大，绝不都像 BBC 英语那样悦耳顺听。他说，也许最难听的就是曼彻斯特的街坊讲的英语了，而由于他在那里住了几年，还算能应付那难听的英语。王湘浩老师在普林斯顿攻读博士学位，他听和讲的英语当然都是标准的美式英语。我建议他们用英语交流，让我也能感受和学习一下，于是他们就用英语攀谈起来。谈到高兴处，两人都会心地笑起来。虽说他们在吉林大学执教多年，又分别担任物理系和数学系的主任，但因不在一个系，也难得有这样的机会轻松自在地聊天。我头一次有机会注意到英式英语和美式英语的区别，也头一次有机会来比较这两位学问家的性格和行为特征。余瑞璜、王湘浩和蔡馏生三位老师是我入学时，吉林大学理科的三大台柱。三位分别是物理、数学和化学系的系主任，同是中国科学院的学部委员。在当时的高校中，除北京大学和清华大学拥有较多数量的科学院学部委员外，其他学校再也难找这么多的学部委员了。而且，他们都在各自的研究领域地位显赫。余瑞璜老师是从事金属研究的，他是在英国出版的世界顶级学术刊物《自然》上发表论文的第一位中国人。凭借他的学术成就，他也成为英国皇家科学院院士。王湘浩老师则从事代数学的研究，他的博士论文曾引起代数界的轰动，对当时代数学的发展起了推动作用。可以说，他们俩都是各自领域中的翘楚，但两人在性格上有很大不同。余老师很健谈，爽朗，还有点孤傲，给人"舍我其谁"的感觉。但王老师则不然，他沉默寡语，低调谦和，不愿显露。不过，性格上的迥然不同，并不妨碍他们的交往，更值得一提的是他们的拳拳爱国心。他们都是中华人民共和国一成立，就迫不及待地回国参加祖国的建设事业的科学家。他们又是同一时期，服从组织调动，来到长春东北人民大学参与建设的。

今天想起来，当时暨南大学的领导未能充分利用这两张招牌来提升自己在国内的知名度，实是一大憾事。把这两位大科学家请来了，但并没有很好地发挥他们的作用。对于他们在生活上的合理要求，也没有给予满足。在我到新西兰访问后，因为再没人和王老师联系了，王老师也就不再来了。余瑞璜老师也因某些原因不来了。

我在吉林大学时曾有另外的身份，就是学校归侨工作组的负责人，长春市侨联的副主席。暨南大学作为侨校，确实名副其实，我所在的数学系，就有叶健源、温新顺、任平、何壬星、叶玉兰、陈碧梅、陈桃芬等归侨，全校的归侨人数可能就超过了全长春的归侨人数。所以，来到暨大后，我也就没在侨联系统担任任何职务。但是我发现，在这里，归侨都发挥了重要作用，因为很多人原来就毕业于暨南大学，他们当然成为暨南大学的办学骨干。在许多问题上，他们也最有发言权。

1981 年暑期，学校安排我负责录取计算机专业的新生。这也是我第一次参与录取新生工作，因为在吉林大学任教将近二十年，我只在 1960 年参与了招收控制论专业的新生。但当时我只是参与者，而这次我是主持者。使我十分高兴的是，报考计算机专业的新生很踊跃，不论是境内还是境外生，报考人数都远比我们拟定的录取人数多，这就使我们的录取工作很顺利。结果，我们的录取工作进展顺利，在全校的录取工作还未完成时，我们就完成了。而且，录取分数全校最高。境外学生主要来自香港和澳门，在班上比例也很高，体现了暨南大学面向境外招生的特点。

但是，由于暨南大学复办不久，学校在教育部的地位还比较低，我们只能在第二批次录取新生。也就是在中山大学、华南理工大学，以及华南师范大学之后才可以录取。这样，招进来的学生的质量自然不如那些学校。不过我始终认为，能否成材，更大程度上取决于个人。不是名校出身，照样可以成材。出身于名校，也可能一辈子平庸。当然，我们要争取和那些学校平等的权利。这件事，引发全校师生员工共同的努力奋斗，终于有了中央关于重点建设暨南大学的文件。有了这份文件，留在暨南大学校园十余年的军医大学彻底搬出，暨南大学才真正成为这个校园的主人。

学生招进来后，我的工作就转向给学生上课了。由于当时师资力量还不足，有关计算机专业的课，就责无旁贷地都由我先承担起来，我每周的课时多达二十节左右。好在这时对老师的培训已经结束，我主要的工作就是上课，能够有更多时间和学生在一起，我觉得很有意思。这些学生都只有十八九岁，刚从高中毕业，有的对于计算机是见所未见，闻所未闻，一片空白。他们自然希望从我这里学到更多的东西。我对他们真诚相待，毫无保留，态度上又和颜悦色，平等相处，因此他们也就很乐于和我打交道。有的学生，至今都还记得我，如现在已在新西兰定居的杨宇婷、许小莉，在香港大学工作的麦英琪，还有留校工作的沈镇林，以及陈维青、李沐奇等。现在这批学生虽然已经分散在世界各地，但都没有忘记母校培育之恩，大都事业有成。这里要特别提到杨宇婷，她不仅对我，而且对母校暨南大学，始终怀着感恩的心。2006 年她特意从新西兰回来，参加暨南大学的百年校庆。后来，她又回来看看母校的新变化新发展。她特意找了我和她的老同学沈镇林一起吃了一顿饭。大概看见我用的还是老式手机，在回上海探望她父母亲后，她从上海给我网购了一部小米手机。这件事完全出乎我的意料，使我甚为感动。后来她又出资让我重新访问新西兰，使我在三十年后得以重访新西兰。

二、准备出国进修

20 世纪 80 年代，我国以经济建设为中心，改革开放的方针得以大力贯彻，国家更大规模地派遣出国留学人员。这次，我又被学校推荐参加考试。我又是在没有任何时间准备的情况下参加考试的，结果，我达到了标准，被定为出国预备人员。和在长春时不同，在这里我不仅被批准，学校还鼓励我争取尽快出去，也尽快回来，担负起建设计算机系的重担，这使我很受触动。如果吉林大学也是这样待我，那毫无疑问我还会继续留在吉林大学工作。作为回国二十多年的老归侨，在党和政府的教育下，我深深地热爱自己的祖国、自己的人民，特别是对吉林大学满怀深情。从我的经历就可看出，没有祖国，就没有我今天的一切，对于祖国，对于吉大，我是怀着满腔赤诚与忠心的。但是吉林大学的一些人不是这样对待我，所以才有我的南迁广州。我还记住一句话，叫士为知己者死。暨南大学这样信任我，重用我，那我一定加倍努力，为学校做出最大的贡献。我立下誓言，忠诚于自己的祖国，忠实于自己的事业，堂堂正正做人，鞠躬尽瘁为人民，呕心沥血做学问。这也就是我在出国后的行为准则。

按照规定，出国留学预备人员，都要接受三个月的外语强化训练。在吉林大学时，我被同意免修第二外语，但现在的强化就完全有必要了。我们被集中到广州外语学院（今广东外语外贸大学），全部人员脱产，在那里统一吃住，只有在周六下午才可回家，而周日下午必须回校。这些出国留学预备人员不仅有来自广东的，还有来自湖南和海南的。培训语种包括英语和日语，是否还有别的语种就不大清楚了。我们的培训包括精读、通读、口语和语法。所谓精读，就是以当时的国外英语教材，一课一课，逐段逐句地由教师给我们讲解。通读，则是培养我们快速阅读的能力。教师带来一大堆阅读材料，让我们快速阅读，在规定的阅读时间结束后，我们要对提出的问题进行回答。这些问题一般是多选题，也有单选题，都涉及对课文的理解。这门课，不仅词汇量多，故事性强，而且题材很广，所以是最有趣也最有帮助的一门课，我从这门课获益良多。当然，口语课，练习听力和口语，也是很重要的。系统的语法学习，可以复习标准的英语表达方式，对我也是很有好处的。这是我第一次接受系统的英语训练，这样的训练确实是事半功倍的，因为采用封闭的方式，进行集中的强化教学，让我们这些当了十几年，甚至几十年老师的人，又体验了一次当学生的滋味。我们确确实实是回到了学生时代的生活，因为住的是学生集体宿舍，八个人住在一个房间里。大家要按时熄灯睡觉，早晨按时起床集体做操，一切都强调集体性。而且宿舍之间还进行卫生评比，班级之间举行各种比赛。这些做法，对于成年人来说，也是一样重要的。其实，这里既有苦，也有乐，重新去体验几十年前年轻时的生活，感觉好像又回到那时一样。更重要的是，可培养或增强你的集体意识。你属于一个集体，大

309

而言之，是国家，你是代表中国的。小而言之，是你所在的学校。当下，是你所在的班级。你就要谨言慎行。到了国外，如果能时时刻刻这样想，这样做，就不会出问题。

每逢周六下午，又是另一个光景。我们几个住在石牌的，包括华南理工大学和研究所的一个学员，就骑着自行车，穿过白云山的小道回家。路很偏僻，荒凉，也不太安全，犯罪事件偶有发生。如果单个人，很可能会出事。我们成群结队，可以壮胆，也增加了乐趣。大家谈论最多的是可能去的国家，很多人的首选自然是美国。但我比较冷静地想，所有人都去美国，不大可能吧？肯定会有一些人要去别的国家。我们也交流应该带些什么礼物。一个多小时的路途，我们就在这种闲聊中度过。如果不这样，那这旅途还是蛮艰辛的，因为路不好走。这样一同行进，彼此间感到增进了友谊。因此，在培训结束时，我们依依惜别，互道珍重，更希望日后能保持联系。可以说，到了这时候，如不出意外，基本上可以说，我们已经一只脚跨出国门了。

但是对我来说，事情却是一波三折的。开始时，上面征求我的意见。我也不脱俗，表示想去美国，而且我的首选就是斯坦福，因为我所翻译的书的作者克努特（D. E. Knuth）就是斯坦福大学计算机科学系的。但是很快，学校从教育部获得信息，说我不能去美国，而让我到荷兰去。过后不久，到荷兰哪个学校都给我安排好了。我是从华南理工大学获知这件事的，因为华南理工大学有一位访问学者在荷兰他所在的办公楼看到，那边已为我准备了一间办公室，办公室门上已贴上我的名字。他为在异乡有一位广州同乡而兴奋不已。虽然我们还未谋面，但他已迫不及待地等着我的到来了。听他这么一说，我觉得大概我很快就要出国了。

但是，好事多磨。华南理工大学那位老师又传来话说，贴在门上的我的名字不知为何被去掉了，可能有变。不久，从教育部传来正式消息，说不让我去荷兰了，而要去新西兰。当时，我对荷兰的了解远比新西兰多，对新西兰的了解可谓一片空白。因为我对印尼出生时，印尼还是荷兰的殖民地。在我的童年时代，我还接触过居住在当地的荷兰人。即便后来印尼完全独立了，荷兰对印尼的影响仍然很深，毕竟它对印尼的统治长达300多年，这样也就形成了我对荷兰的了解。但是，作为从事计算机领域的人，我对荷兰的了解更多是从本领域获得的。荷兰有一位世界级顶尖的计算机科学家迪依克斯特拉（Dijkstra），他也是计算机最高奖图灵奖得主，这也反映了荷兰在计算机领域的学术水平，因此我对到荷兰去是充满期待的。现在，变成要到孤零零地位于南太平洋的新西兰，那里的计算机领域默默无闻。我开始时确实有点失落、失望。但是，接着我得到消息，我们是我国第一批正式的访新学者，我们是"拓荒牛"。我想，作为开荒者，是荣幸和有意义的。何况我知道，天涯处处有芳草。新西兰作为发达国家之一，必定也有它的可学之处。关键不在外部条件而在自己的努力。我想，我一定能在新西兰留下自己的印迹的。

等待总觉漫长，要想减少等待的焦虑，就需要有别的事转移注意力，还真有这样的事。这时，暨南大学正在进行复办后的职称评定工作，这也是全国范围内的一次职称评定工作。全国的职称评定，由于"文化大革命"批判所谓资产阶级法权，连同军衔一起都被废除了。直到粉碎"四人帮"之后，才宣告要恢复职称和军衔。1977年，是"文化大革命"后第一次职称评定。在毕业十五年后，我才获评讲师职称。到了1982年，又经过了整整五年，我具备了参加职称评定的条件。关键是我的教学工作量和效果，我的科研成果以及外语水平。外语水平有出国预备生资格为证，教学工作有我为教师上课和为学生上课的实际。至于科研，我除有译著外还有公开发表的论文和获得的奖项，因此，没有什么困难，我在1982年被晋升为副教授。出乎我的意料，大概是因为职称是副高了，我的生活待遇也随之得到改善。首先是工资，由于提升为副教授了，工资也相应增加了，原来拮据的状态得到了初步缓解。其次是住房。我们一家住在大礼堂后面由仓库临时改建的住房整整两年了，不知道是因为我要出国了，还是因为我的职称提升了，或者兼而有之，我被通知要给我分房。分到的房子是在南湖苑的一栋老式三房一厅的房子，位于第三层。这在当时，条件已经算是较好的了。特别是和我在礼堂后面的房子相比，可谓天壤之别。女儿自己有一个房间，两个儿子一间，我们夫妻一间。美中不足的是客厅和厨房都很小，但我也知足了。此外，由于有了职称，我还获批使用平价罐装煤气，这个煤气的价格比市场价低很多。单这一项，就让许多人羡慕不已，因为这样就摆脱了使用煤的诸多烦恼。上医院看病也有优先卡。这些照顾使我有点受宠若惊，但也使我懂得，这一切固然和我的奋斗、我的努力有关。但这都是单位和国家给予的，所以要守住这一切，还是要好自为之，绝不可忘乎所以。

我是一个闲不住的人，我喜欢有工作做。凡是对国家、对社会有利的事，只要用得着我，我就会奋力去干。在改革开放、以经济建设为中心的方针指引下的中国，张开双手，敞开大门，欢迎四方宾客。当年，有一个"人民对人民"的民间大使代表团，一行一百多人，都是计算机行业的，到中国各地访问讲学。他们以广州为最后一站。到广州之后，负责接待的市有关部门，选定我做全程翻译，也兼陪同。"人民对人民"民间大使代表团中有许多是来自美国著名大学的教授学者，如美国马里兰大学、坦普尔大学以及宾夕法尼亚大学等，也有来自 IBM 以及惠普等公司的人。他们在来广州之前，在北京、上海等地都举办了学术研讨会，向我方介绍计算机科技最新进展。广州主办方也请他们为广州同行作学术报告。那天他们安排了六个报告，内容非常充实。从头到尾，都由我来担任翻译。我这是头一次面对这个挑战。整场下来，感到相当疲倦。但因为把任务完成了，也就很有成就感。记得有位讲演者讲了一个叫"tic-tac-toe"的游戏，就是用计算机与人下棋。他以为这东西比较生僻，中国人不一定懂。他问我懂不懂，我告诉他我懂。实际上，这就是我们说的三子棋，或者说连三棋。就是在棋盘上，谁能首先把三个棋子连成线，横竖、对角均可。"tic-tac-toe"这个词确实对我国人来说有点生僻，但对三子棋，就不同了。我想应该没有几个中国人不懂它。我没有做过调研，不大清楚三子棋源于哪里。但我比较相信，三子棋是我们祖先创造的。对于"tic-tac-toe"这个词，我也不陌生，因为我在我翻译的书中见过它。当他们问起我如何知道这个词时，我说我是从 D. E. Knuth 的书中知道的，他们都大为惊讶，并连声称赞说，难怪他们觉得，我比他们在北京、上海等地遇到的翻译水平明显要高些，因为这既涉及外语水平，也涉及计算机本身的专业水平。

当晚，主办方在当时闻名遐迩的泮溪酒家招待美国贵宾。当贵宾们抵达泮溪酒家时，映入眼帘的是环绕酒家的湖水和水上的荷花，和酒家古色古香的装饰相映成趣，十分精美。这在广州可谓独此一家。到这样美丽的地方就餐，无疑会使食欲大增。而泮溪酒家所提供的小吃品种多达千种以上，也使贵宾们啧啧称奇。主人让我告诉客人们，一日三餐，每顿不同，一年三百六十五天，天天不重样，还不能吃尽它们的所有小吃。果然，他们提供的美食，不仅形状迥异，颜色不同，而且味道也都不同。你只能说，每种的味道都不同，却说不清楚这美味是怎样的。对我来说，翻译出每种小吃的名字和食谱确实是个挑战，因为我原本对这些小吃也毫无所知。好在客人们也并不细究，个个吃得津津有味。不过毕竟人的肚子容量有限，二十多种小吃上来，大家都招架不住了。酒家为每个人准备了容器，让客人们"兜"着走。对于我本人来说，这也是难得的一次经历，让我对于"食在广州"有了非常深刻的体验。

学校对我出国的事非常重视，可能是因为我校得到的名额很有限，因此就要倍加珍惜。我后来才知道，学校主管部门曾积极争取我到美国。但因我校不属于重点学校，能有这个机会就不错了，怎能由自己选择？对我个人来说，一切听从组织安排。

到了 1983 年的 9 月末，正式通知终于传来了。国庆节过后，就到北京语言学院集训，准备出发。听到这个消息，确实很振奋，出国留学的愿望终于要实现了。我暗暗下定决心，要以优异的成绩学成归来。但是，一想到新西兰是四面环海的岛国，几乎可以说是与世隔绝，就有点担心和忧虑，怕在那里学不到什么东西。

到了北京，才知道一行有八个人，除了我之外，还有浙江大学、华东师大的老师等。他们比我更了解新西兰，听到他们的介绍，我心中的担心也就逐渐消除了。在北京，主要是听取教育部领导关于外事纪律方面的要求，发放出国的津贴。然后就乘坐飞机，飞到香港，再由香港飞到新西兰。

让我终生难忘的是离开广州前往北京之前，我的学生们为我举办的告别会。我的出访，让同学们感到依依不舍，因为是我把他们招进暨南大学，成为暨南大学计算机科学系第一届学生的。两年间，又是我为他们上了多门课程。日久生情，这种师生情谊无论对我还是对他们来说，都弥足珍贵。另外，他们也因为我的出访感到自豪，因为在他们看来这也是一种成就，他们为有这样的老师而高兴。会场上，挂了欢送我出国留学的横幅，还布置了很多花，许多同学都主动发言，情感融入语言之中，使我深为感动，我真无法表达对他们的感激之情。我心中暗想，我永远要真诚对待我的学生，爱他们，悉心教好他们，扶持他们成长。

1955年我回到祖国的怀抱，直到1983年，我在祖国度过了二十八年的时间。我从一个少不更事的少年，长成一个年过四十的壮年，从懵懵懂懂的初中毕业生，到成为一名大学副教授、对人生有了明确目标的共产党员。我知道自己的一切是党、国家和人民给予的。因此，无论去到哪里，都要牢牢坚持自己的信念。所以，在离开祖国之前，我就为自己立下了行动指南，那就是"忠诚于自己的祖国，忠实于自己的事业，鞠躬尽瘁为人民，呕心沥血做学问"。飞离祖国的时候，我暗暗地说，祖国，请考验你的儿子吧！

第十一章

出访新西兰

......

一、出访前后

到了北京后，我就被安排在北京语言学院住下来，教育部为我们发放津贴购买出国的服装和必需品。我在这里也接触到即将一起访问新西兰的学者，但在被新西兰使馆宴请和上飞机之前大家彼此还不认识。到达北京语言学院后，大家都忙于自己的事，并没有多少机会相识。

在北京的另一个重要活动是接受新西兰驻华使馆的邀请，出席他们为我们访新学者举办的宴会，这件事发生在我们动身的前两天。我们都拿到了赴新西兰的护照和机票，可谓万事俱备，只待出发了。我原以为宴会会在使馆里举行，我太缺乏常识了。他们找了一家较好的饭店，由使馆的一位官员出面，其他几位作陪，大使并没有出席这个宴会。令我印象最深的是忙于具体接待事务的二秘，他很年轻，大概二十几岁，能讲一口流利的普通话，这为我们之间的沟通带来了很大方便，到这时我才见到同去新西兰的所有人。我们共有八个人，其中有两位女士，一位是来自上海华东师范大学英语系的；另一位是来自新疆的，她较为年轻，是学农的。其他男士则来自浙江大学、中国矿业大学、中国海洋大学、北京农垦学院等。就这样我们形成了一个集体，各自担负着祖国和人民的重托，去到遥远的国度，开始我们人生的新征程。

1983 年 10 月 25 日清晨，我们被叫醒，各自带着自己的行李，乘坐为我们准备好的面包车前往机场。我们的飞行路线并非直达新西兰，当时我国还没有直飞新西兰的航班，要从北京飞到香港，从香港换乘国泰航空（Cathay Pacific）飞到新西兰的奥克兰。从北京飞到香港距离较近，就在国内飞行。而且当时我已在国内乘坐过飞机，所以不存在什么问题。

到达香港，我就有点晕头转向了，因为还不知道如何转机，如何办理手续。这是我第二次到香港，我从自己的记忆中寻找新旧香港的变化。虽然没有重游当年抵达香港时的地方，不过启德机场离码头不远，从启德机场和它周围的环境也可以看到这二十多年间香港发生了很大变化。

我们出发飞往新西兰的时间终于到了，我们和其他乘客一起登上国泰的航班。整个飞行路线都在太平洋上空，不过飞机还要在巴布亚新几内亚的一个空港莫勒斯比（Moresby）稍作停留。当时正是深夜，外面一片漆黑，什么也看不见。还好飞机刊物上有关于巴布亚新几内亚的介绍，这可以让我稍微了解一下这个陌生的国家。它距离印尼不算远，但我此前对它毫无了解，真觉得自己孤陋寡闻。新西兰于我而言不也是一样吗？

不觉间天已经放亮，新的一天到来了。我们被告知，中国和新西兰有五个小时的时差，冬天有四个小时的时差。按照飞行时间我们抵达新西兰的时间应该是次日的下午，但我们在上午八九点就到达了，这就是时差造成的。

我感到很兴奋，我想说一句：新西兰我来了！我睁大眼睛看着眼前的一切。在蔚蓝而又波涛涌动的海上，我看见了无数只小艇，五颜六色，千姿百态，在微风吹动下它们轻轻摇晃，仿佛在一起合唱。海天一色，绿草如茵，处处干净整洁，不见污物。放眼望去，到处是不高的平房散布开来，宛如一个巨大的村庄。但它又不是那种落后的村庄，而是很发达的那种。这时有新西兰的官员和我国使馆的官员来接待我们，我们被告知这就是新西兰最大的城市奥克兰（Auckland），它当时的人口有八十多万，按这个人口数量来说，它的人均面积是最大的。有人说它是世界最大的城市，我想这怎么可能呢？全世界有多少大都市呀！一个全国不过三百多万人口的国家的都市，怎么能和那些大国的大都市相比？从飞机下来通过海关，我就有时间看看奥克兰的机场了。如果把这个机场和香港机场相比，真有小巫见大巫之感。不过它的功能很完善，也有国内厅和国际厅的区别，我们到达的是国际厅，后来我们被带到国内厅，从那里转机到首都惠灵顿（Wellington）。机场虽不大，但还是很忙碌的，这反映了这个四面环海的国家并非真正与世隔绝。

在奥克兰机场停留了几个小时我们才等到飞往惠灵顿的航班。这是两地间的固定航班，飞机上座位很空，即使加上我们几个人飞机也没坐满。由于只飞行一小时左右，机上的服务没有什么特别的，只提供一杯饮料，但是乘务员的态度仍然给人留下良好印象。

二、在惠灵顿维多利亚大学语言研究所

飞机抵达惠灵顿。看到惠灵顿我们自然会把它和奥克兰相比，它们真的有很多不同。这里没有海和海上那无数的游艇，城市也不是一马平川而是高低不平，上下起伏。特别是风很大，气温也较奥克兰低好几度。由于初来乍到，只能跟着别人走。我们在大巴上乘坐了半个多小时，沿途能看到两旁低矮但又很具特色的房子。突然车停了下来，司机告诉我们说到了。由于车子开不进我们住的地方，就在路边停下，要自己扛着行李到住处。

我们的住处是维多利亚大学（Victoria University）的招待所，叫维尔楼（Weir House）。它位于惠灵顿体育场旁边，穿过体育场就是维多利亚大学的建筑群。维尔楼在一座山丘的底部，它的后面即北边是另一座山丘。在这座山丘的另一侧，有一辆有轨电车把山丘两面连通起来。这辆有轨电车可以说是惠灵顿的一道风景线，或者说是一张名片。

维尔楼南面也有一座山，山顶上有个气象台。山上没有太多树，但植物繁茂，青绿一片，放眼望去，真是美不胜收。在维尔楼门前是儿童游乐场，那里安置了供孩子们游戏的设施。从维尔楼出来有一段小路，就是这段路使得大巴开不进来。走过这段路之后便到了市区的马路。路对面就是刚才说的那座山，说是山也

许叫丘更合适，因为它就几十米高。我发现这条街没有车水马龙的景象，行人也不多，因而它就很适合作为我每天晨跑的地点。我可以沿着这条路跑步，不用担心迷路。

进到维尔楼，我才发现这是一座有几十年历史的老楼。它的一楼有个礼堂兼作舞厅，里面还放有钢琴。这里的一面墙上挂着许多集体照，并标有日期，从中可看出从 20 世纪 30 年代开始这里就有年轻人居住了，他们大概就是维多利亚大学当时的学生。但现在它成了国际留学生的公寓，新西兰本国学生不在这里住。楼下还有浴室，全楼的人都在这里洗浴，从今天来看，它有些过时了。房间也没有卫生间，只在每层楼两端有厕所，这样晚上起夜很不方便。地下室是食堂，这倒是很方便的。

安顿下来后，我和来自中国矿业大学的曹老师住在同一个房间。房间不大，没有卫生间。每间房都配了一个热水壶。这大概是对中国人的特别照顾吧，因为新西兰的自来水是可以直接饮用的，他们没有喝热水的习惯，只有冲咖啡例外，但咖啡是在用餐时提供的。因为我也习惯喝凉水，所以热水壶主要是曹老师在用。他带了茶叶，自然要用到开水。但有一次他一边烧水一边做别的事，也许是太聚精会神了，把烧水的事忘得一干二净，结果把壶烧坏了，导致整栋楼断了电。初来乍到就闯出这样的祸，我真有点怕，就说了曹老师几句。也许他不爱听，但我觉得作为比他大几岁的人，又是室友，我应该这样做。因为如果我做了同样的事，别人说我时我一定虚心接受。

民以食为天，到了新西兰我还没有真正去过当地饭馆吃饭，平时吃饭是在维尔楼的食堂吃的。我们在这里住下后，吃住的费用都从我们所获得的津贴中扣除。这里采取供餐制，吃饭时根本不需要出示任何凭证，排队拿饭拿菜即可。除了肉菜是由工作人员配的之外，其他的由自己选择取用，有多种选择。从吃饭就可看出这里的生活水平确实比我国高。我们在这里接受短时间的培训后，就要被分配到各个学校开始真正的访问。

在维尔楼的第一晚由于太冷了，我睡得不好。新西兰位于南半球，所以季节和我们相反，我们七八月是夏季，而新西兰刚好是冬季。十月是夏天的开始，但惠灵顿的夏天一点热的感觉也没有，因为风大所以还得穿着外套。晚上睡觉不盖被子还会冻得发抖。刚住进来时，楼里的主管给每个人分发了床上用品，是一张毛毯，我以为这就可以御寒了，没想到晚上盖了它却毫无作用。但是要怎样向楼里的主管说呢？这时我却没了主意。我想我是否要先说"I am a new comer"（我是新来的），然后再说昨天你们给我的毯子还不够御寒等。我正踌躇着，正好碰见了陕西师大比我们早来此进修的刘老师，他关心地问起我的情况。我告诉他后，他二话没说就带我去主管的办公室，并对那位女士说"He didn't get used to the weather yet, last night he felt cool and didn't sleep well."（他还不习惯这里的气候，昨晚他觉得冷，没睡好。）她明白后，便又给了我一张毛毯。手续很简单，她记下我的房间号，让我签个名就完事了。这件事处理完后，刘老师还善意地告诉我，以后要大胆开口，简略说话。他的话真的很有用，让我在新西兰的生活减少了许多麻烦。

第二天，负责接待我们的新西兰外交部的官员来了，他负责给我们发津贴（stipend）。那位官员先领我们在惠灵顿市区游览一番，让我们对它有初步的了解。作为新西兰首都的惠灵顿并非新西兰最大的城市，奥克兰才是最大的城市，是商业中心。惠灵顿是政治中心，政府、国会等国家机构都在此。就人口而言，惠灵顿和奥克兰不能相提并论，它当时的人口仅三十多万，和在南岛上的第一大城市即坎特伯雷省的省会克赖斯特彻奇（Christchurch，又称基督城）差不多。但惠灵顿作为首都也很有特色。我游览过后，对国会大厦的蜂窝式外形印象深刻，它和政府办公大楼、国家图书馆以及附近的火车站一起形成比较宽广的区域，显得大气雄浑又有自己的特色，而这种特色是其他城市所没有的。还有一个特色就是它是沿着海岸而建的，街道也是随地形而高低不平，上下起伏，蜿蜒曲折，所以在这里骑自行车的人不多。在气候方面，惠灵顿更和奥克兰与克赖斯特彻奇显著不同，我初来乍到，还无法对它们进行比较，但这里的大风和多变的气候在我到达伊始就有感触。开始时还是晴空万里，仅仅过一会儿就转为倾盆大雨了。那位官员还领我们去超市购买必需的日用品，当时我国至少广州还没有超市，所以看到超市和百货商店不同的商品陈列方式，真的让人很震撼。我们怎么就没想到这种让顾客有更大选购空间的形式呢？来到超市看到那堆积如山的货品摆满各个角落，却又井然有序，方便顾客选购，真感到来此购物也是一种享受。在这里可以看到新西兰人日常生活中所使用的各种物品，有许多东西是我在国内没见过的，且来自世界各地，这和我国大量销售国产商品的现象形成鲜明对比。新西兰虽地处遥远的南太平洋，但它比处在亚洲大陆的我国与外界有更多的货物交流。

当天我们拿到的津贴只是半个月的。新西兰政府把每月津贴分两次发给我们，并将我们在维尔楼的食宿费扣除，所以我们手里拿到的钱就很有限。幸好我来时已经从国内带了些日常用的东西如牙刷、牙膏、香皂等，但是我却没想到要带惠灵顿人人必备的雨衣。在风雨交加时，雨伞根本不管用，只有穿在身上的雨衣才管用，所以我决定为自己买件好点的雨衣。商店里的雨衣琳琅满目，价格从二十多新元到一百新元不等。在外交部官员的帮助下，我挑了件四十多新元的雨衣，折合人民币二百多元。这同我国那种只卖几元钱的塑料雨衣比要奢侈多了，不过从质量上看两者真不可相提并论。它是由胶布制成的，可以翻过来用，它最大的特点是背后可透气，因为背面并非由整块布做成，而是有一块缺口，上面有许多孔，非常透气，穿在身上非常舒服。外边还下着雨，这雨衣马上就发挥作用了。这是我到新西兰之后购买的第一件物品，我很喜欢。由于新西兰经常下雨，我也总离不开它。当我回国时它也作为我的重要物件被带回家，却没想到有一天我把它挂在自己家的窗户上，尽管窗户外边有围墙挡着，仍然被小偷光顾了。我真为丢失这件和我共同度过几年的雨衣而惋惜。

我没有调查过我们在国外的津贴是如何确定的。有人说这是由我国的主管部门和对方国家讨论确定的，因而随国家而异。我知道在美国是每人每月400美元，据说也有某些地方是500美元。在澳大利亚是450澳元，比美国略低但差别不大。唯独我们在新西兰的最少，只有420新元，在当时就相当于200美元，其中包括了我们的食宿和日常一切开销。也许这是一些人坚持要去美国，而不去别的地方的原因，这也是我们中的一些人想早早离开维尔楼自立门户的原因。他们在维多利亚大学附近找那些出租给留学生的房子，当时便宜的每个月才二十多新元，条件好的也不过四十新元，而我们在维尔楼的房租是六十新元。这样一算每个月不是可以省下不少钱吗？同样在吃饭上，维尔楼的饭菜虽然丰盛，但不合我们的口味习惯，何况他们肯定也要赚钱。因此这些人说干就干，很快就搬了出去。他们也动员我一起搬出去，不过由于我的惰性和不想惹麻烦的性格，我没有搬。和我同宿舍的曹老师也没搬，我们一直住到维多利亚大学的培训班结束才离开维尔楼。我对我们的津贴只及在美访问学者津贴的一半也有意见，感觉这个规定有失公允，不过我也很知足了，因为这些钱是我们国家提供的。而从物价来说，新西兰当时的物价总水平大概是美国的一半，因此我们的花销大概是美国的一半。有时我也对一起来的朋友说，在提升为副教授之前，我不过拿78元的工资，在那之前只有69元，而拿56元更长达15年。到了1982年，我被提升为副教授之后已有86元。拿我出国之前的工资和我现在的收入比，现在的420新元差不多是人民币2000元，是我在国内工资的二十几倍。我们白白拿着国家的钱，还有什么理由去计较呢？

刚来没几天，我就学会了一个英文单词homesick。这其实是两个词，一个是home（家），另一个是sick（有病的），这两个词对任何会英文的人来说都再简单不过了，但合起来后的词我在出国之前却从未用过、碰到过。来到这里才知道它的意思不是说家有病了，而是说游子思乡了。来之后，差不多每个人都想家，特别是那些从小到大一直没有离开过家的人，那位新疆的女孩就是个例子，她来之后已经哭了好几场，甚至有不学了要回国的念头。但在同志们的关心和劝导下，她想家的情绪慢慢控制下来，心情平复后，她也全身心地投入新生活。对于我来说，离开家这么远也是从未有过的，但是离开家是我生活的常态，我没有那么强烈的想家情绪。

接受维多利亚大学语言研究所的语言培训前，我们还要去我国驻新西兰的大使馆报到。这也是必需的手续，像我的组织关系就要交到大使馆，即便我不可能到大使馆参加组织生活，使馆在必要时也会通知我相关事项。大使馆就在维尔楼南边的山的一侧。山上有个植物园，有很多的花草树木，绿色草坪，五颜六色的花朵绽放，构成天然美景。有人精心护理，可免费入园，自由参观。我们从维尔楼到大使馆去，植物园是必经之地，如果要走别的路就要绕很大的圈，这对用脚走路的穷学生来说是不明智的。

走过植物园就到了大使馆所在的那条大街。这条街不是惠灵顿的繁华大街，但相对于维多利亚大学，这条街显得更平坦些。大使馆在这条街上有些鹤立鸡群，因为它高些，附近的房子都没有它高。它门口墙上有一个不大的牌子，用中文写着"中华人民共和国大使馆"的字样及其英文，门前左右两侧各有一个象征中国的石狮。我注意到人们通常走的是后边的小门，或许这样更为安全，这条路上除了中国大使馆之外，没有看到别的国家大使馆。或许是因为中国和新西兰建交较晚，在惠灵顿使馆区已无空地供中国在那里建使馆。我们第一次到使馆，就受到大使和使馆官员的欢迎。我们后来去那里主要是为了看国内的报纸，但因从维尔楼去到那里要花上半个多小时，来回一趟就得花上一两个小时，如果没有其他事我是不会去的。特别是后来使馆为我们派送《人民日报》（海外版）和《中国日报》（英文版），满足了我们的看报需要，我们也就不必经常到使馆去了，但是去使馆总有回家的感觉，觉得亲切，所以过段时间我还会到使馆去和负责留学生事务的文化处的同志见面，哪怕只聊几句也觉得很舒心，因为在我眼里使馆就是我们海外游子的家。使馆的官员还曾在1984年元旦请我们去吃饭，这使我们倍感兴奋和愉快，那可是我们在国外过的第一个节日呀！当时在惠灵顿有一家专卖华人食品用品的超市叫海洋行，我知道后也到过那里。它除了卖内地和香港的物品外，还卖台湾的物品，东南亚的也卖。

根据新西兰方面的安排，由于我们抵达的这个时间直到一月份是新西兰的暑假，所以如果我们立即到学校去的话，那里是没有人接待我们的。因此这段时间正好让我们在维多利亚大学的语言研究所接受语言培训。实际上和我们一起到新西兰学习的外国留学生也差不多都在这个时间来到这里，包括来自泰国、印度尼西亚、马来西亚以及南太平洋岛国的留学生。研究所把这些人分到不同的班上。来自这些国家的留学生大都是年轻人，我在其中算是很特别的年长者。这对我来说无疑有很大的压力，因为如果学得不好，不仅会令自己很难堪，也会给国家丢脸。

语言研究所位于维尔楼的斜对面，它正对的就是维多利亚大学的主楼，是自成一体的机构。它有自己的一栋楼，但没有主楼那么高。这里的班级符合语言学习的特点，都是小班，一个班级就只有十几不到二十人。但1983年来新西兰留学的人特别多，所以每天早上九点钟前（上课时间是九点），就会看见大批人匆匆进入语言研究所，到中午十二点又会看见人们匆匆走出来赶回去吃午饭的场景。下午一点半和四点半又会重复这样的场景。当时我国还实行一周六天工作制，而新西兰早已实行五天工作制了。这也是我们认为新西兰是发达国家的原因之一。从六天工作制的地方来到五天工作制的地方真的让人感到很惬意，因为属于自己的闲暇时间一下子多了很多。但是在新西兰，商店以及大大小小的饭店几乎都会在公休日时关门停业，唯一的例外是有些（不是全部）"带走"（Take away），即外卖的快餐，所以双休日不能上街购物。如果要出去玩，也不要指望这时的景区里有东西卖，除非你自己事先有所准备，否则什么都没得吃。

　　每天上的课就是精读、泛读和写作。这和我在广外培训班时所上的课一样。当然，就讲解的水平、材料的选取等方面，这里是要胜广外一筹的，比如就语言实验室而言，这里的设备要更先进，数量也更充足，学生在没有课时可以自由使用。还有就是语言环境，在英语的语言环境下学英语可谓事半功倍，每天你所接触的都是讲英语的人、英语媒体等。这就迫使你从早晨一起床就要用英语思考。我早晨沿着维尔楼外边的那条大街往西可跑到新西兰国会大厦、政府大楼和火车站，在路上遇见的人不多，但无论男女老少，他们都会向我打招呼说"good morning"，我自然也要说"good morning"来回应。这是每一天开始的第一句话。回到维尔楼可能也会碰到同住在维尔楼的外国留学生，在新西兰这个礼仪之国的影响下，彼此见面也都会客气地相互问候。我说新西兰是礼仪之国，确实是这样的，因为你无论在哪里都会感受到这种礼节的气氛。开门时，若发现后面有人，他（她）会扶着门让后面的人先进去。只要有两个以上的人就会很自然地排起队来，绝无加塞抢先的现象。到了用餐时，自然又得用英文表达你的需求，当炊事员把你需要的菜放到你的盘子里时，你一定要很有礼貌地说声"Thank you"。"谢谢"是在新西兰生活的人一天中说得最多的话。

　　吃过早餐，离九点上课还有些时间，这是我用英文写日记的时间。在前往新西兰之前，我就开始用英文写日记，借以提高自己的英语水平，到了新西兰我也保持着这个习惯。等把日记写完我再复习或预习上课内容，上课更是每天面临的挑战。生活在这样的环境中，只要积极面对，是一定会进步的。

我所在的这个班总共有三位老师，两女一男。两位女老师都叫玛格丽特（Margaret），其中一位玛格丽特岁数大些，四十出头，据说她丈夫是维多利亚大学的教授。她的穿着总是很正规、很有英国传统妇女的风格。而且她说话慢条斯理，一口英式英语的腔调。她从不高声说话，待人慈祥，彬彬有礼。课堂上她要求很严，但从不发火。她曾邀请学生到她家做客，但因一个班有近二十人，人数太多，她只能分批请。那次和我一起被邀请的总共七八个人。那是我第一次了解新西兰大学老师的住处以及生活水平。玛格丽特的住房很宽敞，又很典雅、干净。特别是房前屋后都有很大的花园，种植着花草果木，不仅美化了环境，增添了情趣，也大大增加了生活的空间。我曾听过调侃中国、美国、日本、新西兰的段子。一个版本是说有中、美、日、新四国的四个男人，互相是好朋友，他们来到一个餐馆吃饭，邻桌有个美国年轻女人也在吃饭。这四个男人和那美国女人并不认识，他们也未注意到她的存在。他们中一个人先开口说，我问你们一个问题，就是用我们四国配四样东西，即工资、房子、美食和妻子，问什么样的男人是幸福男人，什么样的男人是不幸的。沉默了一会儿，一个人开口说，幸福男人是拿着美国的工资，住着新西兰的房子，吃着中国的饭菜，娶了一个日本的妻子。其他人都表示同意。那么不幸的男人是怎样的呢？四个人经过一番讨论，得出结论：就是拿中国的工资，住日本的房子，吃新西兰的饭菜，娶美国的妻子。由于四个人在说娶美国的妻子时声音太大了，被邻桌的美国女郎听见了，把她气得满脸愠色，悻悻离去。其实这是一个简单的组合问题，除这两种可能性之外还有二十二种不同的组合，而组合学和组合算法正是我后来在新西兰研究的一个课题。玛格丽特热情地接待了大家，使我们感受到了新西兰人的热情、大方、好客。我们有来自马来西亚的、泰国的、南太平洋岛国的、中国的。我们也是头一次在课堂外聚在一起，大家相互自我介绍，结为朋友。其实玛格丽特还有一个目的，就是用这次在她家的聚会为我们提供一个提高我们口语水平的机会，她的目的达到了。

另一位玛格丽特那时还只有二十多岁。她拥有高挑的身材，略瘦的体型，散发着青春的魅力。虽然算不上很漂亮，但也是颇有姿色。她向我提起她刚从中国回来，此前她在南京教英语，在中国待了整整一年，这使她对中国从完全不了解到有了切身的感受。因此她对中国，特别是对于她教过的学生和一起工作的同事怀有美好的感情。她在教学上也和老玛格丽特一样一丝不苟。由于年轻，她和班上的年轻人更容易沟通。来自泰国、马来西亚的几个女生年龄和她相仿，所以她们相互很亲近。每逢下课就会在一起聊天，谈笑风生，非常和谐。她对我也很客气、很友好。她总对我说她感觉在中国的时间太短了，有机会她还想到中国教书。当然她也觉得中国的收入较低，这是她不大满意的地方，但从消费的角度来说她觉得还算宽裕。她很关心我在培训结束后会到哪里去，只是我也并不知道自己会去哪。当得知我要到南岛克赖斯特彻奇的坎特伯雷大学（Canterbury University）后，她就问我为什么不申请留在维多利亚大学。我说这是上面的决定，我只能服从。临走时她表示要为我送行，约我到意大利的必胜客（Pizza Hut）餐厅吃比萨，这是我有生以来第一次吃比萨，因为当时国内还没有必胜客，也没有比萨。她和我一边吃一边谈，我们愉快地度过了一个多小时，我真的很感激她的盛情款待。

唯一的男老师叫罗杰尔（Roger），他是三位老师中最年轻的，二十岁出头，他好像刚从维多利亚大学本科毕业就到语言研究所任教了。这也可以看出在新西兰并非像在其他西方国家那样需要有博士学位或至少有硕士学位才能当大学老师。我不清楚在维多利亚大学别的科系的情况是否也这样，就语言研究所而言，它主要是为外国留学生在新西兰学习进行短期培训，本科学历似乎也未尝不可。而对于中小学，新西兰则规定，要想在其中任教，必须先经过师范学院的学习，可见新西兰对中小学的规范性要求更高。罗杰尔个子很高但是一脸稚气，显得腼腆内向，他讲起话来温文尔雅、细声细气。不过他对自己的讲解或者陈述是自信的，没有丝毫犹疑不决，学生们也就没有因为他的年轻而不信任他。和两位女老师不同，他成了那些年轻男同学的好朋友，他们在课外时间和他在一起，向他学习新西兰国球——橄榄球（rugby）。他对我很友好，特别是在我一年后从坎特伯雷大学又回到维多利亚大学，我们有过一段美好的共处时光，后文再详细介绍。

从上面的介绍可见，新西兰的师生关系和我国的情况大不相同。首先，绝大多数情况下对老师都可直呼其名，很少要说"Professor"或"Doctor"或"Mister"，这和我国一般情况下都得叫"老师"不同。更重要的是师生间那种宽松、平等的关系。这点我在广外的培训班就做不到。在那里，明明知道这些受训的都是各校选送出国的教师，但上课的老师仍要保持威严，不接近学生，所以我和他们就没有任何友情可言，虽然对于他们我仍然满怀敬意和感恩。但这几位新西兰老师就不同，他们亦师亦友，在课堂上他们发挥主导作用，虽然严肃，但是整个课堂的气氛仍然是轻松的、友好的、没有压力的。我和他们在一起的时间虽不长，但美好的记忆永铭于心。

瑞安（Ryan）是在吉林大学任教的新西兰人。我还在吉林大学期间，她就在吉林大学外语系任教。当时我不认识她，也从未和她谋面，但我在吉林大学校刊上看过关于她的事迹的报道。而我在惠灵顿期间她已回到新西兰。我现在已不记得我们是怎样认识的，好像是她先认识我，然后设法通过别人约我到她家去做客。我听说后觉得很兴奋，因为我早就听说过她了。她住在一栋公寓内，到了她家我才见到她，她六十多岁，身材瘦小，头发全白，脸上也满是很深的皱纹，但这并不使她显得老态。她走起路来腰板挺直，昂首挺胸，神采奕奕，步履轻盈。她先问我来新西兰有多久了，在这里是否习惯，问我是什么时候离开吉林大学的。接着，她就开始谈她在吉林大学的经历。她向我谈起她在吉林大学接触过的那些人，包括系主任王昆，以及其他老师如何庭庆、潘少钧等。这些人有些是我认识的，有些是我只知其名的，所以聊起来就有共同话题。她在长春拍了许多照片，还把影集拿出来让我看。在这过程中，她像其他新西兰人那样拿出一大堆用奶油、鸡蛋制作的糕点来招待我，还告诉我这些都是她自己制作的，又为我冲上香味四溢的咖啡。虽然之前调侃说新西兰的饭菜不好吃，但是新西兰的糕点却让人百吃不厌，无不叫好。在瑞安家吃到的更是美味绝伦，因为这些都是她自己做的，材料上乘，制作精良，吃完后真的是齿留余香，回味无穷。她孤身一人，我不好意思去问她的隐私，她跟我说多少我听多少，不多问一句，也不想多知道什么。我注意到在她房子里最多的东西就是书，书占据了她房子里的绝大部分空间。从中可看出房子主人对书的热爱，也可知她渊博的知识正源于此。我在语言研究所短短的培训期间，她多次邀请我到她家，每次除盛情招待之外，她不变的话题是中国。在话语中，总可以感受到她的中国情结。她说如果有机会她真的很想再到中国去，不过由于年龄关系，这似乎不可能了。我向她提起路易·艾黎，原来他们是朋友，她也很钦佩他。我对这位新西兰长者永远满怀敬意。

在惠灵顿，我无意中认识了一位自称是华人后裔的女性，她住在惠灵顿海水浴场附近的山丘上。那天天气晴好，又逢周末，我们几个人想去海里游泳，于是就结伴去了。看见海水蔚蓝，海天一体一望无垠的美景，后面又是层层叠叠、五颜六色、形状各异的房子，心中不禁对这美景赞赏不已。看到游泳场内泳者如鲫，我也急不可耐地跳入水中。但是不跳不知道，一跳吓一跳，原来这里的海水竟这么凉。虽然是盛夏，但惠灵顿的气温大概二十四五度，而海水温度却只有十六七度，所以一碰到水就有冰凉的感觉，马上就起鸡皮疙瘩了。我们只游了十几分钟就没有继续游的兴致了，就上来更衣，准备打道回府。不知道是我们中的哪位和一位中年妇女搭讪，接着她就表示她家就在对面的山丘上，欢迎我们这些来自中国的客人到她家做客。受到邀请的我们刚好有空，便高高兴兴地去了。走近才知道虽然有路上山，但路很陡峭而且很窄，汽车不容易开上去。虽然这里的房子也还算宽敞，但总的来说还是比不上主城区的房子。估计是因为这里人们的收入没有主城区那里的高。让我们大为惊讶的是她的祖先来自中国，所以她对中国怀有特殊的感情，她最大的心愿是找到在中国的根。但因为她已经不知道自己是多少代的后裔了，连一点中文都不会说，从外表看，她也一点华人的特征都没有了。她希望我们能帮助她，但是她所能提供的仅仅是她先辈的中文名字，她说他来自广东，至于是广东的什么地方她就不清楚了，她也说不出他到新西兰的具体时间，我们实在爱莫能助。尽管这样，自始至终她都热情接待我们，并且说欢迎我们常到她家做客，如果有什么需要，只要她能做到的，她都愿意提供帮助。我们在她家度过了一段美好时光，沉浸在友善的气氛中。

在新西兰我曾多次碰到这样的事。有一位新西兰的退休老人，我也想不起同来新西兰的朋友是怎么认识这位退休老人的了，他很快就正式邀请我们在周六下午到他家做客。他说届时他将亲自开车接我们到他家。那天下午，他果然按照约定时间来到维尔楼，我们一行三人乘坐他的车前去他家。我们并没有按照新西兰人的规矩为主人带花或小礼物，但他也不介意。没想到他家不在市区，而是在离市区几十千米外的郊区。虽然整条路都是柏油路，但道路弯弯曲曲又很狭窄，车子走了近两个小时才到。老人热情接待我们，他很健谈，看得出他虽没有很高的文化水平，但很好学。他很关注中国的发展，也看好中国的发展。老人给我们上饭前酒、饭中酒和饭后酒，让我们每样都品尝一下，非常热情。我是头一次学到这么多有关酒的学问。能感觉到老人就是想我们能和他在一起而高兴，别无他求。

"国之交在于民相亲。"我国和新西兰没有土地的接壤，海洋又把我们分隔，因此两国间的交往除了政治贸易外，就只有靠人民间的交往。民间交往亲密了，相互间理解深入了，友谊就会加深，关系就会融洽。但并不是所有新西兰人都这样友好。在后面我会介绍我在克赖斯特彻奇的《信使报》上和一个人的笔战，那人对中国的仇视让我无法容忍，使我决意与他进行笔战。

在惠灵顿近两个月的培训很快就结束了。我已完全适应了新西兰的生活，在语言上也确确实实有了明显的长进，能自信地和别人进行英语对话，词汇量大增，表述上也有更多选择。这时新西兰新学年即将开始，上面通知让我到克赖斯特彻奇的坎特伯雷大学去。

三、在克赖斯特彻奇

动身之前，坎特伯雷大学计算机科学系主任库柏（Cooper）博士和我联系，询问我乘坐的航班，并承诺到机场去接我。一出机场，我就看见一位满脸胡子、个子很高的中年人向我走过来，问我是不是苏运霖。因为我是飞机上唯一的黄种人，所以他很容易认出我。他开着车一直把我送到学校的宿舍，学校已经为我安排好了住处。我欣赏着沿途的风光，发现克赖斯特彻奇市附近，地势平坦，和惠灵顿迥异。沿途竟见不到一处高楼，所见的房子式样都不相同，真可谓千姿百态，各显异彩。到了坎特伯雷大学，校区里分散矗立着一大片楼，但都不是很高，而宿舍区一共才四栋楼，其结构大致相同，每栋共有五层。我被安排在其中一栋的三楼的一个房间里，这里已经住有五个人，连我在内就是六个人了。每个人各住一个房间，面积只有六七平方米，除了一张床，一张凳子和小桌，就没有什么了，就算再有什么也放不进来了。在这套房里有一个客厅，兼作餐厅，面积也不大，这里放了一张饭桌和六张椅子，还有一台电视机，此外还有一个很小的厨房和卫生间，应该说条件很一般，但比只有一个公共厨房和卫生间的维尔楼更方便。

入住时我没有见到其他同住的人，他们大概都上课去了，直到晚上他们回来时我才见到他们。他们全都来自马来西亚，也全都是华裔，他们对我的出现似乎有点惊讶，因为来的不是他们的同龄人，而是比他们大很多的中年人，他们还以为我和他们一样是来读本科的。明显看出他们并不把我看成同族，他们也不会说普通话，交流时使用的是马来语或英语，在不想让我听懂时他们就用马来语。他们哪里知道这对我来说根本不是障碍，因为印尼话和马来话基本是相通的。当然我没有必要向他们说我的身世。不仅如此，他们还有明显的优越感，觉得马来西亚比中国富裕，所以就露出瞧不起的眼神。为显示他们这种优越感，他们甚至不愿承认他们华裔的身份，似乎和中国有一些联系都有辱他们的身份，更有甚者问我是否有肝炎，对于这种歧视我自然不能容忍。我严正指出我是国家指派的，出来之前当然经过体检，国家怎么会派一个病人出国学习呢？因为这件事我决定不和他们一起吃饭。他们是一起买菜的，然后费用平摊，轮流做饭，我很快就退出了他们的圈子，自己做自己的，不和他们有什么瓜葛。在日常生活中，我也不和他们有什么接触，我瞧不起他们的傲慢和无知，保持着自己的尊严也是中国人的尊严，因此相安无事。

我刚在坎特伯雷大学安顿下来不久，使馆就下达了一个通知，指定我任新西兰中国留学生会的主席。对于这个任命，我既感到意外也觉得在情理之中。感到意外是因为此前从未听使馆提起这件事，也未曾想过它的必要性；在情理之中是假若要成立这样一个组织，使馆一定会选择他们认为合适的人选，而我是当时唯一的副教授，又是有最长党龄的党员，还担任过一定的职务，所以使馆肯定会指派我。这个工作没有任何报酬，没有任何特权，更多的是义务和奉献。既然身为整个新西兰的中国留学生会主席，那我就要关心在惠灵顿、奥克兰和北帕墨士顿（Palmerston North）等地的中国留学生，可我并不认识他们。不过使馆告诉我，平时只需要联络好在坎特伯雷大学和林肯学院的同学即可，有必要时使馆会告知我如何联系其他地方的人。因此我在和外国人的交往中自然要更加注意自己的言行举止，在和同住一起的马来西亚人的交往中也本着这个原则处世。

来到坎特伯雷大学，最重要的任务当然是进行业务学习，也就是要到计算机科学系去见老师，来安排我的进修提高计划。我去到系里，库柏博士先领我见了系里唯一的教授约翰·彭尼（John Penny）。他中等身材，头发灰白，六十岁左右，但身体很硬朗，系里除了他之外，其他人都没有教授头衔。新西兰的职称体制采用的是英国体制，即只有讲师（lecturer）、高级讲师（senior lecturer）及教授，而且以前还规定一个系只能有一个教授，如果这个教授不离开就不能有新的教授。但是这显然不利于留住有才能的人，所以后来该规定就有所松动。在英国有一个职称叫 reader，它不是中文译出的读者，而是相当于副教授这样的职称，对于从国外引进的人，比如从美国调进的 associate professor（副教授）或从英联邦国家调进的 reader，他们的职称将被保留。

当时的计算机系总共只有七八个教师。除了约翰·彭尼教授外，系主任库柏是博士、高级讲师；沃夫岗（Wolfgang）和另一位是高级讲师，都有博士学位，其中沃夫岗是德国人；还有两位讲师，一位是雷伊·海因（Ray Hine），另一位叫不上他的名字了。海因是硕士，另一位岁数较大，年龄似乎和彭尼相仿，但他只有本科学历。还有一位年轻人叫阿历斯特（Alister），他正在攻读博士学位，算是由彭尼指导的，因为坎特伯雷大学计算机系没有博士学位授予权，所以阿历斯特后来离开新西兰去了澳大利亚。我被安排和阿历斯特一起共用一间很小的办公室，对于这样的安排，我心里并不满意。但我是外来进修的，又能说什么呢？我只觉得就水平而言，坎特伯雷大学实在不是很高，他们的教师连本科学历的都有，这不就说明问题了吗？

但在学术上，他们还是遵循严谨的英国体制。在教学上，他们的每一堂课都向学生提供大量的信息。虽然指定了教材，但课堂上教师会发自己编写的活页（leaf），也就是这堂课的要点或提纲。教师将告诉学生这堂课涵盖的内容在教材中的范围，往往有数十页。一门课的课时多数是 30 节或更少。一年 2 个学期，每学期 15 周，每周 5 天，所以一年真正上课的时间就只有 150 天。这和我国当时的情况形成很大反差。然而学生并不感到轻松，因为要去阅读那几十页书，还要读懂它，确实不容易。作业对学生来说也是挑战。国内的作业无非是让学生使用所学方法去演练或者探讨教材的内容以加深理解。但在新西兰则不同，题目可能是一个项目设计，或者是真正结合实际的编程。在国内由于作业难度不大，仅属于复习性或巩固性的，所以交作业的时间就在一周后或更早。但在新西兰则不同，交作业的时间可以推迟到一个月左右。这些作业远不是看看书、查查书上的论述或套用书上的公式就能做出来的。在这点上我发现了我国和新西兰，或许也是我国和西方国家的差别。新西兰的教学时数确实比我国少，但这并不意味着教学内容少，因而学生就要更自觉地学习，也更要进行独立思考和创新。

在新西兰大学阶段虽然没有政治思想教育课，但这并不意味着他们没有思想政治教育或道德教育。他们的学生联合会（Student Union）会出版自己的刊物，学生们可自由发表对时局政局的讨论，可谓指点江山、激扬文字。在这些刊物上也会有一些旅游信息，介绍新西兰国内的风景名胜，乃至少量国外的风景名胜，此外就是对于一些名人名著的介绍，因此有一定的可读性，当然它的基调是宣扬西方的思想。学生联合会会不定期组织各种活动（party），在这样的活动中少不了吃的和喝的，应该说学生联合会不仅开展学生的文艺体育旅游等活动，还帮助校方对学生进行教育、稳定学校秩序，它散发出正能量。

再一个开展教育活动的是教会。新西兰也和西方其他国家一样有天主教和基督教两大教派，如果细分还有更多，如公理会、圣公会等，也应验了那句"合久必分，分久必合"，因为原来这些都属于同一个教派，这种情况也出现在伊斯兰教中。幸好在新西兰这些教派都能和平相处，没有产生激烈的冲突。基督教和天主教都要求他们的信徒以上帝为榜样，要检点自己的行为，关爱别人，多做善事，不做恶事。在这样的教义下，教徒虽不一定百分之百都照教义做，但还是有利于社会的安定和谐。在社会治安方面，新西兰还算是做得较好的国家。不过单靠宗教也不能治国，中东就是例子。

还有一个也充满正能量的机构，那就是慈善组织。他们为穷人、孤寡老人或残疾人提供各种帮助，如提供食品或防寒保暖的衣物和场所等，这也为社会的安定增添积极因素。学校作为学生求学成长的场所，也对他们进行立德树人的教育和示范，所以学校鲜有打架斗殴、聚众闹事的事件发生。

相比于我国的学校，新西兰学校的条件确实要好得多。首先是有各种期刊。限于经费，当时暨南大学只能订阅国内影印的国外期刊，种类也有限。而在坎特伯雷大学，几乎所有的核心期刊都有，还很及时，这有利于师生了解科技的最新动态。其次是在设备方面。当时我们的计算机终端还只能供学生在计算中心上机使用，教师还没有供个人使用的终端。尽管新西兰也还没有可以发到外面的电子邮件（但次年我到维多利亚大学时情况就变了），校园内却有了，而在我国，大多数人还不知道电子邮件为何物。在教学工具上我们的差距也很明显，他们已经广泛普及投影仪，而我们还把投影仪当作贵重仪器；他们已经广泛使用白板来替代黑板，而黑板是我们的唯一选择。

如果从学生人数来比较，我国和新西兰的差距就更突出了。当时新西兰七所大学在校人数为四万余人，是全国三百六十万人口的九十分之一。这也就是说，我国要达到这个水准，在当时十一亿人口中应该有一千二百万名大学生，但当时我国的大学生人数不过一百多万，这是多大的差距呀！

不过就坎特伯雷大学的实际水平而言，确实不尽如人意，如上面提到的计算机科学系总共就只有七八位教师。彭尼教授的研究方向是计算机性能评价（Computer Performance Evaluation），雷伊·海因是研究计算机网络的，还有的是研究程序设计方法学的等。可以说是一人一个方向，这就难以形成学术团队。阿历斯特名义上是由彭尼教授指导的，但他的研究方向是算法设计，所以他和我才是同一方向的，于是我们一起以组合算法作为共同课题进行研究。

在这期间，我听说有的中国留学生转到别的国家去了，如澳大利亚。这让我也很心动，我也想申请到美国去。但在美国我最熟悉的人就只有斯坦福大学的克努特教授，他也是我翻译的书的作者，为此我给他写了一封信。鉴于我在新西兰的身份，我向他提出希望自己能在斯坦福大学也获得访问学者身份的请求，这样也就不存在经济问题，也不用他为此而操心了。很快他就给我回信了，说他都已有好几个访问学者了，眼下已没地方容纳我了。但是如果我愿意，我可以成为他的博士研究生。这封信使我很激动，因为这表明克努特教授对我工作的肯定。但是由于我的无知，我竟错过了到斯坦福大学攻读博士学位的机会，因为我不了解情况，又碍于面子而没有向克努特教授开口询问费用问题。我只听说攻读博士学位每年的费用要一万多美元，我哪有这么多钱呀？我也不能向国家要这些钱，就这样阴差阳错，我错失了克努特教授的"惠赠"。实际上，如果我同意，我读博的所有费用可以全免，而且还可以得到一笔可观的奖学金。我确信依靠我的数学基础和计算机基础，以及我的勤奋好学和勇于克服困难的顽强意志，还有克努特教授的关爱帮助，我可以毫无悬念地拿到博士学位，这将会让我的人生走上另一条轨迹。不过我并不后悔，因为在坎特伯雷大学和后来的维多利亚大学及奥克兰大学，我也仍然书写着我无悔的人生。

　　我和在同一个办公室的阿历斯特很快就建立起了很好的关系。这个年轻人热情爽朗，率直大方，在业务上也有很强的进取心。他建议我们每个星期开两次讨论会，一起来钻研组合算法问题，争取尽快有所突破。后来系里又来了一位年轻人，也是要攻读博士学位的，阿历斯特让他也加入了我们，这样我们三者为众，讨论班就正式形成了。每逢周末阿历斯特又邀请我出去旅游，克赖斯特彻奇市附近有不少风景区，距离又不远，阿历斯特说，你来到新西兰，就要多走走多看看。这些地方都要依赖交通工具才能抵达，而唯一的交通工具是汽车，但阿历斯特只有摩托车没有汽车，所以我们的出行就得靠公共汽车。每次阿历斯特把票买好后才告诉我怎么和他集合。当我提出要还他的钱时他总是谢绝，这弄得我很不好意思，因为这实际上相当于每次出游我都占了他的便宜。我怎能这样做？甚至有一次他领我到克赖斯特彻奇一家比较豪华的餐厅吃饭，这也是我到新西兰之后第一次在克赖斯特彻奇的餐厅吃饭，他又为我付了费。所以在国内时常听说的荷兰的 AA 制（即大家分摊）在新西兰并不流行。事后，我谢绝了他的盛情，并表示让我自己付费才会与他同行。但是为了继续攻读博士学位，他不久后就去了澳大利亚，我们也就断了联系。

　　彭尼教授是在计算机科学系和我关系较为密切的另一位学者，直到我离开坎特伯雷大学，他和我一直保持着联系。彭尼教授原来是计算机科学系的系主任，由于年龄关系才离开领导岗位。但作为系里唯一的教授，又是最年长者，他备受全系师生的尊重。他为人低调，从不以这样的身份搞特殊。我是当时系里唯一的外国人，他对我的到来表示欢迎，邀请我到他办公室面谈。看得出他对中国缺乏了解，但他很有兴趣了解中国的情况，所以在我们的交往中，他除了问我的家庭情况外，也问起许多有关中国的问题。彭尼教授很关心教育问题。他询问中国在计算机科学方面的教育是如何开展的。我就向他介绍我们也是按照 ACM 和

IEEE 提出的教育大纲来开展的，他说他相信中国这样一个大国肯定会走出自己的道路。他的家庭收入水平在新西兰应属于中上层，给我的印象是舒适而不奢华，宽敞而不空旷，一切东西摆放得整齐有序。比较有特色的是他家前、后院都种满花草，真是五彩缤纷。他的宴请和我在别人家做客经历的差不多，食物基本都是烤羊肉、炖土豆、生青菜、肉汤和饭后甜品，其中饭后甜品是新西兰的蛋糕。还有两样少不了的，就是咖啡和红酒。我在彭尼教授家受到了殷勤的款待。在克赖斯特彻奇期间，我受彭尼教授之邀不下三次，每次都被他待为上宾，实在是很感激。

和我关系比较好的另一位系里的老师是雷伊·海因。他是一名有硕士学位的讲师，他的专业方向是计算机网络通信，这门课当时我国还少有学校开设，而他正好给高年级开了这门课，因此我就去听了他的课。由此我不仅了解了他授课的风格和内容，也了解了新西兰乃至国外的授课情况。或许就是因为我去听了他的课，使我们有更多的接触机会。他往往在下课之后会和我聊上几句，还询问我对他上的课的意见。我没有给他提什么意见，就是觉得课堂上老师不会做有关公式的推导，即便是比较难的公式，也需要学生自己去弄懂和推导。或许并非只有海因这样做，国外老师都这样，而且这样做更有利于学生的成长，确实是"他山之石，可以攻玉"。如果不和国外进行交流，封闭在自己的国家内，那就不能吸收先进的东西。这也使我想起我国的面包，在当时号称最现代化的上海和广州两座城市，做出来的面包都比新西兰的差得远。新西兰的面包品种真的让我叹为观止，而中国在改革开放前都做不出那么多品种的面包。海因大概算是较不富裕的一个学者，因为他没有汽车，上班是开摩托来的。他也请我到他家吃饭。他妻子比他小十岁左右。在西方，问别人的年龄是不礼貌的，尤其是女人，这是隐私。他们有四个孩子，这在新西兰可称得上是多子家庭了。更让人吃惊的是他的妻子可称得上是美女，拥有美丽的面容、明亮的双眸、飘逸的金黄头发和苗条的身材。

而更令人感叹的是，她虽然已经生了四个孩子，但仍保持着青春风韵，身姿靓丽。相比起富裕的人家，他们家虽有不足，但就招待我的那顿饭而言，无论哪方面都毫不逊色。他的妻子更是殷勤有加，一再表示他们一定要去中国看看。我表示欢迎他们的到来，并会尽地主之谊招待他们。我和海因成了好朋友，而且后来他们真的来中国访问了，我和他们在广州度过了一段美好时光。

其实在系里，我最先认识的是系主任库柏博士。是他到机场接我的，对于我接下来的一切安排他都亲力亲为，不嫌烦琐。他告诉我系里任何人的课我都可以去听，系里的复印机我也可以自由使用。在当时他不会信任我到让我给学生上课，当然我是来进修的，也没有授课计划。但是为了表明对我的信任，他们让我指导一名学生的毕业论文，而这个学生正好是来自马来西亚的。这件事在马来西亚学生中很快传开了，这使那几位和我同在一个公寓的马来西亚小伙顿时对我刮目相看。不过后来我很快就从那里搬了出去，到数学系原主任彼得森（Petersen）家去住了，后面我再具体说这件事。库柏博士也要宴请我，但他并不急，而是等别人都请完后他才请我。也许这是他的高明之处。

我注意到老师轮番宴请我时并没有用系里公款。在上午茶（morning tea）时间和下午茶（afternoon tea）时间，咖啡和茶，大家可以随意享用。开始时我以为这是用系里公款提供的，属于一种福利，后来才知道那是大家交钱买的。我也注意到系里有一种不成文的做法，那就是大家轮流做东，把系里的同事都请到家里吃饭、欣赏音乐甚至跳舞，愿意喝酒的可以畅饮。但并非大家围在一起喝，只是愿意喝的可以在一起喝，你也可以独自一人喝。这样大家都会参加，我也在受邀之列。每个人可以任意挑选自己的礼物，或是一瓶酒、一束花或其他物品。相互赠送礼物表示一种心意，不宜送贵重的，送太贵重的反倒会引起疑心，这是系里维持团结和谐的一种形式。除非有特殊情况，每次大家都会捧场。不过这种形式对于人多的单位就不一定行得通了。至于单独宴请我时，很少会同时邀请别人。我不知道他们是如何建立默契的，我只知道所有老师都轮番请了我，而彭尼教授和海因是邀请次数最多的。我在受邀时也会送礼。一开始我把从国内带过来的小礼物送给主妇，这也是很受青睐的，因为它属于异国之物，别有风味。后来从国内带的小礼物都送完了，我就只能送花了。刚才提到别人请我时都只单独请我一个人，而库柏还会请系里别的老师，所以我说他显得与众不同。

就在我到达坎特伯雷大学不久，新加坡国立大学数学系的李秉彝教授一家也来到了坎特伯雷大学。李教授早年在英国留学，他的夫人也在英国留学。现在李教授应聘到此讲学，他们把三个孩子也都带了过来。他不仅精通英语，中文也很地道。他经常到中国，主要是山东济南等地，和山东师大数学系的老师关系密切。李教授个子不高，略显消瘦但很健康。他虽只比我大两岁，却已满头白发，属于少白头。除了头发白之外，丝毫不觉得他老气，反而充满活力。他是外向型的人，很容易打交道，而且说话时常伴着爽朗的笑声。我不知道他是怎么认识我的，但他一得知我是从中国来的，就急不可耐地通过从印尼来的并在坎特伯雷大学攻读博士学位的杨小姐邀请我一起到他家做客。杨小姐家在印尼万隆，两个姐姐都在北京工作。大姐是从北京农业大学毕业的，毕业后被分配到农业部工作，担任技术骨干。二姐是从北京外国语大学毕业的，毕业后被分配到北京经济大学任教。她们两位都曾被派出国留学，可见都属于品学兼优的人才，都是热爱祖国的赤道之子。因为她父亲和我父亲一样是第一代华侨，所以对中国也很有感情。她住在坎特伯雷大学的另一栋学生公寓里，因此我们便一起到李教授家。李教授是新加坡国立大学的资深教授，此外他还在新加坡经营了一家商店，因此经济条件颇为宽裕。他们家有五口人，为了住得宽敞舒适些，他在学校附近买下一栋二手房。我和杨小姐一起参观了他宽敞、明亮、舒适的新居，并感叹他们很会享受人生。因为他们都是新加坡的精英，留学于英国名校，学成后即获得待遇优厚的工作岗位。由于业务出色，李教授还曾受聘在南非工作数年。从南非回新加坡之后，除继续在新加坡国立大学任教外，还常受聘到国外如中国等地讲学。但他们在生活上又很简朴，没有奢侈的作风。李教授的夫人善于烹饪，尤其是擅长烹制东南亚风味的菜肴，这正合我和杨小姐的口味。杨小姐在烹调上也算是行家，也就成了李夫人的得力助手。那天李教授只请了我和杨小姐两人，使我颇有受宠若惊之感。一回生二回熟，后来我几乎成了李家常客。李教授夫妇特别热情，给予了我很多帮助。最重要的是下面三件事。

第一件事是向我介绍了新西兰土族毛利人的食物汉吉（Hangi）。汉吉的做法很简单，把鱼、肉和土豆、芋头、地瓜等各种食材切洗干净，用锡纸包好，放在预先挖好的坑里，在上面放上火热的石头，再用土把石头盖上以保持温度。这样焖上两个小时以上，就可以把食物拿出来吃了。对毛利人来说，汉吉是大餐，是珍贵的食物，是款待客人的佳肴。那天，李夫人告诉我，来自马来西亚的学生要和毛利人一起举办活动，问我想不想参加，也看看他们怎么做汉吉。由于李教授夫妇不参加，我自然也不参加。但李夫人说，活动结束后他们会带些汉吉过来，让我也品尝一下。汉吉是一种环保食品，不添加任何佐料，是原汁原味的。但经过这样烹制之后，食物又带了点泥土的芳香，吃的时候再用上佐料，也别有一番风味。

第二件事是大事。李教授把我介绍给了彼得森教授，又让我住在彼得森家里。因为李教授和彼得森教授是老朋友。至于他们怎么认识、何时认识，我都不太清楚，只知道彼得森教授以前是坎特伯雷大学数学系的主任，是国际上有一定盛名的数学家。他曾多次到香港讲学，也去过中山大学讲学。不幸的是，就在我来到坎特伯雷大学不久，他由于中风而不能工作了，只好退休在家。李教授来到坎特伯雷大学后到彼得森家去探望他，彼得森教授谈起，他愿意找一个成年中国人来他家住，他免费提供住处和水电设施，只希望能在起居方面对他提供帮助。李教授马上想起我，这不就是为我量身定做的吗？他先向彼得森简单介绍了我的情况，然后就联系我并约我一起到彼得森家看看。我一看才发现这是一栋大房子。光是厨房就有二十多平方米。虽然房间只有三间，但客厅、书房、休闲房等都很大，总面积足有四百平方米，而前后花园也很大。我见到了彼得森本人，他高大魁梧，身高在一米八以上，由于中风后腿脚不方便，要靠拐杖行走。我和他聊了聊，他竟马上同意让我尽快搬过来，就这样我成了彼得森家的房客。那时他六十多岁，年龄不算大。也许是因为不重视体育锻炼且食量巨大，又特别爱吃奶油、肉类，他身体肥胖硕大，体重肯定超过一百千克。他头发基本掉光了，留下稀疏的一点也全白了。他是北欧的丹麦人，不知为什么来到新西兰，并在坎特伯雷大学任教多年。他终生未娶，身边无儿无女，也没什么其他亲人。而坎特伯雷大学的教务长（registrar）也是个丹麦人，算是他的挚友。除此之外，经常来看望他的就是当地华人了。那些华人也许是看他孤身一人又行动不便，都对他很好，经常来看望他，并约他去他们家吃饭，这时他就会把我也带去。那些华人多数来自香港，他们对我也很好。彼得森对中国的态度很友好。那时中国正在和英国商谈香港回归的问题，西方媒体纷纷宣传，说如果回归就会有大批香港人要离开香港，或者说中国治理不了香港等。彼得森也是这些观点的附和者。当他谈起香港问题并发表这些观点时，我总会插话谈我的看法，说他的看法站不住脚。我们有过几次针锋相对的争论，但他无法驳倒我，我也没法驳倒他，后来他也不再和我辩论了。彼得森对别的事都不太感兴趣，他只关心国家大事。他对日本很厌恶，总是用轻蔑的口吻称呼日本。当他谈论其他国家的事时，我总一言不发。

　　他知道很多关于数学家的逸事趣闻。有时周末我在家看书或空闲时，他会让我到他的书房和他聊天，常向我讲述这些故事。这对于我来说无疑是增长知识、提高英语水平的机会。有时讲到那些有趣的事，我不禁大笑，他也大笑起来。他自费出版了一本日记，也出版了一本关于数学家逸事趣闻的书，他都送过给我。他还有一本正式出版的《矩阵论》，这是他唯一的专著。此外，他还有几十篇在各种学术期刊上发表的论文，这些奠定了他在学术界的地位。

虽然他家里有一台在当时算得上很好的电视，就像他有一辆价格不菲的汽车一样，但他并不爱看电视，顶多就是看看新闻。有汽车是不足为奇的，但因为他中风后行动不便，驾驶也有困难了，偶尔他会找人帮忙开车，只有当别人邀请他或者他去访问别人时，他才用车，每当这时他也都带我同去。他最大的爱好就是看书，他以前也很爱动笔，从他的那本日记和逸事可以看出他的文笔很不错，但自他得病后，连握笔都困难，也就不能写了。

我房间的外边就是他家的后花园。园子里有一种花树，开着鲜红的、美丽的花。而我对花不太了解，既不知它的中文名，也不知它的英文名。一天，我问彼得森教授那是什么花，他告诉我那是 camellia，我这才知道山茶花是长这个样子的。从此，山茶花成了我真正知其名也深爱的一种花，因为它曾经在我的窗户旁陪伴着我，它那么鲜艳、娇贵、大方！后园里还有苹果树和梨树，都结着果。彼得森教授说你想吃就吃。他是从不吃也不摘的，苹果不大好吃，但梨子特别好吃，又软又甜。这样我就能吃到在超市也不一定买得到的真正新鲜的水果。后来我才知道不仅彼得森教授是这样，许多新西兰人也这样，他们种果树并不是为了吃，而只是用来美化环境。

我在彼得森教授家一直住到离开克赖斯特彻奇。我走时向他告别和表示感谢。他无言，我也不知道他有什么感受。但我对他是满怀感激的，我也感谢李教授让我认识这样一位有成就的学者。他对中国的态度，从他对当地华人，对他系里一位姓杜的博士的态度以及对我的态度等都可看出是友好的。这是一位让我永远尊敬的长者。

　　李秉彝教授为我做的第三件事是带我和他全家一起到南岛西部去旅游，让我头一次领略新西兰南岛的风光。南岛中间是几乎纵贯全岛的南阿尔卑斯山（Southern Alps）。这个名字源于欧洲的阿尔卑斯山，新西兰人就加个"南"字以作区别。新西兰总是把自己与欧洲和英国联系起来，连名字也不放过。从克赖斯特彻奇到南岛西部并不容易，要经过连通西部的隘口，这个隘口叫阿瑟（Athur）。它位于克赖斯特彻奇西北，两地相距几百千米。由于路途较远，李教授决定早点出发。因此早晨六点多钟我们就出发了。车上有三个成年人：李教授夫妇加上我；三个小孩：两个男孩和一个女孩。孩子们因起得太早，一上车就昏昏欲睡。我们三人就聊起天来。李教授让我观赏沿途的风光。路的两旁全是郁郁葱葱的树木和草地，路不宽，大部分是双向两车道。路面平整，汽车行驶不颠簸。这样的路等级不高，因为它中间没有隔离带，但对于车流量不大的新西兰来说，这完全够用了。十点多抵达阿瑟隘口，我们碰见的车辆不超过十辆，更没有遇到任何人，倒是在道路两旁的草地和山上，有许多羊在悠闲地吃草。根据当时官方的统计数据，新西兰有三百六十万人口，而羊的数目是七千多万头，人均占有二十多头羊。沿途没有村庄，只看见在一些地方稀稀落落地有几户人家，但没有形成村子的规模。李教授决定把车停在阿瑟隘口，到山上野营，爬爬雪山。这确实是个好主意。一方面，我们可以从山上领略新西兰南岛的风光，从山上鸟瞰，处处绿野，遍地植被，别有一番情趣。另一方面，我们可以亲身体验在雪山上的感觉。此前我还没有见过雪山。我虽然在长春生活多年，但从没去过长白山，在长春附近没有山可看。我们在那里的国家森林公园，租了间面积稍大的木屋。木屋共有三个房间，我住一间，李教授家住两间。安顿下来后，李夫人就拿出事先准备好的饭菜给大家吃，这可不是那种速食面或快餐之类的饭，而是很正规的午餐，看得出来为了这次出游，李教授家是做了充足的准备的，真的非常感激他们。他们本可以不带上我，但他们不嫌麻烦，我至今都不能忘记他的心意。吃完饭后，我们登上雪山，看山上的雪景。其实这座雪山并非白雪皑皑的那种景色，山上有的地方没有雪，只有裸露的石头，有雪的地方也只有薄薄的一层。究其原因我想有两点：一是当时正处于新西兰的秋天，气候不冷，水分不多，难成冰雪；二是整个南阿尔卑斯山并不是很高，只有其主峰库克（Cook）峰高些，高度达 3 700 多米，而我们前往的地方，大约是 2 000 米，在这样的高度，深厚积雪不易形成。但是山上有很多种树木，属于新西兰独有的，只是我对植物纯属外行，否则必能从中学到许多实际的知识。

我们在南阿尔卑斯山住了一夜之后，就向西海岸进发了。一到西海岸就被倾盆而下的雨挡住前行的路。李教授根本看不清路，汽车无法开动，只好找一处可以避雨的地方临时躲一躲。到了这里才听说新西兰南岛的西部终年雨量巨大，几乎没有晴日，远超贵州的"天无三日晴"了。因此西部人烟稀少，没有任何城市，仅有两三个人口不多的集镇，其中最大的是西点（West-point），据说不过千人左右。但这里有茂密的森林，由于雨量充沛，土地肥沃，树木长势良好，这是新西兰宝贵的资源。在这荒凉之处，我们好不容易才找到吃和住的地方。

在这里我却有意外的收获。这里还保留着一百多年前华工帮新西兰人开挖金矿的遗址。在遗址处建了一个小小的展览馆，展示了当年华工们的劳动工具和他们个人的生活用品等。这些都展现了中国人在此的印记。想到在久远的年代，我们的先人就远涉重洋来到异国他乡谋生，感觉非常沉重。一方面，都说故土难离，假如不是为生活所迫，他们会这样背井离乡吗？旧社会的黑暗腐败造成国家的积贫积弱，民不聊生，才会有这些劳工出现。他们或许是抱着发家致富的梦想来的，但最终只能留骨异乡，永远别离故土。想到这里，心头就不免有点悲伤。另一方面，却又为他们在中国和新西兰之间架起友谊、理解的桥梁而对他们产生敬意。正是由于他们移居新西兰，展现出中国人的勤劳、诚实和善良，新西兰人很久以来就对中国和中国人心怀好感。他们建立这个华人劳工展览馆就是因为他们尊重这段历史，也尊重在这里创造历史的外国友人——中国人。这些中国华工虽然人数不多，据说只有一百多人，也没有太高的文化水平，但他们却成了民间使者，也使部分中国人了解新西兰，所以来新西兰的中国人越来越多。我到这个展览馆来表达对先人的敬意、怀念和凭吊。其实中国人带给新西兰的东西还有很多，猕猴桃是最重要的，还有蔬菜的种植方法。

另一个收获是在这里的海边看到一大片薄饼状的岩石。新西兰人叫它薄饼石（pancake rock）。它们就分布在海边，一块叠着一块，像千层糕那样。这是我头一次见到，所以感觉有点新奇，如鬼斧神工一般。回国后，我去到广东省封开县才知道我们也有，也就不那么感到新奇了。

还值得一提的是新西兰对生态环境的保护和人性化的设施。无论是在阿尔卑斯山还是在南岛西部，虽然人烟稀少，地处偏远，但是在环境保护方面都没有死角。这些地方都设置有垃圾桶和厕所。厕所内有水，有卫生纸，还有肥皂，干净卫生。这是长年累月教育的结果，也表明管理水平之到位。这给我留下深刻印象，在当时我觉得这是我们国家的短板。

我和李教授一家人的南岛西部及阿尔卑斯山之行很快就结束了，它让我对新西兰有了初步印象。那就是新西兰虽然国土面积不大，但天涯处处有芳草，不缺可供游览观赏的地方。第二次环南岛游使我对新西兰的秀美风光更加了解了。

旅游回来之后，我就投身于自己的专业学习。有了彼得森教授家作为我的安身之处，我可以没有后顾之忧。条件优越、宽敞的厨房基本上归我一人使用，因为彼得森教授不做饭，他都是买超市的熟食，要吃时让我用微波炉加热即可。洗衣服也不需为公共洗衣机排队交费而担心，什么时候我都可以洗。我保持着自己的生活习惯，每天起床后去晨运，回来要做的头一件事是把彼得森教授的报纸拿回来。因为送报员送报的方式是把报纸扔到各家的前花园里，我就得把报纸捡回，放到彼得森教授的书房里。做完这件事，我就做我常规的事了，吃早餐，准备午餐，洗漱洗澡，换衣等，然后我就去上班了。每一天我接触的都是新西兰的老师和学生，来到彼得森教授家的客人都是讲英文的，我阅读的是英文书刊，就连使馆提供的报纸也是英文版的《中国日报》。因此我完全生活在英文的世界里，我每天也都坚持用英文写日记。连续长时间不说、不看、不写中文，我担心自己会把中文荒废了。不过后来国内出版了《人民日报》海外版。天天看到自己国家的文字，就好像和祖国保持着联系，内心有说不出的亲切感。

1984年是中华人民共和国成立三十五周年。我们这些身在国外的中华儿女应该怎样来庆祝祖国母亲的生日呢？我们是国家首批正式派往新西兰的留学生，当时中国和新西兰也才正式建交不久，因此我想我们留学生何不利用这个机会举办庆祝国庆的活动，以宣传我们国家，促进新西兰人对我们的了解，也增进两国间的友谊。我向使馆做了请示，得到使馆领导的大力支持。使馆为我们提供电影和布置会场的一些物品，但主要费用靠我们自己解决。大家都很支持这个活动，每个人都主动从自己有限的津贴中捐出钱来作为采购食品的费用。大家动手制作饺子、油炸麻花，还购买了产自国内的一些食品。学校没有合适的场地，我们只能使用学校唯一的会议室和电影放映室。大家分头采购、布置会场、制作食物、排练节目等，每个人都忙碌并快乐着。我们邀请了学校的领导、留学生以及各自系里的老师和同学，也请了克赖斯特彻奇的华人华侨，还有新中友协的朋友。结果只能容纳二百五十人的会场一下子来了三百多人，气氛异常热烈。会议开始时，由我致辞，这是我头一次在如此隆重的场合，面对如此众多的外国嘉宾用英语讲演。开始时不免有些紧张心慌，但很快我就控制住自己的情绪并进行流畅的表达。我指出，这是这所大学头一次由来自中国的留学生为自己国家的国庆举办的活动，并非常感谢众多嘉宾莅临现场，现在大家对中国还比较陌生，但是相信将来对她会越来越熟悉，两国将会有越来越多的交往，友谊也会越来越深厚。会上我还邀请学校的一位领导和当地的一位华人讲话，我们的讲话都受到了与会者的热烈欢迎。我们留学生还表演了一些节目。与会者大概也是头一次接触中国文化，对这些节目非常感兴趣。每个节目都赢得了热烈喝彩和掌声。最后我们放映了我国电影《孙悟空三打白骨精》，这是他们从未见过的。因此它有趣的情节赢得了观众的会心大笑，尽管我知道语言障碍影响他们对剧情的充分理解。特别要提出的是，我们准备的食品大受欢迎，最后竟一点不剩，许多人对我们说这些食物真好吃，他们还想吃，竟连我们都没吃上自己做的东西。虽然那天大家都十分劳累，会议结束后我们还要清理会场，一直忙到午夜，可以说已精疲力竭了，但每个人都为活动的成功而兴奋不已，认为我们的付出是值得的。我要感谢所有当时和我一起操办这次活动的在坎特伯雷大学的中国留学生们，没有他们和我携手同心，就没有这次活动的成功。回国后，虽然我们分居在祖国的四面八方已无联系，但我仍旧没有忘记他们。我还要特别感谢另一个人，就是我上面提到的来自印尼的杨小姐。她并不是中国留学生，但由于她的两个亲姐姐都在北京工作，她就视自己为中国人，一直全力支持我的工作，干的活甚至比一些中国留学生还多，我深深地感激她。

1985年还有一件大事。为了贯彻执行邓小平同志"尊重知识，尊重人才"和发展教育的指示，中国政府在这一年正式规定每年的9月10日为教师节。祖国关心着她派往国外的儿女，就在第一个教师节到来之际，教育部派来以高教司司长为首的代表团前来新西兰慰问，我作为留学生会的主席全程陪同他们看望留学生们。这一行动使每个留学生都受到鼓舞和激励。虽然他们在新西兰只停留短短数日，但他们尽可能多地接触留学生，去了解每个人的要求和心声，我也尽可能地协助他们直到他们离开。

在他们离开那天，心中很高兴，身体却很劳累。我骑着一辆自行车从和他们分别的地方，回到我的住处彼得森教授家。途中要过一座桥，在到桥之前要拐个弯。那里不是水泥路而是砂石路，我拐弯时，砂石移位让我的车轮偏斜了，我和我的自行车一起滑倒了，手腕处立即感到剧痛。那里人烟稀少，坐在自行车旁，我感到无助和无奈。过了一会儿，一辆车经过，驾驶员看见我痛苦的样子，知道一定发生事故了。他立即停下来询问我的情况，接着二话没说就把我送到克赖斯特彻奇的市立医院。到了医院后，医生和护士马上搀扶着我，询问我的情况，并且立即让我拍片。他们告诉我我的右手腕骨折了，需要留院治疗。这时我心里"咯噔"了一下，担心要花费一大笔的治疗费、住院费等。但是从一开始医院方面就完全没有提钱的事。他们给我提供在医院的所有饮食，这些饮食都让我十分满意。三天后，我的手打了石膏但已无大碍，医院才送我回到彼得森教授家。其间没有任何人向我提到医疗费或住院费。原来从我进入新西兰开始，我就享受着公费医疗的待遇。新西兰医护人员的敬业精神和友好态度，给我留下了难忘的印象。

然而从我上面说的这些就断定新西兰人全都对中国友好，那就太天真了。事情就发生在克赖斯特彻奇的《信使报》（Herald）上。某日《信使报》突然发表了一篇攻击中国是一个没有任何文化素养的国家的文章。文章称中国的画都没有品位，中国最有名的画家齐白石就只会画虾而已。这个人笔下的中国岂止是文化沙漠，简直是还没有开化的原始社会。这个人实在无知。新西兰的白人社会是由英国向新西兰移民输出劣等公民或犯人才建立起来的，算起来新西兰的历史（不算原住民毛利人时期）顶多才三百多年，而中国是举世公认的有五千多年历史的古国。面对对中国的污蔑、嘲弄和诋毁，作为一个中国人，作为一名共产党员，我抑制不住怒火，决定拿起笔来和他进行论战。我写了第一篇文章对他进行反驳，来嘲笑他的无知和狂妄。对此他没有服输，他说他不否认中国有悠久的历史和文化，但是是中国人自己在否定自己的历史，抹杀自己的文化。恰好这时在新西兰发表了一篇美国著名作家、记者索尔伯里关于中国长征和中国文化的文章。这对我来说是极其有力的支持，我就引用这篇文章的一些叙述再次批驳他。但这并没有把他的嘴堵住。他又找了些别的例子来狡辩，但是显然他已是强弩之末。我又通过更多外国人对中国的评论来反驳他。就在这时，该报发表了新中友协主席、坎特伯雷大学社会学教授维尔莫特（Wilmort）的文章。毕竟他是克赖斯特彻奇乃至新西兰的名人、学术权威，他的言论很有分量。他不仅讲述了中国悠久古老的文明，还提到中国当今的成就，也指出了和中国友好的意义，这也含蓄地指出了那个人的言论不利于新中的友好关系。至此这场争论才画上句号。这位维尔莫特教授出生在中国四川，原是加拿大人，父亲是传教士。他随父亲在中国生活到十七岁才离开中国，到英国接受教育，因此他对中国怀有很深的感情，还能说中文，也很关怀照顾我们中国留学生。在他或新中友协力所能及的地方，他总不吝助我们一臂之力，所以留学生们都很尊敬他。尤其是他和我之间有一种亲近感。我估计是因为他知道了那个在报上写文章的中国人是我的原因，因为我用的是真实姓名，但我们都没有点破这件事。有一次他在四川的一个中国朋友给他写了一封信，中文写得很潦草，他看起来有困难，就找我帮他解读。他曾约我去克赖斯特彻奇附近游玩。他低调、谦和、友善的态度也使我和他相处得很愉快。

在克赖斯特彻奇期间还有一件事，就是以当时的甘肃省委书记陈光毅为团长、兰州市市长王道明为副团长的代表团对克赖斯特彻奇的友好访问。这次访问建立了甘肃省兰州市和坎特伯雷省克赖斯特彻奇市的姐妹城市关系。据说之所以有这样的联系和在中国生活多年的路易·艾黎有关，坎特伯雷是他的家乡，而路易·艾黎曾在甘肃生活多年，对甘肃很有感情，这正是他极力促进建立这样的关系的原因。新西兰方面或者更确切地说，是坎特伯雷和克赖斯特彻奇方面对这个访问非常重视，并给予了高规格的接待。不知是经由谁的推荐，我也参与了有关的接待工作。

当时代表团邀请当地华侨华人团聚。由于当地华侨华人不太懂普通话，便提出希望我把代表团领导的话翻译成英语和粤语。因为我是当时唯一一个从广州来的，所以这个任务就非我莫属了。那天有人把我带到克赖斯特彻奇最高级的酒店的礼堂，因为原定会议在那里召开。但后来发现与会人数大大超过预期，会场必须改到更大的地方。当时没有手机，不然可以很快就知道改动的情况。我们到了原定的会场后又急急忙忙往新会场赶，没想到出事了！电梯在下行时突然出故障停下了，我们几个人被困在电梯里动弹不得。我是头一次遇上这种事故，真的想不到在新西兰这样的发达国家，在豪华酒店的电梯里，同样有可能出现故障。所以别以为在那里什么都好，故障不只发生在我们这些发展中国家。其实在新西兰住久了，我才发现在我国有的一些问题，在这些发达国家里也有。那天在会场上当地华侨华人都来齐了，代表团的主要成员也都到场了，而会议却还不开始。人们都觉得很奇怪也很焦急，后来他们才知道是酒店电梯出故障把我和代表团的几个人困在电梯里了。了解情况后，人们都希望电梯快点修好。过了近一小时我才出现在会场上，人们热情鼓掌欢迎我们，弄得我们很不好意思。这也成为我在克赖斯特彻奇难以忘怀的经历。

四、再到惠灵顿

我在克赖斯特彻奇转眼已待了一年时间。这时李秉彝教授一家走了，我也面临去留的问题。我可以继续留在坎特伯雷大学，但系主任明确告诉我，他们没有能力给我提供工作岗位。和我在一起进行组合算法研究的年轻博士生阿历斯特也因学习需要去澳大利亚他的指导教授那里，所以系里建议我回惠灵顿维多利亚大学。我觉得系里的推荐是真诚的，我也就和维多利亚大学联系了。或许是坎特伯雷大学这边已经提前和维多利亚大学联系好了，所以事情进展得非常顺利。维多利亚大学方面已经为我安排了工作，是计算中心的高级程序员。每月的工资是一千七百新元，相比于原来的津贴，我一个月的收入是以前的四倍，这使我很满足。

在计算中心的办公室是由中心安排的，但在惠灵顿的住处则要我自己解决。当时我在惠灵顿两眼摸黑，无一熟人可以求助。我灵机一动，何不找原来语言研究所的老师帮忙呢？于是我就写信给小玛格丽特说明我将回到维多利亚大学的情况，希望她在我到惠灵顿之前帮我找一个合适的住处，所谓合适当然也包括房租。她几经努力，终于在火车站附近找到了一间房子，房东是一位离了婚的妇女，还带着一个女儿。

收的房租是中等的。我住在一楼的一个小房间，她和女儿住在二楼。这个房间没有可以坐着看书写字的地方，洗澡洗衣服也很不方便。但有一点是特别温馨的，就是房东每天早晨都给我准备早餐，烤两片面包，冲一杯香喷喷的咖啡。不过我还是希望有下班回来可以工作的地方，我也不愿意和房东一起看电视，所以住了一个月我就想搬出去了。房东也很通情达理，她表示一切由我决定，如果我愿意她很欢迎我继续住下去，而如果我想搬走也可以随时搬出。

就在这时，一个叫南希（Nancy）的中年妇女主动找到了我。她说她是新中友协的工作人员（秘书），我有什么需要，她都会提供帮助。我就向她说了我要换房的事，没过几天她就说这件事有戏了。就在那个周末，一位年轻男子开车来到我的住所。他叫罗德里克·欧文尼尔（Rodrick Overnell），英国人，是南希让他来找我的。他从英国来新西兰不久，现在在惠灵顿铁路部门做技术工作，住在离这里八千米远的约翰森维尔（Johnsonwell），那里有火车到惠灵顿。他一个人住，也愿意让我和他一起住，一切免费。他说我可以马上和他一起去，如果觉得满意就住下，不满意他就送我回来。这简直是天上掉下的馅饼，但我还是半信半疑。我把行李收拾好。他和我的房东也说了这番话，房东没有异议，就这样我开始了和罗德里克长时间的亲密交往。我到了他家，发现这是一栋平房，有三居室和一个客厅，地下有个车库专门停放他的车。他给我安排其中一间居室，面积虽不大，但比我原来的房间要宽敞实用。设施和外景也让我很满意，因为从窗户望去就是一座山，草木葱茏，生机盎然。我马上答应住下。那天晚上他特意招待了我，我们开始了第一次无拘无束的交谈。他向我介绍说，他出生于1945年，比我小五岁。他在英国大学毕业后曾到中东工作多年，现在又来到新西兰。他不喜欢英国的冬天，觉得又潮湿又冷，所以他就特地找气候好的地方。他热衷于到世界各地游玩，他喜欢中国，愿意和中国人做朋友，这也是他找我做伴的原因。他说他还孑然一身未成家。我问他原因，他说因为他到处跑，没有固定地方，所以也不容易找到合适的对象，看缘分吧。看来他也相信缘分。他真的对中国有感情，希望我教他中文。我们约定周末可以一起玩一起出游，也可以一起做饭吃。头一天的相处相叙让我们发现彼此很投缘，就这样我们开始了真诚的友谊。

他上班时间是早上九点，开车十几分钟就到了，所以他不必赶时间。但我从火车站到维多利亚大学还要走将近二十分钟的路，所以我就不能搭他的便车了。每天一早，我要从他家走到火车站，乘坐固定的班车到惠灵顿火车站，再步行到维多利亚大学，所以我出门的时间总比他早。晚上一般是我比他先到家，因为他下班后还会和同事一起吃饭，也可能要加班。在这种情况下我们就不一起吃饭。但如果我们差不多一起到家，就会一起做饭吃，也总是由我来掌勺。他让我叫他Rod（罗德），这是爱称或者简称，也确实比叫罗德里克要省事。他是个很随和的人，对我做的饭菜从不挑剔，一概说好吃。我们的交往总是非常融洽，从未有任何争执。到了周五下午他会从他办公室打电话到我办公室，约我到某个酒吧一起喝啤酒。有时他会约上他的一两个朋友和我们一起，但大部分时候都是我们两人而已。有一次，我们到了一个酒吧，那里人很多，男男女女都有，气氛很热烈。当时还没有禁烟的规定，在我们的座位附近来了几个长得不错的青年女子，嘴里叼着或手里拿着烟卷，吞云吐雾。罗德不抽烟也厌恶抽烟，而我对抽烟更厌烦。见此罗德小声对我说"Beauty is only skin deep"（美貌不过一层皮），我从罗德那里学会了这句话，也从中了解到了罗德对选择配偶的态度，他不会只以美貌为标准。我们往往都是喝完啤酒才去吃饭的。我们也有意去品尝各国的美食，所以我们去了墨西哥、蒙古、印度、泰国等风味的餐馆，凡是在那附近的外国餐馆我们都去尝过了。荷兰人讲究 AA 制，但英国人并不讲究。罗德总是主动付费，但我不好意思总让他破费，于是我就和他立了个规矩，相互交替买单。但每次他还是主动要买单，他说他挣得比我多，有我做伴他就很高兴了。但对我来说，总让人破费不是中国人的品性，因为我接受的是礼尚往来的教育，所以我总想着回报他。

罗德是学工科的，机械是他的专长。他很乐于动手，也乐于创新。他下班之后，如果不是我们在一起有什么活动，他就会在他的车库里工作，一干就好几个小时。起先我不知道他在干什么，也不好意思问他。直到有一天，他告诉我，他的工程即将完成，问我想不想看。我当然表示愿意，于是我和他下到车库。原来他做的是一列小火车。这可真不是一个小工程，难怪他花费了许许多多个夜晚。到了全部完工的那天，他带着我和那个小火车到惠灵顿某个公园。这公园有一个铁轨可供人们运行自己制作的火车。不需付费，只要把火车放到那里运行即可。不少人都拿自己的作品在那里尝试，有成功的也有不成功的。罗德毕竟是科班出身的高手，因此他的小火车一放上去就动起来了。我们很高兴，围观的群众也纷纷赞叹他的出色。除了供火车运行的轨道外，还有供轮船运行的小湖泊。新西兰在为百姓提供培养爱好的条件这方面值得称道。

从罗德家走出来，不远处是一座山，从山顶上眺望是一片海。海面辽阔，海水碧绿，和那蔚蓝的天空一起组成美丽的景色。我们俩也曾一起爬过这座山，再从山的另一侧下去。那里又是不同的景色，有草地，有森林，还有许许多多鲜花，欣赏到这样的美景会让人陶醉在大自然中。这是很有意思的体育锻炼，因为走这么一趟大概要两个小时，能消耗一定的体力。回到家洗完澡后，我们就去外面吃饭了。

罗德有几个要好的朋友，大多是男性朋友，异性的只有一两位，而且关系密切的是那几个同性朋友。他们中有几个人也是从英国来的，按现在的话说他们是大龄青年。他们好像对恋爱不大感兴趣，追求的是潇洒的生活。有几次罗德邀请我和他们一起。由于我是罗德的朋友，又是外国人，他们对我很客气。除了在一起吃饭、喝啤酒之外，最有意思的是有一次跟他们到离惠灵顿几十千米的新西兰国家森林公园列文（Levin）去野营。去之前罗德就告诉我有这样一个活动，问我想不想参加。这是融入新西兰普通百姓生活的好机会，我求之不得呢！于是我表示想参加。

这真可谓辛苦而快乐着。当天天没亮，我们就分头出发，我和罗德从家里出发，其他四个人开两部车也向目的地进发。在去到列文之前我对这个地方毫无概念，到了之后才发现，所谓的森林公园真是名副其实啊！那里有参天古木，直指云霄，遮云蔽日，形成一片阴凉的世界。有意思的是在林间也有沟壑，我们可以触摸到沟壑中的水，冰凉刺骨。显然在这样一个人烟稀少的地方，要建设各种完善设施是不大可能的，也不见得很有必要，然而这里有一个完整的公路网。白天我们在营地搭好露宿用的帐篷之后，就开始在森林里徒步旅行。这叫作 hiking，而野营叫作camping。我这次到列文之后才对这些词有深切的认识。在徒步旅行几个小时后，我们才回到营地做饭吃。这里是可以生火的，但大家还是相互提醒注意火苗，生怕不慎引起火灾。我们的食物很简单，无非是半成品的肉食和罐头装的青菜豆类，还有牛奶面包。或许是饿了，或许是景色太诱人，大家的食欲特别好，每个人都吃得很饱。饭后大家一起散步聊聊天，天文地理，古今传奇，引发笑声不断。徒步回来时每个人都汗流浃背，热气难消，真想到沟壑中的清泉痛快淋漓地洗个澡，但罗德他们说不可行，我也就没洗。可能他们是认为那水太冷了，也可能那里禁止游泳，我至今也不清楚。但是过了不一会儿，汗就下去了，还没到天黑就感到冷起来了。我把带来御寒的所有衣服全都穿上仍觉冷得难受，这时看见那清泉已经丝毫没有下水的念头了。那天晚上我被寒冷侵袭，没有睡好，我猜测别人也都没睡好。

新西兰的夏天，白天和晚上的温差可以到十度以上。尽管这样，大家仍然兴致勃勃。把垃圾清理好，把帐篷卸下之后，我们又一起出发到公园另一地点去漂流（drifting）。如果说在这以前我对徒步旅行和野营还可以想象出来，而对于漂流则丝毫没有概念。这个供漂流的水域不深，但水比较湍急，这活动有点刺激。我们六人穿上救生衣，一起上了一艘小船，开始我们的漂流活动。船儿被浪打得摇摇晃晃，引发了大家的欢叫。大家都清楚，因为水不深，即使船翻了，也不会有性命之危，不过增加了刺激感。由于距离不长，一会儿就到了终点，大家颇有意犹未尽之感。只是我们还有一个节目，就是在海边野营，接下来就离开了森林公园，改去附近的海滩。这个海滩的特点是较宽阔，视野很远，但海浪汹涌，海水也冷，不适合游泳。有人把摩托车也骑来了。在沙滩上骑摩托车是大家的另一个活动。我在这里有生以来第一次学骑摩托车。骑摩托车并不困难，在他们的帮助下我很快就学会了。我算是高兴地过了一次骑摩托车的瘾。可惜的是后来再没机会了。那天晚上，我们又体验了一番在海边野营的滋味。躺在帐篷里，听着海涛的巨响，感受海风的吹拂，像是在欣赏一曲天然的交响乐。这也是我一生中头一次有这样的体验。

　　在惠灵顿我还和在维多利亚大学语言研究所接受英语培训时的老师罗杰尔夫妇到草莓园摘草莓。新西兰除了盛产牛羊外，也盛产水果，尤其是猕猴桃、草莓、苹果等，品质优良，味道鲜美，产量丰富，畅销世界。我到了维多利亚大学计算中心后，罗杰尔也成了我的朋友。我曾到他家做客，受到他父母的热情欢迎，他母亲亲自做了美味丰盛的饭菜款待我。到了秋天果实丰收的季节，罗杰尔来找我，问我愿不愿意去草莓园参观，并摘草莓。我在国内还从未见过草莓园，所以很想见识一下。他告诉我在那里我们可以随便吃草莓，离开时可以用中等大小的容器装满草莓带回，只需交一新元（约合五元人民币）。这可比市场上便宜多了，在市场上一磅就要两三新元。因为路程较远，罗杰尔要我早点出发，由他开车带着他妻子和我一起到惠灵顿郊区。到了草莓园，一望无际全是草莓树。说是树但并不高，只像花木一样。草莓挂满枝头，红绿相伴形成一道风景线。我们和园主打了招呼后就进到园内，自己选择草莓田开始采摘。一边采一边品尝，草莓清甜爽口。但是毕竟胃容量有限，不一会儿就吃饱了，我们就专心采摘，装进容器。我带了两个容器，准备一个拿来做草莓酱，另一个就直接吃。罗杰尔家里人多，当然摘得多些。我仅仅花了两新元，就得到了在市场上要花上十新元的草莓，而且还收获了一次难得的经历。新西兰的果园每逢丰收时总会招募临时工，主要是大学生前去果园采摘。工钱以小时计，一般是四至五新元一小时，同时每天也都可以以一两新元买到一筐水果。这是甜蜜的劳动，但是一天下来也是很辛苦的。

　　我还和罗德一起应邀到一些新西兰人家做客。在克赖斯特彻奇时，到别人家做客的次数较多，包括系里老师的家，还有华人的家，以及彼得森教授朋友的家，我都感到不大拘束。但在惠灵顿特别是初到多数人都不认识的地方，参加的人又多，东西又很丰盛，连罗德都觉得有点拘束，有时我们没待多久就走了。我发现在新西兰你并不需要担心这样做有什么不妥，受邀来了就已经很好了。至于在那待多久完全是你的自由，不必担心有什么不妥。

在经历了这些活动之后，我觉得我也应该把在惠灵顿的中国留学生请来我住所团聚，顺便也把罗德的朋友，还有维多利亚大学计算中心和我关系密切的几个同事也请来。对于这件事罗德的态度真是出乎我的意料，他不仅举双手赞成，还表示由他出钱。我当然不能接受这个意见，但最后还是妥协了，我们一起采购然后平摊费用。中国留学生在我来之前还没有这样团聚过。他们很羡慕我在克赖斯特彻奇举办的国庆招待会，说没有人组织过这种活动，如果有人组织，他们也会积极参加的。他们也想出钱，但罗德和我都不同意。他们后来提出要和我一起参与烹调，我知道有几个同学都很擅长做菜，每个人擅长不同的菜系，我真是求之不得。我和罗德按照他们的要求准备食料，以便他们大显身手。聚会那天一大早，因为怕他们不认识路，我就到火车站去接中国同学。他们到来后马上撸起衣袖干起来。有的人做青菜，有的人做肉，有的人做面，各司其职，分工明确。这次不同于我们的国庆招待会，一是没有那么多人，二是集中来做菜，我们的菜品就可以更丰富。外国朋友看我们中国人干得热火朝天，问我需不需要帮手。我说我们人手都够了，罗德就成为陪同客人的主人了。没到中午我们的饭菜已就绪，色香味俱全，引得每个人食欲大涨。这可称得上中餐的小型展览，让新西兰人大开眼界。我感到高兴的是人人都吃得津津有味，赞不绝口。后来我让有家的外国朋友把剩下的都拿回去。开始时他们还有点不好意思，问是否可以，我说你们别不好意思，就拿吧！他们非常高兴。收拾完现场后，外国朋友都走了，我带着中国留学生到山上去玩。他们看到那美丽的景色，赞叹不已，非常羡慕我有这样好的住处。这次聚餐也成为我和中国留学生难忘友谊的体现。

我在罗德家住了半年，可以说和他相处得十分融洽。然而我不得不考虑一个问题，那就是我每天在路途中要花很多的时间，往返都要差不多一个小时。这不仅消耗时间，也消耗精力。如果搬到离学校近点的地方，我就可以把节省下来的时间用在工作上，毕竟工作和学习是我的第一要务。我向罗德提起这事，他完全理解和尊重。在他的帮助下，我搬到离学校只有十五分钟路程的一间公寓里。房子的设施还过得去，但住户绝大多数是毛利人。这是我第一次近距离接触毛利人。毛利人大多居住在北岛，住南岛的相对较少。我在克赖斯特彻奇也曾认识一位毛利女人，她是一位歌手，在酒店里献唱。她丈夫是一位德国人，在中学当老师，很擅长乐器表演。因此他们夫妻俩经常同台演出。我是在他们同台演出时偶然认识他们的，但这不算近距离接触。在这间公寓里，我的隔壁住的就是毛利人，而且整个公寓的毛利人少说也有十个。他们晚上大声喧哗，根本不管别人的感受；在公用的洗澡间我忘了拿回的牙膏香皂，再去拿时就没有了；在公共区域里，卫生情况不好。这些都反映了毛利人的某些问题。然而在公开的媒体里是不能提这些问题的，否则就会被说是民族歧视。在整个新西兰都可以感觉到对毛利人包容的态度，据说这是白种人对毛利人的赎罪。但我只考虑自身的安全。鉴于这个情况，我在那里只住了一个月就匆匆搬走了。在那里我没有结识任何一个人。

我的新房东是来自奥地利的一位老太太。她和她的丈夫在20世纪60年代就来到了新西兰。她丈夫先她而去，只留下她一人。但她从未谈起她的家庭情况，我也不去打听。她当时已年迈，一个人住着一栋很大的房子。可以看出她拥有丰厚的家产，我微不足道的房租对她来说根本是鸡毛蒜皮，只不过是不让我白住而已。她一开始就向我讲明，她需要的是在家里有人陪她，陪她一起看电视一起聊天。她有时会做菜给我吃。在某种意义上，她把我当成亲人一般。但是有一件事让她很生气。每次做完饭菜，吃完饭，我会自觉把饭碗和锅等洗干净放好，把厨房收拾干净，但我没想到锅底会有油污，也需定期擦洗干净。那一天她发现锅底满是油污，就生气地向我提出来。我这才意识到我真的没有做好，于是我向她道歉并表示以后一定会做好。后来我就注意在煮东西时尽量不让它外溢。这一点还比较容易做到，但她想让我每天晚上都陪她看电视，这就真的很难做到，只能尽量满足她。

有一次我接到新西兰计算机学会的邀请去奥克兰参加一个关于 UNIX 操作系统的全国性大型学术讨论会。它甚至邀请了 UNIX 系统的原创者、图灵奖获得者肯（Ken）参会和做报告。这对我来说是很难得的机会，而且费用由学校报销，我当然想参加。但当我向她说起为此我要外出几天，没想到她竟提出让我不要去参会的要求。我告诉她我这是去工作不是去玩的，她甚至威胁说如果我经常要这样出去就不要在她家住了，她就是希望我能陪伴她。我再三向她表示这样的机会很难得，才勉强得到了她的同意。在会上我除了有机会听到肯的报告外，还很有幸和他一起喝咖啡，交谈了差不多半个小时。他对我翻译的 D. E. Knuth 的《计算机程序设计艺术》表示赞赏，他说这可是大工程呀！我还和他谈起下棋程序的问题，因为他是这方面的行家。这是一次很难得的经历，可惜后来就和他没有联系了。

没想到当我开完会回到家时，老太太没在家。我觉得奇怪，经打听才知道她因病住院了，而且她还留话说让我一回来就到医院去看她。虽然天色已晚，但我不敢怠慢，放下行李就立即到医院去看她。医院很大，我又是头一次去，所以费了很大劲才找到她的病房。她见了我很高兴，但问我为什么没给她带花。我一时语塞，就说天太晚了买不到花了。她要我天天带花来看她，我答应了。那之后接连十几天一直到她出院为止，我每天下班后都会先去看望她，而且尽量做到每天送不同的花。

但是我还是没有在那里久住，尽管我想尽办法顺从她，却不能完全满足她的要求，即每天晚上都陪她看电视。有时为了工作我要在学校里加班，回来晚了，她又不满意了。因此我决定离开那里。我提出要走时是晚上，和她闹得有些不愉快。她说要走你就马上走，一天也别多留。我就连夜告诉罗德。罗德听说后马上来帮我搬行李，并先搬回他那里。刚好这时已近假期。我听说我们刚来时住的维尔楼后面的公寓（也是维多利亚大学的）有空房，我就申请了入住，很快我就回学校住了。这里离我上班的地方只有不到十分钟的路程。我在惠灵顿前后搬了五次家，这让我加深了对惠灵顿的了解。如果我只住在一个地方，不可能了解那么多社会问题。

应该说我很幸运。当我在克赖斯特彻奇时，参与了接待甘肃省代表团的工作，接着我转到惠灵顿来，又荣幸地参与了接待由胡耀邦同志率领的中国政府代表团的工作。胡耀邦同志是当时党中央的总书记，和他一起到新西兰访问的还有当时的政治局常委胡启立同志。代表团规格之高表明我国政府对于与新西兰关系的重视。使馆在代表团到来之前就通知了我，要求在惠灵顿的所有中国留学生都要参加这些活动，我负责通知在惠灵顿的所有中国留学生。至于外地的如奥克兰和克赖斯特彻奇等地的，则由使馆通知派代表来参加。我们参加的活动包括胡耀邦同志在维多利亚大学发表演讲时列会聆听讲话，在新西兰方面举办大型隆重的宴会时参加接待工作，最后在使馆里接受胡耀邦同志和代表团的接见。在维多利亚大学的演讲会是由新西兰政府主办的，我们受邀参加，可以现场听胡耀邦同志的讲话。他的讲话不长，只扼要地谈到我国改革开放的方针和我国发展与新西兰友好关系的态度，讲话有一种不卑不亢的气势，体现了大国风度。那场宴会规格很高，是自助餐，食品非常丰富。其实我们的工作很简单，只是在嘉宾到达时把他们领进宴会大厅。新西兰方面配备有穿着餐厅服装并戴白色帽子的服务人员，由于是自助餐，他们的工作也不是很多，只是收拾客人用过的餐具、添加食品等。宴会结束时我才知道，领导同志在宴会上没有吃好。为了和对方交谈和礼节原因，他们甚至不能吃东西，所以回到使馆他们才吃面条充饥，吃完后又要匆匆和大家见面。胡耀邦同志那时已七十高龄，忙了一

361

整天十分劳累。为了照顾他的身体，讲话由胡启立同志代替。他和代表团成员与大家合影留念，能在新西兰和国家领导人一起合影，我感到很荣幸。这张照片我一直珍藏到现在。

现在需要谈谈我在维多利亚大学的工作了。计算中心主任波斯维尔（Boswell）和计算机系主任约翰·海因（John Hine）两人都是和蔼、随和的人。波斯维尔是新西兰人，而约翰·海因是美国人，以前是威斯康星大学的。两人对中国都很友好。我主要是在计算中心工作，但计算机系也请我参加他们的学术活动。他们曾邀请我作为教师向研究生作关于 Petri 网的学术报告，因为在维多利亚大学乃至整个新西兰都没有人从事 Petri 网的研究。为此我曾申请立项进行这方面的研究，可惜没有成功。计算机系凡是有什么学术活动都会通知我参加。开始时波斯维尔让我先熟悉计算中心的工作，主要是为全校提供计算机服务。当时还没有像今天这样的分布于教室、办公室的个人计算机，所有要使用计算机的，不论是教师还是学生，都要到计算机房里。当时他们已经有电子邮件了，我国还没有，不过电子邮件对他们来说也还是新鲜事物，许多人不知道如何使用它，于是波斯维尔就让我撰写关于电子邮件的介绍作为中心免费提供给用户的活页材料。此外，关于网络通信我也写了另一份活页材料。大概由于它们是新事物，许多人都想了解，所以我写的这两份材料都很受欢迎。

接下来我要做的工作就很有挑战性了。新西兰当时正在考虑高校间的互联网连接。当时的新西兰高校有奥克兰大学、维卡多大学、梅西大学、维多利亚大学、坎特伯雷大学、奥塔哥大学以及林肯学院。这些大学本身都有校园网，问题是如何把七个学校连接在一起，搭建校际互联网。在 20 世纪 80 年代的我国，网络通信还是非常陌生的领域。在这方面，新西兰当时明显是走在我们前面的，但是他们也还没有实现互联。波斯维尔交给我的任务就是写出一份关于搭建互联网的建议，作为诸校一起讨论建网的主旨报告。因为这个会将由维多利亚大学主办，我深感责任重大，也感到很光荣。我要在这份建议书里论证哪个方案适合当时新西兰的现实，既经济适用又满足需求。当时的两大选择，一是租用电话线路，二是自己建设专用的电缆。这当中又有几种技术可供考虑。为此我就需要和电信部门打交道，了解它出租专用线的收费情况，以及了解铺设电缆的费用。在这个过程中，我都是以事实为根据，用数据说话，客观分析每个方案的优缺点。建议书几易其稿，直到最后，波斯维尔对于建议书也表示满意，我按他的指示在全国高校网络建设研讨会上把建议书分发给会议代表。最终大家达成的决议，是按照我的意见租用电话线，这是在当时最为经济可靠的方案。当然在今天看，铺设光纤才是最好的，但就三十多年前的情况而言，租用电话线已足矣。事物总是在不断完善，不断寻找最适合的方案。

当我还在克赖斯特彻奇时，就曾有新西兰人向我提出留在新西兰的建议，但在我看来那都不像是来自官方的。到了惠灵顿后情况就不同了，因为这里是首都，政府部门都在这里，我也就有机会接触官方人员。来找我的还是当初安置我们的外交部主管留学人员的部门。开始谈话时，她只问我在新西兰的情况，有什么困难等。然后话题一转就变成我有没有留在新西兰的打算，如果我愿意，他们会帮助我处理有关的移民手续，接着也可以帮我把家属一起迁入新西兰。也许对于一些人来说，这样的诱惑真是求之不得的，当时就有几个人在到新西兰伊始，就迫不及待地申请改变身份，转成移民。但这对于我来说是个伪命题。在得知组织批准我出国的决定后，我就把这当作组织上对自己的信任和培育，我是肩负国家和人民的重托出国学习的，所以那时我就暗暗立下誓言，并写在自己的日记本上："忠诚于自己的祖国，忠实于自己的事业，以真诚的态度待人处事，呕心沥血做学问，鞠躬尽瘁为人民。"在国外的日日夜夜，这是我待人处事的信条和行动准则。

我为什么在年仅十五岁时就决心离开自己亲爱的父母和弟

妹，还有深爱着我的姥姥、姥爷，回到祖国来？因为从小父亲就教育我，我们的家乡在中国，中国才是我的祖国。我们要热爱她，要忠诚于她，这是父亲对我们的言传身教。我上初中时的邦加槟港中华中学给予我的教育也是爱国教育。爱国就这样深深地融入我的心中。我知道我身上流着中华儿女的血液。在我的思想深处，铭记着姓苏的伟人，他们是苏武、苏轼等，我的志向就是要为国家做贡献。我已经坚守这个信念三十年了，如果我留在新西兰，那就意味着我抛弃了自己的信念，意味着背叛。我愿意做这种人吗？绝对不愿意。我是个知道感恩的人。感恩也是我的家训，从小，父母就教育我要懂得感恩。我深深地牢记着，当我在1960年患大病时，尽管当时国家面临严重困难，却仍然千方百计地为我提供在当时非常难得的医疗和生活条件。如果我只顾眼前的利益留在新西兰，那就是忘恩负义，是绝不能做的。更重要的一点是，我是一名共产党员，从我入党向党宣誓那天起，我的生命就属于党了。我为党而生，为党而战斗，直到生命的终止。也就是说我的岗位在中国，而不在任何别的地方，否则就是叛党。那将是我生命中一个永远抹不去的污点，是要被钉在耻辱柱上的。

新西兰是一个美丽的国家。她被清澈碧绿、辽阔无垠的海洋所环抱，是世外桃源般的国度。新西兰的国土面积大体和英国相当，但它的人口不到英国的十分之一。因此它有大片土地可作为发展畜牧业的草原，也有大量的土地保留作为绿化国家的森林。草原和森林占了新西兰国土面积的百分之八十以上，有了这样辽阔的草原，它才拥有规模庞大的畜牧业。新西兰地处南太平洋，气候条件非常好，既无严寒又无酷暑，除了南岛西部由于雨量太大而过于潮湿，其他地方都很适宜居住。又由于没有什么重工业或化工企业，人口数量也决定它的车辆数量有限，对环境的污染很少，新西兰的天空总是一片碧蓝。而在雨后那更像是被清水洗过，处处整洁亮丽。新西兰有美丽的山川湖泊，有奇特的间歇泉，有造型怪异的山峰，可谓鬼斧神工，加之政府和老百姓都注意对生态环境的保护，便造就了这样一个世间瑰宝。但是它再美再好也不是我的国家。而要说风景名胜，偌大的中国岂会在新西兰之下？

必须承认的是，当时新西兰的物质生活条件确实比我们国家好。那时的新西兰已被归入发达国家行列，而我国不仅属于发展中国家，且按人均 GDP 来算，在世界排名一百之后。以日常生活来说，那时的新西兰已经和大多数西方国家一样采用五天工作制，但在我国一周工作六天。那时新西兰的超市已经遍及全国城乡，而在我国，就连北京和上海都还没有或刚刚起步。所以每时每刻，在新西兰生活都会使你觉得很舒心，是个很可爱的地方。但是再好也不是自己的，它反而激发我建设祖国的坚定决心。我想新西兰的美好生活是新西兰人民依靠自己的双手，依靠自己的辛勤劳动建设起来的。因此我也就坚信，我国人民在党的领导下也一定能把幅员广大、历史悠久的祖国建设得更为繁荣富强。事实上我在那里待的时间越长，对它的了解越深入，也就越能意识到其光鲜背后的问题。当时的新西兰其实是靠寅吃卯粮来度日的，它的负债已经超出正常可承受的程度。把这个债务平摊到老百姓身上，每人的负债远远超过一年的收入，这是多么沉重的负担啊！新西兰的经济结构非常单一，主要依靠畜牧业和原始产品，木材和水，它没有先进的工业，在世界经济中的作用不明显。说句不好听的，它以比英国还大些的国土面积来养活不及英国十分之一的人口，但生活并不比英国富足。从这点说，我就对它不那么看好了。

再从我所热爱的学科来说，我得承认那时在一些方面它已经有了领先于我国的水平，如在网络通信、数据库方面等，但它所侧重的是应用。而在理论研究方面，基本上都是跟在别人后面的，所以这也不是我所追求的。我希望自己在所从事的学科领域能有所建树和创新，为自己国家的科学技术发展做出贡献。因此我的工作就只能在国内，在我所眷恋的祖国。

在参加了新西兰全国高校的计算机网络会议后，关于网络建设的研究也就告一段落了。我在惠灵顿也差不多待了一年了。而按照国家制定的出国进修的计划，我两年的时间也差不多到了，应该是时候"打道回府"了。不过新西兰方面希望我能多逗留点时间。在维多利亚大学我有两个选择，一个是仍然留在计算中心，高级程序员的身份不变，待遇 1 700 新元也不变。另一个是转到计算机科学系，待遇不变，身份则成为讲师。但是我已经在惠灵顿待了近一年的时间，对计算中心和计算机科学系都有很多接触，我不想留在惠灵顿了，而希望到奥克兰大学去，亲身体验一下那里的情况。因此我就同奥克兰大学计算机科学系联系，很快就得到了他们的答复，他们欢迎我前去给硕士研究生上组合算法的课，待遇也提高到 2 000 新元。对于这个决定，我很满意，使馆也同意了我的决定。我把这件事告诉了罗德，他也为我高兴，并帮助我搬到奥克兰。

即将离开惠灵顿时正值圣诞新年假期，罗德也度假去了。我想到了奥克兰之后我离南岛就更远了，而且我回国的时间也日益临近，我何不用这个时间去南岛旅游？南岛被认为是比北岛更美的地方。如果这次不去，以后就很难有机会了。但要怎么去？自驾游是最好的，但要租车，我不会开车，怎么办？我想到了杨小姐，她还在克赖斯特彻奇，但她的博士论文已大致完成，有空闲了。她曾经教我开过几次车，所以她是理想的司机。我向她谈出游的事，她十分愿意。但她认为还应该多一个男的或女的，否则只有我们一男一女不大合适。我让她找人，她找了个也是印尼来的年轻男孩，才十五岁。他也是华人，但连一句中文都不会说。我们就组团了，至于汽车，我也让杨在克赖斯特彻奇租，一切费用由我负责。开始时杨不同意，后来在我的坚持下，她也就同意了，我让男孩子只出吃饭钱，房费和车费全由我承担。杨很关爱那小孩，处处都很照顾他。她对我也很体贴关心，她也就成了我们这个旅行团的主心骨。开车、确定景点、张罗食宿她都包了。我真为她的这种行为所感动，觉得她太辛苦了，但我又帮不上忙。

新西兰同时拥有山——南阿尔卑斯山，水——湖水，海——米尔福海峡，这些景点都位于南岛的南部，南部还有享世界级声誉的皇后镇（Queenstown）。所以杨决定我们的旅游路线就是前往这几个地方，同时也尽可能地绕全南部一周。虽然杨也没去过这些地方，但我们有一张交通图，还有一些新西兰朋友告诉她的有关这些地点的地理信息，这使我们的出行毫无困难。我的朋友——那位毛利女歌手和她的德国丈夫在听说我要去皇后镇后，竟慷慨地把他们在皇后镇家的钥匙交给了我，让我们到皇后镇时就住在他们家，因为那段时间他们要在外边演出。本来以为租的车应该是条件较好的，杨试开时也没发现什么问题，在我们出发的头两天一切都很顺利。为了照顾杨不致她太疲劳，我坚持要求她开两个小时左右就停下来休息片刻，吃过午饭休息一会儿后，我们再出发。但是由于新西兰南部人烟稀少，镇与镇或村与村之间往往距离较远，为赶到下一个居民点，杨有时不得不赶路。事情就发生在我们出发后的第三天。吃过晚饭后，杨对我说这个居民点连旅馆都没有，看来今晚我们要多开点路，赶到下一个居民点才能住下。另一个选择是回到前一个地点。但杨说还是向前吧，不走回头路，于是我们就朝前开了。万万没想到，事情就在这时发生了。当杨把车开出十几千米时，车子突然出故障了，它抛锚了！那时天色已暗，路上一片漆黑，根本没有人烟。我们只能求助过往的车辆来帮我们修车，或帮我们传递信息给租车公司。前一种当然最好，这样我们的问题就立即解决了，但可能性很小。或者能帮我们传递信息的话，我们就得救了，那样租车公司就会派人来帮我们解决问题。但是过往车辆很少，很长时间也不见有车经过。过了一会儿终于来了一辆车，虽然杨示意求援，但他却视而不见，呼啸而过。又过了许久，来了一辆卡车。司机看见我们停在那里，主动停下问我们的情况。在杨向他说明情况后，他看了看车，断定有一个部件坏了，要换新的才行。他当即答应帮我们，并把我们的车牌号记下，我们也就寄希望于这位卡车司机了。我以为我们需要到克赖斯特彻奇那边解决问题，杨告诉我只需要和克赖斯特彻奇联系上就行，他们在许多地方有服务网点，不必由克赖斯特彻奇派人过来。卡车走后，我们就只能耐心等候了。虽然是夏天，但这里离南极很近，晚上和白天温差很大，那时气温已降到十几度。我感到浑身发冷，牙齿打战，难以忍受，他们俩也一样。我们也不知道那卡车司机帮我们联系上租车公司没有。就这样一直到半夜，终于来了一辆车并在我们附近停下了，这就是我们的救星啊！维修人员三下五除二，一会儿工夫就帮我们换了部件，车可以开了。这真的要感谢那位卡车司机，但我连他的名字也没记下，不过他高大的形象却已留在我的记忆中。我们继续前行，杨小姐忍受又困又累的煎熬，驱车近两个小时把我们带到前方居民点，并找了个旅店住下。这是我们旅游中最艰难的一次经历。

在到皇后镇之前，我们登上了南阿尔卑斯山，从这里可以清楚看见主峰库克峰。库克是第一个攀上主峰的英国人，因而用他的名字命名。山上有很多玩的项目，如乘坐飞机或气球等，但它们不是收费高就是花时间，我们都没有参加。游米尔福海峡是我们的必选项目，和它成套的是游萤火虫洞。为了参加这个套餐项目，我们必须在一个指定的露营区住一晚，然后根据安排去到米尔福海峡的登船处登船。米尔福海峡位于南岛西南部，面对澳大利亚。据说澳大利亚人当年就是从这个海峡进入南岛的。海峡不宽，只有一百多米的样子，最宽处也就三四百米。两旁是高耸入云的茂密森林，使海峡时时处于林荫下。它最吸引人的是海水中无数的海豚和海狮，它们或单独或成群，跟随船只游荡，有时纵身一跳，有时又互相戏耍，向人展示"竞自由"的生动场景。

另一个项目是游萤火虫洞。这个洞叫汉默洞，成千上万的萤火虫栖息在萤火虫洞里。这个洞有两个部分。天然的部分就是萤火虫栖息的地方。为了保护萤火虫的生活环境，这里没有安装电灯，游客要摸黑前行。进到里面才发现洞顶和两壁全被萤火虫占据。这数以万计的萤火虫为什么栖息于此，没有人知道，它们的繁衍传续也更是个谜。人们带着疑惑进来，又带着震撼出去。至于另一部分所谓妖魔鬼怪世界，就完全是人工的，里面是各种妖魔鬼怪的造型，配之以恐怖的气氛和灯光，相信真会吓到一些人。

来到皇后镇之前就见到好几个湖了，每个湖都像是一面镜子。那清澈的水镶在绿油油的草地中，如巨大的蓝钻石，镶在大的布景中。就在我欣赏湖光山色时，皇后镇展现眼前，它带给我震撼。都说上有天堂下有苏杭，但客观地说这皇后镇的美景不比苏杭逊色。如果要说不足，那就是它的规模没法和苏杭相比，但它除了供登顶的缆车外全无人造景物。感谢那位毛利女歌手把她的房子借给我们，使我们得以舒心地享受这犹如世外桃源的环境。更有意思的是，房子主人让我们离开时把钥匙放在大门那个石头台阶下面。许多新西兰人都是这样做的。我曾担心不安全，但她安慰我说不会有事的，我也就这样做了。

我们依依不舍地离开了皇后镇。行程已经过半，剩下的主要还有南岛最南端的城市因弗卡吉尔（Invercargill）和新西兰第四大城市达尼丁（Dunedin）。因弗卡吉尔在新西兰很有名气，因为它的市容市貌很有特色，而作为新西兰第四大城市的达尼丁也是值得一去的，据说它的建筑风格很有英国特色。但是我们抵达因弗卡吉尔那天正好是圣诞节。这天，整个城市空荡荡的，街上见不到一个行人，所有建筑大门紧闭，真的像鬼城一样。假如不是我们又出现意外情况的话，我们仍可聚精会神地欣赏它的市容市貌，而这个意外的出现让我们寸步难行。本来在离开皇后镇时杨就告诉我车子需要加油了。不过她说车子开到因弗卡吉尔应该没问题，到那里再加。她也没有料到这个情况，这里商店关门，连加油站也不例外。我们的车油箱空了，车子一步也跑不了了。杨把我们的车停在路边，我们张望着看有没有当地人能出来帮我们。真是上天有眼，天无绝人之路呀！过了好一阵，一位长者从一间房出来，我们知道有救了。我们马上迎上去，向他说明了情况。老人看到我们着急的样子就安慰说，"不用着急，我想办法帮你们"。他把我们领到他家，热情地招待我们，又是咖啡，又是蛋糕和面包。还说今天是节日，你们是我的客人。我们很感动也很感激，但是我们更关心油的问题。他却不提油的事，直到招待完我们，他才拿出能装十升左右油的桶，说他从他的车里抽些油给我们。这些油足够让我们开到前一个地点马陶拉（Mataura），在那里我们就可以加上油了。我们非常感激，要给他油钱，但他说什么也不收。我们又一次感受到新西兰人的善良。等我们到杜尼丁时，见到的景象也像因弗卡吉尔一样，全市空空荡荡的，但我们不缺油，也就可以欣赏它的美景了。本来想看看这里唯一的大学奥塔哥大学（Ottago University）。但学校关门了，我们没法进去，就在学校周围看了看。接着就驱车回克赖斯特彻奇，结束了我们的行程。这确实是一次难忘的旅行。新西兰既有美景更有好人。

五、到奥克兰

到了奥克兰，首先要解决的是住处问题。开始时我通过一位在奥克兰大学进修的广州外语学院（即今广东外语外贸大学）的老师，在奥克兰大学的招待所暂住，然后通过报纸广告去寻找住所。当时国外的分类广告比我们的更先进，从中可以找到很多有用的信息，真是在浩如烟海中各取所需。我无意中找到了一个叫雅各布森（Jacobson）的老太太，她大概七十岁了，但身体硬朗，比我之前租住的那家的奥地利老太太要健康。她一人独居，家里宽敞，欢迎房客入住，房租也很合理。我查清地点后就立即和雅各布森通了电话，她让我马上去她那里实地考察房子的情况。她家坐落在奥克兰的平民街区里，这里没有繁华的商店，商店和住宅混杂在一起。她的家还不在大街上，而是在街道的一个叉口小巷里。因此附近就比较清静，少有车辆和行人。而且最让我中意的是她家的右面就是一个足球场，非常适合我早晨在那里跑步。她的家有些陈旧，房内的陈设有些简陋，但这并不影响我的居住。从大门进来就是客厅，客厅正中放着电视机。往前走左侧就是我的房间，房间内有供我看书的桌椅。卫生间离我的房间很近，厨房也很宽敞，洗衣机在卫生间附近。走过电视机往右就是老太太的房间了，我从未去过她那边。家里应有尽有，而且由于它们位于房子的中间位置，使用它们不会对老太太有影响。老太太不仅身体硬朗，生活也很有规律，而且为人平和宽厚，这一点比奥地利老太太强很多。她从不对我有什么要求，还主动帮助我。不过我的原则是自己的事自己做，我不愿欠她人情。她有一个儿子，也住在奥克兰，但他有自己的家。从她和儿子的关系我发现，其实新西兰的家庭也是讲究孝顺老人的。雅各布森在我住进后不久就很自豪地向我说起她儿子和他的家庭，她说他们全家会定期回来看她。果然在我入住她家的第二周还是第三周周末，她儿子就领着他妻子、女儿、儿子来了。全家人围着老太太，充满欢乐热闹的气氛，这个家顿时洋溢着天伦之乐。他们一家对我也很友好，我不禁感叹孝顺才是人间正道。

雅各布森老太太家离奥克兰大学有七八站的距离，乘坐公共汽车需要二十分钟左右，到站后还要走几分钟，逐渐地我对奥克兰这个城市也熟悉起来了。如果把首都惠灵顿和中国的北京相比，那奥克兰就可比作中国的上海了。当然这个比喻有点不恰当，因为从人口来说，北京和上海差异不太大，但惠灵顿和奥克兰就相差悬殊了，惠灵顿的人口仅及奥克兰的三分之一。皇后街（Queen Street）是奥克兰城市的一张名片，也可以说是整个新西兰的名片，它是奥克兰的商业中心。整条大街长超过两千米，全是高档奢华的商店，突显了城市的繁荣。不过无论怎样繁华，到了周末全新西兰都一样。你想买吃的都难，尤其是皇后街，因为那里全是大商店。

　　奥克兰还有全新西兰唯一的战争博物馆，也可看成是历史博物馆。它规模不小，而且供游人免费参观，外国人也一样，这是了解新西兰发展史的好去处。更值得一提的是博物馆外边是开阔的公园，高耸的大树参天蔽日，给人带来阴凉，花草茂盛，极具美感，置身其中如居乐园。这确实是了解新西兰的一个窗口。和皇后街一样，这也是奥克兰的一张名片。

　　奥克兰的游艇数量大概也可称冠全球。雅各布森老太太家恰好离游艇停靠的海边不远。站在不远处，放眼望去，整个海岸差不多全被游艇占据了。虽说奥克兰的住房几乎都是平房，但是你几乎看不到有两栋房子是同一造型的。游艇也一样，这成千上万艘游艇，造型各异，五颜六色，风帆也都不同，一面面风帆竖立艇上随风飘舞，构成美丽的风景。据说奥克兰人对游艇的喜好程度甚至高于对汽车的喜好程度，因为他们可以在周末或假期时开着游艇到附近岛屿去旅游，那种感觉不是乘车旅游所能比拟的。即使不去小岛，在海上巡游也别有情趣。我在奥克兰大学的一位同事非常善解人意地问我在新西兰坐过游艇没有，我老实告诉他没有，于是他就约我乘他的游艇玩玩。在一个周末，我按两人的约定去到集合地点，然后一起向他的游艇走去。一路上他向我介绍奥克兰游艇的情况。他当时已五十多岁，比我年长，不高，微胖。但上了游艇我才发现他体力仍很强。他操纵游艇的动作稳健自如，毫无衰老的迹象。他驾驶着游艇开向大海深处，离奥克兰越来越远，到最后奥克兰已经完全从视线中消失了。原来在奥克兰附近还有不少小岛，我们到了一个小岛附近。他告诉我这岛上无人居住，只供游人观赏。由于时间有限，我们没有登上去，只绕着岛转了一圈就返回奥克兰了。看似平静的大海，其实很不平静，游艇前行中，两旁海浪汹涌翻腾。这使我油然想起了毛主席的词句"到中流击水，浪遏飞舟"，这时的情景真和这句词所描述的无异。但在我这位同事的掌控下，我们的游艇恰似"闲庭信步"。这时我才知道为什么奥克兰人如此喜欢这项活动，他们从其中享受到无尽的乐趣。不知不觉间，我们就出游了四个多小时。这比一顿美餐更让我陶醉和难忘，真的很感谢那位同事。

奥克兰的另一张名片是它的跨海大桥。这座桥把奥克兰的两岸连接起来，给两岸市民提供极大的便利。巧的是这座桥离雅各布森老太太家也不远，周末散步走出家门不远，我就可以看见这座桥。它的造型和澳大利亚悉尼的跨海大桥相似，只是没有悉尼那座桥那么长，但对奥克兰来说这足够了。有意思的是，我在这里才知道新西兰人普遍不太看得起澳大利亚人，当他们叫澳大利亚人"Aussie"（澳西）的时候带有轻蔑的语气，他们主要是认为澳大利亚人懒和粗俗。当然他们也承认澳大利亚在经济上比新西兰发达。很多护士嫌在新西兰工资低，便跑到澳大利亚去工作。

奥克兰大学是新西兰最大的大学。它的专业设置最为齐全，也是唯一拥有医学专业的大学，土木工程专业也只有奥克兰大学和坎特伯雷大学才有。大概从分工考虑，农业类专业设在梅西大学和林肯学院。至于计算机科学专业，则是哪个大学都设有，但学术水平、师资实力有所差异。我去过的这三所大学，奥克兰大学确实略高一筹，它拥有更多的教师和高级职称者。我为能够亲身体验这三所最重要、最负盛名的大学的学术环境而深感荣幸。让我感到高兴的还有他们对我的尊重和信任。我被安排给研究生上组合算法的课程，每周四节，此外还参加一周一次的讨论班。这样的安排和一般老师差不多，给了我真正在新西兰上课教学的机会。

我在奥克兰的生活比在克赖斯特彻奇和惠灵顿要更平静和简单。每个工作日，清晨起来锻炼身体，吃完早餐洗完澡，就乘公共汽车去学校。有课就上课，如果没有课就在自己的办公室里看书、用电脑，因为办公室里有一个为我配的终端，它和学校主机相连，上完课后我也会回到办公室看书。这里的计算机科学系里没有其他中国人，我和系里老师的接触比以前的两所学校要少。中午我也不去学校的餐厅吃饭，自带午餐。中午稍事休息后我又继续工作。虽说没有午睡的时间安排，但我看到许多人还是会在午间打盹。特别是年龄稍大的，大多都要休息一会儿。到下午五点下班，我回到雅各布森老太太家，简单地做晚饭，饭后和老太太一起看新闻。然后我就回房间看书，睡前洗个澡，一天的生活就这样过了。周末我的工作是用洗衣机把衣服洗一下，再去超市把一星期的食物采购回来。因为超市离家较远，又不通车，我只得走小路去。但回来拿着采购的食物，沉甸甸的，还是蛮费劲的，好在只是每周一次，就当锻炼身体了。

在我快要回国时，物理系来了一位中科院物理所姓黄的研究员，他只比我大几岁。他只在奥克兰作短期访问，所以他就很想在离开新西兰之前到附近旅游。我也正有这个想法。因为我已经游玩过南岛了，北岛特别是奥克兰附近还没游玩过，我们一拍即合。我们的目的地是在全世界都有一定名气的毛利人的集中居住地罗托鲁阿（Rotoroa）。这虽然只是个小城市，人口不过几万人，但它是毛利人的故乡，因此有很多特殊的毛利人建筑和历史遗迹。这里还有温泉和间歇泉，如果不亲临此地根本不知道间歇泉为何物。我们规划完旅游路线，就来了个自由行，乘坐由奥克兰开往罗托鲁阿的长途汽车前往目的地。这趟游程只有一百多千米，途经汉密尔顿（Hamilton）市。这是新西兰的新城市，市容市貌干净整洁，也很有特色，市内有怀卡托（Waikato）大学。在汉密尔顿市只作短暂停留，而怀卡托大学距离车站还有一段路，我们也就没有机会去看看。新西兰的公路都不宽，车速不可能快，一百多千米便走了近四个小时。当罗托鲁阿出现在眼前时，我真没有感觉它和新西兰其他城市有什么不同，但走到车站后就发现它的特殊之处。一间间民宅都挂着家庭旅馆的牌子，并且都声称能泡温泉。我们俩就沿途看看。在一间民宅前主人热情招呼我们住在他那里，我们问了一下房租，觉得可以接受，因为房租还包含早餐。住进去之后，房东还告诉我们当晚在罗托鲁阿唯一的国际酒店有国际游客大联欢，会有毛利人的演出和盛大的宴会，只要交费注册就可以参加。我们当然不愿错过这难得的机会，马上就报名了。

当天晚上的活动确实很有特色。我们和来自世界各地的游客一样早早到达国际酒店的宴会大厅。走进会场，主持方就先问是来自哪个国家的，结果发现总共有来自二十多个国家的游客。联欢开始前主持人就先念了这些国家的名字，并请念到国家名的游客回应一下。念到其他国名时回应者众多，当念到中国时只有我和黄研究员回应，却受到其他国家游客的热情欢呼。然后主持人邀请每个国家推选一位代表站到中间位置，黄研究员执意让我站出来。等这二十多个国家都有代表站出来后，主办方就请毛利人以他们的传统礼仪对我们表示欢迎。男的全部上身裸露着，下身围着像印尼纱笼的裙子，手里还拿着刀。女的也是围着纱笼，肩到胸部上方也裸露着。开始时他们跳起舞，伸出舌头，挥舞手中的武器，装出凶神恶煞的样子。这表示他们还不了解来者，因而抱有戒心，过后他们换成笑脸，表示已经知道来者是朋友。他们把手中的大刀、长矛放下一步步向我们走来。人数是一对一的，一般都是女的对男的，男的对女的，因此迎接我的是一个毛利女人。她笑盈盈地向我走来，又老练地把鼻子对上我的鼻子连碰几下，然后才和我握手，亲热地和我站在一起，并搂着我。所有动作完成后，大家一起合影留念。我真的被她的大尺度动作弄得很不自然。对于我来说这辈子就经历这一回，而对于她来说那就是日常的营生，已经习以为常了。不过这别开生面的活动还是营造了很欢乐和友好的气氛。接下来晚宴正式开始，吃的就是李秉彝教授夫妇向我介绍过的汉吉，但食品极为丰富，当然还有其他的食品，少不了的是新西兰的糕点。不夸张地说，由于用的是真材

375

实料的奶油、牛奶等，新西兰的糕点堪称全球佳品。冰激凌、酸奶也是口味极佳的。新西兰的红、白葡萄酒还有香槟等也都颇有口碑。这些东西在宴会上都有充分供应，大家一边吃一边欣赏毛利人为大家表演的歌舞和其他节目。主持人还邀请来自各个国家的来宾表演自己国家的节目。很多国家的游客都大方上台表演有本国特色的节目，深受在场游客的欢迎。主持人也特意邀请我们俩表演中国节目，但我们俩实在没有这个本事，要上去就真的只有出丑了。那天晚上真是难忘啊！

　　第二天早晨，我们在那个家庭旅馆里享受了舒服的温泉浴，也尝到了房东为我们提供的早餐。除了有咖啡、火腿和煎鸡蛋、面包之外，还有蛋糕、酸奶、水果等。我想在宾馆里住无非也就是这些东西，有的还不一定有这么丰盛呢。接着我们就开始参观温泉和间歇泉。温泉的特点在于它的水温，高达九十多度的泉水，可以把鸡蛋煮熟。我国领导人赵紫阳曾来过这里，当地人就给他展示了煮鸡蛋的过程。更有意思的是间歇泉。它是一个个类似于井的深坑，坑底冒着热气，过一段时间，岩浆忽然喷发。因为它很热，人如果触着它就会被烫伤。所以一旦要喷发了人们就要远离坑口，它喷发的岩浆可以喷到几十米甚至近百米高，几分钟后它又会停下来。人们来参观是想看它喷发时的壮观，但过了喷发时间又不知下次什么时候会再喷发。后来当地人掌握了个中奥妙，只要往坑口倒入适量的洗衣粉，很快它就会重新喷发，这样就可以满足来参观的游客的需要了。游客再也不需要为参观等候太长的时间，什么时候来都可以很快看到岩浆喷发的壮观场面。之后我们又前往北岛最大也是新西兰最大的湖泊参观。湖泊得到了很好的保护，生态环境良好，湖水可以直接饮用。这是新西兰极其宝贵的资源。新西兰的水出口到中东地区换得大量外汇。我们在罗托鲁阿两天的旅游就这样结束了，留下了十分美好的印象。我游玩过南岛，也算游玩过北岛，满足了。

　　转眼间，我在新西兰度过了两年多的时光。奥克兰大学方面对我的工作基本满意，因此有意让我留下来，但这时暨南大学领导希望我尽快回校承担系里的教学和科研工作。我是一名共产党员，对于组织的指令从来不讨价还价。既然让我回去我就只会服从。我向使馆汇报这一情况，请使馆安排我的行程。在奥克兰大学计算机科学系，我只向系领导告别，此外就是我在惠灵顿的好朋友罗德。我在电话里告诉他这个消息后，他曾想来奥克兰送我。但因距离不近又有诸多不便，我婉拒了，但我们都表示一定保持联系。还有必须告诉的人就是我的房东雅各布森老太太。老太太闻讯后十分激动和不舍，她说你还没住多久就要走了，我舍不得你走，你不能再住一段时间吗？她执意在我走前的周末让她儿子过来给我饯行，而且还让她儿子开车把我送到机场。这对我来说是很大的帮助，因为从她家到机场有四十多千米，乘出租车是一笔不小的开销。我的内心充满了对雅各布森老太太的感激和敬爱。

当时从新西兰到我国没有直达的航班，我还是像来时那样先飞到香港。我选择了日航，因为它是当时最便宜的。我把在新西兰买的所有书都带回了国，它们对我来说是最重要的。新西兰朋友送我的礼物也不少，我是肯定要带回国的。因此我的行李大大超过 20 千克，件数也不少，但在奥克兰机场并无任何困难就过关了。到了日本东京成田机场，下飞机时也没有遇到任何问题。根据安排，我被允许在日本逗留一天，我选择住在东京市内日本航空的宾馆里。机场提供的服务给我留下深刻印象。他们知道这个安排后就让我上了前往宾馆的大巴，而行李全由他们帮我打理，我只要在宾馆把它们领回就行，不过一百美元一晚的房费就实在不敢恭维了。房间内是有独立卫生间的，设备也不可谓不现代化，但是面积太小了，只能坐在床上看电视。除了窄窄的单人床，连放一张桌子的空间都没有。我在新西兰时认识一个日本朋友，他告诉我到了东京后他可以帮助我。所以到了东京后我就和他联系了，他的帮助让我有机会走马观花地逛一次东京。他带我前往最有名的银座，我们在一家快餐店吃了点小吃，我这才领教了日本的物价。我们只是点了两杯咖啡，每人都要了一份汉堡包，这就花了五十多美元。但是这位朋友说这只是在银座的价钱，在东京其他地方不会这么贵。他又帮我买了些电器，但他建议我不要在东京买大件的电器，到香港去买。晚上他在家里招待我吃日本的铁板烧，喝日本的清酒。这也使我增加了对日本普通人生活的了解。

第二天宾馆大巴把我和其他乘客送回机场，这次登机就不像在奥克兰时那样顺利了。行李超重，因此要交超重费。按照数量我要交一百美元，这对我而言是不小的数目，我当即向那位机场官员表示我没能力支付这么多钱。出乎我的意料的是，这位官员态度非常友好，他先问我能付多少，我便从口袋取出二十多美元。于是他建议我把一部分行李改成随身携带，以减少托运的部分，他会帮我找另外的包装，接下来就完全交给他操作了。他找来两个纸箱，把我原来没装在皮箱的东西都装进这两个纸箱里，一个托运一个随身手提。经过这样的处理后，他只要我付十五美元，我感到很满意。这位工作人员的态度给我留下了难忘的印象，我对他也心存感激。

在日航飞到香港的旅途中，机上空中小姐的服务也十分周到。那天，机上的乘客很少，入座率大概只有百分之三十，我旁边的座位都是空的。由于乘客少，空姐的工作也就轻松许多。但我想不会是这个原因让她们的服务态度那么好。她们就在乘客周围，在飞机过道上来回走动，主动问："有什么需要吗?"更使我开心的是，原先每人一份的小食和清酒，她们给了我双份，又问我还要不要，这可真让我受宠若惊啊！我还从来没有在任何航班上受到过这种待遇。就这样我在喜悦的心情下结束了这段旅行，也结束了在新西兰两年半的生活。

第十二章

旅新归来

· · ·

从新西兰回国，对于离开祖国两年多的游子来说，激动的心情难以言表。离开祖国这么久，虽然通过电视（那时新西兰电视只有两个台，而且它们的国际新闻很少报道中国）、《人民日报》海外版和《中国日报》，可以大体知道我国的发展情况。特别是胡耀邦同志亲自率团访问新西兰，使我感到在邓小平同志改革开放的方针引领下，祖国正沿着改革开放的大道迅猛前进。我多么想一下子就飞回祖国的怀抱，看看她日新月异的变化。我也想和阔别的亲人团聚。离家近三年，孩子们都长大了。

不过，我还有一个念头。那就是借这个机会，去探访我在印尼的老母亲和弟弟妹妹。我回国至今，离开他们已经整整三十一年了。在我回国时，有几个弟妹都还没有出生呢。如今他们也都长大成人了。他们也都向我表达了他们的意愿，希望能和我见面。因此，我在回国前，同印尼官方取得联系，希望他们从人道主义出发，破例允许我前往印尼，因为在当时，中国和印尼仍然处于断交状态，在一般情况下他们是不允许中国人入境的。印尼当局断然拒绝了我的申请。为了能和家人见面，我又想了个办法，就是我飞到新加坡，让我母亲她们也在同一时间到新加坡。对于她们而言，进入新加坡没有困难，因为印尼和新加坡同属东南亚国家。但是中国和新加坡还没有建立外交关系，新加坡对中国人入境有严格的限制。于是我就请新加坡国立大学的李秉彝教授帮忙，请他给我做担保。李教授没有了解事情的复杂程度，念及我们间的情谊，很爽快就答应了。但他万万没有想到，这是在引火烧身。新加坡官员不仅对我十分傲慢，而且对于他这位新加坡最高学府的教授也横加指责，说他违反规定，没有事先申报。好在李教授毕竟见过世面，从容应对，不愠不火。经过几小时的周折，新加坡官方终于同意我在新加坡停留四十八个小时。母亲带着几个妹妹也到了新加坡。阔别三十多年后，我得以和母亲团圆，内心的激动真的难以形容。母亲和妹妹恨不得让我尝遍久违的南洋美食和水果，也想让我看遍新加坡的风景名胜。但对我而言，我最需要的是得到缺失了多年的母爱和与妹妹们的骨肉情。毕竟我的胃容量有限，不可能在短短两天吃尽所有美食，吃到了许久没吃的榴莲倒是一大收获。至于新加坡的风景名胜，说实话，新加坡太小了，那风景名胜实在乏善可陈。

但是，又不得不说，它在社会治理方面，有一套严厉的措施。因其严厉，执行认真，所以十分有效。如在卫生方面，街道上没有垃圾，也没有痰迹，这是因为随地吐痰、乱扔垃圾就会被罚款。罚款，就是动真格的重罚，高至几十新元，折合人民币几百元。犯了法，就要付出沉重的代价。不像在我国，只是到处张贴"乱丢乱吐，罚款两元"的告示。两元怎能起到震慑作用？再者，执行力度也不足。

那时的新加坡，在治安方面也很值得称道。首先是交通方面，车辆行走有序，各行其道，不见有车辆为方便而随意抢道、左转右拐的现象。路人也严格遵守交通规则，绿灯行，红灯停，绝对没有人敢闯红灯，抢道行走。走在马路上，见到的都是谦谦有礼的形象。其次是社会治安。不敢说小偷全然绝迹，但是确实很少听说有谁被小偷掏腰包的事。所以在街上行走，的确有一种安全感、放松感。还有就是，在新加坡，任何人都不准乱吐口香糖。假如发现你把口香糖吐在路上，必将受到重罚。一定罚得你手脚发软，刻骨铭心。

两天的时间很快就过去了，我又继续回国的行程。见到了久别的母亲和妹妹，我的心情分外地好。虽然又匆匆分开，但想到以后会有见面的机会，心里也就不再像以前那样伤悲。

下了飞机，又一次到达香港。从我回国时头一次到达香港，到三年前出国时第二次途经香港，再到这次，第三次来到香港，感到那里的气氛有了很大变化。

游子离家终于归，激动心情满心胸。回到了广州，回到了暨大，回到了自己的家。那种喜悦和激动的心情，真的十分强烈，它像火山的熔岩，要从山口喷发。我急于看到在这段时间里，在改革开放政策引领下，祖国所发生的巨大变化。我也急于投身其中，想把从国外学到的知识全都贡献出来。

我真的很感谢党组织和学校领导对我的信任、培养和关怀。在我回国后不久，就立即任命我为主管科研的系副主任，协助系主任吴恭顺和党总支书记叶健源的工作。尤其是我通过学校的职评，晋升为正教授。就这样，我成了计算机科学系的第一位正教授，也是暨南大学当时最年轻的正教授，尽管我已经不年轻了。而后来，一大批年轻学者，在三十岁甚至未到三十岁就成了正教授。不过，毕竟历史曾为我留下那么一段，让我引以为豪。

我的最基本想法和我的工作动力，就是如何使暨南大学计算机科学系在国内占有一席之地。我想，最根本的是实力。有了实力，腰杆才硬，说话才有底气。我作为主管科研的副主任，就要大力开展科研工作。当时，系里的老师大半是刚刚大学毕业的年轻教师，都还没有做科研的经验。因此，对于科研有一种神秘的感觉，觉得那是老教师的事，还轮不上自己。我就利用各种机会，开导他们，向他们说明，科研没有什么神秘之处，而是自己的一种创新，一种探索。在打消他们的畏惧和神秘心理的同时，我又帮他们提出一些可以思考的问题，让他们去做。在我和系里其他领导的共同努力下，系里逐渐形成了浓厚的学术风气。大家在完成教学工作之余，潜心进行学术研究。在很短时间内，积极申报国家、省市科研基金项目的人增多了，向校内校外的学术杂志投稿的人也多了，参加国内学术会议的人也多了。暨南大学计算机科学系不再是默默无闻，而是向外界崭露头角的一个阵地。作为系里的学科带头人，我也被国内的许多学术同仁推举出来担任要职。我先后被推举担任中国计算机学会理论计算机科学研究会（后更名为"中国计算机学会理论计算机科学专业委员会"）、中国电工学会工程数学研究会（后更名为"中国电机工程学会电工数学专业委员会"）、人工智能专业委员会、Petri 网研究会以及广东省计算机学会等学术团体的常务理事以上的职务。美国的传记人物研究所和英国的国际传记人物中心，连同印度的传记人物出版社等都接连把我写入它们出版的多种传记人物书籍中。至于国内，人事部、教育部等部门的下属有关机构，也把我列入了它们出版的名人录中。

我想，除了加强自身实力（这是最基本的）外，我们也要积极参与活动，增强我们和外界的联系，让国内的计算机同行了解我们，也和他们加强交往。举办全国性的学术活动是一个增进我们和外界联系的好方式。经过理论计算机研究会 1987 年的年会讨论，让暨南大学举办 1998 年的年会，由我和南京大学的徐洁磐教授共同主持。我接受了研究会委托的这个任务，决心一定倾全系之力，并依靠学校相关部门，把这次会议办好。因为这样大型的全国性的学术会议，不仅对我校，对广州来说也是第一次。为了办好这次会议，我充分运用我在吉林大学时协助王湘浩教授举办全国学术会议和省计算机学会成立大会的经验，结合我在新西兰时主持新西兰大学和各校间计算机网络研讨会的经验（当然，由于新西兰总共就那么几所大学，会议规模不能和我们同日而语，但麻雀虽小，五脏俱全）。我的基本思路就是要有高水平的论文来保证会议的质量，还要为会议代表提供良好的生活环境和会议环境，一定要让代表们在会议期间的生活、工作、交流等都感到舒适、放松、愉快。会后，为代表们提供一次有意义的旅游，这不仅是会议的调剂，也有利于增长大家的见识。总之，要注意每一个细节，不出现任何漏洞，使每一件事都有人专管，每个人都职责分明。为了筹备这次会议，我在从理论计算机研究会接受这个任务开始，就把这件事在系里、学校里进行落实。由我负总责，成立了会议的会务组。下设论文评审组、财务组、事务组、旅游事务组等。每个组又把自己分内的事开列成清单，然后逐项安排人落实负责。从这件事上，我确实体会到"细节决定成败"这句话有一定道理。

经过精心策划和准备，"第一届思维逻辑与人工智能全国研讨会"终于在暨南大学召开了。参会的人数接近二百人，其中正教授就达三十多人，这在当年已属十分可观。会上交流的论文一百多篇，大会报告就有十余篇，被安排在第一天的大会上。第二天是分组会，所有参会的代表都有机会在会上介绍自己的工作。会议开得紧凑、高效和有质量，使参会的代表感到确有收获，也能交到学术朋友，有利于今后的学术交流。事实证明，全国性的学术研讨会对于活跃学术交流，提高学术水平，促进人才成长等方面，都是十分有益的。

当年的深圳是经邓小平亲自批准的改革开放特区。特区的建设无论是在国内还是国外都引起很大的关注。到 1988 年，深圳的建设已经接近十个年头，也已取得巨大成就，更多的国人都想亲眼看见深圳的真面目。但在当时，任何人要到深圳去都必须取得由武警部队颁发的边防证才能进入。而边防证的获取，手续相当麻烦，而且每天还有人数限制。比如，像暨南大学这样的厅级单位，每天可以发出的边防证也就二十张左右。要让参会的近二百人同时到深圳去，难度很大。为此，我们不得不想尽办法，通过各种渠道，帮大家办理边防证。幸好，功夫不负有心人，在大家的共同努力下，所有人的证件都办下来了，这让大家都能高高兴兴地前往深圳一睹它的风采。

在学校里，我和系主任吴恭顺老师，以及党总支书记叶健源老师三人，积极推进教学改革，希望把国外的先进经验以及计算机学科本身的特色融入我们的教学计划和教学全过程中。在这个过程中，我们积极协作，密切配合，在课程设置和充分调动学生主观能动性等方面都进行了大胆的改革尝试。我们的这些举措受到学生们的欢迎，因而也得到了学校领导的肯定，且在学校的教学工作会议上受到表彰，荣获学校优秀教学成果奖。

在这期间，学校党委对我勤勤恳恳、全身心地投入教学、科研和所承担的行政工作，也给予了很高的评价。因此，我曾被分别评为优秀党员和优秀教师。但我清醒地知道，那是对自己的鼓励和鞭策，并不是说自己已经做得很好了。保持清醒头脑和谦虚的态度，是自己时时刻刻要保持的。

就在这个时候，又一个机会来到了。美国纽约州立大学以杨振宁教授为主席的美中教育交流委员会向学校提出，要为我校提供一个赴美交流的名额。这个委员会是由杨振宁教授牵头，为我国培养人才而设立的，由杨振宁教授在香港等地筹募资金，为我国学者在美国交流提供资金。最初确定的名额是一百人。但在实施过程中，国内许多学校纷纷要求也想得到名额，因此后来不得不又增加了一些名额。对于人员的选定，采取的是自下而上和自上而下相结合的办法。候选人由学校报到该委员会，再由该委员会最终确定正式的人选。当学校下发有关此事的文件后，我想我也应该积极争取，以便通过这个机会，使自己再增进才干。结果，我被学校选定为四名候选人之一。这四个人，都是经过学校各单位严格筛选出来的。我自己感觉，同其他三个人相比，我没有优势。但是，究竟最后由谁去，还要由以杨振宁教授为首的委员会定夺。于是，我进入了等候期。

所幸，等待的时间不算长。在把四个候选人名单寄到美国的一个多月后，校方就从美国获得了回应。出乎预料的是，我竟被选定为赴美交流的人选之一。消息传出，许多朋友都跑来祝贺，都说这是上天对我的眷顾。我倒是觉得这是组织对我的信任和培养，是对我更高的期待，也是客观公正评定的结果。

第十三章

出访美国

一、感恩节抵达纽约

1989年感恩节前，我拿到了护照，还有由香港飞往美国纽约的机票。从香港出发时，因为已经有了出国的经验，尽管这次是单独出行，我也没有什么可顾虑和担心的，很自信地认为我能应对任何问题。但是这次我不是乘飞机来到香港的，而是乘坐火车。到达香港后，几位邦加槟中的老同学到车站迎接我，并帮我安排了价格比较低廉的酒店住下。我想只要有个安身之处，也就可以了。那些同学开始还有些担心，觉得我已经是正教授了，照理应该给我安排条件更好些的酒店。我向他们说，我们这些人当年在邦加都是吃过苦的，今天条件好一些了，但我们还是要保持艰苦奋斗、勤俭朴素的本色。

终于到了动身赴美的日子。那是感恩节的前夕，有个同学提了一句，你到美国就赶上感恩节假期，可能没有人接待你。当时，我对于他的提醒不是很在意。我想，早点到美国总比还悬在香港要好些，毕竟是到了目的地。没料到的是，那次的飞行时间长达十七八个小时，导致身体疲惫不堪。飞机上提供的饮食对我毫无吸引力，因为我已经毫无食欲。终于，在晚上九点多，我抵达了纽约肯尼迪机场。过海关时一切顺利，没有任何麻烦，这大概和公务护照有关。虽然是晚上，机场里仍然乘客如织，人来人往。我想，怎么能找到去往纽约州立大学石溪分校的车呢？好在我事先已经知道，石溪分校位于长岛，所以，就得找到开往长岛的车。可我最担心的是，这么晚了，如果没有车，我就只有露宿机场了，这时就只有找问讯处了。幸亏问讯处就在不远处。我从那里得到的回答是豪华小轿车（limousine）还要过半小时左右才到，让我在上车点等着。我当然不敢走远，生怕耽误上车就麻烦了。半小时过后，来了一位个子很高的年轻人，大概三十岁的样子，他和问讯处的人聊了一会儿，就过来问我。我说我要到纽约州立大学石溪分校。他问我有没有具体的地址，比如宿舍、街道。我告诉他全没有。他就说，这么晚了，又逢感恩节，找起来会有些困难。但他让我放心，他一定尽力帮我。我想，大概他会向我索要高价了。但是，出乎我的预料，车费只要十美元。他把我带到他的车那里，我才知道，所谓豪华小轿车原来就是十四座的小中巴。他让我在那里等着，因为其他人还没到。后来，人陆陆续续来了，其中好几位是中国人。但从他们的谈话中，我知道他们是台湾人，而且是台湾地区官员。司机告诉我，一些人要在石溪之前下车，还有几位在石溪之后下，但他要把他们送到之后才帮我。我当然没有什么意见。那几个台湾人在我之前下车。我还从他们的谈话中得知，宋美龄的寓所就离他们那里不远。不过，天黑了，我看不清。到石溪时，司机告诉我，这就是石溪了。但他要先送剩下的几个乘客。最后，就剩下我一个人了。这时，已经到了下半夜一点多了，司机开始全力帮助我。没有目的地，没有联系电话，司机只能凭他的常识找到公用电话间，查询能够提供线索的地方。几次失败并没有让他放弃，他的行为让我感到，即使在美国，这种助人为乐的精神也是存在的。时间一分一秒地过去，我还有一个没有说出的顾虑——司机为我花了这么多时间，付出这么大的努力，他如果提出要我多付点钱，那是完全正当的事情，我也很乐意支付。但是他只字不提。苍天不负有心人，终于，他联系上了石溪分校中国留学生的负责人。他并不知道我是否属于他管辖的范围，但既然是刚从中国来的，他毫不犹疑地就向我伸出援手。他带着我去一个暂时落脚的地方，这时我才开口向司机表示感谢，并问他我还要给他多少钱。他连连说，不必不必。我真的为遇到这样一位好人感动不已，感恩不已，而这也正好发生在感恩节。我算了算，我在晚上九点多上了他的车。在下半夜一点多之前，他是为我和其他乘客一起服务的。之后，直到两点多钟，他就只为我一个人忙碌了。这是午夜之后的两个多小时呀，他却只收我十美元。我为他的这种德性所感动。

当然还要感谢那位负责人同胞。他把我带到一个房间里，那里正好有个空床。我不知他从哪里帮我找到被褥，让我能对付睡上几小时。要知道，天气很冷，没有棉被我怎能安眠？第二天早晨，他又为我准备了早餐。这样，我也就在石溪分校落了脚，结局要比我想象的圆满些。次日，我也在房间休息，由于时差，我确实很疲惫。到第二天，那些同胞就开始忙碌，帮我联系计算机科学系的教授。因为和我联系的是伯恩斯坦（Bernstein）教授，所以他们就设法找到伯恩斯坦教授家里的电话。伯恩斯坦教授和我通了话之后，就答应立刻到我住的地方来和我相见。他还为我带来了床上用品，我也就可以不用那些中国留学生为我提供的用品了。伯恩斯坦教授和他妻子都是犹太人，这是我第一次认识犹太人。他妻子来自苏联，而他来自以色列。他身材中等，蓄了胡子，显得较为老成，其实他仅比我大几岁。他给我的第一印象就是非常稳重、诚恳、不虚伪。他说他早就听说我要来了，但没有想到会延迟这么久。现在又逢感恩节长假，我就得对付好几天，等到周一上班才能安顿下来。那天才周四，我就要再等三天了。我告诉他，不必为我担心，中国留学生向我伸出援手了，所以我饮食无忧。真的，那几天，我好像又在插队落户时吃"百家饭"似的，轮番在几位中国留学生家吃饭。但这不是"土百家饭"，而是"洋百家饭"，那质量不可同日而语。

终于到了周一，中国留学生就领着我去办手续。我去到外国留学生管理处，找到我的信息，我不属于他们招来的外国学生，而是由其他机构提供赞助的访问学者。那里果然有我的名字，出现在由杨振宁教授筹款的被赞助人名单上。这个名单上，原来有一百人，都是从国内各高校选送来的。大概原来杨振宁教授就计划帮助国内解决一百人的培养任务，但后来，根据国内的请求，并得到赞助人的支持，名额又有所增加。我从那名单上还知道，赞助我的是香港中华染业公司的老板查济民先生。据别人说，赞助人大半是香港的爱国富商。他们愿意出钱，一是对杨振宁教授的支持，二是对内地的支持。所以，我也应该对他们感恩。

过了这一关，剩下的事情就非常顺利了。在计算机科学系，我有一间自己的办公室，办公条件比起在新西兰时，真要好上许多。且不说办公室的面积几乎是我在维多利亚大学和奥克兰大学的两倍，同时，我一个人拥有两部电脑，一部是联校园网的，另一部只是系内联网的。我在新西兰时，要打印什么东西都不方便，但在这里打印机就在附近，通过我的电脑就可以申请打印。办公室里还有沙发，供接待客人用，午间休息它就可以当简易床使用了。

这个系光正教授就有七八人，而且在分布式系统、图形学、人工智能、计算机网络等领域都是美国乃至全球具有影响力的计算机科学家。伯恩斯坦就是在分布式系统方面颇有影响的一位，系主任列维斯（Levis）也是分布式系统的专家。除了正教授，还有十多位副教授，以及数量不少的助理教授和攻读博士学位的研究生。所以，从这个规模就可见它的实力。新西兰根本没法和这里比。

石溪分校，是纽约州立大学十多所分校之一。实际上，这些分校都是相互独立的，在行政上完全自主。也就是说，并不存在纽约州立大学的总校。不过，关于这些分校的沟通，我没有做过调查，因此无从说起。我只知道，石溪分校是由著名的美国石油大王洛克菲勒于1960年出资创办的。创办时，他就力邀1957年获得诺贝尔物理学奖的杨振宁教授加盟。杨振宁教授欣然应允，便一直为石溪分校效力，主持理论物理研究所。洛克菲勒还邀请了美国各个领域的顶尖科学家，来做各系的学科带头人。正是靠着这些人和有效的管理，短短几十年间，石溪分校已经成为在州立大学层次中位列前茅的学校。校园面积有十几平方千米，在我后来住的公寓群旁边，有一片很大的森林，那是属于海洋科学领域的，再往前走，就到了医学院，医学院也占有很大面积。走过医学院，才进入主校区。首先见到的是巨大的图书馆大楼，然后是各个学院和校行政大楼。由于校区大，校内行驶小车又会影响安静的环境，所以校内行驶着免费大巴，这就大大方便了校内师生的出行。不过并非人人都选择这种交通工具。和我住在同一公寓的德国人，到了美国后，把他在德国的自行车也托运到了这里。他骑自行车出行，就不受校内大巴时间的限制，爱什么时间走就什么时间走，何其自由。和我一样选择步行来锻炼身体的也大有人在，所以大巴几乎在任何时段都不会人满为患。我只是在有急事，又碰上车正好来时才乘车，借此也领略一下学校的景色。大巴走完全程，差不多要花半个小时，足见学校的规模了。不过，后来我得知，石溪分校这个规模在美国实在不上档次。明尼苏达大学，也是个州立大学，那才叫上档次。我不知道它是不是美国的"天字第一号"，我只知道，它的校园面积是四十多平方千米，学生人数达十多万，这真可谓一个小城市了。我们国家当时的大学总数是一千零几十所，学生总数不过一百多万。像北大、清华这样的国内顶尖大学，学生人数都上不了万。有的大学，名为大学，可校园才不过几万平方米，学生人数才几百或至多千余，校园面积就更无法相比了。有了这样的对比后，我就真感到，政府决定扩大招生规模，使更多年轻人入读大学，对于国家的发展是何等重要！建设既然是靠人，那具有更高学历的岂不比低学历的更有潜力？

在这里我结识了一位德国朋友。有一段时间，他为自己骑着自行车在校园里自由穿行而自豪。那是一辆赛车，价格不菲。因此，他骑到哪里，都会吸引人们的眼球。对此，他当然也有一种满足感。但是，美国并不是那种夜不闭户、路不拾遗的国度，偷窃抢劫的事时有发生。一天，他把自行车锁在图书馆的走廊上，他以为不会有事，因为好几次他都是把车放在那里的。但是他没想到，这一次，车子被偷了。据说这辆车值两千多美元。一下损失了这么多钱，丢失了心爱的东西，他难掩内心的沮丧，平日的笑脸也暂时消失了。与这件事几乎同时发生的，是我们住的公寓小区内也发生了偷窃事件，失主都是在石溪分校就读的外国留学生。还有一位印度女孩，和这位德国小伙关系很近，经常来到我们公寓和德国小伙待在一起，她也很不幸。在一次到纽约市去玩时，她的手提包被人抢了，里面有钱、银行卡、护照等。她不得不去印度驻美国使馆申请补发证件。从那以后，人人都打起十二分精神，离开住处时一定检查门窗是否都关好了，大门是否锁好了。最富有国家的治安状况，给我上了生动一课。

其实这还真算不上大事。住在纽约久了，知道的事也就越来越多。有一种说法是几乎人人皆知的，那就是，住在纽约，从来没碰上事是不正常的，碰到事才是正常的。那又会碰到什么事呢？首先，美国地铁的厕所，是坏人最常出没的地方。所以，你若是一个人，就千万别去，去的话出事的概率极大。其次，晚上最好不要出去，出去也不要到五十街往上的街区。纽约四十二街是繁华街区，纽约时代广场就在附近，纽约的红灯区也坐落于此。而二十街附近，就是华尔街，那里相对是安全的。同时，无论你到何处，都不能带上巨额现金。你带了，就有被抢劫一空的危险。但你又不能一分钱都不带，否则挨打事小，丧命就冤了。身上备着二十美金，真碰到抢劫的，就说我身上只有这二十美金，你全拿去。他即使不满，也只好打发你走。所以，二十美金就成为大家戏称的"保命钱"。

我是十月末到达纽约石溪的。初来乍到，思绪万千，首先当然是熟悉周边的生活环境，包括在哪里购物，在哪里存款取款等。再就是自己的工作环境，资料室、图书馆（学校图书馆是综合性的，系里有自己单独的图书馆，所以借阅专业书籍根本不用到学校图书馆）等。我感到，一进入这个环境，你就被你要追求的知识紧紧拴住了，你把所有时间都搭进去也不够用。比如，伯恩斯坦教授在我来之后，就把他正在写的分布式系统的书稿给我看。那是一本厚厚的专著，我每天一上班就开始仔细阅读。除了了解、消化书中的内容外，我也帮助他找出了个别的错误。任何人大概都难免在这样浩繁的文字工作中出错。我帮助他，可以使书中稍微减少点错误，当然不能保证就没有错误了。除了他的书稿外，在系图书馆我可以看到最新出版的期刊，也能看到最新出版的专著，这确实是当时我国还做不到的，新西兰也做不到。就这样，整个十一月和十二月圣诞节前，我都在忙碌中度过。

到了圣诞假期，我想应该放松一下，可以去纽约看看，新西兰人称其为"大苹果"。它毕竟是国际上最负盛名的大都会呀。正好，和我同住一个公寓的中国科技大学的一位年轻副教授和另一位复旦大学的副教授愿意和我结伴而行，我真求之不得。他们都比我早来，正好可以当我的向导。对我来说，如何去，在哪儿乘车，在哪儿下车，可以到哪些地方玩或参观，全都一无所知。我也就把自己托付给他们了。

美国真的不同于新西兰。在新西兰，周末市场休息，商店关门，甚至到了吃饭都困难的程度。在美国，就绝没有这等事发生。我还记得圣诞节在新西兰南岛遇"鬼城"的经历，现在到纽约可是全然不同的境遇。但是1989年的纽约，却遇到了历史罕见的严寒天气。据天气预报报道，那天气温低至零下二十多度。我已经许多年都没有经历过这么冷的天气了。

走出地铁站，进入纽约市区，我确实一下子为之震撼。眼前出现的巨幅广告从楼顶七八层乃至十几层直落到一两层，那个气势真让人敬畏。在纽约首先见到的超市是梅西超市。在二十世纪八十年代末九十年代初，我国最大的百货商场就是北京的王府井百货大楼和上海的百货大楼，那时还没有大型的超级市场。而梅西超市，却以它的规模、经营方式（所有商品对顾客全面开放）给我留下了极深的印象。超市内，顾客熙熙攘攘。看着那琳琅满目的商品，看看标价，我只感到自己囊中羞涩，无力在这里消费。但两位同伴告诉我，梅西还不是最高档的，最多只能算作中档的。有时，碰到降价商品，也可以以很低的价格买到很好的原价很贵的商品。对我来说，这是在纽约第一次逛超市，颇有刘姥姥逛大观园的味道。

那天纽约市实在太冷了，据说是三十年里最冷的。所以只要在露天的道路上走上十多分钟，就感到寒冷刺骨。我们保暖的方法是一感到冷了，就进到商店里。因为商店林立，一间挨着一间，而且间间有空调。感到暖和了，也看得差不多了，再出去向前走。

和纽约那繁荣的街景形成巨大反差的是乞丐。原来在我的认知里，美国有穷人，但不会有乞丐。然而，纽约繁华街头的现实把我的想法敲得粉碎。就在我们走的路上，我看见有人用毛毯裹着身体，席地躺着。他们的头发蓬松零乱，衣裳肮脏不整，并时时散发臭味。他们像煮熟的虾缩成一团，大概是冻得难忍，但他们又不敢像普通人那样进到商店取暖。街上倒是没看到太多乞丐。等我们到帝国大厦参观这曾经的世界第一高楼时，在帝国大厦底层看到了一大堆的乞丐，他们和我刚才在街上看到的样子非常相像。原来，金元帝国也不脱俗。当然，美国有一种高雅些的乞丐，也许我把他们叫作乞丐也不够妥当，他们或者靠演奏乐器，或者靠演唱来要钱。

两个同伴还带我去了美国的博物馆。令我印象深刻的是这两个地点都可以免费参观，是极具价值的爱国主义教育的场所，他们鼓励捐献，但不强制买门票。我觉得这才是真正有效和生动的爱国主义教育。

二、拜访杨振宁教授

我的纽约和石溪之行，是杨振宁教授一手安排的，我十分感激他。到校之后，我自然要见他，并且当面向他致谢。所以在感恩节过后的第一个工作日，我就设法打听他的办公地点理论物理研究所的位置，当然不能贸然就到他的办公室找他。我找到了他的电话，向秘书说明情况后，秘书才把电话接到他本人。在我向他说明我是谁之后，他就说今天很忙。他约我周五中午去找他，一起吃午饭。我就这样和他约定了。

到了周五中午，为了确保不出意外，我在出发前先给他打了个电话。他说他已经在等我了。于是我就拿着我从国内带的景泰蓝前去赴会。见了面，我就向他问好，同时感谢他为我提供了这个到美国访问的机会，并把景泰蓝送给他。他很热情慈祥地和我握手，说其他人都到了，就是我没到，他很奇怪，还以为我不来了。我就向他作了一番解释。他说，原来是这样，那就没有关系。这边已经为我安排了有关的合作事宜，我可以和他们很好地交流合作和学习。他说，景泰蓝用不着，他多次回国，每次都收到很多礼物。他建议我送给合作的同事，那会更有意义。然后他就提议我们一起到学校的教工餐厅用餐。他让我把景泰蓝暂时放在他办公室，等吃完饭再拿回去。我刚见到他时，心情不免有些紧张，因为这是我第一次和诺贝尔奖获得者这样身份的科学家见面。我开始时真不知道该怎么说好，但在他平易近人的态度下，我的紧张心理也渐渐消除了。

我们在餐厅找了个比较偏僻的位置，便于说话。实际上，餐厅很大，就餐的人也不算多。我们旁边几张桌子都没有人。杨教授问我想吃什么。我告诉他，由他决定，点什么都可以。他点了菜之后，我们就开始漫无边际地交谈。当他得知我是吉林大学毕业的，还是王湘浩老师的学生后，就从西南联大谈起。他说，他和王湘浩老师是在西南联大认识的。他和当时任吉林大学校长的唐敖庆教授也认识，他们是在美国认识的。他很有兴致地向我讲述当年在西南联大的生活。他谈到，穷困其实对人是个很好的锻炼。你只要不向艰难困苦低头，就一定能战胜它。他还问起朱光亚，因为朱光亚也在吉林大学教过书，后来才调到北京工作。他还认识中国科学院学部委员的余瑞璜，以及后来也成为中国科学院学部委员的吴式枢。他对他认识的这些人都很关心，详细询问他们的情况。

话题又转到抗日战争。他说日本给我们国家造成深重的灾难，这个灾难要在我们的历史上千秋万代地记载下去。所以，像南京大屠杀这个事件，我们应该建一个纪念馆，让世人都能看到和铭记。在这方面，犹太人比我们做得要好。他们在欧洲和以色列境内都建了纪念馆，我们为什么就没有行动呢？对于这个问题，我之前还没有想过。经过他的提醒，我才觉得，同为中国人，他能时时想着自己的祖国和人民，我却没有这种意识，真是惭愧。就这样，我们边吃边聊，直到餐厅结束营业。于是，我们又回到他的办公室。

刚才我去到他的办公室时，没有注意他办公室的布置。现在重新回来，我才注意到办公室里的摆设。办公室里除了有接待客人的沙发椅子，还有他的办公桌，另外就是几个高大贴墙的书架，书架装满了书。其中既有外文的，也有中文的。从中可以看出，他虽然已经在美国生活了几十年，却并未丢弃自己的民族文化。

我们继续交谈。他又谈起改革开放，他说，对中国来说，改革开放很重要，这样才能博采众长。他又谈起自己治学的一些心得。真是听大师一席话，胜读十年书。能亲自聆听他的教导，真的是一大福分。

我从中午十二点半开始和杨振宁教授在一起，一直待到下午快五点，他始终都是那样平和慈祥，我真的非常感动。中间我曾几次想告辞，怕耽误他太多时间，但他都让我再坐一会儿。直到快到五点下班时间了，他才让我走。临走，他又从书架拿出他刚出版的《读书教学四十年》，并在扉页写下"赠运霖　振宁"。拿到这本他亲笔签名的书，我如获至宝。

以后我就很长时间没有再见到他了。几个月后，和我在一起住的中国科大的副教授通知我，杨教授要召开一个座谈会，邀请我也参加。能够再次见到杨教授，并且或许还能再听到他的教诲，我当然很期待。

作为曾与杨振宁教授有过亲身接触者，特别是作为他创立的美中教育交流基金会的受益者，我想谈谈对杨先生的感觉。

首先，杨先生是爱国者。当他站在接受诺贝尔奖的讲台上的时候，他要求用他的母语——中文发言。这说明他牢记自己是中国人。这是第一次在这样庄严的讲台上出现中国人的声音。他想表达的是，外国人能做到的，中国人也能做到。这本身，就是对中国人的一种激励和鼓舞。还特别要提到的是，他是第一位突破阻力从美国回到祖国访问的美籍华裔科学家。因此，他的行动具有重大意义。也正因为这样，毛泽东主席接见了他。

其次，杨先生创立了美中教育交流基金会。这是在我国经济还极为困难的情况下，杨先生帮助国家发展教育，培养人才的一项义举。他通过发动国外慈善人士以及港澳地区人士的捐助，筹集资金让国内学者来美国深造。开始时，访问限定的人数仅为一百人。但后来这个限定被突破，接近一百五十人获得了资助。如果以每人两万美金计，就差不多是三百万美金。这对当时的中国来说，是多大的支持呀！

最后，要说一说或许由于杨先生在国内接受大学教育时，正好是抗日战争时期。他对于日本侵略我国的这段历史有切肤之痛，所以他对日本侵略者始终充满仇恨心理。日本军国主义在南京实施大屠杀，我三十万无辜同胞惨遭杀害，他每每谈及都是义愤填膺。他多次拿以色列和我国对比。以色列早就建立纪念馆来悼念死去的同胞，我们中国也应建立抗战纪念馆。所幸在抗日战争胜利七十周年时，我们的纪念馆建成了。它成为我国人民控诉日本侵略者，悼念我已故同胞，以及向我们的后代进行爱国主义教育的场所。在这件事情上，我敢说，杨先生的意见是具有相当分量的，他是作出了一定贡献的。

还有就是著名数学家陈省身教授和杨振宁教授之间的深厚友谊。陈省身教授比杨振宁教授年长，所以杨振宁教授总是十分尊敬陈省身教授，但陈省身教授也很钦佩杨振宁教授的成就。陈省身教授晚年回到天津南开大学，把自己所有的积蓄用于创建以他名字命名的数学研究所，他的义举得到了广泛赞誉。

三、游览美国

来到美国，自然也要开阔眼界，迈开脚步，多看看多走走，毕竟美国是土地面积只比我国略小，而经济发展称霸全球的强国。如果只把自己关在校园，眼不看，脚不勤，那真的是白来一趟美国了。我的行迹可以说是由近及远，逐步展开的。

首先当然是长岛（Long Island），因为石溪大致位于长岛的中部，往东，还有几十千米才到尽头。起名叫长岛，确实很贴切。它位于纽约的东面，从东到西，有一百多千米长。但南北向却很窄，最窄处大概不过几千米，最宽处也不过十多千米。它南北都是海，据说两面的海景很不同。不过，我只到过南面的海，没去过北面的海。驱车沿公路开往东边尽头的时候，我看到一路上海边绮丽的风光。因为这条路是偏向南海岸的，所以就能清晰地看到南面的海，而北面就什么也看不见了。沿途看到的那些村庄，是完全城市化的农村。在那里，根本没有种地的人家。所以，从这里也就可以看出美国的富裕程度。后来我才听说，长岛实际上是美国最富有的地区之一。我还注意到，有的房子占地面积很大，用围墙或篱笆围着，中间写着一块醒目的牌子："私人营地，擅自进入将被控诉。"如果政府想要征用，那就必须花费巨款，从个人手中购买，别无选择，这种情况比比皆是。这大概也是长岛人富裕的佐证吧，因为这里几乎人人都有这样的财产。长岛不像印尼海边，生长着椰子树，婀娜婆娑，屹立挺拔。但这里照样是巨树参天，绿草如茵，沿路郁郁葱葱。真是个有钱人的天堂，难怪宋美龄也选择在这里定居。我在长岛的环岛游是一位热心的中国留学生开车成行的，真的很感谢他的关照。

　　如果说游长岛有一次也就够了，那游纽约可就是另一回事了。我当然早就听说纽约是世界第一大都会。但是关于纽约，要算是我在新西兰时听人们说得最多的。人们都习惯以"大苹果"称呼它，以显得亲切。同时，许多新西兰人以去过纽约为荣，总要炫耀自己刚去过纽约，于是大讲观感奇遇，以显示那里大不相同。我能从石溪多次到纽约去，全归功于我的那位犹太教授伯恩斯坦夫妇，他们真的是难得的好人。在我居住在石溪将近一年的时间里，从一开始，每个月我都受到他们的宴请。由于石溪太小了，没有任何像样的饭馆可供宴请，因此他们就把地点选在纽约，而且，选择的是纽约的中国餐馆。

　　但我是完全没有想到，从石溪到纽约的公路路面竟是这样差。路面很宽，却有很多坑坑洼洼。为避开这些坑洼，开车就很辛苦，要打起十二分精神躲开它们。稍不留神，车轮就会陷入坑中，车就难免要颠簸。这样，车速也大受影响。伯恩斯坦教授说，其实市政部门应该完全了解这种情况。政府说没有钱来维修这条路，这是难以使人信服的，更可能是他们不把此事放在最高优先级别。这是伯恩斯坦教授一家之言。但他并非当权者，所以真实内情如何，也无处可考。只能说，我真没想到号称"轮胎上的国家"的美国，竟也有这种情况。而且，随着我去的地方的增多，对于这种情况，也就看得更多。另外就是停车。进入市区，尤其是市中心的繁华区域，找个停车位就成了头痛的大问题。偌大的纽约市，却找不到一个停车位。为了找到停车位，伯恩斯坦教授真是伤透脑筋。他开着车转来转去，就是找不到。而时间一点一点过去，一个多小时就在这样的转悠中消耗了。伯恩斯坦教授很不好意思，但我说这没什么。后来，他只好把车停在离繁华区域稍远的地方，我们再乘出租车去中餐馆。有了这个经历和教训，后来我们都是乘坐地铁去纽约，这样反倒更节省时间。而且，因为伯恩斯坦教授不用开车，我们也就可以自由地交谈。在这条线路上，我从来没有经历过没有座位的情况。所以，要比较中国和美国，总要记住两国人口的巨大差异，要把这列入考虑的因素。如果美国也像中国一样有十多亿人口，那它的一切和中国会有太大区别吗？它现在的 GDP 不就比我们多那么一点吗？

在和伯恩斯坦教授交往的过程中，我还了解了犹太人的一些风俗习惯。首先，犹太人的宗教信仰不同于西方的天主教或基督教。犹太人有自己的崇拜对象，不是耶稣和上帝，所以，他们不过圣诞节，而另有节日。在美国，犹太人数量不多，但势力很强。所以犹太人的节日，也列入公共假期。犹太人还有很多习俗，比如戴小白帽。不过我这里要介绍的是关于食物的习俗。按照伯恩斯坦夫妇的话说，犹太人不能从正门把剩余的饭菜带回家，即使是带给宠物的也不行。在美国，很久之前就有吃不完的食物打包带回家的好传统。但对犹太人来说，要带回就不能从前门进。而如果家里没有后门，我就不知道他们如何解决了。我们一起吃饭，每次打包的东西便都由我带回。后来，每次伯恩斯坦教授点菜，我都提醒他少点，我们尽量做到"光盘"，这样也就无须打包了。

顺便还要介绍伯恩斯坦夫人给我推荐的一种食品——法国的棍式面包。据说邓小平在留法时很喜欢吃这种面包，在中华人民共和国成立后他出访时，仍想法弄到法国棍式面包吃，以此怀旧。我在新西兰时，也见有法国棍式面包，但它没有引起我的兴趣。伯恩斯坦夫人买的是刚刚出炉的法国棍式面包，她让我尝尝。我们三人各取一截，果然味道非同一般，又脆又香，美味无比。我这才真正体会到法国棍式面包的魅力，也就理解邓小平对它这样情有独钟了。但是，后来我在国内吃到的所谓法国棍式面包，徒有其形，而无其味。看来，要想吃，就只能到巴黎或纽约这样的大都市去吃。别处的，还真难以相信它的质量。

在纽约生活近一年时间，我对这个号称"世界第一大都会"的城市才逐渐有所了解。无疑，它至今仍是世界上最繁华的城市。它在全球金融、贸易等方面的霸主地位，暂时还没有哪一个城市能撼动。不过，这绝不是说整个城市都是灯红酒绿，车水马龙。纽约东西向的路称为街（street），南北向的称为路（boulevard）。东西向的街，由南至北编号，共有一百以上。南边就是自由女神所在地，华尔街也在南面。可以说，从前面几条街直至四十几街，才是纽约的繁华地段。北边是哥伦比亚大学，已经处于城市边缘。再往北，就是黑人为主的居民区。这里的治安，也包括哥伦比亚大学的治安，都是堪忧的。所以，哥伦比亚大学告诫在附近居住的学生，尤其是女生，晚上尽量不要外出，以免造成人身伤害或财物损失。在纽约北面，可以说没有什么风景可看。西面连着新泽西州，好几座大桥构成宏伟的风景线。东面从牙买加车站开始，进入长岛，也有别样风光。而南面则是纽约的精华和心脏，这就是美国自由女神像和华尔街的所在地。

美国东西两边各有一个赌城。东面的赌城是大西洋城，距离纽约不过一个多小时的车程。西面的赌城就是鼎鼎大名的拉斯维加斯。从纽约到大西洋城，有赌城开辟的专线，乘坐这个车到大西洋城，不但免费，还给你二十美元的赌资，供你在那里"试赌"。人们都说，天下没有免费的午餐，这是千真万确的。给你赌资，为你免费提供交通工具。假如你洁身自好，那倒是真的免费，但它的真正意图，是以这小赌资来引诱你去大赌一场。一旦上了贼船，就肯定要输得一败涂地。

我从没有发财的邪念。我深知赌博是绝无悬念的堕落之路，所以我从未沾上赌博的习气，而且对赌博有极强的厌恶之心。所以我去大西洋城，就没有乘坐赌城提供的交通工具，也没有拿它提供的钱。我是和王湘浩教授的儿子王康一起，由他开车前往的。

为了开车载我，他要先从新泽西开车到石溪来，这可是不短的路程。接了我之后，我们才向尼亚加拉瀑布进发。我没有详细了解过从纽约到尼亚加拉大瀑布的实际距离，但从地图上看，这个距离应该在七百千米以上。难为了王康，因为我不会开车，所以一路上全都得由他开。尽管他年轻，但连续开上三个小时以上，也肯定会疲劳的。我让他悠着点开，感觉累时就休息一下。这条路，总的来说比较平坦，没有太多上下坡和曲折拐弯的情况，车辆也并不很多，路况不错。我们一路进发，为了不影响王康开车，我基本上不和他说话，只是观赏两边的风光。我在想，美国的国土面积和中国差不多，也不像中国有那么多高山、沙漠，而人口又只有中国的五分之一左右。所以，它确实得天独厚。我们在客观条件上不如人家，但我们一定要努力把自己的国家建设好。还得说，美国也不是用一两天就建设成现在这样的。从1776年建国至今，经历了两百多年的时间，美国才逐渐建设成今天的样子。所以，我们也就不能有一蹴而就的思想，以为靠着高速度，就可以很快赶超美国。单就公路网而言，美国有长达一百万千米的四通八达且质量很高的公路网。仅此一项，我们要建设成和美国一样的水平，没有几十年时间是做不到的。

　　沿途我没有看到什么大城市，见到或路过的只是一些小镇。但是房屋建筑都很整齐，市容也很美观。但因为要赶路，唯一停留参观的是一个现代化的有机玻璃厂。按照王康的说法，这个工厂在美国很有名气，产品质量也很好，值得一看，所以我们特意前去参观。现场有很多人也慕名而来。对于来参观的人，工厂都以统一方式接待，先介绍情况，再按照既定线路参观生产流程，最后参观产品和销售部。在后一部分，可以看到琳琅满目、散发着奇光异彩的产品，确实很吸引眼球。从中也就可以看出，工厂的生产过程相当先进。我没有看过我国同类工厂的生产过程。不过从产品的标价看，它们都是中国老百姓接受不了的，因为每件的价格都要几百乃至几千美元，这绝对不是中国一般老百姓能买得起的。另外，从工厂的整个环境来看，整个厂区就像一个公园一样，环境整洁，花草丛生，鸟语花香，真正是宜人的环境。所以，这里已经植下了环保的理念。

　　距离尼亚加拉大瀑布最近的城市是布法罗市（Buffalo）。布法罗市并不大，但相对于我们途经的那些城市，它显然更有规模：街道宽敞，高大建筑林立，市场繁华。这里有纽约州立大学布法罗分校，王康说，这也是很有实力的一所学校。我了解到其有一位荣获图灵奖的教授。本来如果时间允许，我也想到该校看看。但王康说我们时间有限，只好割爱了。距离瀑布越来越近了，瀑布降下引起的轰鸣声如此巨大，以至于我们在几十千米之外就能听见。这轰鸣声更加吸引我，我真的要好好领略这举世闻名的奇观。

眼前出现一块颇为宽敞的平地，足有好几个足球场的大小，周围是高耸入云的大树。王康说到了。他让我先下车，他去找停车场停车。原来，再往前走，就是尼亚加拉大瀑布了。我的正前方，左面及右面，都是瀑布，它们是连在一起的，据说总宽度达一千二百四十米。在这方面，我国最大的瀑布——贵州的黄果树瀑布是无法同它相比的。但并不是说，黄果树瀑布没有强过尼亚加拉瀑布之处。就高度而言，黄果树瀑布的落差高度有七十多米，但尼亚加拉瀑布却仅有五十米左右。由于很宽，尼亚加拉瀑布的气势确实非常壮观，让人一见就为其所震撼。

在岸上看过全景后，更精彩的是乘坐轮船游湖。轮船可容纳几十人，每个人都穿一件雨衣，因为瀑布的水溅过来，如没有雨衣，全身都会湿透。轮船只能行驶在湖中央，远离瀑布，否则，它就很有可能被瀑布巨大的水力所掀翻。即便已经远离瀑布了，但仍然可以感受到瀑布的强大影响。在船上，除了观赏两边瀑布的美景外（这和在岸上看感受绝对不同），更可感受到它那巨大的轰鸣声。这时，其他声音全被这轰鸣声压倒了。应该说，游湖是这次旅行的最大收获。不游湖，真的就和没到尼亚加拉一样。

我们在尼亚加拉附近一个旅馆里住宿，但我们并不住在房间里，而是住在帐篷里。旅馆里边有一个很大的院子，它是供搭建帐篷的旅客住的。帐篷的面积和标准间差不多，就是没有电视等电器，上卫生间或洗漱要到公共卫生间去。但好处除了价格稍低外，就是更为安静，远离其他人。我感到，我国的某些旅游景点一味追求多赚游客的钱，但在美国，在赚钱的同时，还注意为游客提供方便，我们为什么就没有这样的旅游设施呢？说是要以人为本，但我们的一些景点是以人民币为本。

晚上就没有游湖的船可乘了。但那块空地上，汇集了更多游客。当然，年轻人居多，各种年龄的外国游客也很多。他们各自占据不同的有利地形，以便观赏瀑布美景。大家都席地而坐，准备了食物和饮料，便悠然自得地享受起来。在灯火通明之下，在瀑布旁边欣赏它的美景，确实另有一番情趣。在那载歌载舞的欢乐气氛中，我们也颇受感染，在那里待了很久，直到夜深才回去睡觉。

我目睹尼亚加拉大瀑布的愿望实现了，是王康帮我实现的。接着，我们就踏上了回纽约的旅程。王康选择不同的路线回去，以便让我看到更多的美国风景，我很感谢他的好意。在回去的路上，我们要经过费城。费城，即费拉德尔菲亚（Philadelphia），是美国的名城。它和美国的独立有密切关系，因为美国的《独立宣言》就是在这里签署的。而它的有名还和它的交响乐团有关，它有世界顶级的交响乐团——费城交响乐团。但我们访问费城的目的是去看望一位老人，他就是著名生物学家牛满江教授，也是王湘浩老师的挚友。牛满江的名字，在中国广为人知，他和我国著名生物学家、中科院院士童第周教授合作进行的鱼的交配科研项目曾举世瞩目。在当时科研受冷落的年代，这一成就给人以"墙角数枝梅，凌寒独自开"之感。牛满江教授执教于费城的坦普尔大学，所以我们要到费城来。不过，牛满江教授的家，并不在费城市内，也不靠近坦普尔大学校园，而是在离市区有一段距离的村庄。由于到达村庄时，天色已黑，王康可能也久未到访了，所以我们还花了点时间才找到他家。他们夫妻俩住在宽敞的房子里，显得相当冷清，我没好意思问他们子女的情况。只感觉到，我们的到来，给他们增添了许多欢乐。两位老人都按捺不住喜悦的心情，端上许多吃的来招待我们。原来两位老人都是湖南人，满口的湖南话使我想起"乡音未改鬓毛衰"的古诗，用这句诗来描述他们再贴切不过。尽管他们离开湖南几十年，一开口仍然是标准的湖南口音。更加难得的是他们的赤子之心，他们心系祖国，关心着祖国的前途命运。看得出来，牛满江教授作为在学术上有很深造诣的学者，在处理其他问题上，也都秉持着严谨求实的态度。抱着对老人崇敬的心情，我们辞别牛满江教授夫妇，往纽约行进。

不过，在开往纽约途中，王康建议到大西洋城（Atlantic City）去看看，因为这是美国东部的赌城。同西部的另一赌城拉斯维加斯（Las Vegas）相比，它的名气要小些。不过实际上它也非常重要。一东一西，可满足赌客需要，免得东部人长途劳顿。到了大西洋城，首先映入眼帘的是大西洋。它汹涌波涛的巨大轰鸣声也如同瀑布的轰鸣一般震天动地。特别是看到眼前卷起几米高的海水，相互撞击，此起彼伏，甚是壮观，令人油然而生一股敬畏之情。在海边长大的我，从小就与海打交道，因此对海有亲切感。但面对如此巨大的海浪，我的心头也会产生恐惧，亲切感也已消失殆尽。由于到达的时间还早，我们便在车上沿大西洋城市区兜风，发现除赌城部分外，它和美国其他城市并无二致。

在赌城中，令我印象最深的莫过于由比尔·盖茨出资兴建的泰姬大厦。据说这栋大厦耗资达十亿美元。用十亿美元建一栋大楼，有钱人就是这样任性，也就是在号称金元帝国的美国才有这种事。然而，建这座大厦的目的，是为了赚取更多的钱，因为它的日常开销就得几十万美元。因此，如果它每天不赚上比这更多的钱，那就要亏本。而正是由于它每天都在赚，十亿美元的投资也就不愁赚不回来，资本家的精明也在于此。这座大楼，在进门处，就是一个由顶部直泻下来的瀑布。但它被巨大的玻璃罩住，以免水流溅出。除此之外，雕梁画栋，金碧辉煌，处处彰显着大气豪华。在这座赌城，每个进入的人都会被赠送二十美元的赌资，让你去体验赌博的感觉。我对赌博从来就没有兴趣，甚至可以说厌恶。因此拿了这二十美元，就在那些老虎机上胡乱玩了一下，把它全输掉了，也就不再玩了，只在里边转转，看看各种赌具。我才发现，赌场里竟有这么多种赌具，真的是琳琅满目，五花八门，难怪它对一些人具有如此巨大的吸引力。有的人一进到里边去，就像双脚踩进沼泽地一样，拔不出来了。但如果你根本没有贪财之心，那不论哪种赌具都不会把你绊住。最重要的是你要认清，在赌场里，赌客最终都免不了一个"输"字。

四、在石溪分校做科研

我感到，纽约州立大学石溪分校在为我提供工作和学习条件方面，乃至生活方面，都是尽心尽力的。首先，在生活上，它为我提供了校内的宿舍，这里居住的都是外国的访问学者或攻读博士学位者。每个公寓内，有四个或更多的房间。每人一间房，一间房大概有十六平方米。整个公寓显得宽敞明亮，有一个公用的厨房和卫生间，公用的餐厅和客厅。客厅备有沙发和电视，餐厅备有用餐的餐桌和椅子。而厨房内，有各种烹饪器具，锅碗瓢盆，还有很大的冰箱，足以供大家分开存放自己的食品。我住的公寓有五个人：我和一位来自中国科技大学的副教授，他也是美中教育交流委员会邀请来的；另外三位是德国人，他们好像也是由美国和德国间的合作项目邀请来的。三位德国人都比较年轻，那位中科大的数学副教授，也是一位年轻人，我在他们当中算是年长的。但我们五个人同住一起，彼此都很客气，和谐相处，从未出现过任何摩擦或争执。

在生活上，比如做饭时间，或者上洗手间、洗澡等，我们之间都不存在问题或矛盾。经过几天的相互磨合，彼此知道各自的安排，也就按照各自的时间，各行其是，互不相扰。为了增进友谊，我们也相约聚餐，于是，大家在同一时间，各自大展厨艺，又准备了必需的啤酒、葡萄酒等。这时，大家都很大方，谁都不计较花多花少，因此也没有再去搞均摊。大家一起吃得高兴，饮得尽欢。酒足饭饱之后，又一起在客厅里聊天，这样彼此间的感情就加深了。所以，和外国人打交道，首先当然是不卑不亢，其次就是坦诚和宽容，能够求同存异。这样就不会有什么事，而且相处得很融洽。

生活中的困难或问题来自采购食品。我们的德国朋友每人都有一辆高级自行车，全都是从德国带来的，价格不菲，属于赛车一类，速度很快。美国不同于新西兰，美国超市离我们的住处足有二十多千米。德国人骑自行车，半个多小时可以到达目的地。采购完再用几乎同样的时间骑回来，这也算是很好的体育锻炼了。可我们俩既无汽车，也无自行车，住处又无公交车。出租车倒可以叫，但那绝不是用来采购的，否则成本太高。偶尔用之，那叫迫不得已，潇洒一回。所以，出行在开始时，成了挡在我面前的难题。这时，也有人告诉我，这里有教会的车，免费提供服务，而且人也不多，车也很不错。听到这个信息，我自然喜出望外，就乘坐它去了。司机和领车的态度很好，表示欢迎，还说以后你可以就乘我们的车去采购，不必有什么顾虑。大家都是一样，一周采购一次，一次就把一周所需的食物都采购完毕。由此可见，美国人并不在意吃冰冻了的鱼肉。吃剩的菜就放在冰箱里，下顿再吃，不光我们中国人这样做，德国人也和我们一样。但是教会的车并非无条件提供的，你若随后参加他们教会的活动，那他就很乐意继续为你服务，否则司机和领车的态度就变了。所以我坐了两三次之后就不坐了。

在工作上，应该说，石溪分校提供了很好的条件。首先是办公室。我的办公室里有两台计算机。一台是连接互联网的，一台是连接校内的打印机等设备的。今天看来，似乎没必要用两台机，但是有两台机的好处是不言而喻的，因为可以同时用它们来做不同的事。除了这个办公条件外，办公室内还备有沙发茶几，在办公室内既可以接待来访的客人，又可以在上面舒服地午休。我了解到，系里的老师们，有的在教工食堂吃饭，有的在供学生吃饭的食堂吃，此外，也有像我一样自己带饭的。这些人，在用过饭之后，绝大多数都回到自己办公室里，把门关上，美美地小憩片刻。

系里共用的那台打印机就在这栋楼里。它十分先进，印刷速度很快，还能打印彩色文档。它采用的是批量处理的工作方式。当你要打印时，你就在自己的计算机上发出打印命令，这个命令传到打印机的控制系统，它也同时收到你要打印的文档。但与此同时，或许别人也提出打印要求，这就有先来后到的问题。它就按先后顺序，对这些请求排序。如果打印要求太多，一时超过了容量，它会拒绝你的请求，并告诉你暂时缓一缓，否则它就挨个处理这些打印请求，直到轮到你时，把你的文档打印出来。如果要打印多份，它也可以满足要求。但假如在你的文档中，包含它认为的错误，那它就会拒绝服务。

更大的区别是资料图书。系里的资料室在二楼。由于计算机的期刊大半都是美国出版的，图书也是这样，所以，这里无论图书还是期刊，种类最齐全，而且都是非常新的。而在新西兰，至少要迟上一两周或更久。所以，就进行学术研究的条件而论，这里是得天独厚的。你可以知道最新的研究动态和进展。不但可以从纸面上、网络上获得最新的信息，也可以相互邀请知名学者前来讲学，把他们的最新成果、最新思路提供出来。

从系里教师们的工作方式也可以看出，在美国，由于有极为严格的评核制度，这也就是所谓的结果导向，所以没有一个人在平时的工作中马马虎虎，吊儿郎当。一方面，在高校的工作待遇是相对优越的，没有人会不重视这个待遇，不会由于自己的敷衍塞责而失掉职位。另一方面，大学里也都有严格的考勤制度。每个人到了系里，都会到系办公室签到并写明自己到达的时间，每个人如此，无一例外。我因不是编制内的，自然免了。

我在美国的那段时间里，美国计算机界热门的方向包括分布式、人工智能、互联网技术等。说得更明确点，是在为 21 世纪做准备，因此也包括千年虫问题。但千年虫问题直到二十世纪最后两三年才更热起来，也才最终被解决。

今天来看分布式计算，实际上是云计算的前奏。说来有意思，当时在分布式的研究中，领先的是麻省理工学院计算机系。而石溪分校也属于领先行列，因为从系主任开始，有一帮教授也在从事这方面的研究，而且他们都算得上美国这方面的领军人物或走在前列的。分布式计算，是涉及分布式算法的研究和实现分布式计算的系统的研究。而在分布式算法的研究当中，又涉及分布式算法的提出和这个算法的正确性的证明，以及在实现同一目标的算法中性能的比较。算法的设计者往往并不关注它的正确性的证明，因为在他看来，这个算法的正确性由它的运行证明了。但是，在理论上，要求有一个形式化的证明。正好，当时有一个公认的比较好的 Peterson-Fisher 二进程互斥算法，但是还没有人给出它的正确性的形式证明。关于这一点，麻省理工学院计算机系的一位权威女教授作了表述。我想，何不来试试证明它？因此，这就成为我在石溪分校着力去做的一件事。当然，如果是一个开放（open）的问题，那它就不会很简单，否则早就有人捷足先登把它解决了。我冥思苦想，开始时毫无思路，就像当年我写毕业论文考虑布尔矩阵完备集问题时那样。但是，经过夜以继日的连续思索，逐渐有了越来越清晰的思路，最后一个完整证明就出现了。这个成果，后来发表在我国权威刊物《软件学报》上。

当时，伯恩斯坦教授正在和系主任刘易斯教授合作编著分布式系统和算法的书。伯恩斯坦教授治学严谨，在遇到问题时总是反复思考，确认它的正确答案。一方面为了确保书的质量，另一方面也想以这种方式，让我接触分布式的前沿及全貌，所以他就让我来帮他审校他们的文稿。在我到来之前，他已经完成相当长的篇幅了。因此，我每天需要阅读的东西就相当多。这对我确实很有好处，使我很快就能掌握这个领域的现状。

不得不说，在我接触石溪分校计算机科学系以及系里老师和研究生的过程中，感觉到整个系的学术氛围确实很浓。每天上、下午茶时间，大家都聚集一起，或饮茶，或饮咖啡，吃甜点，大家三三两两，围坐一起闲谈。除此之外的其他时间，大家都是在自己的办公室里，低头钻研或专心阅读。如果真的彼此有事，可以通过电话来交谈，电子邮件就更加方便，只有很少情况需要到对方的办公室去面谈。在茶休的时间里，谈论较多的是眼前发生的国家大事，当时正值东欧剧变，所以这也就成为热门话题。但除此之外，也会有人谈论房价问题。

美国似乎处处自由，没有人限制你的行动、你的言谈。但这真的只是假象。殊不知，美国联邦调查局（FBI）的特工或便衣警察，几乎无处不在，这一情况也是王康告诉我的。我在美国期间，中国科技大学的著名教授曾肯成也赴美访问。美国大概也有所闻，知道他是中国从事密码学研究的专家。因此，开始时，他们找到曾教授，希望他和美国合作，向美方提供他的研究成果。这个要求遭到了曾肯成教授的拒绝。此后，曾教授感到，他时时刻刻都遭到监视。这种感受，使得曾教授对于继续在美国进行学术交流已经毫无兴趣，因此他也就没有延长停留时间，到时间就回国了。

由于哥伦比亚大学是美国的著名大学之一，也是常春藤大学之一。我哥哥就曾在那里进修，所以我也很想访问那里。它在纽约北边。纽约人都知道，70 大街往上，是黑人的居住区。这里治安较乱，所以，对哥伦比亚大学的学生，校方也都要求他们要注意自身安全，特别是女学生，不要单独出行。但在白天，校园内都是一片祥和平静的气氛。学生们都夹着书本，匆匆行进，看得出都是珍惜时光、刻苦求知者。另一位华裔诺贝尔奖获得者李政道教授，就在哥伦比亚大学任教。但我无缘认识他，不好贸然造访。我只能去造访伯恩斯坦教授为我介绍的计算机科学系的主任。这位主任看起来也是犹太人，但比伯恩斯坦教授年轻些。不过，他和克努特教授同为《算法杂志》主编，因此应该是美国计算机科学界的领军人物之一。在和他交流的过程中，我感觉他态度友好真诚，为人又很低调，并没有以权威自居的那种表现。当他听说我还想见和克努特共同主编计算机年刊的特劳布（Traub）时，他又告诉我特劳布的家庭地址。我看他很忙，便没有在哥伦比亚大学久留。但我确实感到了常春藤大学的巍峨气派，它确实和石溪分校有说不出的微妙区别。哥伦比亚大学是我唯一访问过的常春藤大学。

特劳布让我访问他在百老汇的家，这是我第一次得到机会到百老汇的高楼大厦里见识那里住户的居住情况。他和他夫人住在二十多层的一套房子里。从外观看，这是一套面积很大的房子。进到房子里，首先见到的是宽敞的客厅，摆有长短沙发，里面就看不见有几个房间了。但可以肯定的是，房间数在三个以上。不过也可以看出，只有他们两口子住在这里。房子里没有过多的摆设，显得朴素典雅简洁。老两口（我估计，当时特劳布已经有六十多岁，他已满头银发）都特别热情好客。特劳布夫人端上咖啡和点心，我们三个就开始聊天。非常难得的是，他们对中国的态度都很友好。从言谈中得知，他们老两口，经常接待来自世界各地的客人，当然也都是学术中人。因为他是国际知名学者，自然有许多慕名而来的来访者。言谈中，特劳布夫人突然站起来，回来时手上捧着很大一个本子，原来这是一本来访客人的签名留言簿。在这里，我看到许多来访者的签名和留言。每个人都由衷感谢主人的殷勤接待，钦佩特劳布的卓越成就，并表达对主人的良好祝愿。他们当然邀请我也留下我的心里话。我和他们一起度过了难忘的几个小时。我也祝福他们夫妻健康长寿，祝特劳布教授在自己的事业和学术工作中取得更大成就。

事后我还得知，宋美龄也在这附近居住。因为她嫌长岛那里的房子太大，生活上不方便，留在纽约市内比在长岛更便利些。

另一所邀请我去讲学的是费城的坦普尔（Temple）大学。这要归功于我在广州接待的一个大使计算机代表团。在那次活动中，我是全程业务翻译，陪着他们在泮溪酒家品尝广州的小吃。除了在市内的活动外，他们还专门到暨南大学访问，我们还特意向他们开放学校的计算中心。因为我谈到美国的 ACM 和 IEEE 两家编写的计算机课程表68，在中国是我最先译出的，为此他们后来在 CACM 杂志上介绍他们的访华成果时，还专门提到此事。当时率领这个团的是 ACM 的一位领导，他也是坦普尔大学的计算机科学系的领导。所以当他得知我来到美国，就邀请我到该校访问了。坦普尔大学不属于常春藤大学，其地位自然不能和哥伦比亚大学相比，但它也还算是美国的一所名校。而且，通过访问它，我得以访问美国的历史名城费拉德尔菲亚，这不能不说是一大收获了。

五、到欧洲讲学

在回国之前，我还要做的事是再多作些学术交流。由于身处美国，我就有机会联系欧洲的一些学校进行交流。在我同这些学校联系后，不久就陆续收到了他们的答复。其中有挪威的奥斯陆大学，瑞典的伦德大学，瑞士的苏黎世大学，奥地利的维也纳科技大学，德国的多特蒙德大学，法国的巴黎第六大学等。他们在答复中，都提到他们为我提供的待遇，这使我感到非常兴奋和满意。因为只有通过所提供的条件，我在这些国家才能过上体面的生活。有了这些正式邀请函，我也才可能到各国在纽约的领馆或总领馆申请签证。那时真没有今天这么方便，可以在网上申请。当时在网上也找不到各国领馆的地址，只能通过各种渠道打听。好在愿意提供帮助的人很多，他们不但告诉我具体地址，连交通工具都向我说清楚，剩下的就是我自己去跑了。

在这些领馆中，可以说，绝大多数的官员态度都十分友好。

当你走进领馆后，官员就会客气地问你办什么事，并让你就座。印象中，德国领馆是办事效率最高的。他们当场就把签证签了，不必再去第二次，但有的就让你等候通知再取回签证。不过总的来说，都还顺利。唯一的例外是法国领事馆。对于得到法国大学正式邀请、前往法国进行学术交流的中国学者，他们的态度非常蛮横，并且拒绝办理签证。在这种情况下，我只好向邀请我的巴黎第六大学说明情况。他们对此也很不满，但作为普通的大学工作人员，他们表示爱莫能助。

下一步就是确定我的行程和路线了。通过比较，我发现乘坐冰岛航空飞到挪威，然后由荷兰飞回纽约，票价最便宜。而在欧洲，我可以购买欧洲铁路（Eurail）的月票，在一个月之内随意乘坐，而且是一等座。有了这两种旅行工具，我的欧洲之旅就开始了。

我的首站是挪威首都奥斯陆（Oslo）。挪威位于斯堪的纳维亚半岛的西边，也是欧洲最北端的国家。国土面积有38.5万平方千米，差不多比英国大14万平方千米，但人口仅有五百多万，不及英国的十分之一。下了飞机，办理入境手续很便捷，很顺利就走出了机场。但接我的原暨南大学图书馆的朋友因故还未到，当我在机场大楼外等候她时，竟有好几个人主动走来，问我是否需要帮助。我感到这是友好的国家，友好的城市。等到这位朋友来了，我们也就安然离开机场。

由于某些原因，在奥斯陆大学的学术交流没有进行。但因为有老朋友在这里，一切问题都解决了。她安排我就在她家住，然后陪着我到奥斯陆的一些景点参观。由于奥斯陆城市不大，人口也就四十多万，特别是公共交通不很发达，所以在一些地方我们就以步代车。

挪威是君主立宪制国家，国王是名义上也是礼仪性的国家元首，因而享受优厚待遇。王宫建在奥斯陆的一个山丘上，虽然并不特别壮观恢宏，但仍不失为挪威的一张名片。外国游客来到挪威，必然要参观一下这里。所以，这也成为我在奥斯陆的第一个参观地。由于王宫是在山坡的顶上，所以通往王宫的路就是上坡的路。路不宽，大概两个车道的宽度。因为平时没有公交车在这里运行，所以并不觉得它繁忙。而若碰到国王的寿辰或国庆、圣诞等重大节日，这里就会汇聚许多人，来看王室高大威武的马队从这里通过的热烈场面。我们没有进到王宫里面观看，因为门口有卫兵守卫。卫兵的服装和帽子很有特点，和照片上看到的英国王宫的卫兵服装差不多。他们也有换岗仪式，但我没兴趣看。

奥斯陆的火车站是我要看的地方，因为我要从那里出发，去到我的下个目的地——瑞典的伦德。火车站位于市区较繁华的地区。不过它很小，也没有什么特别之处。前面有个雕像，算是它的标志吧。

也许真正算得上奥斯陆的名片的是维格朗（Vigelang）雕塑公园，它是以挪威著名雕塑家古斯道夫·维格朗（Gustav Vigelang）的名字命名的，并汇集了这位雕塑家二十几年辛勤创作的雕塑作品，总共有一百九十多尊、六百五十多个人物。这些作品描述了人从出生到童年、少年、青年、壮年、老年直至死亡的全过程。这些雕塑都有十几米高，它们被有序地安放在公园的各个位置上，供游客一边在公园里漫步，一边欣赏。这些雕塑的共同特点是，它们全都是裸体的，这就造成了挪威人对裸体司空见惯的心态，因为从小他们就在这里看到这一切。在这公园里，有一块倾斜的大草坪，宽度足有二百米左右，高度也有二十多米。这里仿佛是一张绿色的大地毯。每逢夏天，奥斯陆人不论男女老少都会聚集这里，脱光上衣躺着，或看书，或闭目静躺，但相互间不干扰。这就成了这个公园，甚至也许还是奥斯陆的一道风景线。

挪威地处北欧，冬季里非常寒冷，冰天雪地，因此冰上和雪上运动都很普及且发达。它有非常多的冰上和雪上运动场地，有一个高山滑雪场在全世界颇具盛名。我只从远处看过，因为是夏天，也看不出它在冬季的美妙之处。但我想，它能被世界所公认，必有其妙处。

挪威的海岸或海滩，就乏善可陈了。然而，无论哪个国家都会利用自己的优势发展旅游业来满足人民的需要，增加人民的收入。挪威有些小岛离本土不远，景色也不错。我有幸也去游览一番，觉得真不虚此行，因为岛上有很好的生态环境，各种奇花异草，琳琅满目，充满生机。岛上也有在本土难得一见的自然风光，使人赏心悦目。

挪威由于后来在其领海发现了丰富的石油资源而一夜之间暴富，但在别的资源方面并不富足。所以相对而言，生活费用比较高，如一瓶 340 毫升的啤酒，在美国顶多是 1 美元，而在奥斯陆是 5 美元。大概也是因为比较贵，挪威人较少酗酒。我还听说挪威人的性格特点，由于漫长冬天的影响，他们较内向。冬天里，白天很短，很晚才见到太阳，而没过多久，天又黑下来。于是在公共交通工具上，人们都静静地做自己的事，没有笑脸，没有言语。这种情况，要到夏天才发生变化。夏天来了，人们突然就变了，重新充满生气和活力，话语和笑脸都多了起来。这听起来真有趣，也许应该有地理性格学这样一门学科，研究不同气候条件对人性格的影响。

挪威还有一个有趣的现象，这也许是一种传统。挪威人吃晚饭时，总要点上蜡烛，据说这样可以增添温馨的氛围。即便已经有了亮得多的电灯，但它代替不了蜡烛。在街头也有一个有趣的现象，就是所有的办公场所，即使人都走了，电灯也照样开着，给城市增添亮光。特别是冬天，黑夜漫长，光开着的电灯可以给行人提供方便。据说，这可以降低犯罪率。不过，在我看来，是因为挪威的电太富足了，又无处销出，便这样消耗它。

离开奥斯陆，我才开始享用我的欧铁票。欧洲的火车是什么样子？在此之前，我毫无了解，上了车我才有了切身体会，至少对于它的一等车厢有了了解。首先，我觉得，一切优点源自它没有中国那么多旅客。在我乘坐的车厢里，有大半是空的，没人坐。我想，这大概因为欧洲人本身乘坐二等座位居多，不会愿意多花这个钱。卫生方面确实做得不错，地板铺着地毯，整个车厢一尘不染。车厢里分为若干隔间，每个隔间是面对面的两张长椅子，所以可以坐四个人，但也可以拉开变成一张大床供两个人睡。车厢里有洗漱间，更有淋浴间。最特别的是，它还有冷热水供应。因此，这确实算得上豪华型了。不过就车速而言，它并不先进，每小时时速也不过七八十千米而已。不过，从奥斯陆到伦德，距离不算远，经过十余小时的路程，也就到了。

伦德实在是很小的城市，人口仅有八万，所以火车站就仅是一个小房子。但是和火车站形成鲜明对照的是，不远处的两座并列而立的很雄伟的教堂。伦德大学是伦德最主要的机构，教职员工和学生加在一起有四万人。如果把教职员工的家属算进来，市里的其他居民就不多了。所以，在伦德市的街区，行人寥寥，车辆也不多。看得出，这是一个慢节奏的城市。但是城市的建筑整齐划一，街道清洁，花草树木遍布，给人以舒适惬意的感觉。

作为斯堪的纳维亚半岛，或者说北欧最大的国家，瑞典的土地面积有四十四万九千多平方千米，比挪威大六万平方千米，人口有九百六十九万，它在国土面积和人口两方面都优于挪威，而且，挪威有很大一部分土地都是山，还更靠近北极，气候恶劣。而瑞典地势平坦，湖泊纵横，所以给人的感觉就是一派田野风光。伦德也是这样。伦德大学的入口并非什么标志性建筑，而是五颜六色的大花坛，使人感到生机盎然，春色满园。校园内没有高层建筑，但整个校园的布局却显得井然有序。

我除了给他们系的教师做过一次学术报告外，其他时间就是和他们进行学术交流，了解他们的研究工作、他们的教学理念和安排。这样的互动是在非常随意的方式下进行的。我知道，毕竟我并非学术权威，这种安排是合乎常理的。

就在访问伦德大学期间，我得知我国中科院数学所的万哲先教授也应邀来伦德讲学。20 世纪 70 年代我在数学所工作期间和他有过互动，彼此相识。得知他在伦德后，我就非常想和他相见，毕竟我们已有多年没见了。他似乎也很想见到我，因此托人和我联系。但遗憾的是，阴差阳错，我们失之交臂，无缘在伦德见面。

伦德是个内陆小城，但离它很近的默尔莫（Malmo）却是个沿海城市。两地间为海峡所阻隔，但海面也就二百米左右。原来还没建成桥时，交通肯定极其不便，但现在有了铁桥，就很便利了。两地来往，半小时也就到了。虽说默尔莫不过是三十万人口的小城，但同伦德相比，可就是大巫之于小巫了。城市内可以见到规模较大的商业区，交通也显得繁忙。城市的南面就是波罗的海，隔海与欧洲大陆相望，它是瑞典南边的一个门户，地理位置十分显要。它的对岸是德国的北部，距离汉堡和柏林都不远，是瑞典南部的重要航运中心和口岸。不过，由于我不从事贸易方面的工作，也就没有更多地去了解它。

事情出乎我的意料。我刚刚从默尔摩回到伦德，回到学校，就有伦德大学的人给我送来电报。电报是丹麦阿尔波特（Albort）大学计算机系发来的，表示热烈欢迎我前去做学术报告和进行学术交流。在我原来的安排中，并没有在丹麦进行学术活动的计划。只是丹麦是我去往德国的必经之地，我正好可以到丹麦首都哥本哈根这一世界名城参观，一睹它的芳容。特别是要到全世界独一无二的美人鱼去看看，否则就太可惜了。接到这个邀请真令我感到荣幸和兴奋。由于在伦德的工作也已结束，我立即启程去了丹麦。

丹麦地处斯堪的纳维亚半岛的南部。它的地理位置较为特殊，北部面临大海，并不与挪威和瑞典接壤，而只在南部和它们为邻。它的地势以平原为主，但土地面积比挪威、瑞典、芬兰都要小，甚至比同属斯堪的纳维亚半岛但孤立在海上的冰岛还小。冰岛有十余万平方千米，而丹麦仅有四万多平方千米。因此，论面积，它是斯堪的纳维亚最小的国家。但就人口而言，它的人口又比挪威、芬兰和冰岛多，仅仅比瑞典少。由于这样的地理位置，丹麦的气候也就比其他三国好，也许这也是丹麦人口较多的原因之一。

从伦德到哥本哈根距离很近。乘坐欧铁，没花多长时间就到了。当走出哥本哈根火车站那一刻，我真的并没有见到美国城市的那种震撼，尽管它是世界名城。最突出的感觉就是它没有高楼大厦，所有的房子都显得比较陈旧，但很整齐。街道两旁的房子都是五六层楼的，且配以红色的屋顶。这里也没有车水马龙般繁忙的交通，行人也不多，而且看得出，人们不是生活在快节奏中。城市中，并非每条街道都是林荫路，都种有树木。但是，城市中却有一个面积很大的树林，它的树木都很高大，它就位于街道中间，车辆须绕开它行驶。其中并无任何娱乐设施，所以它并非广场，反倒像个小森林。在我看来，有点像新西兰克赖斯特彻奇市到坎特伯雷大学中间的那个广场。

我对哥本哈根市内别的景点都不大感兴趣，因为事前没有了解过，独独对美人鱼感兴趣，也还因为我的时间很有限。经过询问，我才知道，我所在位置距离美人鱼还相当远，需要乘公交车才能抵达那里。哥本哈根人相当友好热情，详细指点我在哪里乘车，乘哪个线路的车，到哪里下。因此，没费太大劲儿，我就找到了前往美人鱼坐落处的公交车。不过，车辆到来的频率不高，等候颇久才有车来，而车上也并未坐满乘客。所以我断定，这并非交通热线。显然，哥本哈根人不会对它有多少兴趣，因为那是自己家里的东西。看来外来游客不多。

到了那里才发现，这座举世闻名的美人鱼雕像，静静地坐落在海湾边上，十分不起眼。如果不是已经闻名遐迩，大概也不会有人不惜千里劳顿，来一睹其芳容。然而，却也有不安分的人，不知出于何种动机，接连数次对这个丹麦国宝下毒手。一次是给美人鱼来了个断头行动，一次是把它整个推下海底，还有一次是给它喷上颜色。英文有一个名词表述这种行为，叫作 vandalism，有人把它音译为文达主义或文达分子。看来，哪儿都有这种心理变态的人，他们就是要对别人喜欢的东西进行破坏。而丹麦的有关部门，除了对美人鱼进行修复外，对犯罪分子，几乎毫无办法，没听说有破案的报道。不过，由于主管部门保留着原型，修复的代价也就相对轻微。而且，经过那几次的破坏，一段时间以来，也没有再遭破坏的消息传来。

和原体的不起眼形成鲜明对照的是，街头上到处都堆满了美人鱼的塑像，大大小小，制作材料各异，形成了哥本哈根独特的风景线。其数量多得惊人，我怀疑哪有这么多游客会选购。不过我这种猜想完全是杞人忧天而已，人们在做这个生意就表明它们存在的理由。我当然也想买一个带回家做纪念，但我不想带大个的，因为既贵又不好带，带个小的也就行了。

丹麦和它的邻国瑞典、挪威不同。这里和中国一样，人们爱吃猪肉。而且，我到处看见和中国一样的各式香肠。而在挪威和瑞典，根本没见到这些东西。我没有时间去考证为什么会这样。我还偶然地见到像是哥本哈根唐人街的一个地方，前边是红色的中式牌楼。或许，它和中式香肠有关，具体缘由不得而知。

我没有在哥本哈根住下来，就急忙乘火车前往阿尔波特。阿尔波特位于丹麦西边的岛上，两个岛之间隔着窄窄的海峡。按理说，海峡宽度不过十余海里，修建一座桥把国土两边连接起来，该是多大的好事，利国利民，促进国家经济发展，便于两边居民的交往。但是，这对大国来说不是难事，对于像丹麦这样的小国就不一样了。不过，我回国几年后，就看到一则新闻报道说，连接这海峡两岸的铁路桥建成通车，这对丹麦来说不啻是好消息。从此两边的丹麦人或外国游人可以快捷地穿行于此了。

经过几乎一夜的舟车劳顿，我终于到达阿尔波特车站。阿尔波特大学方面并没有人来车站接我，只吩咐我乘出租车到达该校。我找到一辆出租车，这才发现，丹麦的出租车司机并不怎么说英语。但说起阿尔波特大学，他还是懂得了。原来，大学离火车站有相当远的路程，足足走了近一个小时。难怪大学没人来接我，要来他们就得赶大早过来，我想这是他们难以做到的。这位司机没有因为我人地生疏就绕行宰客，他边走边指出经过的街道。我们是穿过市区去大学的。到达之后，接待我的人让他把我送到宾馆。我问他车费，他说大学已经付了费了，不用我操心，我的房费也是这样。住的宾馆各方面条件都很好，讲学安排很突然但接待却很周到，我深感荣幸。

早餐是我自己吃的，没人陪同。吃的东西非常丰盛，但胃口有限，我也就只按自己的习惯，吃面包喝咖啡。值得一提的是丹麦面包，还是很有特色的。邓小平留学法国时很喜欢吃法棍面包，我想，假如他有机会吃上这种丹麦面包，他肯定也会喜欢的。

上午就安排我在宾馆里做事，下午才由我给他们做学术讲座。上午的时间，除了对下午的讲座略作准备外，我还到宾馆附近走走看看。这里优美整洁的环境给我留下了很深的印象。但我也感到这里很冷清，人气不旺。难怪我听说，斯堪的纳维亚老人的生活并不幸福，他们衣食无忧，但是十分孤独寂寞。因此自杀率也较高。

临近中午，接待我的系里的教授来到宾馆，带我去用餐。只有一个人来陪吃饭，这种做法和我们的观念不同。按我们的做法，肯定要有好几位，以显热情。吃的还是自助餐，但菜的品种可谓十分丰盛。冷菜、热菜、酒类、饮料、水果等，一应俱全。教授一再热情地让我任意选取自己爱吃的食品，他特别向我推荐深海生鱼。这是深海的三文鱼，或称大马哈鱼。每块四四方方，颜色鲜红。虽说我吃过生鱼，但这是我第一次见到这样的生鱼。看着它，心里都有点打怵，我问自己能吃吗？会不会吃完了就拉肚子？更使我担心的是旁边既无芥末，也没有醋或蒜之类。在我的认知里，这些东西可以杀菌消毒。不过，我想它既然被摆在这里，卫生肯定是有保证了的。我拿了两小块，鼓足勇气吃下去。当吃头一块时，鱼放进嘴里，鱼肉黏黏的，还有一丝腥味，很自然地恶心、想吐。但我强忍着，不使自己吐出来。过了这一关，感觉好一些，吃起来已经顺口了。最重要的是，吃完之后，肚子没有不适的感觉，更没有拉肚子。下午讲演的整个过程，我都感觉良好，也就很好地把在阿尔波特的任务完成了。

晚上，主人请我到他家，这是对我的一种礼遇。除了喝酒、喝咖啡之外（当然先是吃饭，不过饭是无法和在宾馆相比的，但氛围不同），主要是聊天。没有想到，由于他请了另一位美国教授一起，聊天竟成了我和那位美国教授的"舌战"。想不起来话题是怎么开场的，大概由于我的中国背景，而谈到中国的改革开放带来的变化和发展。但他把话题一转，扯上了印度。他马上大大地夸起了印度，对印度的发展赞不绝口。他说，中国和印度的竞赛，肯定是印度将拔得头筹。原因是印度的社会制度，印度是民主国家，而中国不是。他还以他曾亲身造访过印度为证，说明他所言不假。但我问他，你到过中国吗？他说，他从未到过中国。因此我说，你还没有去过中国，而只以你对印度的印象来和中国作比较，难免有失偏颇。我还指出，中国的 GDP（国内生产总值）连年以两位数增长，成为世界上几乎绝无仅有的 GDP 以两位数增长的大国。同样都是在 20 世纪 40 年代宣告独立的国家，印度独立于 1945 年，中国独立于 1949 年。而且当时两国的经济基础差不多，甚至在通车的铁路里程方面，印度比中国长。但时至今日，中国绝对超过印度。我说，既然你尚未去过中国，何不找机会到中国去看看。百闻不如一见，也许那时就会得到更全面的答案。我不能说，在这次舌战中我是胜者，他们固有的成见不可能因为和我的一次交谈就会改变。但我必须说，我绝没有败下阵来。至今，这次舌战已经过去了整整二十余年。在此期间，无论印度还是中国都发生了很大的变化，特别是中国的 GDP 已经从世界第八跃升到世界第二，印度也从十名开外挤进了前十。然而印度和中国的差距并未减小，它的经济总量只及中国的五分之一。这不就是双方约定的二十年后再看看吗？自那时起，我再未同这位印度的"粉丝"有任何交往，不知面对今日的中印局面，他有何感想。

也许由于我所翻译的那本美国斯坦福大学克努特教授的名著《计算机程序设计艺术》的关系，我在国内有些名气，特别是在计算机系读研的年轻人中，知道我名字的人较多。我到阿尔波特大学来讲学的事，也在该校的中国留学生中传开了。他们由于各自的时间问题，没有来听我的讲座。但过后，就一起过来看我，并主动约我第二天到阿尔波特北边的海边去旅游。我当然高兴地答应他们的盛情邀请，何乐而不为呢？

第二天一早，这些中国留学生就开车过来接我。他们已经在丹麦、阿尔波特生活学习了一段时间，对这里的情况都有了相当的了解，便主动向我介绍沿途的情况。看得出来，这里的居民不多。他们说，最根本的原因是这里的风很激烈。强风刮起，带来铺天盖地的沙子，可以淹没房子，吞食树木。在这里的许多居民，不胜其害，人们只能迁居他处，以躲避它的伤害。沿途我们在一个原来的教堂边停下来，目的就是让我看看这沙害的威力。这原是一座面积不算小的教堂，有三层。但现在下面两层已全部被沙子吞食，就连楼梯也都满是沙子。我们看到的只是还露出的第三层，相信用不了多久，连这第三层都难保，也要全被沙子掩埋。他们说，教堂为了方便教徒们去参拜，肯定是要建在居民生活的地方，在居民较为集中的区域。但现在所见的，只有教堂在这里。原因是原来在这附近的居民都已经搬走了，所有的房子也都拆掉或毁掉了。当然，沿途也还可以见到有些民宅，不过数量相当有限。再往北，有一个规模比阿尔波特小得多的小城叫佛雷得里克绍恩（Frederickshavn），它没有什么大的建筑，街道也显得冷清。我们没有停留，一直向北进发。但从此往北的路，和先前不同，要狭窄些，同时有大量的沙子。到后来，眼前已经完全是沙滩了。车子已经无法开动了，我们只有下车行走。真的出乎想象，从我们徒步行走开始，一直到海边，足足有两千米之遥。而且，沙质疏松，一脚踩下，就会深陷下去，很难拔出来。大家干脆都把鞋脱下，赤脚行走。这个沙滩不仅长，而且也很宽。瞭望两边，目光所及处，也都是沙滩。我出生在海边，又到过见过许多国家的海滩，但平生第一次看到这样辽阔宽广的海滩。当时只为这个壮景而惊叹，并没有进一步去想这是如何形成的。过后我反复思考，觉得成因都在风上。正是风推动沙子，把那个教堂和它附近的民宅淹没了，也淹没了海边的土地。日复一日，年复一年，风就把这些地方变成沙滩。然而，更堪称稀奇的原因是，当走到海边时，它有一处像锲子那样伸进海中。以此为界，大海被分为截然不同的两部分。左边是黑色的，而且波涛汹涌，很不平静；右边却是蓝色的，轻浪微微，水平如镜。造成这种差异的原因是，左边的是北海，而右边是波罗的海。北海连着大西洋和北冰洋，可见它的凶猛，右边的波罗的海是个内海，所以左右两边才有这样的差别。接下来更是难忘的经历。同学们纷纷说下水吧，海水很浅。既然早已把鞋子脱了，下就下吧。我们把裤脚卷起，就下海了。海水真的很浅，我们走出五六十米远，海水仍未没过大腿。再往前走了差不多一百米远，海水仍未达到大腿的位置。我们每个人都为这次的经历而兴奋和喜悦。有个同学有备而来，他拿出相机，并装上新买的胶卷，走到我们跟前拍照。我们有集体的合照，有几个人合照，他们还给我单独照了好几张。人人都觉得这确实很值得留作纪念。但是上了岸，检查胶卷时，这才傻了眼。原来这位同学也并非玩摄影的行家，他没有把胶卷装好，刚才所照的照片全化为乌有。我们不想为照相而再下海，再说，他们也只带了这一卷胶卷。它已曝光，也没法再照了。所以，此行留下一点点遗憾，没法带走作为回忆的实物，但留在脑海中的记忆是极为深刻的。

离开了那些可亲的阿尔波特大学的中国留学生，我又踏上欧铁，开启前往德国的旅程。

一路上，都是我一个人独自占有一个单元的卧铺，不用说有多舒适自在了。想干什么就干什么，真的太潇洒了。原因很简单，这些国家的人口比中国少多了呀！

德国和丹麦的西部是陆地相连的，德国的这部分属于西德。当时，东德和西德刚刚统一不久。因而事实上，这个地区还处于统一但尚未融合的阶段。我原来一直以为，德国是欧洲除俄罗斯之外的最大国家。其实我只对了一半。就人口来说，德国是人口最多的。当时西德的人口有六千一百五十多万，多于法国的五千三百多万。东西德统一后的人口，更达到七千七百多万。但就领土而言，法国却比德国大。德法两国，可谓各有所长，难怪历史上这两个国家屡有战事，互不服气，总想压过对方。国家关系各以本方利益优先，所以，邻里关系之难处，亦在于此。

我要访问和讲学的城市，对外国人，特别是欧洲之外的外国人来说，或许都比较陌生。它不像柏林、法兰克福、慕尼黑，以及西德原来的首都波恩那么有名。它叫多特蒙德（Dortmund），位于德国的偏北部，在西德一侧。我来到德国之后，才得知多特蒙德也属于德国重要的工业城市，尤其是它的电子工业，在德国占有重要地位。以这个城市命名的大学多特蒙德大学拥有当时最大的计算机系，特别是在人工智能方面拥有很强的实力，这是以实际的成就来证明的。原来，多特蒙德大学有两个校园，两者相距数千米。然而，这中间却是一块湿地。政府为了环保，严禁在它上面建筑任何交通设施。在几十年前，德国就有了很强的环保理念，实在难能可贵。政府把难题推给学校，你要连接两个校区吗？你自己搞定，只要不破坏湿地就行。于是学校就想出轻轨的解决方案，用高架的轻轨跨越湿地，跑无人驾驶的轻轨。这个解决方案，不仅在德国，在欧洲甚至在全球都是领先的。主人热情邀请我试乘。我感到轻轨在整个旅途中都很平稳，即使风速很大时，它也会自动调整自己的速度，使车辆安全行进。在我到访时，无人驾驶轻轨已经安全运行几年了。但它也面临一个难题，即需要经过专家鉴定通过后，它才可以开始正式运行，现在还只能算是试运行。但是，怎样来组织这个鉴定，需要以什么内容进行鉴定，成了难题。所以，一项技术的进步或创新，往往需要诸多考验才能为人所接受。

我在多特蒙德的讲学取得很大成功，受到了主办方的好评。他们提供的酬金也最丰厚，但他们却给了我意想不到的建议。他们说，多特蒙德在德国算不上是大城市，不值得你留在这里。你有欧铁车票，正可以到各地都走走看看。我感到，这确实是好主意。于是，在讲完课的当天，我就离开多特蒙德，踏上走马（车）观德国的旅途。第一站，是当时德国的首都波恩。东西德统一前，波恩是西德的首都，而东柏林是东德的首都。两边统一后，德国并不马上把首都定在柏林，而仍以波恩为首都，虽然政府也正式宣告，未来首都将建在柏林。我眼前出现的波恩，是货真价实的小城市。政府办公的楼房，也都是低矮朴实无华的。我感觉，大概在西德政府的心目中，始终认为两边分治只是临时的。他们在波恩，从未大兴土木，建造"像样"的首都，而把目光完全放在柏林上，因为柏林历史上就是德国的首都。这种精神实在值得敬佩。

当我得知世界著名音乐家贝多芬的故居离此不远时，便迫不及待地前去参观，等我到达之后，便和像我一样慕名前来瞻仰伟人的人们进入他的故居。真的，如果不标明这里曾经是贝多芬的家，仅从外观没有人会知道它是贝多芬的家。这也就验证了"斯是陋室，惟吾德馨"的名言。

离开了贝多芬的故居，我又踏上了旅途。我的下一站是柏林，因为它离波恩很近。

柏林给人以庄重、肃穆、大气的感觉。小时候听大人说起德国人和德国，就说德国人很严谨，一丝不苟。所以修的路都是笔直的。来到柏林，确有这样的印象。所见的广场，也很宽阔，但我没有看到像纽约那样高耸入云的摩天高楼，大多数建筑都在十层以下，大概是出于对德国人口的考虑。对他们而言，高层建筑毫无必要。柏林虽然车水马龙，但行人并不太多。倒是见到许多的咖啡厅，它们都把一张张圆桌摆放在店铺外边，顾客们一边喝咖啡或啤酒，一边看路边的行人。这使我不由得想起一位中国诗人所写的诗：你站在桥上看风景，看风景的人在楼上看你。现在，他们在咖啡厅里看游人，而他们又成了我的风景。总的感觉，柏林没有纽约那么繁华热闹。

我看到许多人都往一个方向去。一打听，他们都是要去看已经被推倒的柏林墙。我自然也要去看看，还要看看东柏林。我很顺利就搭乘上了去往柏林墙的公交车。车上一位中年男子还主动向我介绍情况。由于我的德文达不到会话的水平，所以我们用英语交流。他的英语非常标准，所以我们的交流就很顺利了。他告诉我，完全可以凭视觉区别哪里原是东德的，哪里原是西德的。果然不错，西德一边显得光鲜亮丽，热闹繁华，而形成强烈对照的是，东德这边却衰落破败，年久失修。我脑子里出现了这样的问题：为什么会这样？难道社会主义的实践在这里就这样失败了吗？我想起了罗马尼亚的齐奥塞斯库。我想，假如社会主义意味着就是这样的人当权，那失败的不是制度本身，而是领导人。所以，这也就要求执政党要能选出真正为民的领导人，还要有有效的机制来监督领导人。一旦不合格，就加以撤换。当然，还有一点，就是治国的方略。归根到底，社会主义制度要的是真正为人民谋幸福的一整套体系。

来到了柏林墙的旧址，我看到很多人聚集在那里。有人还想收集墙上的砖甚至碎块，我对此毫无兴趣。我继续自己的行程，来到有名的法兰克福。当我抵达时，已经是傍晚了。在这里，我才看到熙熙攘攘的人群。显然，这是个大城市。车站附近有许多大建筑，灯火通明，耀眼四射。我随着下车的乘客从车站走了出来。

在法兰克福的旅馆睡了一晚后，我又继续旅行。这次，我去到历史名城慕尼黑。之所以被认为历史名城，是因为第二次世界大战时协约国曾在这里召开过首脑会议，而且其协议被认为是一大阴谋，所以慕尼黑就和阴谋挂上了。我到达时正是早晨，太阳刚刚升起，城市一片清新，给我的感觉很好。距离车站不远处有一个湖。和所有的旅游景点一样，这里有摆卖的小商摊。不过不知道是由于当局规定还是市场决定，在这里摆卖的不是食物，而是明信片、报纸等。我想买慕尼黑的景物明信片或者名胜景区的照片，但令我大失所望的是，找遍摊子，全无我要的那种，有的只是印有裸体女人的明信片。我真纳闷，这样的明信片怎么好意思发给别人？但是见怪不怪，毕竟这就是德国文化，德国的传统和观念，用不着我们说三道四。

在德国，我还到过科隆。科隆是个小城市，却因为它的两个大教堂而远近闻名。如果对哥特式建筑风格不甚了解，到科隆看看这两个大教堂便一目了然了。这两个教堂比伦德大教堂更为雄伟，更加高耸。它的另一个特点是它竟在闹市的旁边，离它们不远就是商业区。在我到此地参观时，我见到好些外国游客也像我一样参观。还有人介绍说，在第二次世界大战时，科隆曾遭到轰炸。附近的建筑都无一幸免地受到轰炸的破坏，但是神奇的是这两个教堂却毫发无损，这就显示了上帝的力量。但是上帝若要保护，他应该首先保护人民才对，怎么反倒保护没有生命、由人建造的教堂呢？我后来了解的真相是，执行轰炸任务的飞行员事先被告知，不允许轰炸这两个教堂，这才使它们未遭破坏。同一件事，由不同人来解释，可能相去甚远。

我也去了汉堡和斯图加特，但由于只是走马观花地在城市里走走看看，就没有留下很多印象。

在德国逗留了几天，我预定访问瑞士的时间也到了。我便又向瑞士进发。由于德国和瑞士接壤，我很快就到了瑞士。瑞士是一个很有意思的国家，它的四面和奥地利、德国、法国、意大利接壤，造成这个小小的国家，在其边界地带的百姓，也就和相邻国家的语言相通。也就是说，它东部和北部的百姓，以讲德语和奥地利语为主，而德语和奥地利语相近；西部则以讲法语为主；南部以讲意大利语为主。不过，全国来看，还是以德语为主要语言。它的另一个特点就是，它是一个由山组成的国家。除西北部的苏黎世和首都伯恩及其附近区域外，都由山组成。但人口有六百六十多万，比挪威、芬兰、丹麦都要多。不过与德国的八千多万人口相比，实在是小巫见大巫。但是在第二次世界大战时，希特勒却没有对瑞士动武。其中原因，可能是因为它公开宣称，它是永久中立国，希特勒惧于国际舆论而不对它动手。不过也还可能是因为它的地理位置有易守难攻的优势，又有军事上的准备，使得穷凶极恶的希特勒不敢对瑞士发动进攻。但它确实算得上是一个重要的国家。它在世界上最出名的产品是手表和军刀。这两样东西经几百年而不衰，靠着过硬的技术，精密的工艺和诚信的经营，其质量在同类产品的比较中总是稳拔头筹。人们都说，创业难，守业更难。瑞士能守住这两样东西，实属不易。与这两样东西相伴的，还有精密机械，它们都是工匠精神和精湛工艺的产物。瑞士还有一个著称于世的，就是它的银行业，它专门为世界富佬存款，而由于为他们保密，瑞士便成为各国政界要人存放他们不义之财的最佳地方。富人也都认为瑞士银行最安全、最保险。

邀请我前来讲学的是苏黎世大学的计算机科学系。这中间，有一个前因后果的关系。在此之前，在该校攻读博士学位的暨南大学计算机科学系的教师魏青介绍他的导师，也是该校计算机系系主任来我校访问，当时由我负责接待。这是他首次访问中国，并且留下了很好的印象。作为回报，他诚恳邀请我访问瑞士，访问苏黎世大学。但在我到美国之前，没有机会安排这个访问。到了美国，由于我连续访问多国，也就顺理成章了。顺便说，我在申请访问法国时，尽管得到巴黎第六大学的正式邀请函，却遭拒签。而瑞士领馆的态度却大不相同。在出示苏黎世大学的邀请函之后，领馆立即就给了我签证。由于有魏青的帮助，我在苏黎世可以说得到了很好的接待。除了为我安排讲学之外，还安排我参观他们的实验室，进行有关学科发展和教学的讨论会。尽管我在那里仅仅安排一周的访问，就像我在伦德那样，他们仍然为我安排了一个办公室，其中也安放一部电脑。但我基本上没有用它，因为他们为我安排的住处就在离学校很近的一个小旅馆里，所以我也把那个旅馆当作自己的生活基地。后来了解到，在苏黎世，乃至在整个瑞士，最有名气的是苏黎世联邦工业大学。图灵奖获得者，Pascal 程序设计语言的创立者 Wirth 就是该校的，不过在图像处理和计算机图形学方面，苏黎世大学更具有优势。这也就是魏青和他的导师主攻的方向。

在魏青的带领下，我被安排专门到他的导师家去做客。他的导师，作为获得 IBM 多项专利的知名学者，计算机科学系的主任，应该算是瑞士的中上层人士了，但就其住房而言，远非奢华，只能说宽敞舒服。它远离市区，自然环境优美僻静。但假如没有私家车，那真是寸步难行。从中可以看出，瑞士人虽然富裕，却不张扬，生活低调，朴素无华。然而，他们在接待客人方面，似乎也本着"有朋自远方来，不亦乐乎"的理念，极尽东道主之谊，使客人有宾至如归的感觉。我在他家感受到的就是这样浓浓的情谊。

瑞士又是世界著名的旅游胜地。阿尔卑斯山是世界顶级的滑雪胜地，每年都有数以千万计的登山爱好者和冰雪运动爱好者前来。但这并非瑞士独一无二的旅游景点，洛桑也是瑞士著名的旅游胜地，号称瑞士的桂林，因为它也有类似漓江的一个湖泊，这个湖泊就是著名的日内瓦湖。但洛桑的湖，湖面没有日内瓦湖那样宽阔，两岸有着画一样的美丽景色，而湖水蔚蓝清澈。更迷人的是那由各式各样的花组成的几百米长的花廊，像是颐和园的长廊那样。其实它是一座桥，把陆地和湖上一个圆形的像是监狱的建筑连接起来。许多人一来到这里，便急不可耐地先要上这座桥，欣赏一路上五颜六色、千姿百态的鲜花。游过了花廊，再踏着台阶，上到高处，观看景区的其他美景。这也就是常言所说"欲穷千里目，更上一层楼"了。不过，还有一件不可错过的事情，那就是挑选自己中意的瑞士军刀了。在花廊旁的马路两边，几乎尽是销售军刀的商摊，各式各样的军刀琳琅满目。这些军刀的功能、规格各不相同，应有尽有。就价格而言，十美元是最低价。我惊叹于这东西的受欢迎程度，为什么它能在全球受到如此巨大的欢迎？即便岁月流逝，它仍经久不衰？不是说人都有喜新厌旧的心态吗？但也有喜欢老字号、老古董的，瑞士军刀应该是属于老字号一类。其实，老古董也不是一成不变的。它也是与时俱进、不断创新的。就以瑞士手表为例，它不仅在外观上不断创新，以新式样来吸引顾客；在技术上也不断实现新突破，使产品质量不断提升。所以，名牌确实是以工匠精神和创新精神来赢得市场永不枯竭的份额的。来到瑞士，若不买上几把军刀，那真会有枉虚此行的感觉。我也免不了俗，买了几把作为手信。别的东西，如手表，那就太贵了，作为手信实在没有条件，而十美元的手信还是承担得起的。

日内瓦湖，位于瑞士的西南部，而日内瓦市又位于湖的南端。湖与湖边的一个城市同名，是因为城市而有湖名，还是因为湖而有城市名，我没有对此进行考证。不过这也许并不重要，因为两者都以它们各自的美貌显示它们的尊严。我先来到世界著名的日内瓦市参观。城市不大，也没有高楼大厦遍布、灯红酒绿满街的景象。有的只是安静平和的街景，高低不平但整齐洁净的房舍，给人安详舒适的印象。我当即产生日内瓦湖恰似玉盘，这些城市是镶嵌在玉盘周围的珍珠的感觉。游日内瓦市和日内瓦湖是访问瑞士的一个亮点。

结束对瑞士的访问，下一个目的地就是号称"音乐之都"的维也纳。在那里，我要访问的维也纳高等技术学院，是奥地利工科类的最高学府。邀请我的也是我在石溪分校结识的一位来自该校的访问学者。我的欧洲之行的部分学术活动将以此为结尾。后边的几个国家如比利时、荷兰和卢森堡只作为旅游参观，因为事先我也没有在那里开展学术交流的计划。

我当然要充分利用我的欧铁车票，它的有效期是一个月，而且在这一个月之内，我可以搭乘欧铁所属的任何列车。我想，什么时候我们国内也可以有这样的服务，它肯定也会大受欢迎。

从瑞士到奥地利的火车要沿着阿尔卑斯山运行。阿尔卑斯山的最高峰达四千多米，但是沿途的山看起来并不高，大概是因为铁路线不会在高的地方修筑，而在低平点的地方。但因为是山路，火车的速度比较慢。火车要跨越瑞士和奥地利的边界，但不需要停下来进行检查。我注意到，车上旅客不多，他们大半也轻装简从。不少人没乘坐几个站就下车了，应该是这途中村庄的居民。沿途山峦起伏，草木葱茏，一派生机盎然的景象。但是见不到多少居民点，只有稀稀落落的房子散落在山上，一栋栋相距颇远。房子不大，但都有模有样，看得出这些都应是殷实人家。我想，在这不能算作穷乡，但肯定是僻壤之处，生活大概率不会像在城市那么方便。

不过，也许我的理解也有误。这里可能也不算僻壤，因为这当中还有一个国家呢！当火车行驶了一段时间后，列车广播，我们进入列支敦士登的国界。我好奇地把目光投向窗外，原来这个小国就坐落在奥地利和瑞士之间。这里的建筑当然与途中所见村庄有所不同。它的国土面积仅有一百六十平方千米，人口仅有三万多人。也就是说，它只有中国一个小镇的大小，至于人口就和暨南大学校园的人数差不多。据说，除了王室外，政府也没有多少成员。它没有军队，负责维护交通和治安的是七名警察。国家的收入以发行邮票为一大来源，再就是旅游业。每年它能吸引几倍甚至几十倍于它的人口的外国游客，这也就足够养活几万人了。所以，它算得上是发达国家。真可惜我没有下去看一看这个袖珍小国。

火车快速地穿过列支敦士登国土，也就到达奥地利的国土了。同瑞士相比，奥地利是大得多的国家，尽管同它的几个邻国德国、法国及意大利相比，它又小得多。它的土地面积是八万三千多平方千米，人口却只有八百多万，比瑞士多不了太多。但是，奥地利在历史上却曾名扬四方。奥匈帝国，曾占有别国的大片领土，称霸欧洲。只是到了今天，它才转为低姿态面对世界。然而，它仍然有自己的许多亮点，足以让世界无法忽视它的存在。首先就是阿尔卑斯山。这座山有很大部分都在奥地利境内，要到阿尔卑斯山旅游，就得到奥地利来。不仅如此，奥地利也还有许多景点，景物颇有特点，值得观赏。奥匈帝国时期，也建筑了一些楼堂馆所。如今，它们成为承载厚重历史的文物名胜，值得参观。还值得一提的是，美国好莱坞拍摄的著名影片《音乐之声》的故事，就源于奥地利，因此人们也乐于来此地旅游。故事的主人公是一位有多个未成年孩子的军官，而妻子病故，正在他焦头烂额之际，一位年轻貌美而又心地善良的见习修女，前来成为孩子们的家庭教师。在她的循循善诱之下，原来淘气捣蛋的孩子们，个个变成了温顺有礼、很有教养且听话的孩子。在这过程中，军官和女孩之间也产生了甜蜜的爱情。由于这个故事的发生地在萨尔茨堡（Salzburg），而该地还有不少名胜景观，它又在维也纳之前，我想我不可能在到了维也纳之后再倒转来访问萨尔茨堡，因此就先来了这里。作为奥地利的重要城市，萨尔茨堡确实有很多景观值得参观，其中最著名的也最值得去看的就是王宫了。王宫里有许多古代留存下来的文物，以及古代的灌溉系统。同时，这又是一个园林，整个布局宏伟大气，树木高耸参天，错落有致，因此引得许多游客前来观赏。再就是《音乐之声》的故事发生地。和电影有所不同的是，电影中军官的大庄园已不复存在，保留的是那个房子，它也没有像电影里那么豪华。毕竟电影为追求艺术效果，总是要夸张的。由于这两个地方不在同一方向且相距较远，参观起来要花不少时间。还有一个湖，也算是当地的景点。就萨尔茨堡城市本身而言，它是一个宁静美丽的小城，靠近阿尔卑斯山，可以从这里登山，但除此之外就没有太多特色了。

首都维也纳就不同了。作为世界闻名的音乐之都，它有着深厚的音乐文化底蕴。到了这里，就会感到它确实同音乐息息相关。城市里有许多同音乐有关的设施建筑，各种音乐活动，交响乐会、演唱会、演奏会等都连续不停地举行。而维也纳的音乐厅，就是每年世界顶级乐团都要来演出的地方。虽然这种演出一般票价都不菲，但人们既然喜欢它，也就不介意这项支出了。维也纳的另一个特点，是市内有大量的咖啡厅。我并未对它的咖啡厅数量做过统计，只是看到街上随处都有咖啡厅，这就比我所见到的其他城市显得很耀眼了。当然，维也纳作为奥匈帝国的首都和现在奥地利的首都，它的王宫和政府的建筑，也成为人们参观游览的必选之地。维也纳曾经多次被联合国评为最宜居城市，我想它是当之无愧的。至于维也纳高等技术学院的水平，我很难给予评价，只觉得它不大可能会比德国、法国等的名校水平更高吧。我去访问，仅仅是一次交流。

结束了对奥地利的访问，我的欧洲之旅也就接近尾声了。剩下的三个国家，卢森堡、比利时和荷兰，都只作为此行的花絮。卢森堡，它的首都也叫卢森堡。国土面积只有两千五百多平方千米，人口只有五十多万。我发现，小国有小国的风采，小国有小国的活法。像列支敦士登这样袖珍的国家，实在太小了，那只能听天由命。上天若赐给一个景物，就谢天谢地用它来招财进宝，吸引八方游客。要不就只好挖空心思，找出生钱之道，如列支敦士登发行的邮票不失为一招。而卢森堡相对于列支敦士登要大得多，总可以找出些所谓的风景名胜来。不拿自己和别人比，只要在自己这个天地算得上好就行。这就可以对它进行包装，加以渲染来招徕游客。也许，卢森堡就深谙此道。为了取乐这五十多万的国民，卢森堡还真挖空心思搞起各种欢乐节（festival）。我当时拿到一张介绍这些欢乐节的传单，看到一年中的欢乐节有上百个。我敢断定，这些欢乐节大都不是真正放假，但通过它让百姓有取乐发泄的机会，对于外国游客也是吃喝玩乐的好去处。真不能小看这个小国，它在欧盟中地位不低。它还是人均 GDP 居世界之首的国家，年人均收入为十万多美元，而国家生产总值居世界第一的美国，年人均收入仅五万多美元，排在全世界的第五位。因此如果有朝一日我们在 GDP 上超过了美国，成为世界第一，但因我们众多的人口，要在人均上位居世界第一，还是十分困难的。它主要是在金融业、广播电视及钢铁工业等方面很发达。世界讲强弱，你强了富了才有话语权，难怪它原来的首相容克后来成了欧盟的主席。

比利时，在欧盟中更有显赫的地位。因为它的首都布鲁塞尔是欧盟总部所在地。从经济上来说，比利时是一个发达国家。在许多方面，它在全球处于前列。但是，眼前我所见到的布鲁塞尔，并不如我所想象的那样有魅力。首先是它的火车站。我从卢森堡来到这里，发现火车站很阴暗破旧，也不大干净。因此心中就起疑问，难道这就是布鲁塞尔的车站吗？

比利时是王国，而它的王宫并非用围墙围起来的一个神秘莫测的院子。它位于闹市中，前面有一个广场，广场四周都有建筑，王宫位居一方。据说，国王还会定时出来和市民相见。所以关于比利时王室，我们很少听到什么绯闻，这是因为比利时百姓对它基本上是拥戴的。

作为比利时首都的布鲁塞尔，风景名胜不少。但在市区内，除了王宫外，知名度最高的要算那个小便男孩的雕塑了。它坐落在离王宫不远的一条小街上，就靠着街边的墙上。如不留心，你都会忽略它，但众多游客的关注会让你发现它。由于它就在城市里，不像丹麦哥本哈根的美人鱼离市中心很远。所以我敢断定，尽管美人鱼出自著名作家安徒生的笔下，年代更为久远，知名度或许比布鲁塞尔这个小便男孩要高。但参观过这个小男孩的人数肯定多过参观美人鱼的人数。而且据说这个小男孩还是实实在在的英雄，他向一条燃烧着的导火线撒尿，使整个城市免于一场大爆炸，从这个意义来说，这个小孩确实是英雄，是爱国者。人们喜欢这个雕塑，也正是对它所宣扬的爱国主义精神的肯定，对它的热爱人类的精神的肯定。我认为，在这点上，它也要比美人鱼更有价值。

比利时是一个高度发达的资本主义国家，在全球范围内的许多领域都居于前列。我们不讲别的，只讲大家都爱吃的巧克力，它所生产的巧克力被认为是最好的巧克力。不仅味道好，品种也多，当然价格也不会便宜。我也难以免俗，购买了一些比利时巧克力带回家。

最后一站是荷兰。从比利时乘坐火车到荷兰，不需要经过任何海关检查。所以，乘了大约两小时的火车，我就从比利时到了荷兰首都阿姆斯特丹。沿途看见了许多风车和堤坝，这是荷兰的两大特点。整个荷兰都处于海平面以下，荷兰人用堤坝挡住海水入侵，也用堤坝造出适合人们生存的陆地。而风车是用来发电和灌溉的。在我的印象中，荷兰和比利时是大致相同的国家。但实际上，两者的区别不少。原本两者的国土面积差不多，但荷兰依靠多年不断的围海造地，使国土面积达到四万一千一百多平方千米，比比利时整整多了一万平方千米。人口方面，荷兰有一千六百多万，而比利时仅有一千一百多万。两国在政治体制上是相同的，都是王国。国王是国家元首，但首相是政府首脑，对国会负责，国王没有实权。除此之外，两国就再没有太多的共同点了。首先，荷兰人被说是全世界平均身高最高的人，他们的男人和女人都是平均最高的。荷兰人也被认为是在性方面最开放的。荷兰首都阿姆斯特丹有专门的红灯区，它比德国的法兰克福红灯区更大，也更开放。妓女作为合法的职业，被称为性工作者。她们卖淫的地方就是她们的商店或办公室。她们站在房间的窗口，身着裸露胸部的比基尼揽客。如果见有合意的帅哥路过，就以笑脸加蜜语招引。当然，价钱是决定因素，价钱谈不拢就一切免谈。这在阿姆斯特丹是一个风景点，但在布鲁塞尔就没有这样的风景点。还有，在别国都不敢对安乐死开绿灯的情况下，荷兰政府却敢于率先宣布，在荷兰安乐死合法。这也看出它执政的勇气。当然安乐死合法并不意味着谁都可以实施安乐死。它有一套周密的管理措施，以保证不出问题。所以在这些方面，我感到西方国家也有值得我们借鉴的地方。然而，在一国行得通的，搬到另一国未必也行得通。这也就是为什么每个国家在每件事情上做法都不尽相同。

荷兰还有几样特殊的产品值得一提，它们都是世界上独一无二的。如郁金香。荷兰是郁金香的故乡，郁金香是荷兰的国花。由于郁金香雍容华贵，美观大气，深得世人的喜爱，因此荷兰的郁金香远销世界各地，成为荷兰一项稳定的收入来源。借助荷兰发达的航运和海运，几乎每天都有大量的郁金香源源不断地运往世界各地，成为荷兰稳定的外汇收入。荷兰的畜牧业也很发达。我记得，小时候在印尼喝的所有奶产品都是荷兰生产的。再就是荷兰的木屐，它不仅是拿来穿的，更主要是作为用来观赏的艺术品。所以有的木屐很大，一看就知道不是拿来穿的；有的又很小，也是不适宜穿的。也正由于它是作为艺术品销售，价格都不菲。

在欧洲的旅行就这样结束了，我的回程从荷兰的阿姆斯特丹机场开始。因为是乘坐冰岛航空的飞机，所以飞机还是要先回到雷克雅未克机场，且在机场停留了较长时间。但是除了机场外，再见不到别的地方。只能说，也到过冰岛的领土了。

在前往欧洲之前，为了在美国多逗留些时间，我想在美国找份任教的工作以求得经济和学术上的收获，所以就写了些求职信，寄到我看中的觉得有可能性的单位。从欧洲回来，发现虽然不是所有的单位都回复了，但还是有几家大学回复并且愿为我提供岗位。其中宾夕法尼亚州的一所大学表示可提供月薪五千五百美元的工作，我心动了。但是，也就在这时，暨南大学校方传来指示，希望我尽快回校，因为学校需要我。在个人利益和国家利益发生矛盾时，该怎么处理呢？我是一名共产党员，也是由于组织上的信任才得以来到美国。我没有任何理由，为了个人私利而置学校的要求于不顾。因此，我毫不犹豫地决定，立即启程回国。我的美国之旅也就此画上了圆满句号。

第十四章

回国拼搏

. . . . .

一、谋发展勇挑重担

从美国回来，我感到这应该是我为祖国出力，并在自己的岗位上大显身手的时候了。在路经香港时，有一位在长春曾和我交往较多的归侨朋友特意来见我。他出于对我的"关心"说，目前中国内地受到国际上许多西方国家的制裁，你还是赶紧来香港，在内地的生活会很没有保障。香港这里有很多老朋友，如果来了他们都会伸出援手。我听了这话，并不和他争辩，也没有说他的看法有什么问题。我只是说，我从印尼回到祖国，已经三十多年，在祖国生活一辈子的信念是不会改变了。他说不动我，也就改变了话题。

由于美中教育交流委员会提供的资助比较高，我在留美期间又习惯了省吃俭用，所以回国时还剩余两千美元。我想这笔钱不属于我自己，应该把它上交给国家。所以回来后不久，我就把钱交给学校。虽是微不足道的一件事，但学校仍发文对我进行表彰。

在学校里，能得到两次公费出国机会的人，真是寥寥无几。我有幸得到这样的机会，心存感恩，渴望报之以涌泉。对于我，学校的期望是什么呢？我想，无疑是带领全系教师在教学和科研两个方面都取得成绩，使系里的面貌焕然一新。我们是一个非常年轻的系，成立时间还很短，不过五六年。所以，即便是在校内，知道我们的人都还不多。至于在校外，知道的人那就更少了。所以，我们要眼光向外，多和外面接触，让外面知道我们的存在。但这要用实力说话，只有本身在科研教学两方面具备实力，别人才会向你靠近，希望从你身上学到些什么。如果只是一味从别人那里获取，那对方也不可能有很大积极性来做一头热的买卖的。要搞好科研和教学，就要靠集体的力量。全系要团结一心，同心同德，凝心聚力，目标一致。这就需要做好全系教工的思想工作，让大家都明确我们这样做的意义，不为别的，往小了说，就是为了使我们很好地立足于本校。往大了说，我们系要争取在全国的计算机类的院系中处于领先地位。从美国回来，我仍担任系副主任的职务，分管科研。这个职务有利于我发挥作用，履行职责。我特别强调，当今已处于全球性竞争的时代。国与国之间，是在进行综合国力的竞争，这就必然带动各个领域各个方面的竞争。作为竞争的产物，自然而然地，在每个国家内部，也需要通过竞争来提升自己的整体实力。因此，作为暨南大学计算机科学系负责科研工作的副主任，在科研上冲锋陷阵是我责无旁贷的任务。我相当于部队的指挥员，如果不率先冲锋，别人怎么会服从我的领导呢？但要进行战斗，靠单枪匹马不行，靠乌合之众也不行，必须把队伍有效地组织起来。虽然本系的教工人数还不多，但根据每个人的特长和教学工作需要，已经有条件根据这些情况来划分教研室了。在这个基础上来组织科研工作，就有了良好的开端。

同时，我们还必须强调自力更生。本系有一门专业基础课叫编译原理。在我回国前，没有老师接触过这门课，因此没有人敢教，系里只好到外校求援，请外校老师来开课。我想，这样做，对树立本系的形象不利。试想，一个系竟有自己教不了的课程，让人怎么相信你的实力？所以，我们必须尽快把这门课独立开出来。因此，我向系里提出，从今往后，我们不再到外校找人替我们上课。一切课程，均由我们自己来上。假如有的课老师们确实没上过，我们可以选定一位老师，让他负责，给他时间，到时把这门课开出来。现下，从我开始，把编译原理课开出来。这个措施很有效。从此开始，老师们的积极性得到很大发挥，人人都争相开出新课来，并把自己的科研方向和教学结合起来。

我本是研究操作系统的，但从教授编译原理开始，我便也开展编译原理方向的科研了。在这方面，我的第一项工作，就是和吉林大学的校友陈力一起翻译当时最新的编译原理的外国教材

《编译原理——用 Pascal 语言的设计和构造》。此书不是美国人写的，而是英国人写的。这本书有很多创新的特点。美国人 Gries 在编译原理方面做了开创性的工作，功不可没。他编著的《编译原理》，洋洋洒洒，共计三卷。虽然被许多学校的计算机科学系选作教材，但也遭到诟病，觉得太厚太繁杂了，很难在有限的学时内讲完，后来逐渐被弃用了。我和陈力选中的这本，一是新，二是薄，三是论述创新，切中要点，清晰易懂。这样，老师好教，学生易学。我们的译作出版后，得到了不少学校同行的关注，他们也选用此书作为教材。

但是我不满足于翻译别人的著作，我更希望了在专业领域方面有自己的著述。通过多年的教学，我逐渐形成了一套自己的想法，懂得该怎样来讲授这门课。在有限的课时内，该向学生讲授哪些内容，其中的基本内容是哪些，还有哪些是要求学生学过之后，能熟练运用的。按照这门课的性质，它是属于偏实践性的课程，也就是说，要求学生学了之后，会动手来编写编译程序。所以，如果学生学了之后，并不能实际应用，那就如同进宝山而空返。因此我在教学中，突出三个重点，即词法分析、语法分析和语言的编译。在完成每个阶段的内容后，我就安排一个演练的大作业，要求学生来进行词法分析、语法分析和编译程序。通过这样的实践锻炼，不仅使学生真正掌握所学的知识，还能提高编程的能力。在教学过程中，我一直强调学生们的创新思维和能力。因为无论是词法分析还是语法分析，都有好几种方法可供选择，学生也可以考虑用自己想出的方法来完成。这门课程的意义在于使学生洞悉计算机内部的运作过程，也让他们懂得，计算机的能力，是它所运行的软件赋予的，而软件是由人来设计的。所以，计算机的智能即便可能在某些方面超过人类，但其总是由人的智能来主导的。

我在讲授编译原理这门课的过程中，也在思考如何为学生提供更好的教材。如果没有自身的教学实践，我不可能了解学生对教材的适应性或接受性。有了丰富的教学实践，我深刻感受到编写一本自己的编译原理教材很有必要。但假如它只是其他教材的仿制品，那就没有任何价值，必须有创新，有真正属于自己的东西，这样的教材才能有价值。为此，我认真开展在编译领域的研究。功夫不负有心人，经过不断努力，我终于完成了几个有价值的研究成果。有了研究成果的支撑，我就可以编出自己的编译原理教材了。我和陈力翻译的《编译原理》，是由暨南大学出版社出版的。我的《编译原理》是由电子工业出版社出版的。该书出版后，被多所大学的计算机科学系的相关专业作为本科教材使用。

我并没有就此止步。高等教育出版社联系我，希望我能在原由电子工业出版社出版的《编译原理》基础上，创作出一本更有质量的编译原理教材。高等教育出版社的责任编辑陈红英，一面帮我联系留英计算机科学家和数学家颜松远教授，邀请他和我合作来编著此书，一面和德国的 Springer 出版社联系，协商出版该书的英文版。同颜松远教授合作对于此书的出版肯定大有帮助，而能出英文版，也对扩大此书的影响力有帮助。还不止于此，实际上也对增强我国的科技影响力有帮助。所以，我当然非常乐意。颜松远教授也对我们的合作深感愉快，所以我们很快就进一步明确分工，各自开始工作。就这样，一部用两种语言出版的《编译原理》，在我和颜松远教授的共同努力下，也得益于高教出版社陈红英的尽心尽责，得以在中外书店里现身。

受到美国斯坦福大学教授克努特名著《计算机程序设计技巧》（此书由我和管纪文教授共同翻译，后译为"计算机程序设计艺术"）的启示，我感到算法在计算机科学中占有重要的地位。克努特教授的名著是讲述算法的一部经典著作，更可以说其开创了算法领域的先河。但是作为长篇巨著，它并不适合作算法设计和分析的大学教材。所以，我想结合自己的教学实践，编著一本算法方面的书。但是在我之前，国内已有一些同行出版了有关算法的书，我要出版同类的书，就要有它与众不同之处。首先，我一改传统的设计与分析的顺序。传统做法都是先讲设计，后讲分析。分析是对算法的时间复杂性和空间复杂性的分析，关于复杂性已经发展出一个独立的算法研究的分支。然而，在设计之前，应有分析的阶段才能把算法设计出来，所以算法设计之前的分析是认识论的正确步骤。介绍分析，特别有助于打破学生对于一些算法的神秘感，不然学生不知它们是怎么来的。如果把设计的思路呈现出来，就像把窗户纸捅破，使内容变得易懂，更容易被学生接受。其次，选择介绍哪些算法又是一个有挑战性的问题。随着人们对算法认识的深入和兴趣的增加，越来越多的算法如雨后春笋般涌出。我的原则是，向本科生介绍基本的算法？但要有启示性，让学生在学了之后，学会如何来设计出自己的算法，发挥自己的创造性。同时，还应该扩大知识面，即介绍不同领域的算法。当时，分布式和并行计算逐渐成为热门领域。我猜想，当学生们步入社会时，这些领域应已是主流领域了。此外，人工智能也是一个大有前途的领域。我的这些预测后来都应验了。由于抓住了方向，我的《数据结构和算法》一书有了特色。在介绍算法时，我尽可能地避免原封不动照搬别人的成果，这使我的书不是简单的改编，而是一本属于我的著作。这本书的出版，得到了前东北电力大学校长、中国电工学会工程数学研究会的创任会长丘昌涛教授的鼎力协助。在他的帮助下，中南大学（原为中南工业大学）出版社答应帮我出版。这里顺便谈谈丘教授。丘教授早年就读于清华大学，毕业后服从组织分配，到吉林省吉林市东北电力学院（后改称东北电力大学）工作，从此就扎根在那里，直到被上级任命为校长。他在工作中勤勤恳恳，忠于职守，全身心地谋划东北电力学院的发展。同时，他在业务上不断进取和开拓。工程数学研究会是他积极联络全国理工科大学的同行专家创立起来的，当时的中国科学院院士、清华大学校长高景德教授鼎力支持该会的工作。在连续几年时间里，研究会在中国电力学会的支持下，在吉林、北京、深圳、青岛等地举办过全国性乃至国际性的学术研讨会，规模越来越大，引起各领域专家学者的关注和积极参与，并取得了一批高水平学术成果。在此基础上，由他担任主编，我们几个人协助他，一起编写了《现代工程数学和应用》。在这本著作中，我负责撰写两个专题，是为该书贡献篇幅最多的。该书由中国水利水电出版社出版。已故清华大学校长、中科院院士高景德教授虽然没有具体参与本书的出版工作，但十分关注和支持这本书的出版情况。他曾在清华大学宴请参与本书工作的所有人员，他的鼎力支持，是对参与这项工作的所有人的鞭策和鼓舞。

在我回国数十年的时光里，党和政府给了我成长的条件和环境。我从国家、从学校得到太多太多。因此我要感恩的不仅仅是王湘浩教授，还有我亲爱的母校长沙一中和吉林大学。它们都曾精心地培育我，那些动人往事真是难以言尽。我就想尽可能表达感恩之情。吉林大学曾在1996年庆祝建校五十周年校庆，邀请我回校参加。我不仅参加庆祝活动，还给母校捐献了一万元，聊表我的感恩之情。长沙一中也举办了校庆，并征稿出版纪念专刊。为此我动了拙笔，写下诗文，在专刊上发表。我们原来的同窗，分别已长达四十年。许多同学自毕业后，就各奔前程，再未见过面，所以大家都有重逢的强烈愿望。在几位班干部和班上的印尼归侨黄忠勇等的积极策划和推动下，实现了我们班近半数人的重逢。几十年不见，大家都由"恰同学少年"变成年逾半百的壮年人，但都难忘当年同窗的情谊。我看到了长沙一中的发展变化，也祝愿学校越办越好。我也捐了五千元给学校。

我虽然从未在我父亲的家乡广西博白生活过，但父亲的家乡就是我的家乡。在我填写各种表格时，总会在"籍贯"栏里填写"广西博白"。博白县把我列为县的名人。有一年，县里还安排我到博白中学和师生见面，并请我作演讲。县里成立了以著名语言学家王力的名字命名的基金会。我向基金会捐了一千元以表支持。这些虽只是点点滴滴，但都表示我的赤子之心。

二、积极开展国内外交流

　　我在学术上的成果，得到了国内同行的关注，他们邀请我前往他们学校讲学。首先有同属国务院侨办领导的华侨大学。华侨大学位于福建泉州，此前我从未去过，当时任校长的陈觉万原是吉林大学哲学系的资深讲师，他也是一位印尼归侨。长春市侨联一成立，他就担任主席一职，而我是副主席。因此我们彼此很熟悉。后来由于国务院侨办的安排，他被调往华侨大学担任校长。但我去华侨大学讲学，并非他的安排，而是应该校计算机系的邀请。我在讲学中介绍了当时处于学术前沿的分布式计算，使同行们得以了解这个方向的情况。我和他们建立起了密切联系。后来这个关系就成为两个系、两所学校的关系。其次是位于中原地区的河南郑州大学。我的一位吉林大学校友苏金祥在郑州大学，他与管纪文老师同级。当时国内还没有或者说还少有关于分布式的研究，因此我的介绍对于开阔该校老师眼界，增进其对当下科学前沿的了解显然是有作用的。除了到省外的学校讲学外，我也被省内的学校邀请。其中有五邑大学、韶关学院、惠州大学及广东民族学院和广州轻工业技术学院等。我在每个学校的讲课，都受到了该校师生的热情欢迎，因为我是诚心作为新知识的传播者去的。而且我从不摆任何架子，以平等的态度待人。

　　在学术交流的开始，我还不能算真正走出去，只是到了香港，在那里参加了一次由香港大学主办的国际数据结构和算法学术研讨会。这个会的规格很高，许多当时声名显赫的计算机科学家都参加了。因算法研究取得一定成果，我荣幸地被邀参会，并在大会上做了报告。这次会议我受益匪浅，对于当前的学术前沿的了解前进了一大步。会议结束前，我们讨论了下次会议的时间和举办地，我大胆地提出在暨南大学举行。出乎我的意料，我的建议获得与会人员的一致同意。会议在次年举行，这是暨南大学在广州复办之后的第一个国际会议。显而易见，这对提高学校的声誉和知名度有重大作用，因此学校领导都十分重视，并要求我全力以赴，认真筹备，只许做好，决不能出差错。对于我来说，主办国际学术会议，真的是毫无经验。但是我参加过多次国际和国内的学术会议，已经相对了解应该怎样做。关键环节是要组织好稿件和请到学术权威。为做好第一件事，我就在国内和国外大量发布征文启事，尤其是国外的，因为我们要办的是国际会议。如果国外专家太少，称作国际会议就名不副实。而能否请来知名专家也很重要，他们是会议的名片。许多人参加会议，除了在会上发表自己的成果外，更想会一会名家，从他们那里学到东西，也能通过认识名家而提高自己的身价。经过多方的努力，我请来了荣获图灵奖的唯一华人、计算机科学家姚期智和其夫人姚储枫及另一位著名计算机科学家李德才等。最后，参会的国外专家有十四人。数量虽然不多，但也算足够了。会议的召开，需要做大量的准备工作，经费的筹集是最为头痛的事。我们不能指望通过收取会务费来办好会，更不能把办会作为赚钱的手段，而应把它当作一次非营利的学术活动。为此，不但不能赚钱，还要补贴点钱让参会者能吃得好，住得好，也得有适当的娱乐活动放松身心。多数人都没来过广州或广州附近珠江三角洲区域。如果能组织他们去看看，让他们知道我们这里的大好风光也是很不错的事。会议期间，按照国际会议惯例，在中午休息时，都应备有些茶点充饥。还要为代表们准备礼品，作为在广州、在暨南大学开会的纪念。所有这些，都需要一笔开销。为此，我绞尽脑汁，想尽办法找赞助。功夫不负有心人，经费问题得到圆满解决。我永远感谢那些为支持我们举办这次会议而慷慨解囊的企业或个人。会议开幕时，学校领导林剑副校长作为代表前来会见国内外代表、致辞并和代表们合影留念。几位学术权威专家的精彩报告一下子提升了会议的档次，代表们也纷纷报告了自己的学术成果。我们把晚宴安排在广州酒家举行，代表们对广州的饮食留下极深极好的印象。我们的茶点也极富特色，水平丝毫不亚于香港的茶点。会议取得了圆满成功，国内外代表都对这次会议予以很高评价，表示通过这次会议大大加深了对广州的了解。会后的肇庆游，代表们亲眼看见美如仙境的七星岩景色，为这次会议画上圆满句号。

除了主持召开这次国际会议外，我和南京大学、广西大学的计算机科学系联合召开了第二届人工智能与逻辑学术研讨会。我们选择广西大学作为举办会议的地点，一是希望以此来提高广西大学及它刚刚成立不久的计算机科学系的知名度，增进它同外面的联系和交往。二是让代表们有机会到中越边境看一看。我们一发出会议征文，谈及会议的这一安排，就引起了全国各地学术同行的强烈兴趣，投稿者十分踊跃。我们在广西大学接待能力容许的前提下，尽量满足大家的要求。结果，参会的人数近两百人，会议取得圆满成功。

下面就要讲讲我参加的国际学术会议了。除了上面已经介绍过的在香港大学参加的第一次国际数据结构和算法的学术会议外，我还应香港城市大学信息系统系的邀请到该校讲学一个月。该系的系主任是新西兰人塔特（Tate）教授。他原是新西兰北帕默斯顿大学的系主任和教授，后来应聘到香港城市理工学院（现香港城市大学）任教。他曾表示希望到暨南大学访问，在我的努力下，学校同意接待他，并由此建立和香港城市理工学院的联系。他到访后，对我校的发展留下了很好的印象，他也因此主动邀请我前去香港城市理工学院讲学。塔特教授夫妇都是计算机科学家、信息系统专家，都在城市理工学院任教，都对中国怀着友好感情。对于我的到来，可以说是竭尽全力给我提供各方面的便利。他们夫妇像我以前认识的新西兰人那样，殷勤好客，多次请我吃饭。但是完全出乎意料的事竟发生了，平时看似高大健壮的塔特教授突然在一天晚上撒手人寰，大家都为此震惊和悲痛。对我来说，还有另外一件意外的事情。正当我还剩一两天就要结束在香港城市理工学院的访问时，家里急电告诉我，我妻子盛锦华突发心梗，不省人事。我心急如焚，赶紧简单收拾行装，返回内地。到了深圳时，已无任何公共交通工具可乘。我只好花高价搭乘出租车回广州。一回到广州，我立即到华侨医院去看她。所幸的是，当时有一位北京医学界的专家来华侨医院访问指导，在她的指导下，华侨医院对盛锦华实施了抢救。差不多两周后，盛锦华终于苏醒过来。这算是万幸哪！

除了到香港城市理工学院外，我还应岭南学院（现岭南大学）的邀请，在该校进行为期一个月的讲学。在安排住宿方面，岭南学院确实给我提供了很好的条件，使我在岭南学院度过了一段美好时光。值得一提的是，这是在 1997 年初。在那期间，我从新闻报道中得知我国改革开放的总设计师邓小平逝世。他为香港的回归作出了巨大贡献，他曾希望能在香港回归时亲自到香港看一看，可惜他没能等到这一天。我非常崇敬伟人邓小平充满传奇的人生和他为国家做出的丰功伟绩，也为他未能亲眼看见香港的回归而惋惜。

印尼是我出生之地。但在我回国时，除了出生地和上学的地方及回国上船的地方，我再没有去过印尼别的地方。直到中印（尼）两国在 1991 年恢复外交关系后，我才得以以探亲的身份同我母亲和弟妹们团圆，随后在弟妹们的陪同下在爪哇岛游览。但是作为一个国际游客去别的国家玩，和作为一个学者到别的国家访问是不一样的。原来我没有想过，作为一个在印尼出生的中国人，竟然有机会回到印尼同他们的高等学校和学者们进行学术交流，被他们的多所学校邀请做学术报告。这使我有"会当凌绝顶，一览众山小"的感觉。当年还在槟港中华中学上初中时，听印尼文老师加尔西曼（Karsiman）讲起印尼的大学如 Gajamada 大学、印尼大学等，觉得那是高不可攀的。然而，今天我也是大学中人。在一次国际会议上，我认识了来自印尼万隆理工学院（Bandung Institute of Technology，简称 ITB）的一位同行，得到他的邀请，前去该校讲学。而后消息传开，几个学校都不约而同地表示希望我也能到他们的学校去访问做报告。这些学校有号称印尼顶尖大学的雅加达的印尼大学（University of Indonesia），还有万隆理工学院。据说，万隆理工学院是仅次于印尼大学的。还有位于泗水的泗水理工学院（Sepuluh Nopember Institute of Technology），它自称在印尼排行第三。除了这三所公立大学之外，还有一所私立的拥有华人背景的特里萨弟（Trisakti）大学。这个学校虽是私立，在印尼却也颇有影响力。除了这四所本科以上的大学外，泗水还有三所完全面向计算机和信息系统的大专院校，在印尼它们被称作高等学校，以和大学相区别。七所学校，分处三地，他们又没有提供方便的交通工具。多亏有亲人为我提供交通工具，免去长途奔波的劳顿。我因这些学术活动而有机会前往这三个大城市观赏，更有机会了解印尼高校的设施、学术水平等。这也一改我从前对印尼大学（或许不仅仅是对印尼的大学，对其他的大学也一样）的那种神秘感，我深感他们在世界的地位未免太低。

总体而言，印尼的高等教育受到国家经济水平的限制，再加上政府领导并不大重视教育，因此其教育的发展程度必然是有限的。我们先从基础教育说起，印尼儿童的入学率，在城市或许要好些，可以达到百分之七十。但在偏远的山区，穷困的农村，交通受阻的小岛，入学率往往达不到百分之五十。因此，印尼的文盲率很高。许多成年人，包括年轻人，都不识字。印尼的高等教育建立在这样的基础上，自然不可能有多高的水平。设备短缺，经费不足，师资水平和数量都难以提高。或许，发展中国家都面临同样的瓶颈，那时的我们，也一样存在着困难。只是我们在抓基础教育上比他们好一点，因此总体上也比他们好点。

当我在新西兰时，曾经有机会去澳大利亚。我接待过从澳大利亚来新西兰游玩的中国留学生。我了解到，从新西兰到澳大利亚很便利。但我对以旅游者的身份到澳大利亚不感兴趣，我更想与他们的学者进行交流。墨尔本大学计算机科学系的系主任曾应邀来暨南大学讲学，我全程接待他，他备受感动。因此他表示欢迎我去墨尔本大学，但他能向我提供的仅是三个月五千澳元的资助，这当然是我不能接受的。后来他从墨尔本大学退休，去了黄金海岸的一家私立大学。他也欢迎我去，但要去之后才能落实报酬问题。我并非想去那里任职，也就不再和他联系。

我到澳大利亚去的机会，是香港富商王宽诚的基金会提供的。恰巧，我的一篇论文被在澳大利亚召开的国际学术会议采用了，会议组委会邀请我参加，但他们不提供经费。在这种情况下，学校为我提供了条件。当时，王宽诚基金会正好有一个资助名额，学校要求有意争取这个名额的都报名，通过竞争获取，以体现公平公正公开。最后我赢得了这个名额，我为能以这种方式去澳大利亚参会感到高兴。这次会议，是由墨尔本的莫纳斯（Monash）大学承办的。这是一所新大学，校园很大，远离市区。但我对它的学术水平了解不多。

通过在与内会外同澳方参会人员以及来自其他国家的参会人员的接触，我才知道这所学校不能和墨尔本大学相提并论。不过这里有不少外国留学生，其中还有很多来自印尼，留学的原因可能和收费及要求有关。这就使我想起，早在数十年前，我国著名学者钱锺书在他的长篇小说《围城》中，就描述了国外学校赚取外国学生学费的手段。澳大利亚有不少大学，层次参差不齐，很难说不会通过各种手段来赚钱。留学生是想镀金，又要考虑经济条件；学校是投其所好，引诱上钩，赚你没商量。天底下处处都有这样"一个愿打，一个愿挨"的现象。

很早就听说，墨尔本是被联合国评选出的宜居城市。在这里住了几天，我确实感受到这个城市在市政管理和建设方面的诸多优点。墨尔本有一段轻轨，是对所有人免费开始的。这对于任何一个国家、任何一个城市来说都不是容易做到的。不过，如果想到政府花的是纳税人的钱，羊毛出在羊身上，取之于民，用之于民，也不是做不到。只是现在只有墨尔本这样做了，我们就该称赞它。但最令我感动的是另一件事。刚到学校那天，我们几位中国来的参会者走在一起，沿着不大宽的土路从住处到餐厅用餐。大家在此前都不认识，到这里才认识，相聊甚欢，并排行走。一开始我们都没注意后面来了小车，但小车既没鸣笛也没作任何表示，而是在我们后面缓缓行驶，直到我猛一回头看见车，便提醒大家让道。这时车驶过，司机还连连示意表示感谢。我想，我们国内什么时候能有这种礼让的关系呢？不得不说这就是社会的美德和素养。当然，任何社会，任何地方都不会是完美无瑕的。在墨尔本街头，我也看到乞丐。到达会议地点之后，会议主办方也一再提醒大家要保管好自己的财物。这就说明，墨尔本只是宜居，不是天堂。

在会议结束后，一起参加会议的几位山东德州的代表向我提出，他们的英语口语不太好，希望和我同行前往悉尼和堪培拉访问，我也正有此意，我们就同行了。我们一起先到悉尼。关于悉尼和墨尔本为成为澳大利亚首都而竞争的故事，我曾听过多次，但因我不了解澳大利亚的历史，所以无从判断这件事的真伪。如果作为故事来听，就只能说，它印证了"鹬蚌相争，渔翁得利"的谚语。因为最终的结果，悉尼和墨尔本都没成为澳大利亚首都，成为首都的是比它们小得多的堪培拉。毕竟，一个国家对首都的选择要考虑多种因素，并不是以城市的大小、人口的多少作为决定性因素。或许，选择堪培拉是因为它优越的地理位置和不太浓郁的商业气息。

单就现代化而言，我个人认为，悉尼比墨尔本确实要强些。它现在是澳大利亚的商业和金融中心。它的两大建筑，成为它的名片。一是歌剧院，另一是跨海大桥。身临其境，你才能更深切地感受到它们的壮观和气势。不过，它们都不是澳大利亚人设计的。不像中国的长城和港珠澳大桥，那是绝对的"中国造"。

当然，即便墨尔本有不如悉尼的地方，它也有比悉尼优越的地方。如墨尔本曾被联合国多次评为宜居城市，但悉尼却从未有过这个殊荣。墨尔本更像是安分守己、内敛不张扬的女孩；而悉尼则是活力四射、外向的女强人，常以高颜值向人展现自己。至于首都堪培拉，更多地展现出它的文化中心和政治中心的优势。我后来才知道，澳大利亚顶尖的大学，既不是墨尔本大学，也不是悉尼大学，而是堪培拉大学。澳大利亚的国家天文台，在世界上颇有盛名，也建在堪培拉。

　　我对我国在国外的使馆很感兴趣。我在新西兰期间，和使馆的关系密切，经常到使馆去。到了澳大利亚，我就想看看我们的使馆是什么样子。我们没费多少工夫就找到了使馆。和中国驻新西兰使馆仅仅是一栋高层建筑不同，中国驻澳大利亚使馆是一个很大的院子。院子前面花团锦簇，院内宽敞平坦，显得很大气。建筑虽不高，但看得出面积要比新西兰使馆大得多。使馆是一个国家的名片。我为我们的祖国感到自豪，因为祖国的实力，才有我们驻外使馆的壮观和宏伟。堪培拉与新西兰首都相比，面积和人口皆甚之，但别的方面我就不好比较了，因为我在堪培拉停留的时间很短。但有一件让我十分难以忘怀的小事。中午时间我们去到一家饭店，被告知这里正提供自助餐，特别优惠。一打听，每人只需十澳元，当时就折合五十元人民币。自助餐的品种多得令人难以相信，鸡鸭鱼牛羊肉应有尽有，还有大虾，各种果汁、水果、冰激凌等，都任你挑选。记得那时在花园酒店顶上的旋转餐厅，也有自助餐，但价格差不多是每人两百元，相差何其大！我们每个人都大快朵颐，饱餐一顿。这也成为我们澳大利亚之行的逸事。

　　1990 年，我从美国出访欧洲，没有去英国。1996 年，国际通讯与艺术大会在英国的剑桥举行，我受到邀请。同时，在英国东北小城桑德兰（Sunderland）召开国际人工智能大会，我和管纪文教授合写的论文被大会录用，我也被邀请参加。当时，管纪文教授正在北爱尔兰首府贝尔法斯特（Belfast）的一个大学工

453

作。他邀请我趁这个机会到他那里小住，我觉得这确实是非常难得的机会。在剑桥的大会中，我认识了多国的参会者，他们都是各自国家的精英。其中有一位来自毛里求斯的中学校长。他在毛里求斯长期从事教育工作，担任过多个中学的校长，而后在毛里求斯的教育部工作，又是毛里求斯的国会议员。毛里求斯是非洲的一个小岛国，人口不过一百多万。因此，我相信，他在毛里求斯一定有很高的知名度。同这样一些人认识，我也也从他们身上得到启示，即在社会上得到较高地位的人，都是靠着自己的努力拼搏和对社会的奉献而非索取得到的。所以，就这一点来说，无论在哪个国家，哪个社会，都还有这样的公正或平等，只是有多有少。社会越进步，这种公正和平等就越多一点。

到了剑桥，最不能错过的是参观英国乃至世界第一流的剑桥大学。既然到了剑桥，那不论是桥，还是镇，还是大学，都要好好观赏一下。首先是桥，还有那桥下的河。其实，石桥不宽，也不长。宽度不超过十米，长度在十米以上，但不超过二十米。说起来，这只是一座再平凡不过的桥。我相信，它在英国本国的知名度绝对没有在中国高。在中国，因为徐志摩的《再别康桥》，它在知识界就有了很高的知名度。由于它作为一座桥太普通了，实在乏善可陈，在我参观它那天，我看到人们都只匆匆而过，并未对它予以注意。反而对桥下的河，人们还都对它看上几眼。桥下的这条河并不长，也不宽，但由于英国的两所顶尖大学牛津和剑桥，每年都要在这里进行划船比赛，这就提高了它的知名度。中国人自然没有多少人会去关注这样的赛事，但在英国就不同了。媒体会对它大肆炒作，会让受众分成"支牛派"和"支剑派"，于是在媒体上就会出来种种舆论，引起热闹的争论。媒体的目的达到了，因为这样的炒作确实让他们稳稳地赚了一把。而剑桥这条小河也名声远扬了。

至于剑桥镇，它就是西方的一个小镇而已，但因剑桥大学的缘故，吸引了许多游客。走在街上，可以看到熙熙攘攘的人群。

为满足游客的需要，这里餐馆比较多，再就是服装、化妆品、文物等等。不过，在哪里都差不多，看的人多，买的人少。

剑桥大学建校已三百多年，是世界上历史最长久的大学之一，也是培养出诺贝尔奖获得者最多的大学之一。许多世界知名的大学问家，如牛顿、达尔文、图灵以及刚去世不久的霍金，都是剑桥培养出来的或者曾在剑桥工作的。剑桥大学崇善知识与智慧，着力培养有创见有造诣的人才。从它已有上百年的古朴的建筑就可以看出，它不求高调而求沉重肃穆。在剑桥，那些楼层不高但不失壮观雄伟的建筑给人以震撼的感觉，人们从中感受到它的深厚底蕴和庄重，感受到那些在其中埋头钻研的人们的卓越智慧，令人不得不对这个世界级名校肃然起敬。不过，随着英国这个老派殖民帝国的衰落，无论牛津还是剑桥都已失去旧日的光环。它们在世界名校的排名也越来越靠后。虽说大体还能进到前十，但前五是无望了。有一段时间，在英国国内的排名，剑桥牛津的前两把交椅都没保住。所以，花无百日红。当然，我们要向这些名校虚心学习，但决不可一切照搬。名校也得承认，它并非完美。

在剑桥的会议结束后，我还有时间前去我的好友罗德里克的家乡萨福克（Suffolk）郡的一个小乡村访问。他虽然已经去世好几年了，但他妹妹还在。我们在新西兰就认识，她和罗德里克一起来过中国。因此，当她得知我来到英国，就盛情邀请我到她那里待些日子。由于在桑德兰的会议还没开，我便首先安排到罗德里克妹妹艾琳娜家去拜访。因为她在来中国访问时得到我的接待，因此她对于能在英国家里接待我而感到高兴。我为有机会到英国农村实际了解英国而高兴。

村子离镇上有三千米以上的距离。村子很小，不超过一百户人家。家家都有自己的庭院。房子都是两三层结构的，没有看到有四层以上的。这里没有任何商店，也没有如学校、医院等其他的公共设施，唯一的公共设施是教堂。说起教堂，艾琳娜告诉我，她是教堂的财务主管。教堂有一位牧师，是负责人。教堂还有一位勤杂工，负责打扫卫生、点蜡烛、开关门等事务。勤杂工和牧师是有工资的。但她主管财务是民选的，没有报酬，完全是义务的。在这里，每个星期的礼拜形同虚设。名义上村里的居民都是信徒，可现在几乎每周都有人缺席礼拜。只有她、勤杂工和牧师是必须到场的。在圣诞节时人会多些，但也比实际的信徒人数少很多。如果有一半人过来，就很不简单了。教堂的经费，除了有信徒的善款外，还有国家提供的。但这些年，国家提供的钱逐年减少，她也不知道今后会怎样。人们似乎对教堂失去了热情。我没有问这是否意味着人们信仰的转变，还是仅仅不拘泥于教会的那些繁文缛节的形式。艾琳娜建议我去教堂认识一下他们的牧师。我也就遵命，并礼节性地和牧师进行了半个小时左右的交谈。他对于我这个远方到来的客人很感兴趣。但言谈中可以听出，他对中国的了解极少。这大概也是英国老百姓的实际情况吧。或许住在大城市，和中国人有接触机会的英国人会有所不同。其实，在我国，又有多少人真了解英国呢？情况不也是一样吗？如果我不去教堂，没有同这位牧师和艾琳娜的直接接触和交谈，我怎么也想象不了，在英国这个普通的农村，人们的生活、信仰的真实情况。

　　艾琳娜每天一早都要上班。她开车去，工作地点较远，下班又很迟，所以那几天都是我自己在家做饭吃。但有一个周末，她邀请了她的两三个好友来家里吃饭。她要我做中国菜。为此，我们还特意到萨福克去采购做饺子需要的饺子皮等食材。从艾琳娜的家到这个小镇说远不算远，说近也不近，足有半个多小时的车程。从她家出来到镇上的路，有一段完全是土路。碰到下雨，一片泥泞，若不下雨，也是尘土飞扬。所以，这个发达的资本主义国家，并非就建设得如天堂般了。就像美国纽约到长岛的高速公路，路面坑坑洼洼，却无人修缮。所以，那些把发达国家形容得天花乱坠的人，真应该亲眼看看这些现实。等把所有食材都准备好了，回到家我就忙开了。我没有受过任何烹饪的训练，但在新西兰我曾作为主厨招待过新西兰朋友，所以对招待英国人也充满自信。我为他们准备了红烧肉、清蒸鱼、凉拌黄瓜、瘦肉汤和饺子。没想到，这些普通的家常菜却引得他们的大快朵颐，连连称赞。

离开艾琳娜家，我再往北，乘船到北爱尔兰的首府贝尔法斯特造访管纪文老师。因为我们约定一起前往桑德兰。从英国本土，实际上是苏格兰，要到北爱尔兰，可以乘飞机，也可以乘渡轮，但乘飞机的费用要贵得多。再说我没有任何紧急的事。乘坐渡轮，一则费用较省，二则还可欣赏海上的风光。在安全方面也不必担心，爱尔兰和英国间的海峡，风浪不算很大。和我所熟悉的一些海作比较，区别是一路上都是茫茫一片，见不到有小岛屿，所以沿途就有点枯燥。经过数小时的船上时光，我来到北爱尔兰的首府贝尔法斯特。这不大的小城，曾因北爱尔兰闹独立而经常发生武装冲突。闹独立的十字军政党及其武装曾把这里变成恐怖地区，导致无人敢来造访。所幸，当我去时，英国政府已和北爱尔兰政府妥善解决问题，北爱尔兰重新回归了和平。我走在城市的街道上，看见人们自由无忧地行走，心里感到很踏实。但我对城市的印象很一般，因为这绝对算不上繁华都市，但是我确实有一种安全感，觉得这里的人大概不会对我打什么坏主意。不过找管纪文老师却费了点周折。原来他所在的大学离市区还有一段距离，到了学校，从下车的地方到他的办公室也还有一段路程。我不认识路，所幸，被我问路的路人都很友好热情，最后，我见到了管纪文老师。管老师把我介绍给他的系领导，也是他的老板。原来，管老师在这里不上课，而是专职搞研究，研究的经费就由这位领导申请研究项目得来。管老师说，工作的压力还是较大的，倘若在一定时间内写不出论文，或论文不被录用，那工作就难保了。这和我们国内相似，但我们还更宽松些。这所大学在英国算不上顶尖，它的要求就这样，那顶尖的就更不用说了。

在贝尔法斯特，我对英国有了进一步的了解。英国是老牌的资本主义国家，它曾拥有相当于它本土面积六十倍的殖民地，在世界各地都有它的殖民地，它的旗帜在世界各地飘扬，因而被称为"日不落帝国"。它正是依靠这些殖民地，掠取或剥削他人的资源来发展自己。在贝尔法斯特见到的许多建筑或工程，都是在它鼎盛时期建设的。但是，花无百日红。大英帝国在各殖民地纷纷要求独立自主的汹涌潮流中节节败退，一个接一个地丢失自己的殖民地，退缩到自己的本土上，以往那不可一世的骄横一去不复返。今天，就连北爱尔兰，甚至苏格兰也都有离它而去的危险。我在贝尔法斯特度过了平淡的几天，对它没有留下很深的印象，倒是管老师情有独钟的羊排让我有好感。管老师说，这是这里最便宜的肉食了。一磅售价折合人民币才几元钱，真的太便宜了。我也为管老师的精打细算所折服。

在桑德兰的会议正式召开的前一天，我和管老师乘坐轮船回到英国本土一侧。没想到，海上遇到风浪，船在风浪中艰难前行。所幸路程不很远，但到了桑德兰，狂风暴雨却给了我们一个下马威。当时气温很低，我只带了夏天的衣服，外套倒有，但不足以抵御这酷冷。这使我突然想起出国前读过的一篇文章，说的是一个英国人移居到地中海沿岸的外国谋生，多年之后，他产生了对家乡故土的怀恋。于是便打理行装，回到英国。但在他回到了魂系梦牵的家乡之后，连绵阴雨潮湿的气候使他一下子全然改变想法。他连一会儿也不想多待了，赶紧收拾行囊回到地中海沿岸，觉得那里才是他的归宿。对于我而言，我不过是来去匆匆的过客，但是有了亲身体验，就知道哪里才是真的福地。别总以为外国月亮比中国的圆。

就会议的安排来说，我也有所收获。当我组织会议时，总想如何给与会者带来方便。比如说住宿，我在筹备全国或国际性会议时，总是考虑会议代表的住处尽可能要离会议地点近些，这样就方便大家参会，不浪费大家的时间。否则，我就要安排交通工具接送。但在桑德兰，会议组织者全不作这种考虑。开会地点在桑德兰大学。但桑德兰大学没有能力提供住宿，于是会议组织者就把代表安排在离学校几千米之外的旅馆。主办方安排接送？你连想也别想。在吃的方面，主办方也不做安排。大家只能在学校的食堂里，和教师学生一起吃，或者到校外饭店吃。不过，似乎大家也习惯于这种做法，并未听到吐槽声。也许，因为我们也不和来自其他地方的代表进行这方面的交流，所以也无从得知他们的想法。相比之下，我之前的一些想法做法，太过于大包大揽了。

在此期间，我的最后一次学术出访是到德国柏林自由大学的访问。我应对方邀请，于1998年前去参加科学文献学国际会议，然后在该校进行为期一个月的讲学活动。他们为我提供来回的旅费和一个月的生活费、酬金。在参加科学文献学国际会议期间，有多个国家的学者，包括印度、荷兰、比利时等，我是唯一一个来自中国的代表。我很荣幸被选为会议的副主席，并被邀请在大会上作了45分钟的报告，介绍中国在科技方面的最新成就。在国际会议上作这么长时间的报告，被公认为是一种荣誉。如果会议规模更大些，那就更不简单了。即使这样，我也觉得确实很受尊重。我尽力把我国的最新科技成果介绍给与会者，让他们更多地了解中国。我的发言后被收入大会文集中，代表们会后向我祝贺发言成功。

会后有几件事给我留下了很深印象。一是，大会主席、德国柏林自由大学教授特意邀请我和两位印度学者品尝柏林的著名美食焖猪肘。我们每个人都有一整个的猪肘，还配有一大杯的鲜啤酒。那猪肘起码有一公斤重。我们看见三个大猪肘端上来，真有魂飞魄散的感觉。中国人吃猪肉习以为常，而不怎么吃猪肉的印度人确实勉为其难。啤酒也非同小可，一大杯绝不止一升。要论味道，那猪肘堪称美味，香味四溢，而且入口即化。如果是大肚汉，那真是遇上大大的口福了。可惜我们都没有这个口福。我们每个人顶多就只吃了四分之一，我还比他们多吃点。第二天上午开会前闲聊，来自荷兰的女代表说，昨晚她也吃的猪肘，而且她把整个猪肘都吃完了！我们听后佩服得五体投地。德国人大概也都有这个食量，要不他们也做不到"光盘行动"，德国人在这方面是很注意的。不过，德国人有很多胖子，这大概也和食量有关。

二是，会议结束之后，会议的主席，也就是邀请我前来德国参加会议的自由大学女教授邀请我和那两位印度朋友一起到她家做客。能够到德国人家里做客，了解他们的生活情况，这真是求之不得的荣幸。我们当然都愉快地接受邀请。第二天一大早，她丈夫就开着车到我们的住处接我们过去。汽车开出柏林市区，走上高速公路。德国高速公路不限速，我们也没有碰到收费站，所以车子开得很快。虽然高速上车辆也不多，车子仍开了一个多小时。下了高速，进入只有双向两车道的普通公路，又走了几十分钟，他告诉我们到了。原来，他们家是在一个偏僻的村子里。这里一栋栋的屋子并不相邻而建，彼此的间隔大概都有几十米的样子。整个村子，也就数十户人家。没有高楼大厦，全都是两三层的普通住房，但家家都有前后园子。我们的主人家前园不大，种的都是各种花卉。但后园却很大，种了许多树，面积足有几公顷。拥有这么大片的土地，足见他们应该是中产者。但他们的房子并不怎么豪华，两层楼的房子，给人的感觉是舒适但不奢华，朴素而又实用，并不追求高贵，也许这就是日耳曼人的性格吧。村子里没有商店，好像也没有什么公共设施。要招待我们，一切食物大概都要从商业区购买。德国人在饮食方面不太在行，他们的菜肴以烧烤为主，不论牛羊鸡肉都离不了烧烤，但还是各有风味。酒水方面却比我们丰盛得多。除了有名的德国啤酒之外，他们拿出了好多种葡萄酒，还有威士忌等。男主人要开车送我们，他滴酒不沾。他不同于中国人那种劝酒，而是客气地介绍每种酒的特点。至于喝不喝，悉听君便。最特别的是他们的糕点。他们端上来的各式蛋糕，由于都使用奶油、鸡蛋、奶酪等真材实料，精心制作，新鲜出炉，真是香味扑鼻，令人食欲大增。在待客方面，我因只到过这家德国人家里，无法总体而论。但这家德国人的热情程度，大概是在中国人中也少有的，因为他们从上午十点多钟开始招待我们，直到下午五六点才把我们送回。这一整天，他们都毫无不耐烦的表情，满脸笑容地接待我们，实在令人感动。

三是孩子入学的启蒙节，启蒙节的名字是我为它杜撰的。事情是这样的，我们到这位教授家做客时，正赶上邻居家有一个小男孩即将上学。主人家就告诉我们，这在德国是一件隆重的事。尽管村子里的居民未必有很多来往，但这样的事是一个节日。全村人都要聚在一起举行隆重的仪式，向小孩子表示祝愿。每家人也都向小孩子送上礼物。当然这些礼物都和孩子的学习有关，都是学习用品。我事先得知有这个仪式，也为孩子准备了礼物。整个仪式简单而隆重，孩子为这特意为自己准备的活动而激动不已。我想，这也是德国文化的一个部分吧。我们应该学习，让我们的孩子们也从这种活动中吸取正能量！

在离开教授家回我在柏林的住处前，他们的女儿还特意赠送给我她自己精心制作的柏林的景点画集。这是纯手工制作的，当然要比购买的图册更为珍贵。她当时才十七八岁，正当青春年华。这份特殊的礼物表现了这家人对中国的深情厚谊。我们在一起时并没有谈过太多的政治问题，只是在没有别人在场时，他们说，如果东德政府、东德共产党能像中国政府、中国共产党那样就好了。看得出，他们对于东西德的统一有些失落。但我不清楚，在东德人当中，抱有像他们一样情绪的有多大比例，毕竟德国的历史从统一那天就彻底改写了。

会议结束后，我还有近一个月的时间留在柏林自由大学做学术交流。我从开会期间住的宾馆搬进学校的招待所，在这里有可供自己做饭的公用厨房。这里住着自由大学请来讲学的外国学

461

者，其中有一个是日本人。在二十世纪九十年代，日本还雄踞全球 GDP 的第二位，所以日本人颇有些趾高气扬的样子。但我就来个不卑不亢，你又能奈我何？后来他见我并不买他的账，也就显得客气些。我总结一条，无论在哪国人面前，彬彬有礼而又不卑不亢至为重要。

在此期间，除了工作日到学校上班外，我的周末时间就是到柏林市内各处走走。1990 年我到柏林时，柏林墙刚刚拆除，柏林市刚被确定为统一后的德国首都，当时有百废待兴的感觉。如今经过将近十年，柏林已经恢复平静的容貌和生活秩序。我买了一张公交车的月票，可以乘坐任何一路的公交车和轻轨，不仅省钱，还特别方便。柏林的公交车和轻轨上都无人售票，买车票都是在站上的售票处。车上无人验票，但是偶尔会有人来车上验票。一旦发现无票乘车，就会被重罚。所以，没有人愿冒这个风险。使犯法者承受沉重的处罚，是治理此类问题的好办法。

说起交通，也就不能不顺便谈到交通秩序。我在柏林，没有看到过交通拥堵的情况，也没看到过行人与车辆抢道的情况。德国人确实很严谨，很守纪律。他们很遵守红灯停、绿灯行的规则。有一次，我和教授夫妇走在一条路上，我们要穿行，但交通灯显示是红灯。不过这时并没有车辆通行，我们等了好几分钟，到绿灯亮时才通过。我为他们这种行为所折服。过后我了解到，德国人的这种纪律性也不完全是单靠个人的修养促成的，社会强大的约束力才是根本保证。因为在所有交通的关键位置都设置有监控设备，一经查出某人有闯红灯的行为后，他或她就有被重罚的危险。而且一连串的个人行为不检的记录就会像大伞罩到你头上，在德国恐怕就再无出头之日。所以在德国，真应得那句话：若要人不知，除非己莫为。如果单靠个人的涵养，我觉得并不能保证德国人个个都是君子。

女教授工作很忙，但是他们夫妇仍没忘给我安排一次出游。即带领我去参观举世闻名的波兹坦。众所周知，波兹坦就是"二战"结束前，作为战胜国一方的三巨头——美国总统罗斯福、英国首相丘吉尔和苏联部长会议主席斯大林的会谈地点。实际上，他们三个不仅谈如何处置战败的同盟国，也谈到战后世界的治理问题。两大阵营也是在那之后出现的。波兹坦的那间大房子见证了当年的历史进程。三方人员都住在那里，可见当时的条件是有限的。但是，当时由三大国来决定世界命运的做法，在今天已经一去不复返了。

我有两本书，一本是自己编写的，另一本是翻译的，都是"受命"之作。我应教育部考试中心的邀请，参加了该中心下属的计算机普及教育委员会的工作。为了在全国开展计算机的普及考试，委员会组织出版一套丛书。经过以原清华大学的谭浩强教授为主任的编委会讨论推荐，决定由我主编《计算机初阶》一书。我受命之后，就和我系的黄战、何明昕、王会进、黄穗及许龙飞，分工负责。人多力量大，我们很快就把这本书编写完了。书的出版由编委会和教育部考试中心负责，他们委托清华大学出版社负责出版。我们没有料到，该书在读者中引起好评，因此书出版后，很快销罄，于是一再再版，前后共印制七万册。它是我所有出的书中印刷量最高的。

另一本书是翻译的《ACM 图灵奖演讲集——前 20 年（1966—1985）》。众所周知，此类讲演，对于每个讲演人都是空前绝后的。他此生可能就只有一次这样的机会，当然要使这个讲演语出惊人，成千古绝唱。这些获奖者，从事的专业领域自然是各不相同的，这就决定了所涉及的业务面很广。这些人中，许多都有很高的文学素养，因而毫无疑问，他们在讲演中要旁征博引，极显他们的演讲水平。所有这些，就决定了翻译的难度。事先我并不知道此书的存在，当然更不可能有翻译此书的想法。直到有一天，我在家中，突然有电话打进。对方自我介绍说是电子工业出版社的一位负责人。他说是经由别人介绍才知道我的，然后就说起事情的经过。他说，有这么一本书，出版社决定要翻译出版，以飨读者。他们在北京找了不少人，但没有人愿意承担这项翻译任务。后来，有一位业界人士向他提出，你们应该找暨南大学的苏运霖呀。那人提供了我的电话号码，所以才有了电子工业出版社的这位负责人给我打电话的事。他非常恳切地说，他们特别想在国内出版这一重要文献，希望我不要拒绝他们的邀请。在这种情况下，我确实难以扫他的兴。我表示将尽力把这本书翻译好。就这样，我花了半年左右的时间，把这本近三十万字的书译了出来。电子工业出版社对此非常满意，因为我确实为他们解了困。应该说，我和这些图灵奖获得者也有一些缘分，截至我翻译该书时，我认识并和本人有过接触的就达七八个之多。我除了了解他们从事的领域之外，还了解他们工作的单位地点，我和他们也有过面对面的交谈。当他们知道我是克努特的经典著作的中文译者时，对我表示敬意。所以，或许由我来翻译这个演讲集，算得上是顺理成章的事。

在石溪分校接触了许多分布式算法后，我对这些算法的设计者们深感敬慕，因为要构思出它们来，确非易事。我也曾试图设计一个分布式算法出来，但没有成功。我又试图在这些算法中找出问题，在这方面有些斩获，但这又算不了什么大作为。后来，从麻省理工学院得到一本由该校一位从事分布式研究的女教授撰写的教材。她提到，Peterson-Fisher 的算法是一个很好的算法，但是该算法还缺一个正确性的形式化证明。我从中知道，正确性证明和有效性一样，都是算法研究的重要分支。而 Peterson-Fisher 分布式算法的正确性证明是一个公开的问题。我想，何不在这个问题上下功夫呢？经过一段时间的思考，我逐渐发现，只要针对所有可能的情况，来证明其正确性，问题也就解决了。而所有可能的情况是有限的，这就好处理了。我终于圆满地解决了这个公开的问题，填补了这个空白，也算在计算机科学领域留下点自己的成果。这篇论文发表在我国的核心杂志《软件学报》上。以这篇论文和其他成果为基础，我决定再写一本名为"分布式系统与分布式算法"的书，系统介绍我在美国接触的这个领域的最新成果。经过夜以继日的伏案笔耕，我终于成功了。暨南大学出版社为我出版了这本书。它的问世，引起了国内同行的注意。已故中国科学院院士、南京大学计算机科学系教授孙钟秀曾对此书给予了很高评价。他在书评中说，这是国内在这领域最好的一本。对于他这样的评价，我确实非常感谢。正是由于他的评价和其他专家的鼎力推荐，这个项目获得了国务院侨办的科技成果三等奖。我的另一个关于人脑机制、语言的产生和理解的机理研究的项目，获得广东省教育厅的二等奖。

我一直做教学和科研工作。虽然我在吉林大学担任过教研室政治指导员和党支部副书记，但那都是非编制性的工作。我根本没有想过，组织上会安排我担任党务工作。但是这真的成为现实，而且成为我在暨南大学最后近十年的生活主基调。就在我从美国回来后一年左右时间，我系出现人事变动。由于前系主任担任新成立的理工学院院长，因而他辞去系主任的职务，组织上就把这个空缺调前总支书记来填补，同时让我担任系总支书记的职务。这确实是我始料不及的。我原来不想接受这项任命。但是学院党委书记说，你是老党员，组织上信任你，你一定能做好这个工作，你没有理由拒绝组织上对你的信任。你可以想想，在你们系，难道你不是最合适的人选吗？经过他这么说，我回想，我确实算是最老资格的党员了。从1959年入党，我已入党三十多年了。而就技术职称来说，那时除了系主任之外，我是唯一的正教授，而且事实上我是系里的第一个正教授。我想，既然组织上选择我，我就应当义无反顾地接受组织的委托，并且全力以赴地做好工作。

我是一名老党员，甚至在全校，除了一些中华人民共和国成立前就参加革命的老同志之外，我也算得上入党早的。但就从事党务工作而言，我却是新兵，没有任何经验可言。所以，我必须虚心向有经验的老党务工作者认真学习。但是，我知道，打铁还须自身硬。要有一身正气，要起模范带头作用，要有对己严待人宽的精神，才能在群众中有影响力和发言权。我暗暗对自己说，这是考验自己的时候，我一定要向党组织、向群众交上满意的答卷。基层党的组织，就是要把这个单位的党员同志和群众团结好，凝聚起来，完成上级党组织交给的各项任务，紧密团结在党中央周围，共同建设发展我们的国家。要起到模范带头作用，就必须平时从一点一滴做起。那时，一般教师是不用坐班的。当我还没有担任系领导时，我也不坐班。原因是，我们没有为教师提供坐班的办公室。但在担任系领导之后，我有了自己的办公室，也就意味着要坐班。不但要坐班，还必须按照上下班时间来坐班。因此，我要求自己必须严格做到这一点。从我担任系总支书记的第一天开始，我就严格地坚持上下班制度，从未有过一天是上班迟到，或无故早退的。我总是来得最早，走得最晚。也只有这样，我才能要求系办公室的工作人员也遵守上下班制度。凡是要求别人做到的事，我自己首先做到，而且做好。凡是上面规定不能做的事，我就要求大家严格要求自己不去做。而最重要的是，我要求自己紧跟党中央，同党中央保持一致，坚决听从党的指挥，模范遵守党的纪律和要求，圆满完成党交给的各项工作任务。学校是培养人的地方。我们不但要向学生传输科学知识，培养他们分析问题和解决问题的能力，以及创新的精神和能力，还要教育他们树立正确的人生观世界观，树立爱国主义思想。我总是和负责学生工作的总支副书记一起，深入到学生中，做学生的思想工作，发现和培养学生中积极要求进步的同学，把他们接收到党的组织中，为党增添新鲜血液，扩大党的队伍，这样也更有利于学生工作的开展。在这期间，我们系呈现较强的凝聚力，全系师生团结一致，较好地完成了学校要求的各项任务。我曾多次被学校党委评为优秀党员或优秀党务工作者，1994年还被广东省高教工委评为优秀党务工作者。从1992年开始，我连续两届担任系党总支书记，也连续两届被选为学校党委委员。

由于有了学术上的一些成就，国内外的名人录出版社就纷纷把我的名字和业绩录入到它们的各种名人录出版物中。这包括美国的、英国的及印度的。而在国内，有广东省的、教育部的和人事部等有关部门出版的名人录。前后收录我的名字和业绩的名人录，包括中英文在内，已不下三十种。

与此同时，国内和国外的学术团体也都找上门来，邀请或遴选我作为他们的会员或成员。纽约科学院遴选我为该院的院士。国际电子和电气工程师协会（IEEE）聘请我成为该协会的高级会员，它的邀请信指出，在其30多万会员中，仅有8%的人享有这个荣誉，而且，当时在国内，受邀成为其高级会员的不到十人。后来，美国计算机协会（ACM）也邀请我成为高级会员。英国的国际传记人物中心（IBC）在它出版的多部名人录中把我的名字和事迹录入外，还聘请我成为该中心的终身会士和荣誉研究员。美国国际传记人物研究所（ABI）也聘请我为荣誉研究员和副董事，并授予我荣誉博士学位。从1997年开始，我还享受国务院的特殊津贴。

时光如潺潺细流，于无声中已流过千山万水。当1955年我回国时，曾设想2000年会是什么样子，它距离我很是遥远。然而，现在它已走到我的眼前。当我即将进入花甲之年时，组织上按照规定免去我党总支书记的职务。但还给了我一年的学术休假，直到2002年寒假时才让我正式退休。我在暨大最后这十余年也就画上句号。应该说，这也是我人生最高峰的一个阶段。

第十五章

梧州献余热

......

　　我应该算作广西人，由于籍贯的关系，对广西有一种天然的亲近感。但除了和广西大学有些联系外，就再没有别的联系了，然而命运却让我和广西产生联系。事情发生在我得知自己即将退休但还未正式到人事处办理退休手续的某一天。

　　那天，家里的电话铃声响了。电话那边告诉我，他是广西大学梧州分校的，他说，明天会有几位学校领导要到我家来，谈谈请我到该校任职的事，问我愿不愿接待。我当然表示愿意。就这样开始了我和广西、和梧州的联系。第二天来我家的有三位，一位是原梧州市政协主席、广西大学梧州分校首任校长甘牛，一位是全国人大代表、现任分校副校长詹宗佑，另一位是分校教务处处长、中文系仇仲谦教授。他们到来后，就直接告诉我他们认识我的起因。原来，他们是通过李大庸老师的胞弟李育筹知道我的。李育筹小时候也在邦加岛勿里洋住过，但很小就回国了。他早年在梧州参加党组织，是甘牛的领导。1949 年后他是广西审计厅的厅长，那时甘牛也还是他的下属。由于甘牛和李育筹还保持联系，当他从甘牛处得知梧州学院需要计算机方面的正教授来帮助解决升本的问题后，立即就想到了我。甘牛得知这一线索，喜出望外，就向现任校长唐林提出。唐林正在为寻找正教授来解决梧州分校专升本的问题而苦无良策之时，听到这一消息更是大喜过望。我在三位校领导满怀殷切期望的谈话中，感受到了一份责任和担当。我感觉到梧州分校确实需要我，而我也确实能为他们发挥点作用，因而也就痛快地答应了。但我并没有立即就前去任职。他们也还需要时间为我腾出住宿和办公地点。在解决了这些问题之后，他们才派人来接我。而且，他们还做了特别的安排。当时唐林同志去了南宁，就让我也到南宁去，一起拜访老前辈李育筹。

　　从南宁回来，梧州这边由市委市政府出面，在当时梧州最好的宾馆怡景宾馆举行欢迎我到梧州分校工作的盛大欢迎会。从南宁回梧州这段路，是唐林校长亲自开车带着我的。由于当时还不是全程高速，在从高速路下来之后，小车就只能沿着崎岖不平而又狭窄的公路前行。唐林校长此时已心急如焚，因为由市领导出席并主持的会议早已在等候我们的到来，但他还得顾及安全，保证不出任何事故。结果，我们比开会预定的时间晚了差不多一个半小时才到达。迄今，我仍清楚记得我到达时会场上的场面。两位市领导和全体与会者都站起来，热烈鼓掌向我表示欢迎。市领导在欢迎辞里明确说，我是梧州第一位正教授、博士生导师。听到人们对我的赞誉，看到他们尊敬的目光，我心头热浪涌动。我想，我不能辜负大家的期望，一定尽力为梧州、为梧州分校做贡献。当天晚上的晚宴十分丰盛，气氛自始至终也很热烈。第二天的《梧州日报》，将此事作为重要新闻登载。当天晚上还发生了一件有趣的事。宴会结束后，学校就把我安排在怡景宾馆下榻。也不知道是谁把我安排在911号房间，等到把我送到房间门口时，负责送我的一位老师发现这个数字，马上同刚过去不久的"9·11"事件联系在一起，说不能要这个房间，硬是让宾馆给我换了房间。其实，我对这种事根本不在意。但既然让我换，我也就换了。

第二天我才前往梧州分校的校园，看看我即将奉献余热的地方。这所大学，校园面积还不及规模较大的中学，比如华南师范大学附属中学。校园内只有一栋拥有二十多间教室的四层教学大楼，一栋行政楼和一栋图书馆，其他的教学用房都是简易房。还有四栋学生宿舍和一栋学生食堂。这就是学校的全部"家当"了。学校的目标是升本，而升本涉及许多的条件，如教师的数量，其中包括正教授、副教授的数量，再如学生的数量，专业的数量（其中本科专业的数量至少要有六个），实验室的数量，宿舍的数量，图书馆的藏书量等。在几乎所有这些方面，当时的梧州分校都不达标。然而，学校领导决心很大，为了梧州的发展，为了广西东部的高等教育事业的发展，一定要横下一条心，在最短时间内完成升本。正教授和博士生导师是我在当时的梧州分校的唯一特殊点，因为在我来梧州分校前校内仅有一名正教授，就是仇仲谦教授。由于学校没有博士点或硕士点，他不能成为博导或硕导。我的到来，除了自己的这个身份之外，对其他方面都起不到任何作用。但是，学校却因为我而受到很大激励。他们对我寄予厚望，希望依靠我来推进学校各方面的发展。我被任命为学校的顾问和计算机系的主任。顾问虽是非正式的行政职务，但可以发挥提建议、出谋划策的作用。有一段时间，我还被任命为计算机系的党支部书记，也就是说成为系里的党政一把手。我十分珍惜学校对我的信任，尽责尽职，夙兴夜寐地工作。

学校距离本科的要求相距甚远，而要达到目标，归结起来是几点：一是经费，正如人们常说的那样，钱不是万能的，但离了钱则万万不能。当时学校的经费几乎全靠梧州市，区里和教育厅不提供或者说没有经常提供的义务。而梧州市的收入极为有限，在这种情况下，学校真的像是缺奶的婴儿。为了解决经费，唐林校长四处奔波，八方求援，低三下四，千方百计。碰到要钱的事，他有时也会让我一起出面，希望对方能心生善意，慷慨解囊。二是政策，特别是在编制这方面，以便学校能解决严重缺编的情况，引进办学所需人才。在这方面，学校也是困难重重。三是土地，因为校园面积也严重不达标。这其实也和政策有关。在刚到梧州分校的前几年，我的印象是，无论是区，还是梧州市的少数领导，存在对教育认识的严重缺位，根本没有再穷也不能穷教育的意识。有的甚至认为，梧州要办什么本科院校，纯粹多此一举。说实在的，广西和梧州为什么落后，经济长期上不去？原因当然是多方面的，但不重视教育，不重视人才培养，是很重要的原因。后来上任的主要领导，曾是中南大学的一名教授。他的到来使情况有所改善，很多事情也得以顺利解决。要从外面多引进高素质人才，当然就不能光引进我一个。当时学校就四处寻找合适的人选。仇仲谦教授刚好认识北京大学中文系原系主任、博士生导师费振刚教授，他也刚从原岗位退下。经过仇教授和他联系，他表示同意来。于是学校便委派仇教授和我进京去接他。我们到了北京，见到了费振刚教授及其夫人——北京师范大学历史系的冯玉华教授。他们热情地接待我们，也明确表示有到梧州的意愿。我们高兴地回校报告喜讯，我也为多了个朋友而高兴。在后来的岁月里，他也担任学校的顾问，我们有很多的合作共事机会，彼此友好相处，结下了深厚友谊。再一位来加盟的是中南大学教授贾春霖，她是由到广西挂职担任梧州市委书记的中南大学教授任峦康介绍来的。她曾是中南大学经济系的副主任。无论是费教授还是贾教授，都有响当当的经历。费教授曾是北京市人大代表。而贾教授也不简单，她原是国家派往苏联留学的，曾经亲身聆听毛主席在1957年接见留学生时的讲话。所以，我感到很荣幸，能和这些有资历的人一起从事有意义的工作。贾教授夫妇没有直接到梧州。他们是从长沙乘火车到广州的，学校又委派副校长张凌贞和我到广州专程迎接贾教授夫妇。我俩在他们夫妻一到达广州站之后，就第一时间把他们接到我们的车上，随即向梧州进发。到了学校，照例由唐校长主持宴请。学校领导全都出席，外加我和费振刚教授以及经济系的领导。

在我们到达梧州分校之后不久，陆陆续续地又从广西艺术学院请来原美术系副主任覃忠华教授，从华中师范大学请来原外语系主任李维光教授；从中国人民解放军桂林陆军学院请来郭教授，据说他还是位将军。这样，梧州分校外聘教授的数量一下子增加到六名之多，这让同样在争取升本的贺州学院、河池学院、百色学院等非常羡慕，因为他们未尝不想这样做，但苦于没有门路。升本的工作真的千头万绪，任务有千条万条，那究竟以什么为突破口呢？要求升本的学校必须有六个本科专业，这是硬指标。所以，学校就必须利用这些外聘教授的条件，申请招收中文、计算机、经济、外语、美术等专业的本科班。为此，我和费教授多次被唐校长带到南宁去见区教育厅领导，希望得到他们的支持和批准。经过多次努力，我们终于获得了成功。这意味着

2002 年我们就可以开始在这些专业招收本科生了。全校教工无不对这个进展欢呼鼓舞。这对梧州分校来说可是开创历史呀！

我接下来的任务就完全是计算机系的了。区教育厅指示，计算机的本科必须要建设计算机实验室，而且实验室的建设最后要经过区教育厅组织的评审专家组的验收评估，合格之后由区教育厅发牌认可，实验室要在本科招生前完成。区教育厅要求实验室拥有足够数量的设备，有健全的管理，有规范的制度，有符合素质要求的管理人员。这些要求，都是非常明确的，毫不含糊。学校领导任命我担任实验室建设领导小组的总负责人，我为学校对我的信任而深感荣幸，但也深感责任重大。一旦没能通过验收，我将要为此负全部责任。而更重要的是若辜负了这种信任，造成工作的损失，乃至影响升本。但既然受命于艰难之时，我便挺直腰杆，迈开双腿，撸起袖子干。凭着我在暨大担任领导工作的经验，我知道，当务之急就是要依靠群众，发动群众，要让大家全都明白我们现在任务的重要性，懂得我们现在要做些什么，还要明了该怎么做。经过几次的思想动员，大家果真都被动员起来了。大家都对梧州分校升本、计算机系升本充满期待。大家真的拧成了一股绳，心也凝在一起。因此在炎热的暑假，没有一个人说要休息，全都投入实验室建设的各项工作，真的是夙夜在公，夜以继日地干。由于我们把人员划分成多个组，每个组又都确定各自的职责，这样大家工作起来目标就很明确，可以心无旁骛地去做。

刚好在这时，我的母校长沙一中举行校庆。由我的同班同学发起组织，希望大家都回到长沙，一方面参加校庆，另一方面也可趁这个机会欢聚。我和高中的同学已有多年都没有联系，确实很想趁这个机会同他们见面，也想趁这个机会向教过自己的老师们表达感恩之情。所以在征得学校领导的同意后，我就乘坐火车上长沙。但万万没有想到，在火车快到长沙时，詹宗佑副校长就来电话说，唐林校长让我马上回校主持实验室建设的工作。就这样，我在长沙仅仅待了一个白天，和同学见了面，一起吃了一顿饭，晚上我就打道回府，回到梧州了。

整个暑假，我都和全系的老师们并肩作战。军令如山，教育厅的要求一点也不能敷衍。我除了认真完成自己那一份工作外，还一个个地检查每个人的工作，比如日志。有的老师连着几天的内容都一字不差，有的又写得非常简单，显然这些都是通不过上面的检查的。对于这些情况，我都毫不客气，让他们认真下功夫进行修改。幸好，在教育部的验收组到来之前，区教育厅先派人进行预审，让我们对自己存在的问题心中有数并进行整改。等教育部验收组到来时，我们就满怀信心了。真是功夫不负心人呀！我们实验室建设这个硬仗终于告捷了。

区教育厅经过审核，最终同意上面提到的几个专业招收本科生。而且，批准计算机系招收两个班。这对于我来说，真的是莫大的鼓舞。当年暨大招收计算机系头一届本科生，省教育厅仅批准招一个班。但这样一来，我们的工作任务也加重了。能否把这第一届学生教育好，关系到今后的发展。要从他们开始，形成良好的班风、学风、教风，从而促进整个学校良好校风的形成。我特别在意这件事，也把我的这个想法告知全系老师，特别是负责学生思想政治工作的老师。在大家的共同努力下，第一届计算机系本科生没有辜负大家的期望，他们在学风建设、团结互助、参加学校和社会公益活动等方面的表现都很好，受到了学校团委和学生处的好评和嘉奖。

为了提高老师的业务水平和科研能力，我像当年在暨南大学时一样，为老师们开设计算机系的一些基础课程，以便他们为学生开设这些课程，因为许多老师此前还从未给本科生上过课，他们甚至都没学过这些课。所以如果我不给他们上，而让他们直接给学生上课，这既是对学生的极不负责，也很可能自砸招牌。除了讲这些课之外，我还组织他们学习我翻译的《计算机程序设计艺术》一书。由于老师们此前都没有指导经历，在科研方面可以说都没受过训练。我通过组织讨论，让他们学会怎样在著作中发现问题，又如何在攻克问题中分析问题和解决问题，同时引导他们树立良好的治学态度，严谨的治学精神。这样做的效果很明显，好几位老师都从这样的学习和讨论中获益良多，他们的学识和开展科研的能力在短时间内都有了明显提高。

我在学生中也组织了对《计算机程序设计艺术》一书的学习，当然在内容和进度要求上有所不同。对于学生，主要是加强他们的数学功底，为此专门学习第一卷中的数学基础部分。由于同学们在中学里受到的训练不够，而这个内容对他们而言确实较难。开始时，有很多同学报名参加。但过了一段时间之后，有些同学就坚持不下去了。我想，这也很自然，毕竟，这些同学的基础不能和一本院校的同学相提并论。但依靠自己不屈不挠的努力，坚持下来的同学都在后来的学习中有所收获。他们都好像无形中增添了悟性，学习什么课程都能很快掌握要领。后来，在工作岗位上，他们也显示出实力，认为自己并不输给那些来自重点高校的同事。

由于刚开始学校缺乏能给本科生上课的教师，或者在校教师从未上过那些课，我便承担起这些课的讲授工作。所以，在到梧州的前几年，我每周都要上二十节左右的课。虽然辛苦些，但心中却充满了快乐，感到这就像播种一样。我播下的种子，肯定会发芽，开花，结下累累硕果。

在本科生进校的时候，我们的实验室建设已经取得了胜利，通过了由区教育厅组织的专家组评审，这就为他们提供了很好的学习条件。而对我来说，我的工作就完全转到教学和系里的行政工作上来了。但有一个阶段，学校党委又任命我担任系党支部书记。也就是说，系的党政两大重担都由我来挑。我深知自己的能力有限，但作为有四十多年党龄的老党员，我牢记一条，就是党让我干什么我就干什么，只要是对党有利的事，我就专心去做，认真去做。因为担任了多年的党总支书记，熟悉党务工作，我也积累了一套做好党务工作的经验和办法。

席卷全国的"非典"确实是对全国的一个考验，但在党中央的正确领导下，我国人民战胜了这一严峻考验。梧州学院严格按照上级指示，对全校人员进行严格管理。每天、每个人都要测两次体温，以掌握疫情。同时，严格控制师生外出，尤其禁止到人群密集的地方。我在系里彻底贯彻上级这些要求。全校上下也都这样做，使得"非典"在梧州分校无从肆虐。梧州分校无一人感染"非典"，保证了全校的正常教学和生活秩序。

梧州还有一个很独特的现象，那就是以往每到汛期，总会有洪水泛滥成灾。严重时，洪水要把沿江两岸的房子淹没至第二层。但梧州人或许已经司空见惯，遇险不惊。有几张照片形象地反映了梧州人的这种乐观豁达的性格。如四个人围在一个四方桌边，桌上放着麻将，大家在聚精会神地进行"四方会战"，而他们的脚全都淹没在西江的洪水中。还有一张照片，则是在双脚淹没在水中的情况下，梧州人仍大快朵颐，津津有味地饮早茶。这确实生动地显示了梧州人临危不惧的心态。但是作为政府，却不能不重视人民生命财产受到严重威胁的情况。2006年梧州的洪涝灾害极大地刺激了政府和各部门领导的神经。梧州分校作为人员密集的单位，一方面要确保年轻学子的生命安全，另一方面又要和全市一起，走上抗洪抢险第一线。那些日子里，学校组织全校青壮年教职工和学生到江边保护大堤。新修筑的大堤经受住了严峻考验，梧州分校的青年学子也经受住了考验。我因年龄关系没能参加到这场战斗中来，但我和参与战斗的学生们同呼吸共命运。他们良好的组织纪律和奋发的斗志得到了市里和学校的好评和嘉奖。

没有洪涝灾害发生时的西江和桂江，是梧州美丽的风景线。西江和桂江静静地流经梧州，在鸳鸯大桥，两江汇合处，呈现出不同的颜色，桂江清澈而西江浑黄，交汇一起，却又泾渭分明。宋朝大文豪苏轼也留下不朽诗篇赞美这一罕见美景。我见过的另一处相似的美景是在丹麦北部波罗的海和北海的交汇处。也就是说，外国的美景，在中国也一样有。

作为千年商埠的梧州，之所以有其辉煌的历史，在于它的水运之利。在古代陆路交通极为不便的情况下，水路便捷的地方必然是占有商贸优势的。同时，这样的地方也必然会有人们欣赏大自然美景的去处。就像苏杭自古就是文人墨客云集赏景的胜地，桂林自古也被誉为"山水甲天下"的景点一样，梧州也是被许多人称道的宝地。梧州有鸳鸯江，也有和广州白云山同名的山，它虽不及广州白云山高，但森林茂密，绿叶成荫，负离子含量很高，空气清新，深得梧州市民喜爱。每逢假期或周末，无数市民前来登山，休闲赏景，陶冶身心。山脚下，更有闻名遐迩的冰泉豆浆可以佐餐。梧州人和广州人很相像，都好美食，而他们又更喜爱慢节奏，重悠闲。白云山在梧州算得上是城市的一道美景了。梧州分校又位于白云山附近，独占其利。

作为一处自然景观，白云山还配有人文景观。龙母庙是遐迩闻名的神庙。有意思的是，与梧州临近的德庆县悦城也有龙母庙。这就引起谁真谁假，谁早谁晚之争。我对此事没有研究，也不感兴趣。就如各地都有大雄宝殿一样，还不是各自存在，相安无事。

梧州龙圩还有中国国民党的元老、我党的亲密战友，也曾经是国家领导人的李济深的故居。

梧州还有长洲水利枢纽工程等，应该说也是一个合格的旅游景点。

我初到梧州，学校为了让我适应在梧州的生活，安排我到广西区域内的多处旅游点旅游。比如，桂林龙胜的龙脊梯田，贺州的姑婆山、小石林和温泉等。后来，学校为了向同样在申请升本的贺州师专、河池师专、柳州师专、桂林艺专、百色师专等校学习取经，又组织中层干部和校级领导逐个到这些学校访问。我在这个过程中，大大增进了对家乡广西的了解，也增进了对家乡的感情。我感到，广西确实是个好地方。但因地处祖国的西南边陲，交通欠发达，文化落后，造成了经济的落后。我应该尽自己微薄的力量来促进广西的发展。就所访问的这些学校而言，每个学校都有自己的特色。为了自身的生存和发展，各校可以说是各显神通。然而，或许是广西确实经济困难，也或许是对教育的重要性认识不足，普遍都因为缺乏经费而使发展受到限制。而且，梧州分校是在这些学校中经费最拮据的，因为别的学校的经费都已列入区教育厅的开支中，唯独梧州分校没有。所以，争取被区教育厅纳入是梧州分校的一个目标。和其他学校相比，众多的外援教授是它的一大优势，一大亮点。办大学，确实就要靠教授，靠学问家。通过走访，梧州分校虚心向兄弟院校学习。我们亲眼见到了各校的优点，也看到了他们的不足。而对于我们所具有的外援教授，学校领导十分自豪，深切感到这一决策对我们太有利了。

正因为我们在经费上严重受制，没有得到像其他兄弟院校一样的待遇，我和另外几位老师多次到区里找领导申诉。为了这件事，我们几乎是废寝忘食，争分夺秒。有一次，为了赶到区里一个领导机关，唐林同志开车带着我和张凌贞及罗慧一起，由于太专心于工作了，非但顾不上吃饭，也没注意车里的汽油。结果车开到繁华地段，油没了。车子动弹不得，又是上坡路，这下大家急得直冒汗。于是我们三个一起下来推车，唐林同志握着方向盘，行人见状也伸出援手，好不容易才把车靠在路边。我们停车的地方离加油站还较远，只好一个人乘坐出租车去到加油站，向他们借个桶装了点油带过来，车装了油后再开到加油站加油。经过这么折腾我们才继续上路，所幸的是当天的事意外成功，真的是祸兮福所倚。

在资金问题得到部分解决之后，学校就开始了大规模的校园建设。原来的校园，确实距离本科院校的标准太远。面积不够，建筑面积更差得远，学生宿舍面积不够，学校只能租用外单位的房子供学生住。教学用房也不够，为此甚至要安排学生在晚上上课。图书馆藏书不够，许多设施也不够。摆在学校领导面前的问题太多了，犹如乱麻，如何解决，真的很费心思。好在学校领导敢于面对困难，积极应对，分清主次，抓主要矛盾。首先把校园大道修好。原来校内的路很窄，也很破，上下班和学生上下课时，道路拥挤不堪。经过拓宽修筑之后，道路变得宽敞平坦。两旁种上树木，虽然树还小，但也使人预见日后一定会成为林荫大道。学校建起新食堂，极大地方便了师生用餐，使大家感觉到在那里用餐是一种享受，有回家的感觉。学校把图书馆建在校园最高的山坡上，让这一西式建筑矗立在梧州分校的最高处，彰显了对知识的敬畏和崇尚。而教学大楼的建设，更加创造了历史，它成为梧州当时最大的建筑，解决了梧州分校上课用房的问题。学校对于这栋大楼的建设非常重视，为了筹措这笔经费，我们真是费尽心血。在奠基动工时，我和费振刚教授都被邀请参加了，我们都往地基里填上一锹土，而后，还把写有参与奠基人员的名字埋在那里。我是第一次做这件事，此生也就这样一次。但我想，经过多少年后，人们即使找到了这个写有参与奠基人员的名字的东西，又有什么意义呢？谁会认识这前几代的普通人？为了分校的升本，负责施工的各建设单位也很配合，他们也很拼。不过也有例外，在教学大楼建设和工程最后验收上都出现过使双方不愉快的事，但最后都解决了。这些建筑作为梧州分校的硬件，功不可没。

"困难再多也没有解决困难的办法多"，这话是我在学校召开干部会讨论升本工作时讲的。我是由毛主席所说的"有困难，有办法，有希望"引申得来的，没想到校领导常用这句话来鼓励大家。确实，在学校党政领导领导下，依靠全校教职员工的共同努力，一个个困难都被克服了。这时，区里和区教育厅也开始重视梧州分校的升本，梧州分校升本呈现天时、地利、人和的大好局面。说是天时，因为全国上下都对教育特别是高等教育发展的紧迫性有着共识，这是事关人才、事关创新的大问题。地利，作为两广交界，作为广东和广西对接的桥头堡的梧州的重要性也被提到一个新的高度。这样一个重要的城市，怎么可以连一所本科院校都没有？再就是人和。经过几年奋战的梧州分校人，大家已经凝心聚力，众志成城，决心一定打好这一仗，为梧州分校成为本科院校献出所有力量。

功夫不负有心人，天道必酬勤勉者。经过三年多的刻苦奋战，梧州分校终于迎来了教育部派来的评估专家组对学校的升本评估。由于我们不参与评估工作，学校为了让我们领略广西的美丽风光，就组织了我、贾春霖教授夫妇、李维光教授和苏文龙教授出外旅游，由学校的两位年轻教师陪同照顾我们。我们自那次访问兄弟院校后，就再没去过任何地方了。那次是工作，也非出游。这次才是真正观赏广西的美丽山川风光。这次出游，因考虑到我们年龄都较大了，采取的是慢节奏，少走路，多休息的方式。日行夜宿，尽量让大家有更多的休息时间。在我们的旅途中，学校传来喜讯，告诉我们评估组已经通过了对我校的评估，学校的各项指标都完全合格了。这也就是说，我们即将成为名副其实的本科院校，只是最后正式的公布要由教育部来做。那天晚上，我们也来了个聚餐，加菜喝酒，因为这意味着我们这些外聘教授完成了我们的使命。

这次出行，没有费正刚教授夫妇和覃忠华教授，费教授夫妇因事回北京去了，覃教授也因身体原因回南宁去了。所以路经南宁时我们特意到广西艺术学院他家中去探视他，受到他夫妻俩的殷勤接待。我们对他们热情周到的招待留下了深刻印象。也因为身体原因，覃教授从此不再回梧州了。我们对于多年共同战斗的友谊十分珍惜。

至于费教授夫妇，他们只是临时回京，还会回来。而我在此之前也同他们一起，连同费教授的同窗同事，北京大学著名教授、诗人谢冕一起游过桂平西山。谢冕教授虽比我年长，但身体硬朗，精力充沛，他和我一起攀登西山直达峰巅，丝毫没有倦意，言笑如常。我和费教授都觉得他很不简单。那次出游，多认识一位名人，我深感荣幸。

在梧州我还努力去做的另一项工作，就是把梧州市的计算机学会健全起来，并使它同区计算机学会的联系正常化。我到梧州分校后不久，就被选为梧州计算机学会的理事长，顺理成章地，计算机学会就挂靠到学校来了。这也使学校在团结、组织全市计算机界的学术和技术力量方面担当重任。我担任梧州计算机学会理事长之后，每年都召开学术年会，让年轻人都有机会发表论文，抒发自己的学术见解，并且相互交流，切磋心得，增进友谊。这也活跃了梧州计算机界的学术气氛。我把在长春和广州的做法"搬"到梧州来。显然，梧州需要这样的新鲜事物。

我在梧州所做的一切，不过是一个老党员、老教授、老教育工作者本着自己的党性、良心、诚心来做的。既没有什么轰轰烈烈的业绩，也没有感天动地的德行。但梧州市党和政府，以及梧州分校党政部门都对我的工作和表现予以很高的评价。《梧州日报》曾经对我作了长篇报道。我多次被评为校优秀党员和先进工作者，还被评为梧州市教育系统的优秀党员。梧州市委书记任燮康还曾代表市委市政府来慰问我，我深受感动。我觉得梧州确实给了我很多。

学校升本后，上级对学校领导班子做了调整，从广西原来的本科院校调来干部担任党政主要领导。新的领导班子更着力于从学校内部培养扶持自己的业务骨干，也就不再倚重我们这些外聘教授。事物也总是这样，过了气的体育冠军不是也有一天风光不再了吗？如果能够以平常心接受这一切，心里就坦然，就淡定。就这样，不去计较外边发生的一切，只是全心全意继续为新改名的梧州学院贡献自己的力量。

终于有一天，那是 2010 年初即将放寒假时，学校人事处处长李海林约谈我。他受校长和党委书记委托转告我，学校决定下学期不再续聘我为外聘教授。我在梧州学院八年的工作至此画上了句号。说来也巧，李海林是上午和我谈的。下午，我就接到来自广州的我在长沙一中的校友李崇庆的电话，他也是印尼归侨。他告诉我，印尼玛琅市的玛中大学是当地原来的玛琅侨中的校友们创办的大学，急需一名计算机专家，他推荐了我。该校校董之一的黄如才先生将和我直接联系。就这样，玛中大学很快就决定，聘请我到该校就任信息技术研究所的所长并任教。我又开始了新的历程。

第十六章

献力玛中大学

......

在黄如才先生的帮助下，2010—2012年我有幸到印尼玛琅市玛中大学任教，并被聘为信息技术研究所的所长。到校伊始，我就在黄如才先生的陪同下，来到学校董事会董事长黄启铸先生府上拜见他，受到他的热情欢迎和设宴款待。两位黄先生对我都满怀期待，希望我的到来能为玛中的建设和发展做出贡献。由于种种原因，我未能在玛中大学工作得更久些。而我走时，也没有机会向两位黄老先生汇报我的工作。为玛中大学我做了如下八项工作。

一是参与学校校务委员会的工作。我一进入学校，就受到学校领导的重视和信任。由于当时具有高级职称的教师仅有数人，因此我就被吸收到这个由校长、副校长及其他几位教授和学校重要岗位负责人组成的校务委员会。校务委员会在学校里拥有很高的职权。校长做出的任何重大决策，都要先由这个校务委员会通过，然后才可贯彻执行。我在会上总是本着对学校负责的精神，根据我多年在国内外从教的经验，以知无不言、言无不尽的态度发表我的看法或建议。我的这些发言也得到了校方的重视。

二是参与学校年鉴的编写工作。玛中大学为了提高本身的科研能力和学术水平，每年都集中学术带头人来编出一本年鉴，把有一定学术水平的创新成果收录出版。在这两年出版的两期年鉴中，我共发表了四篇论文。同时，我负责审阅计算机和信息系统方面的其他老师所写的论文。还有一项任务是非我莫属的，那就是审阅中文老师们的论文。他们用中文写成后，要把它译成英文才能发表，然而他们的英文水平有限，我就要负责帮他们修改。两年间，我一共帮忙审阅和修改了近二十篇论文。

三是做了两次对外开放的学术报告。玛中大学为提高知名度和活跃学术气氛，每年都要请知名专家教授做公开的学术报告。两年里，每年我都应邀为玛中大学的这一活动出力，做学术报告。我的报告，既介绍最新最前沿的学术成果，也介绍我自己的工作。每次报告，听众都有两百人以上，礼堂总是座无虚席。

四是参与印尼教育部组织的由梭罗大学专家组执行的评估。这样的评估是对学校的教学和科研的全面评估，它和学校的命运息息相关。在我们国内，哪个学校都不敢对这种评估掉以轻心。当年广西梧州学院有我坐镇计算机系，而中文系有费振刚教授，加上另外几位外聘教授，从而顺利通过专升本。不然，一旦这次不过，那就不知要推迟多久才能升上去。玛中大学这次评估也经历了点险情。校长仙达博士为了过关，让我坐在她旁边。在审核计算机方面的成果时，他们的一位计算机教授断言我们的成果不够。这时，我们拿出我在德国 Springer 出版社出版的《编译原理》一书。此书的出版时间是 2011 年，恰好是我在玛中大学期间。有了这本高水平的书，他们无话可说，因为在整个印尼或许都找不到同样水平的作品，这确确实实为玛中大学顺利通过评估作出贡献，也使玛中大学的排名跃升。

五是指导青年教师开展科学研究，选择研究课题。玛中大学信息技术方向的根本问题是师资力量单薄，人数不足，而水平又较低。他们全都很年轻，绝大多数只有本科学历，可以说在科研上都还没入门。这样，他们本身就如饥似渴地希望有一个比他们更有经验和能力的人给他们以指点，我的到来正满足了他们的需求。而对他们来说，更合意的是，我完全用印尼文来同他们沟通，避免了他们在使用英文上的困难。我发现他们普遍的问题是数学功底不足，因此一方面要求他们在这方面下功夫，另一方面就是去做要求较低的应用性课题。在我的帮助下，年轻老师们都有了不同程度的进步。

六是编写研究所的建设方案和规划。黄启铸董事长和黄如才先生聘任我担任所长的信息技术研究所，就是上面介绍的人员组成的班底。他们让我编写研究所的建设方案，为此我确实付出了巨大心血。毕竟，研究所要做研究，要出成果，而且要出创新性成果。我首先对研究所的发展目标进行定位，我们只能进行应用性研究，作出应用性成果。其次，发展也只能是渐进式的，为此我提出了逐年的发展设想。下一步就是实际地解决人、资金和设备问题，因为巧妇难为无米之炊。我为这个方案，四易其稿，真可谓是费尽心思，但因为诸多因素，随着我的离职，这一方案也就成为废纸一张了。

七是上课。这是我在玛中大学最繁重的工作任务。在来校的第一学期，因为已经开学，我没有上课。而从第二学期开始到我回国前，我都担负着很重的教学任务。每学期都开设三四门课，也就是说，几乎每天都要上课。因为研究所还没实际建立，而上课是我的本职，我就是教书匠，所以我是自得其乐地上课。所上的课跨度很大，高等数学、概率论、人工智能、研究方法、职业规范等，我都上过。而且这些课程的教材全是英文的，校方也明确告诉我，要用英文授课。但当学生知道我会印尼文后，就提出让我用印尼文上课。我当然不能满足他们的要求，但也做了些让步，他们可以用印尼文提问题，我用印尼文作答，作业和考试，他们用印尼文等。我的做法很受他们欢迎。

八是指导毕业生的毕业论文和参加毕业生论文答辩。两年里，我送走了玛中大学的两届毕业生，也就是说，我指导了两届毕业生的毕业论文和论文答辩工作。从论文的选题，到开题报告、阶段进展、论文撰写、定稿、英文摘要的编写诸多环节，我都一丝不苟地严格把关，严格要求，让他们学习到做学问的认真严谨态度。这也是我作为中国学者留给玛中大学的一点精神财富吧。

除此之外，我还组织国内来的年轻老师们到日惹、梭罗、巴厘、布鲁莫火山、Pasir Putih 等地旅游，丰富大家的假期生活。我和他们一道，参加汉语水平考试的监考和评卷工作。我和国内老师们在一起有一种亲切感，因为大家都来自祖国，而这些旅游经历也增添了我们对印尼的了解。